빅데이터 분석기사 필기

정수

다락원

정보기술의 발전으로 많은 데이터들을 수집할 수 있으며, 데이터의 가치는 점점 높아지고 있다. 이제는 데이터를 통해 정보를 얻을 수 있고 이를 통해 사업이 가능하기도 하다. 그렇기 때문에 데이터를 제대로 활용하여 그 안에 있는 의미를 찾아낼 수 있는 빅데이터 분석기사의 역할이 매우 중요해졌다.

빅데이터 분석기사는 데이터를 수집하고 분석하여 이를 비전문가들도 알기 쉽게 표현할 수 있는 전문 분석사를 양성하기 위한 자격증이다. 전문적인 빅데이터 분석기사가 되기 위해서는 많은 양의 지식과 분석 경험이 필요하지만 그렇다고 해서 전문 빅데이터 분석사만이 빅데이터 분석기사가 될 수 있는 것은 아니다.

대부분의 자격증과 마찬가지로 빅데이터 분석기사 자격증도 전문 빅데이터 분석기사가 되기 위한 출발 지점에 설 수 있는 입학증 정도이다. 이와 같은 빅데이터 분석기사 자격증을 취득하기 위한 빅데이터 분석기사 필기 시험은 출제 범위가 명확하게 정해져 있으며 많은 시간과 노력을 들여 100점을 받아도, 커트 라인인 60점을 받아도 동일하게 합격할 수 있는 자격증이다. 따라서 해당 전공자가 아니더라도 효율적인 학습만 한다면 합격할 수 있는 난이도로 문제가 출제되고 있으므로 무조건 시간만 들여 많은 양의 내용을 달달 외우는 학습 방법은 빅데이터 분석기사 필기 합격에 있어서는 비효율적이며 비과학적인 방법이다.

필자를 포함해서 이 책을 읽고 있는 모든 수험생들은 빅데이터 분석기사가 되기를 희망하고 있다. 빅데이터 분석기사로서 가장 필요한 능력은 효율적이며 효과적으로 결과물을 얻는 것이다. 따라서 빅데이터 분석기사 합격을 위한 학습법에 있어서도 지식 향상을 위해서라면 방대하고 자세하게 오랜 시간을 들여 공부하는 것이 필요하지만, 1차적으로 자격증 취득이 목표라면 효율적이며 효과적으로 과목당 12문제 정도 맞힐 노력을 하는 것이 좋다.

효율적이며 효과적인 학습을 위해서는 출제 유형 중에 내가 알고 있는 문제 유형이 무엇이고 모르는 문제 유형이 무엇인지 파악하는 것이 중요하다.

이번에 출간하는 〈원큐패스 빅데이터 분석기사 필기〉는 효율적인 학습을 위해 다음과 같은 특징으로 구성하였다.

포인트 ❶ **학습효과 극대화**
핵심 내용 파악이 용이한 '핵심 이론 + 실전 미니 테스트' 펼친 면 구성

포인트 ❷ **파트별 중요 핵심 이론**
출제되는 핵심 키워드 일목요연하게 정리

포인트 ❸ **실전 미니 테스트로 짚어 보는 핵심 이론**
핵심 키워드로 서술된 이론에 해당하는 실전 미니 테스트 수록

포인트 ❹ **최종 검검!! 실전 모의고사 4회 + 모바일 모의고사 2회**
모의고사 4회분을 수록하여 최종 점검이 가능하며 이 중 2회분은 모바일 형태로도 풀어볼 수 있도록 모바일 모의고사를 수록하였다.

끝으로 이 책을 보시는 모든 수험생들이 시험에 나올 것 같은 내용만을 효율적으로 공부하는 방법을 터득하여 최소한의 시간만 들여 원하시는 빅데이터 분석기사 필기에 합격할 수 있는, 남들이 보기에는 −어쩌면 본인 스스로도 그렇게 생각하게 되는− 운 좋은 수험생이 되기를 희망한다.

2023.02
저자 일동

PLUS **1** **저자 직강 무료 실전 미니 테스트**
핵심 키워드로 서술된 이론에 해당하는 실전 미니 테스트 문제 중
▶ 문제는 저자 직강 무료 강의가 수록되어 있다.

PLUS **2** **최종 점검! 모바일 모의고사로 실전 모의고사 풀기**
모바일로 간편하게 다시 한번 실전 모의고사를 풀어보세요.

시험 안내

1. 빅데이터 분석기사

빅데이터 분석기사는 빅데이터의 이해를 기반으로 빅데이터 분석 기획, 빅데이터 수집·저장·처리, 빅데이터 분석 및 시각화를 수행하는 실무자이다. 대용량의 데이터 집합으로부터 유용한 정보를 찾고 결과를 예측하기 위해 목적에 따라 분석 기술과 방법론을 기반으로 정형/비정형 대용량 데이터를 구축, 탐색, 분석하고 시각화를 수행하는 업무를 수행한다.

2. 시험 과목

전 과목 100점 만점 기준 60점 이상(전 과목 40점 이상)

구분	시험 과목	과목별 세부 항목
1과목	빅데이터 분석 기획	• 빅데이터의 이해 • 빅데이터 분석 계획 • 데이터 수집 및 저장 계획
2과목	빅데이터 탐색	• 데이터 전처리 • 데이터 탐색 • 데이터 통계 기법 이해
3과목	빅데이터 모델링	• 분석 모형 설계 • 분석 기법 적용
4과목	빅데이터 결과 해석	• 분석 모형 평가 및 개선 • 분석 결과 해설 및 활용

3. 시험 일정

구분	원서 접수	시험일	발표
제 6 회	2023년 3월 6일~10일	2023년 4월 8일	2023년 4월 28일
제 7 회	2023년 8월 21일~25일	2023년 9월 23일	2023년 10월 13일

4. 기타

1. 데이터자격검정시스템(www.dataq.or.kr)을 통한 인터넷 접수
2. 응시료 : 필기 17,800원
3. 기타 자세한 사항은 데이터자격검정시스템(www.dataq.or.kr)을 참조하시기 바랍니다.

책의 특징

학습효과 극대화

시험에 출제되는 '핵심 이론 + 실전 미니 테스트'를 나란히 펼친 면으로 구성하여 해당 이론에 대한 문제 출제 유형을 한눈에 알아볼 수 있어 학습효과가 극대화되도록 하였다.

파트별 중요 핵심 이론

시험에 출제되는 내용을 파트별 중요 키워드 중심으로 일목요연하게 정리하여 합격에 필요한 필수 이론만을 수록하였다.

최종 점검!!

실전 모의고사 4회 + 모바일 모의고사 2회

학습자 스스로 학습된 상태를 점검할 수 있도록 실전 모의고사 4회 + 모바일 모의고사 2회를 수록하였다.

목차

빅데이터 분석 기획

PART Ⅰ

20문항(100점) 가운데 8문항(40점) −12문항(60점) 이상 목표

주요항목	세부항목	세세부항목	출제 난이도
Chapter 01 빅데이터의 이해	Section 01 빅데이터 개요 및 활용	1 데이터 개요	★
		2 빅데이터의 특징	★★
		3 빅데이터의 가치	★
		4 데이터 산업의 이해	★
		5 빅데이터 조직 및 인력	★★
	Section 02 빅데이터 기술 및 제도	1 빅데이터 플랫폼	★★★
		2 빅데이터와 인공지능	★★
		3 개인정보법 · 제도	★★★
		4 개인 정보 활용	★★★
Chapter 02 데이터 분석 계획	Section 01 분석 방안 수립	1 분석 로드맵 설정	★★
		2 분석 문제 정의	★★★
		3 데이터 분석 방안	★★
		4 데이터 분석 거버넌스	★★
	Section 02 분석 작업 계획	1 데이터 확보 계획	★
		2 분석 절차 및 작업 계획	★
Chapter 03 데이터 수집 및 저장 계획	Section 01 데이터 수집 및 변환	1 데이터 수집	★★★
		2 데이터 유형 및 속성 파악	★★
		3 데이터 변환	★★
		4 데이터 비식별화	★★★
		5 데이터 품질 검증	★
	Section 02 데이터 적재 및 저장	1 데이터 적재	★
		2 데이터 저장	★★★

Section 01 빅데이터 개요 및 활용

1 데이터 개요

(1) 데이터의 정의 및 특성

- 현실 세계에서 관찰, 실험, 조사 등으로 얻은 객관적 사실을 나타내는 자료
- 의미 있는 기호, 신호, 숫자, 문자 등 기록
- 추론, 추정, 예측, 전망을 위한 근거
- 무언가를 설명하거나 설득하기 위해 필요한 정보를 위한 기본적인 자료

(2) 데이터의 구분

1) 수치로 계산할 수 있는지에 따라 구분

구분	설명
정성적 데이터 (Qualitative Data)	• 데이터 양을 수치적으로 계산할 수 없는 데이터 • 인간의 경험, 감정, 느낌, 사고 등 수치화가 안 되는 데이터 • 저장, 분석에 많은 노력(비용) 필요
정량적 데이터 (Quantitative Data)	• 데이터 양을 수치적으로 계산할 수 있는 데이터 • 통계에 더 초점을 맞춘 데이터로, 측량하거나 분석이 가능한 수량적 데이터

2) 데이터의 구조적 특성에 따라 구분

구분	설명	예시
정형 데이터 (Structured Data)	• 정형화된 형식과 구조에 맞게 저장된 데이터 • 데이터 자체로 분석이 가능한 데이터이며, 관계형 데이터베이스로 관리	관계형 데이터베이스(RDB), 스프레드시트, CSV
반정형 데이터 (Semi-structured Data)	• 데이터로 분석이 가능하지만 해석이 불가능하며, 메타정보를 활용해야 해석이 가능한 데이터	로그 데이터, 모바일 데이터, 센싱 데이터, XML, HTML, JSON
비정형 데이터 (Un-structured Data)	• 구조가 정의되지 않아 데이터 자체로 분석이 불가능한 데이터 • 특정한 처리 프로세스를 거쳐 분석 데이터로 변경 후 분석이 가능한 데이터	영상, 음성, 이미지, 채팅 텍스트 등의 멀티미디어 데이터

1 다음 중 데이터에 대한 설명으로 올바르지 않은 것은?

① 데이터는 관찰, 실험, 조사 등을 통해 얻은 자료를 의미한다.

② 수치로 계산할 수 있는 여부에 따라 정성적 데이터, 정량적 데이터로 구분할 수 있다.

③ 텍스트, 숫자 등과 같은 구조나 형식을 갖추지 않은 음성, 영상은 데이터가 아니다.

④ 로그, 모바일, 센싱 데이터는 반정형 데이터에 속한다.

해설 구조가 정의되지 않은 음성, 영상 등은 정형화되지 않은 비정형 데이터이다.

해답 ③

2 다음 중 데이터에 대한 설명으로 잘못 기술된 것은?

① 데이터의 구조적 특성에 따라 정형, 반정형, 비정형 데이터로 구분할 수 있다.

② 정성적 데이터는 인간의 경험, 감정, 느낌, 사고 등 수치화가 안 되는 데이터를 의미한다.

③ 정형, 비정형, 반정형 데이터는 데이터의 품질과는 무관하다.

④ 비정형 데이터는 구조에 맞게 저장된 데이터로 데이터 자체로 분석이 가능하다.

해설 비정형 데이터는 구조가 정의되지 않아 데이터 자체로 분석이 불가능한 데이터이다.

해답 ④

3 다음 중 정성적 데이터에 해당되는 자료는?

① 현재 느끼는 감정

② 평균 수명

③ 대중교통 대기 시간

④ 질병 발생률

해설 정성적 데이터는 인간의 경험, 감정, 느낌, 사고 등 수치화가 안 되는 데이터를 의미한다.

해답 ①

4 다음 중 반정형 데이터에 대한 설명으로 가장 옳은 것은?

① 관계형 데이터베이스(RDB)

② 로그, 모바일 데이터

③ 영상, 음성 데이터

④ 텍스트 데이터

해설 반정형 데이터는 로그, 모바일, 센싱 데이터와 같이 데이터로 분석은 가능하지만 해석이 불가능하여 메타정보를 활용해야 해석이 가능한 데이터를 의미한다.

해답 ②

5 다음 중 비정형 데이터가 아닌 것은?

① 채팅 문구   ② 동영상

③ 사진   ④ 몸무게

해설 몸무게는 숫자로 이루어져 있으며, 데이터 자체로도 분석이 가능한 데이터이므로 정형 데이터에 해당된다.

해답 ④

(3) 지식과 데이터

데이터는 암묵지와 형식지의 상호작용에 중요한 역할

구분	설명	상호작용
암묵지 (Tacit Knowledge)	• 경험으로 개인에게 체화되어 있지만 겉으로 드러 나지 않는 무형의 지식 또는 노하우(Know-how) 📖 자전거 타기, 수영	• 내면화(Internalization) • 공통화(Socialization)
형식지 (Explicit Knowledge)	• 매뉴얼이나 실행 지침처럼 겉으로 표출되어 형상 화된 지식 📖 매뉴얼, 교과서	• 표출화(Externalization) • 연결화(Combination)

상호작용	설명
내면화 (Internalization)	개개인이 지식을 체득해 형식지가 개인의 암묵지로 체화되는 단계
공통화 (Socialization)	애매하고 의미가 불명확한 단계이면서 같은 그룹에서 지식을 공유하며 개인이 암묵지 를 습득하는 단계
표출화 (Externalization)	개인의 지식을 제3자가 알 수 있도록 명확하게 표현하는 단계
연결화 (Combination)	기존의 형식지를 조합하여 가치 있는 새로운 지식으로 만들면서 그 지식을 전체에 보 급하는 단계

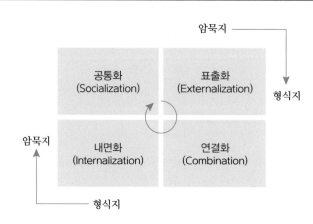

[지식의 순환 과정과 상호 작용]

1 다음 중 암묵지(Tacit Knowledge)의 예로 올바르지 않은 것은?

① 보험 판매원의 영업 노하우
② 기계 매뉴얼
③ 건강하게 사는 비법
④ 노래 잘하는 방법

해설 매뉴얼, 교과서는 형식지에 해당된다.

해답 ②

2 다음 중 형식지(Explicit Knowledge)에 대한 설명으로 잘못 기술된 것은?

① 매뉴얼이나 실행 지침서를 의미한다.
② 개인이 지식을 습득해 형식지가 암묵지로 변하는 과정을 공통화(Socialization)라고 한다.
③ 암묵지를 제3자가 알 수 있도록 명확하게 표출하여 형상화한 것을 의미한다.
④ 교과서처럼 형상화된 지식을 의미한다.

해설 내면화(Internalization)는 개인이 지식을 습득해 형식지가 개인의 암묵지로 변하는 과정을 의미한다.

해답 ②

3 다음 중 지식 순환 과정 단계에 해당되지 않는 것은?

① 표출화(Externalization)
② 연결화(Combination)
③ 내면화(Internalization)
④ 관계화(Relation)

해설 지식 순환 과정은 표출화, 연결화, 내면화, 공통화 4단계로 구성되어 있다.

해답 ④

4 다음 지식 메카니즘 단계 중 새로운 지식을 전체에 보급하는 단계에 해당되는 것은?

① 표출화(Externalization)
② 연결화(Combination)
③ 내면화(Internalization)
④ 공통화(Socialization)

해설 연결화(Combination)는 기존의 형식지를 조합하여 가치 있는 새로운 지식으로 만들면서 그 지식을 전체에 보급하는 단계에 해당된다.

해답 ②

동영상

5 다음 지식 메카니즘 단계 중 설명이 잘못 연결된 것은?

① 표출화(Externalization) – 개인의 지식을 제3자가 알 수 있도록 명확하게 표현하는 단계
② 연결화(Combination) – 기존의 형식지를 조합하여 가치 있는 새로운 지식으로 만들면서 그 지식을 전체에 보급하는 단계
③ 내면화(Internalization) – 개개인이 지식을 체득해 형식지가 개인의 암묵지로 체화되는 단계
④ 공통화(Socialization) – 의미가 명확하고, 개인이 다른 그룹을 위해 형식지를 만들어가는 과정

해설 공통화(Socialization)는 애매하고 의미가 불명확한 단계이면서 같은 그룹에서 지식을 공유하며 개인이 암묵지를 습득하는 단계를 의미한다.

해답 ④

(4) 데이터와 정보와의 관계(DIKW 피라미드)

[지식 피라미드(DIKW 피라미드)]

구분	설명	예시
지혜 (Wisdom)	• 근본 원리에 대한 이해를 바탕으로 만들어진 창의적인 아이디어	A 쇼핑몰의 다른 상품들도 다른 쇼핑몰보다 비쌀 것이다.
지식 (Knowledge)	• 데이터를 통해 만들어진 정보를 구조화하여 유의미하게 분류하고 결합하여 고유하게 만들어진 결과물	상대적으로 비싼 A쇼핑몰에서 물건을 사지 말아야겠다.
정보 (Information)	• 데이터의 가공, 데이터 간 연관 관계 이해를 통해 패턴을 인식하고 의미를 도출	A 쇼핑몰의 물품이 더 비싸다.
데이터 (Data)	• 개별 데이터 자체로는 의미가 중요하지 않는 객관적 사실 • 가공하기 전의 순수한 수치나 기호	A 쇼핑몰의 TV 가격은 100만 원, B 쇼핑몰의 TV 가격은 80만 원이다.

(5) 데이터베이스의 개념

– 조직이나 여러 사람들이 공유하여 업무를 수행할 수 있도록 체계화하여 통합·관리하는 데이터의 집합
– 전자식 또는 기타 수단으로 개별적으로 접근할 수 있는 독립된 저작물, 데이터 또는 기타 소재의 수집물

구성 요소	설명
메타데이터(Metadata)	• 데이터의 데이터 • 데이터의 구조, 특징 등을 포함한 데이터
개체(Object)	• 데이터로 표현하고자 하는 현실 세계의 대상체 • 데이터 모델링의 대상
속성(Attribute)	• 개체가 가지고 있는 특성 및 상태 • 의미상 더 이상 분리되지 않는 최소의 데이터 단위
관계(Relationship)	• 개체 간의 연관성 • 1:1 관계, 1:N 관계 등 관계성
인덱스(Index)	• 데이터베이스 내의 데이터를 신속하게 정렬하고 탐색하게 해주는 구조

1 다음 중 DIKW 피라미드 단계 중 데이터의 가공, 데이터 간 연관 관계에 대한 이해를 통해 패턴을 인식하고 의미를 도출하는 단계에 해당되는 것은?

① 데이터(Data)　　② 정보(Information)
③ 지식(Knowledge)　④ 지혜(Wisdom)

해설 DIKW 피라미드 요소 가운데 '정보'는 데이터의 가공, 데이터 간 연관 관계에 대한 이해를 통해 패턴을 인식하고 의미를 도출하는 단계에 해당된다.

해답 ②

2 다음 중 데이터베이스 구성 요소에 대한 설명 중 잘못 연결된 것은?

① 메타데이터(Metadata): 데이터의 구조, 특징 등을 포함한 데이터
② 개체(Object): 데이터 모델링의 대상
③ 관계(Relationship): 개체가 가지고 있는 특성 및 상태
④ 인덱스(Index): 데이터베이스 내의 데이터를 신속하게 정렬하고 탐색하게 해주는 구조

해설 관계(Relationship)는 개체 간의 연관성으로 1:1, 1:N, N:1 등으로 표현할 수 있다.

해답 ③

3 다음 중 DIKW 피라미드를 순서대로 나열한 것은?

① 데이터 – 정보 – 지식 – 지혜
② 데이터 – 지혜 – 정보 – 지식
③ 데이터 – 지식 – 지혜 – 정보
④ 데이터 – 정보 – 지혜 – 지식

해설 지식의 피라미드(DIKW 피라미드)는 최하위 단계부터 데이터 – 정보 – 지식 – 지혜의 최상위 단계의 순서로 이루어진다.

해답 ①

4 다음 중 DIKW 피라미드 단계에서 지식에 대한 설명에 해당되는 것은?

① 근본 원리에 대한 이해를 바탕으로 만들어진 창의적인 아이디어
② 데이터를 통해 만들어진 정보를 구조화하여 유의미하게 분류하고 결합하여 고유하게 만들어진 결과물
③ 데이터의 가공, 데이터 간 연관관계 이해를 통해 패턴을 인식하고 의미 도출
④ 개별 데이터 자체로는 의미가 중요하지 않는 객관적 사실

해설 DIKW 피라미드 요소 가운데 '지식'은 데이터를 통해 만들어진 정보를 구조화하여 유의미하게 분류하고 결합하여 고유하게 만들어진 결과물 단계에 해당된다.

해답 ②

동영상

5 다음 DIKW 단계 설명 중 잘못 연결된 것은?

① 지혜: A 쇼핑몰의 다른 상품들도 다른 쇼핑몰보다 비쌀 것이다.
② 지식: 상대적으로 비싼 A쇼핑몰에서 물건을 사지 말아야겠다.
③ 정보: A 쇼핑몰의 물품이 더 비싸다.
④ 데이터: B 쇼핑몰보다 가격이 상대적으로 저렴한 A 쇼핑몰에서 사야겠다.

해설 DIKW는 데이터(Data), 정보(Information), 지식(Knowledge), 지혜(Wisdom)에 해당된다. 'B 쇼핑몰보다 가격이 상대적으로 저렴한 A 쇼핑몰에서 사야겠다.'는 '지식'에 해당된다.

해답 ④

2 빅데이터의 특징

(1) 빅데이터의 정의

- 기존의 방법과 도구로 수집·저장·분석이 어려운 방대한 양의 데이터
- 단순히 규모가 큰 데이터만을 의미하지 않고 다양한 종류의 정형·비정형 데이터를 분석하여 가치를 얻어내는 기술과 인재·조직까지 포함
- 과거에는 정형화된 데이터가 대부분이었으나 현재는 동영상, 이미지, 텍스트, 음성 등 다양한 종류의 비정형 데이터 추가

TIP 1 **빅데이터에 대한 다양한 정의**

- 대량으로 수집한 데이터를 활용, 분석하여 가치 있는 정보를 추출하고 생성된 지식을 바탕으로 능동적으로 대응하거나 변화를 예측하기 위한 정보화 기술(국가 정보화전략 위원회)
- 기존의 관리 및 분석 체계로는 감당할 수 없을 정도의 거대한 데이터의 집합을 지칭하며, 대규모 데이터와 관계된 기술 및 도구도 빅데이터의 범주에 포함됨(삼성경제연구소)
- 일반적인 데이터베이스 체계가 저장, 관리, 분석할 수 있는 범위를 초과하는 규모의 데이터(맥킨지)

TIP 2 **데이터의 크기**

기호	이름	값
YB	요타바이트(Yotabyte)	1 YB = 10^3 ZB = 10^{24} bytes
ZB	제타바이트(Zetabyte)	1 ZB = 10^3 EB = 10^{21} bytes
EB	엑사바이트(Exabyte)	1 EB = 10^3 PB = 10^{18} bytes
PB	페타바이트(Petabyte)	1 PB = 10^3 TB = 10^{15} bytes
TB	테라바이트(Terabyte)	1 TB = 10^3 GB = 10^{12} bytes
GB	기가바이트(Gigabyte)	1 GB = 10^3 MB = 10^9 bytes
MB	메가바이트(Megabyte)	1 MB = 10^3 KB = 10^6 bytes
KB	킬로바이트(Kilobyte)	1 KB = 10^3 bytes

1 데이터의 양을 측정하는 단위의 크기를 순서대로 나열한 것은?

① KB 〈 MB 〈 GB 〈 PB

② GB 〈 PB 〈 TB 〈 EB

③ TB 〈 EB 〈 PB 〈 ZB

④ KB 〈 GB 〈 PB 〈 TB

해설 byte 〈 KB 〈 MB 〈 GB 〈 TB 〈 PB 〈 EB 〈 ZB 〈 YB

해답 ①

4 다음 중 TB에 해당되지 않는 것은?

① 10^{12} bytes

② 10^9 KB

③ 10^6 MB

④ 10^3 PB

해설 1TB=10^3 GB=10^6 MB=10^9 KB=10^{12} bytes

해답 ④

2 다음 중 데이터의 크기가 다른 하나는?

① 10 TB

② 10^6 MB

③ 10^9 KB

④ 10^{12} byte

해설 10^{12} byte = 10^9KB = 10^6MB = 1TB

해답 ①

동영상

5 다음 중 빅데이터의 정의와 가장 거리가 먼 것은 무엇인가?

① 빅데이터는 규모가 큰 비정형 데이터를 의미한다.

② 빅데이터는 일반적인 데이터베이스 체계가 저장, 관리, 분석할 수 있는 범위를 초과하는 규모의 데이터를 의미한다.

③ 빅데이터는 기존의 관리 및 분석 체계로는 감당할 수 없을 정도의 거대한 데이터의 집합을 지칭한다.

④ 빅데이터의 특징으로는 데이터의 크기(Volume), 다양성(Variety), 속도(Velocity)가 있다.

해설 빅데이터는 단순히 규모가 큰 데이터만을 의미하지 않고 다양한 종류의 정형·비정형 데이터를 분석하여 가치를 얻어내는 기술과 인재·조직까지 포함한다.

해답 ①

3 다음 중 가장 큰 데이터 크기에 해당되는 것은?

① TB(Terabyte)

② PB(Petabyte)

③ MB(Megabyte)

④ EB(Exabyte)

해설 KB(Kilobyte) 〈 MB(Megabyte) 〈 GB(Gigabyte) 〈 TB(Terabyte) 〈 PB(Petabyte) 〈 EB(Exabyte) 〈 ZB(Zetabyte) 〈 YB(Yotabyte)

해답 ④

(2) 빅데이터의 특징

- 3V: 크기(Volume), 다양성(Variety), 속도(Velocity)
- [확장] 5V: 3V+진실성(Veracity), 가치(Value)
- [확장] 7V: 5V+정확성(Validity), 휘발성(Volatility)

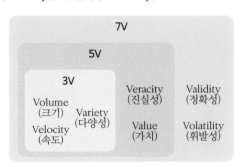

[빅데이터 개념 확장에 따른 특징]

특징	설명
크기 (Volume)	• 데이터의 규모 관점의 특징 • 이미지, 영상 등 다양한 멀티미디어 데이터를 포함한 페타바이트 수준의 방대한 양의 데이터 활용
다양성 (Variety)	• 데이터의 종류 관점의 특징 • 과거의 정형 데이터뿐만 아니라 반정형 데이터, 비정형 데이터도 데이터로 활용
속도 (Velocity)	• 데이터의 수집, 저장, 분석, 활용 속도 관점의 특징 • 실시간으로 생산되며 빠른 속도로 분석
가치 (Value)	• 데이터 분석으로 활용할 수 있는 가치 관점의 특징 • 비즈니스에 실현될 궁극적인 가치를 중점적으로 분석
진실성 (Veracity)	• 빅데이터가 제공하는 데이터의 신뢰도 관점의 특징 • 의사 결정이나 활동의 배경을 고려하여 이용되기 때문에 신뢰성 제고 필요
정확성 (Validity)	• 빅데이터가 올바른 데이터를 제공하는지 관점의 특징 • 수집한 데이터를 가공하여 정보가 정확한지에 대한 검증이 중요
휘발성 (Volatility)	• 데이터가 얼마나 오래 저장될 수 있고, 오랜 시간 활용할 수 있는지에 관한 특징 • 데이터 수집, 가공 과정에서 휘발성의 특징을 고려

1 다음 중 빅데이터의 주요 특징에 해당되지 않는 것은?

① 대용량성

② 다양성

③ 경제성

④ 신속성

해설 빅데이터의 특징은 대표적으로 3V(Volume, Variety, Velocity)로서 Volume(크기)이 대용량이며, Variety(다양성)하여야 하며, Velocity(속도)가 빠르게 분석되어야 한다.

해답 ③

2 다음에서 설명하는 빅데이터의 특징은 무엇인가?

- 빅데이터가 제공하는 데이터의 신뢰도 관점의 특징
- 빅데이터 분석결과가 의사 결정에 이용되기 때문에 데이터의 신뢰성 제고가 필요함
- 빅데이터의 5가지 특징에 포함

① 가치(Value)

② 다양성(Variety)

③ 정확성(Validity)

④ 진실성(Veracity)

해설 빅데이터가 제공하는 데이터의 신뢰도 관점의 특징은 진실성(Veracity)이다.

해답 ④

3 다음 중 빅데이터의 특징에 해당되지 않는 것은?

① 다양한 멀티미디어 데이터를 포함한 페타바이트(PB) 수준의 방대한 양의 데이터

② 정형 데이터뿐만 아니라 반정형 데이터, 비정형 데이터

③ 실시간으로 생산되는 데이터

④ 기존보다 느린 속도로 분석되는 데이터

해설 빅데이터의 특징은 대용량(Volume, 크기)이며, 정형 데이터뿐 아니라 비정형 데이터까지 활용할 수 있을 정도로 다양(Variety, 다양성)하여야 하며, 실시간으로 생산되고, 빠른 속도(Velocity, 속도)로 분석되어야 한다.

해답 ④

동영상

4 다음 중 빅데이터의 3V 특징이 아닌 것은?

① Variety

② Volume

③ Velocity

④ Vital

해설 빅데이터 특징으로는 3V.즉, 볼륨(Volume), 다양성(Variety), 속도(Velocity)이다.

해답 ④

(3) 빅데이터 출현 배경

기업들이 보유한 데이터가 거대한 가치 창출이 가능할 만큼 충분한 규모로 축적되었고, 빅데이터를 다루는 학문 분야가 늘어나고 이를 처리할 수 있는 기술이 발전하여 데이터와 처리 방식, 이를 다루는 사람과 조직 차원에서 변화가 일어나며 등장

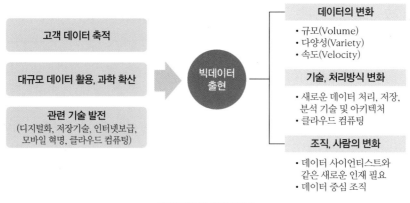

[빅데이터의 출현 배경]

 TIP **빅데이터 출현 배경 요약 정리**

- 비즈니스 요구 사항 변경
- 데이터 구조의 변화
- 데이터 처리 복잡도 증가
- 데이터 분석 유연성 증대
- 데이터 규모 증가
- 데이터 처리의 신속성 요구

(4) 빅데이터가 만들어내는 변화

변화 유형	설명
사전 처리 → 사후 처리	• 사전 처리에 의해 필요한 정보만 수집하고 나머지 정보는 버리는 시스템에서 가능한한 많은 데이터를 모으고 이를 다양한 방식으로 분석하는 변화
표본 조사 → 전수 조사	• 저장 비용 감소와 클라우드 컴퓨팅의 발전으로 대용량을 쉽게 저장할 수 있게 되어 샘플 데이터를 보관하는 방식에서 전수 데이터를 보관하고 전수 조사를 하는 방식으로 변화
질 → 양	• 모든 데이터를 표준화, 통일화하여 품질을 높이는 방식에서 오류 정보가 포함되더라도 양을 충분히 확보하여 분석하는 방식으로 변화
인과 관계 → 상관 관계	• 데이터 간의 왜(Why)를 묻는 방식에서 데이터 간의 상관 관계에 집중하여 미래 예측에 집중하는 방식으로 변화

출제 키워드 ······ 빅데이터 출현 배경; 복잡도 증가; 규모 증가; 유연성 증가; 신속성 증가;
사후 처리; 전수 조사; 상관 관계

1 다음 중 빅데이터 출현 배경에 관한 설명으로 가장 바르게 기술한 것은?

① 데이터 저장 기술이 발전하였고 저장 비용은 감소하였다.

② 데이터 규모는 확대되었지만, 처리는 오히려 단순화되었다.

③ 데이터는 분석 및 수집 관리의 편의성을 위해 정형화되었다.

④ 기업의 데이터에 대한 관심과 수요는 높지 않았다.

> **해설** ② 데이터 규모는 확대되었고, 처리는 복잡해졌다.
> ③ 데이터 분석에 있어 정형화보다는 유연성이 증대되었다.
> ④ 기업은 데이터 수집, 분석, 활용에 대한 관심이 높아졌다.

> **해답** ①

2 다음 중 빅데이터가 만들어 낸 변화로 틀린 것은?

① 사전 처리에서 사후 처리로 변화

② 표본 조사에서 전수 조사로 변화

③ 데이터의 질보다 양의 중요도 증가

④ 상관 관계에서 인과 관계로 변화

> **해설** 빅데이터로 인해 데이터 간의 왜(Why)를 묻는 인과 관계 방식에서 데이터 간의 상관 관계에 집중하여 미래 예측에 집중하는 방식으로 변화하였다. 즉 기존의 인과 관계에서 상관 관계를 분석하는 방법으로 변화된 것이다.

> **해답** ④

3 다음 중 빅데이터 출현 배경으로 볼 수 있는 것은?

① 데이터 처리 단순화

② 데이터 규모의 축소

③ 데이터 처리의 신속성 요구

④ 정형화된 데이터 처리 규칙

> **해설** 빅데이터 출현으로 인해 비즈니스 요구 사항 변화, 데이터 처리 복잡도 증가, 데이터 규모 증가, 데이터 구조의 변화, 데이터 분석 유연성 증대, 데이터 처리의 신속성 요구 등이 있다.

> **해답** ③

4 다음 중 빅데이터로 인한 변화의 특성으로 올바르지 않게 기술된 것은?

① 사전 처리에 의해 필요한 정보만 수집하고 나머지 정보는 버리는 시스템에서 가능한 한 많은 데이터를 모으고 이를 다양한 방식으로 분석하려는 변화

② 저장 비용의 증가로 인해 대용량 대신 샘플 데이터를 보관하는 방식으로 변경하였고, 전수 조사 대신 표본 조사를 분석하는 방식으로 변화

③ 모든 데이터를 표준화, 통일화하여 품질을 높이는 방식에서 오류 정보가 포함되더라도 양을 충분히 확보하여 분석하는 방식으로 변화

④ 데이터 간의 왜(Why)를 묻는 인과 관계 방식에서 데이터 간의 상관 관계에 집중하여 미래 예측에 집중하는 방식으로 변화

> **해설** 빅데이터로 인해 저장 비용 감소와 클라우드 컴퓨팅의 발전으로 대용량을 쉽게 저장할 수 있게 되어 샘플 데이터를 보관하는 방식에서 전수 데이터를 보관하고 전수 조사를 하는 방식으로 변화하였다.

> **해답** ②

3 **빅데이터의 가치**

(1) 빅데이터의 가치

- 다양한 정형·비정형 데이터를 수집하고 저장하여 분석하여 얻어낸 분석 결과를 신규 서비스 발굴, 전략 수립, 문제 해결, 미래 예측 등 활용 가능
- 기존의 데이터 저장 및 활용 방식으로는 얻을 수 없었던 새로운 통찰(Insight)과 가치(Value) 창출
- 데이터 분석을 잘 활용하는 기업·조직일수록 차별적 경쟁력을 갖추고 높은 성과를 창출 가능
- 빅데이터 활용에 필요한 3요소: 자원(데이터), 기술, 인력

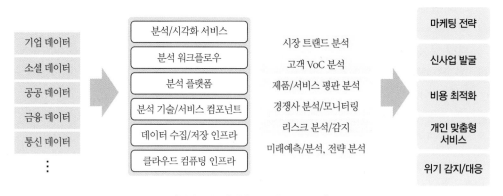

[빅데이터를 활용한 새로운 가치 예시]

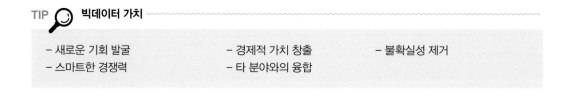

TIP 🔍 **빅데이터 가치**

- 새로운 기회 발굴
- 스마트한 경쟁력
- 경제적 가치 창출
- 타 분야와의 융합
- 불확실성 제거

(2) 빅데이터 가치 선정의 어려움

① 데이터 활용 방식 다양화: 데이터의 재사용, 재조합, 다목적 개발 등으로 특정 데이터를 언제·어디서·누가 활용하는지 알 수 없어 가치 측정도 어려움
② 새로운 가치 창출: 데이터가 기존에 없던 가치를 창출함에 따라 가치 측정이 어려움
③ 분석 기술 발전: 분석 비용이 높아 분석할 수 없던 데이터를 분석 기술의 발전으로 새로운 분석 기법을 활용하여 가치를 만들어 낼 수 있어 현재의 상황만으로 가치 측정 어려움

1 다음 중 빅데이터를 활용한 새로운 가치로 볼 수 있는 것은?

① 불확실성 제거

② 경제 하락

③ 경쟁력 부족

④ 낮은 성과

해설 빅데이터 가치로는 새로운 기회·가치 창출, 경제적 가치 창출, 불확실성 제거, 스마트한 경쟁력, 타 분야와의 융합이 가능하다.

해답 ①

2 다음 중 빅데이터의 가치에 해당하지 않는 것은?

① 새로운 기회 창출

② 경제적 가치 창출

③ 리스크 증가

④ 타 산업분야 간 융합

해설 빅데이터 가치로는 새로운 기회 발굴, 경제적 가치 창출, 경제 발전, 불확실성 제거, 스마트한 경쟁력, 타 분야와의 융합이 가능하다.

해답 ③

3 다음 중 빅데이터 활용에 필요한 3요소로 옳은 것은?

① 자원, 인력, 자본

② 자원, 기술, 인력

③ 기술, 인력, 자본

④ 자원, 기술, 자본

해설 빅데이터 활용에 필요한 3요소는 자원(데이터), 기술, 인력이다.

해답 ②

4 다음 중 데이터의 가치 측정이 어려운 이유에 해당되지 않는 것은?

① 데이터 활용 방식 다양화

② 새로운 가치 창출

③ 분석 기술 발전

④ 불확실성 증가

해설 데이터 가치 측정이 어려운 이유는 데이터 활용 방식 다양화, 새로운 가치 창출, 분석 기술 발전 등이 있다.

해답 ④

5 다음 중 데이터의 가치 측정이 어려운 이유에 해당되지 않는 것은?

① 데이터의 재사용, 재조합, 다목적 개발 등으로 특정 데이터를 언제·어디서·누가 활용하는지 알 수 없어 가치 측정도 어렵다.

② 데이터가 기존에 없던 새로운 가치를 창출함에 따라 가치 측정이 어렵다.

③ 분석 방법의 다양화로 인해 분석 결과에 대한 불확실성이 증가한다.

④ 현재는 분석 비용이 높아 분석할 수 없던 데이터를 분석 기술의 발전으로 새로운 분석 기법을 활용하여 가치를 만들어 낼 수 있어 현재의 상황만으로 가치를 측정하는 것은 어렵다.

해설 빅데이터 분석 기술의 활용으로 정확한 예측, 인사이트 있는 의사 결정이 가능해져서 불확실성이 제거된다.

해답 ③

(3) 빅데이터가 만들어내는 영향

영향	설명
투명성 제고 및 관리 효율성 제고 비용 절감	• 다양한 빅데이터를 적절하게 활용하여 데이터 검색 및 처리 시간 및 비용 절감 가능 • 원가 절감, 제품 차별화, 기업 활동의 투명성 제고 등에 활용하여 경쟁력 확보
소비자 니즈 발견 미래 예측 정확도 제고	• 빅데이터를 활용하여 소비자의 행동을 분석하고 시장 변동을 예측하여 비즈니스 모델 혁신, 신사업 발굴 • 기업들이 더 많은 데이터를 디지털 형태로 축적하여 보다 정확한 소비자 행동, 니즈 데이터 수집 가능
소비자 맞춤형 비즈니스를 위한 고객 세분화	• 소비자의 구체적 특성에 따른 분류로 고객 니즈에 맞춘 개인화, 맞춤형 서비스 제공 가능
자동화, 최적화 알고리즘을 통한 의사 결정 지원	• 다양한 분석 알고리즘을 적용한 정교한 분석으로 최적의 의사 결정을 지원하고, 위험을 최소화하고, 인사이트 있는 가치 발굴
비즈니스 모델, 상품, 서비스 혁신	• 새로운 상품 · 서비스 개발, 기존 서비스 향상 등 비즈니스 모델 설계 가능
리스크 대응/투명성 증대	• 기업 내 사업 리스크 감지, 내부 이상/부정 행위 모니터링

> **TIP** 🔍 **분석 가치 에스컬레이터(Analytic Value Escalator)**
>
> – 빅데이터의 가치를 묘사 분석, 진단 분석, 예측 분석, 처방 분석의 4단계로 정의한 기법(가트너)
> – 높은 단계의 데이터 분석이 더 많은 가치를 창출

분석 단계	설명
묘사 분석 (Descriptive Analysis)	• 기본적인 지표를 확인하는 분석 단계 • 어떤 일이 일어났는가?
진단 분석 (Diagnostic Analysis)	• 문제의 원인을 파악하는 관점의 분석 단계 • 왜 일어났는가?
예측 분석 (Predictive Analysis)	• 통찰(Insight)를 가지고 예측하는 분석 단계 • 앞으로 무슨 일이 일어날 것인가?
처방 분석 (Prescriptive Analysis)	• 예측을 바탕으로 최적화하는 분석 단계 • 무엇을 해야 하는가?

1 다음 중 빅데이터가 만들어내는 영향과 거리가 먼 것은?

① 빅데이터를 활용하여 데이터 검색 및 처리시간을 절감할 수 있다.

② 소비자의 구체적 특성을 분류하여 고객 니즈에 맞춘 맞춤형 서비스 제공이 가능하다.

③ 기업 내 리스크를 감지하고 부정행위를 모니터링 할 수 있다.

④ 데이터 분석이 용이한 정형 데이터 위주의 활용이 증가하고 있다.

해설 빅데이터의 발전으로 다양한 형태의 비정형 데이터의 활용이 증가되고 있다.

해답 ④

2 다음 중 분석 가치 에스컬레이터의 발전 단계 순서로 맞는 것은?

① 진단 분석 → 묘사 분석 → 예측 분석 → 처방 분석

② 묘사 분석 → 예측 분석 → 진단 분석 → 처방 분석

③ 묘사 분석 → 진단 분석 → 예측 분석 → 처방 분석

④ 예측 분석 → 묘사 분석 → 진단 분석 → 처방 분석

해설 분석 가치 에스컬레이터 발전 단계 순서는 묘사 분석 → 진단 분석 → 예측 분석 → 처방 분석 순이다.

해답 ③

3 다음 보기에서 설명하는 빅데이터 분석 가치 단계는 무엇인가?

> • 예측을 바탕으로 최적화하는 분석 단계
> • 무엇을 해야하는지를 찾는 것에 가치를 두고 분석하는 단계

① 묘사 분석

② 진단 분석

③ 예측 분석

④ 처방 분석

해설 처방 분석은 예측을 바탕으로 예지력(Foresight)을 발휘, 최적화하여 무엇을 해야하는지 관점에서 분석을 수행하는 단계이다.

해답 ④

4 다음 중 빅데이터 만들어내는 영향으로 바르게 기술된 것은?

① 투명성이 보장되지 않아 리스크 대응이 어렵다.

② 자동화, 최적화 알고리즘을 통해 의사 결정이 가능하다.

③ 개인화, 맞춤형 서비스 보다는 일관된 서비스가 제공된다.

④ 데이터 처리 시간 및 비용이 늘어난다.

해설 ① 투명성이 증대되고 리스크 대응이 가능하다.
　　 ③ 소비자 맞춤형 비즈니스를 위한 고객 세분화를 통해 개인화, 맞춤형 서비스 제공이 가능하다.
　　 ④ 데이터 검색 및 처리 시간 및 비용이 절감 가능하다.

해답 ②

(4) 빅데이터의 위기 요인 및 통제 방안

1) 빅데이터 위기 요인

위기 요인	설명
사생활 침해	• M2M(Machine to Machine) 시대가 되며 정보 수집 센서 증가 • 개인 정보의 가치 증가로 많은 사업자들이 개인 정보 습득에 많은 자원 투자 • 특정 데이터가 본래 목적 외에 다른 목적으로 활용될 가능성 증가 • 위험의 성격이 사회 경제적 위협으로 변형될 가능성 증가
책임 원칙 훼손	• 분석 및 예측 기술 정확도 향상으로 분석 대상이 되는 사람들이 예측 알고리즘의 피해가 될 가능성 증가 • 빅데이터 분석 결과에 따라 특정 행위의 결과 기반 책임 추궁이 아닌 행위를 할 가능성이 높다는 이유로 책임 추궁을 받을 위험 존재
데이터 오용	• 빅데이터가 사용자가 데이터를 과신하거나 잘못된 지표를 사용할 수 있음 • 잘못된 인사이트나 잘못된 알고리즘에 따른 피해 발생 가능

2) 빅데이터 위기 요인에 대한 통제 방안

통제 방안	설명
동의에서 책임으로	• 사생활 침해 위기 요인에 대한 통제 방안 • 개인 정보 제공자의 동의가 아닌 개인정보 사용자의 책임 적용
결과 기반 책임 원칙 고수	• 책임 원칙 훼손 위기 요인에 대한 통제 방안 • 예측 결과에 따른 책임 추궁이 아닌 실제 '행동 결과'를 기반으로 한 책임 원칙 유지
알고리즘 접근 허용	• 데이터 오용의 위기 요인에 대한 통제 방안 • 알고리즘에 대한 접근권 보장 및 객관적 인증 방안 도입 • 알고리즘이 부당함을 반증할 수 있는 방법 명시, 공개 • 알고리즘을 해석할 수 있는 전문가 필요

1 다음 중 빅데이터 시대에 발생할 수 있는 위기 요인에 해당되지 않는 것은?

① 사생활 침해

② 책임 원칙 훼손

③ 데이터 오용

④ 비용 증가

해설 빅데이터 위기 요인으로는 사생활 침해, 책임 원칙 훼손, 데이터 오용이 있다.

해답 ④

2 다음 중 빅데이터 시대의 위기 요인에 대한 설명 중 옳지 않은 것은?

① 개인 정보 가치의 감소로 인해 많은 사업자들이 개인 정보 습득을 위한 비용 투자 감소

② 위험의 성격이 사회 경제적 위협으로 변형될 가능성 증가

③ 분석 및 예측 기술 정확도 향상으로 분석 대상이 되는 사람들이 예측 알고리즘의 피해가 될 가능성 증가

④ 잘못된 인사이트나 잘못된 알고리즘에 따른 피해 발생 가능

해설 빅데이터 시대로 인해 개인 정보 가치의 증가로 인해 대다수 사업자들이 개인정보 습득에 많은 자원을 투자하고 있기 때문에 사생활 침해가 발생할 수 있다.

해답 ①

3 빅데이터 위기를 해소할 수 있는 방안으로 적절하지 않은 것은?

① 사생활 침해 위기 요인에 대한 통제 방안

② 예측 결과에 따른 책임 추궁

③ 알고리즘에 대한 접근권 보장 및 객관적 인증 방안 도입

④ 데이터 오용의 위기 요인에 대한 통제 방안

해설 예측 결과에 따른 책임 추궁이 아닌 실제 '행동 결과'를 기반으로 한 책임 원칙 유지해야 한다.

해답 ②

4 빅데이터 위기 요인에 대한 통제 방법으로 적절한 것은?

① 개인 정보 제공자의 동의 위주의 정책 적용

② 결과 기반 책임 원칙 고수

③ 알고리즘 접근 제한

④ 데이터 분석 비용 증가

해설 빅데이터 위기 요인에 대한 통제 방법으로는 '동의에서 책임으로', '결과 기반 책임 원칙 고수', '알고리즘 접근 허용'이 있다.

해답 ②

4 데이터 산업의 이해

(1) 데이터 산업의 범위

- 데이터 산업이란 데이터의 생성, 처리, 분석 및 활용 등을 통해 가치를 창출하는 산업
- 데이터 산업은 데이터 처리 및 관리 솔루션, 데이터 구축 및 컨설팅, 데이터 판매 및 제공 서비스, 데이터 인프라 등 다양한 유형의 비즈니스 제공

(2) 데이터 산업의 특징

- 4차 산업혁명을 대표하는 데이터 산업은 3차 산업혁명의 중심이었던 IT 산업과는 구별됨
- 데이터 수집의 범위가 사물에까지 확대되었고, 데이터를 정보로서의 가치 평가 없이 광범위하게 수집 가능
- 디지털 경제가 부상하며 데이터는 '제2의 석유'라 불릴 정도로 중요한 역할 수행

(3) 데이터 산업의 분류

비즈니스 유형	설명
데이터 처리 및 솔루션 개발·공급 산업	• 데이터 관련 제품·솔루션을 판매 또는 기술을 제공하는 산업
데이터 구축 및 컨설팅 산업	• DB 설계·구축, 데이터 이행·구축을 제공하거나 데이터 관련 컨설팅 비즈니스를 제공하는 산업
데이터 판매 및 서비스 산업	• 데이터를 직접 판매하거나 중개하는 데이터 거래 서비스 • 데이터를 기반으로 정보를 제공하는 정보제공 서비스
데이터 인프라 서비스 산업	• 데이터 기반 서비스에 필요한 서버, 스토리지, 네트워크 등 인프라 서비스를 제공하는 산업

(4) 주요 산업별 빅데이터의 활용 예시

산업	활용
의료, 건강	헬스케어 등을 통한 개인 건강 정보 축적 및 활용, 전염병 등 유행병 발생 예측 및 예방
제조, 공정	데이터 분석을 활용한 품질 관리 및 제조 공정 상황 모니터링, 프로세스 및 생산성 개선, 공정 최적화
정보 보안	빅데이터 분석으로 해킹 등 보안 사고 이상 징후 모니터링 및 조기 대응
소비, 금융	소비자 구매 니즈, 패턴 분석으로 소비 트렌드 예측 및 개인별 맞춤형 서비스 제공
교통, 물류	교통 및 물류 수요 예측, 물류/유통 체계 최적화

1 데이터 산업에 대한 설명으로 옳지 않은 것은?

① 데이터 산업이란 데이터의 생성, 처리, 분석 및 활용 등을 통해 가치를 창출하는 산업을 의미한다.

② 데이터 산업은 데이터 처리 및 관리 솔루션, 데이터 구축 및 컨설팅, 데이터 판매 및 제공 서비스, 데이터 인프라 등 다양한 유형의 비즈니스를 제공한다.

③ 데이터 산업은 3차 산업혁명이었던 IT 산업에 포함된다.

④ 과거에 비해 데이터 수집의 범위가 사물에게까지 확대되었다.

해설 4차 산업혁명을 대표하는 데이터 산업은 3차 산업혁명의 중심이었던 IT산업과는 구별된다.

해답 ③

2 데이터 산업 구조의 분류 중 다음에서 설명하는 산업은 무엇인가?

> 데이터 기반 서비스에 필요한 서버, 스토리지, 네트워크 등의 하드웨어를 판매, 구성하는 서비스 산업

① 데이터 솔루션 산업

② 데이터 구축 산업

③ 데이터 서비스 산업

④ 데이터 인프라 산업

해설 데이터 관련 기반 인프라를 제공하는 서비스는 데이터 인프라 산업으로 분류할 수 있다.

해답 ④

3 다음 중 데이터 산업 구조의 분류 가운데 '서비스 산업'에 포함되지 않는 것은?

① 데이터 구축

② 데이터 기반 컨설팅

③ 데이터 정보 제공

④ 데이터 기술 제공

해설 데이터 서비스 산업으로는 데이터 기반 컨설팅, 정보 제공, 기술 제공 등이 있다.

해답 ①

4 다음 중 데이터 산업 구조에서 DB 설계·구축, 데이터 이행·구축을 제공하는 산업에 해당되는 것은?

① 데이터 솔루션 산업

② 데이터 구축 산업

③ 데이터 저장 산업

④ 데이터 인프라 산업

해설 데이터 구축 산업은 DB 설계·구축 → 데이터 이행·구축을 제공하는 산업을 의미한다.

해답 ②

5 빅데이터 조직 및 인력

(1) 빅데이터 조직

- 빅데이터 등장에 따른 비즈니스 변화를 인식하고 기업의 경쟁력을 확보하기 위해 데이터 과제를 발굴하고, 데이터를 효과적으로 분석·활용하기 위한 빅데이터 조직 및 인력 구성 필요
- 빅데이터 분석 조직의 역할은 분석 업무를 발굴하고 전문적 기법과 분석 도구를 활용하여 기업 내 빅데이터에서 통찰(Insight)을 찾아 전파하고 이를 실행하는 것
- 빅데이터 조직은 업무 전문가와 통계학 및 분석 방법에 대한 지식과 분석 경험을 가진 분석 전문가, 빅데이터 분석시스템에 대한 구축, 운영, 관리 전문가 구성 필요

(2) 조직 구조 유형

구분	조직 구조	설명
집중 구조		• 전사 분석 업무를 별도의 분석 전담 조직에서 담당 • 전략적 중요도에 따라 분석 조직이 우선 순위를 정해서 진행 가능 • 현업 업무 부서의 분석 업무와 이중화/이원화 가능성이 높음
기능 구조		• 일반적인 분석 수행 구조 • 별도 분석 조직이 없고 해당 업무 부서에서 분석 수행 • 전사적 핵심 분석이 어려우며 부서 현황 및 실적 통계 등 과거 실적에 국한된 분석 수행 가능성이 높음
분산 구조		• 분석 조직 인력들을 현업 부서로 직접 배치하여 분석 업무 수행 • 전사차원의 우선 순위 수행 • 분석 결과에 따른 신속한 Action 가능 • Best Practice 공유 가능 • 부서 분석 업무와 역할 분담 명확화 필요

> **TIP** 🔍 **DSCoE**
>
> DSCoE(Data Science Center of Excellence): 데이터 사이언스 전문가 조직

1 다음 보기에서 설명하는 빅데이터 조직 구조 유형은 무엇인가?

> • 분석 조직 인력들을 현업 부서로 직접 배치하여 분석 업무 수행
> • 전사차원의 우선 순위 수행
> • 분석 결과에 따른 신속한 Action 가능
> • Best Practice 공유 가능
> • 부서 분석 업무와 역할 분담 명확화 필요

① 집중 구조
② 기능 구조
③ 분산 구조
④ 수평 구조

해설 분석 조직 인력들을 현업 부서로 직접 배치하여 분석 업무 수행하는 조직 구조 유형은 분산 구조에 해당된다.

해답 ③

3 다음 중 집중형 조직 구조에 대한 설명에 해당되는 것은?

① 분석 조직 인력들을 현업 부서로 직접 배치하여 분석 업무 수행
② 전략적 중요도에 따라 분석 조직이 우선 순위를 정해서 진행 가능
③ 별도 분석 조직이 없고 해당 업무 부서에서 분석 수행
④ 전사적 핵심 분석이 어려우며 부서 현황 및 실적 통계 등 과거 실적에 국한된 분석 수행

해설 집중 구조는 전사 분석 업무를 별도의 분석 전담 조직에서 담당하며, 전략적 중요도에 따라 분석 조직이 우선순위를 정해서 진행 가능하다.

해답 ②

2 빅데이터 조직 구조 유형에 해당하지 않는 것은 무엇인가?

① 집중 구조
② 기능 구조
③ 분산 구조
④ 수직 구조

해설 빅데이터 조직 구조 유형으로는 집중 구조, 기능 구조, 분산 구조로 구분된다.

해답 ④

4 다음 중 기능형 조직 구조에 대한 설명으로 맞지 않는 것은?

① 일반적인 분석 수행 구조
② 별도 분석 조직이 없고 해당 업무 부서에서 분석 수행
③ 전략적 중요도에 따라 분석 조직이 우선 순위를 정해서 진행 가능
④ 전사적 핵심 분석이 어려우며 부서 현황 및 실적 통계 등 과거 실적에 국한된 분석 수행

해설 전략적 중요도에 따라 분석 조직이 우선 순위를 정해서 진행 가능한 조직 구조는 집중 구조에 해당된다.

해답 ③

(3) 데이터 사이언스

- 데이터로부터 의미 있는 정보를 추출해내는 영역으로 다양한 정형, 비정형 데이터를 대상으로 분석뿐만 아닌 이를 구현하고 전달하는 과정까지를 포괄적으로 포함
- 다양한 데이터로부터 Insight를 추출하는 과정에서 방법론, 프로세스, 알고리즘, 시스템 등을 활용하며, Analytics(분석적 영역), 비즈니스 분석, IT 영역을 포괄함

[데이터 사이언스의 핵심 구성 요소]

데이터 사이언스 영역	내용
비즈니스 분석	• 생산, 제조, 구매 등 실제 업무를 수행하는 영역에서 빅데이터 정책, 수요를 파악하고, 현장 업무 분석
Analytics 영역	• 빅데이터 분석 기술을 활용하여 실질적으로 빅데이터를 탐색, 분석, 시각화하는 역할 수행
IT 전문 영역	• 빅데이터 분석 시스템을 설계, 개발, 운영하는 영역

(4) 데이터 사이언티스트

- 빅데이터에 대한 이론적 지식과 숙련된 분석 기술을 갖추고, 통찰력과 설득력, 협업 능력을 발휘할 수 있는 분석 전문가
- 통계학, 데이터 분석 관련 전문 지식뿐만 아니라 문제를 파고들어 질문을 찾고 검증 가능한 가설을 세우는 능력 필요

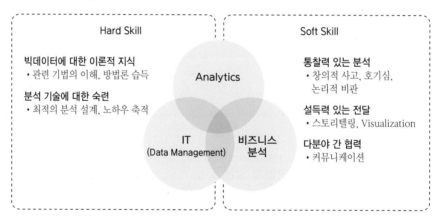

[데이터 사이언티스트 요구 역량]

1 데이터로부터 의미 있는 정보를 추출해내는 영역으로 다양한 정형, 비정형 데이터를 대상으로 분석뿐만 아닌 이를 구현하고 전달하는 과정까지 포함한 개념을 무엇이라 하는가?

① 데이터 사이언스
② 데이터 프로그램
③ 데이터 알고리즘
④ 데이터 시각화

해설 데이터 사이언스는 데이터로부터 의미 있는 정보를 추출해내는 영역으로 다양한 정형, 비정형 데이터를 대상으로 분석뿐만 아닌 이를 구현하고 전달하는 과정까지를 포괄적으로 포함한다.

해답 ①

2 데이터 사이언스 영역에 포함되지 않는 것은?

① 생산, 제조, 구매 등 실제 업무를 수행하는 영역에서 빅데이터 정책, 수요를 파악하고, 현장 업무 분석
② 빅데이터 분석 기술을 활용하여 실질적으로 빅데이터를 탐색, 분석, 시각화하는 역할 수행
③ 수집 데이터 저장을 위한 인프라 장비 구매/설치
④ 빅데이터 분석 시스템을 설계, 개발, 운영하는 영역

해설 데이터 사이언스 영역으로는 비즈니스 분석(①번 문항), Analytic 영역(②번 문항), IT 전문 영역(④번 문항)으로 구분되며, 데이터로부터 의미 있는 정보를 추출해내는 영역으로 다양한 정형, 비정형 데이터를 대상으로 분석뿐만 아닌 이를 구현하고 전달하는 과정까지를 포괄적으로 포함한다.

해답 ③

3 다음 중 Hard Skill에 해당되지 않는 것은?

① 빅데이터 관련 이론적 지식
② 분석 기술의 숙련도
③ 최적의 분석 설계
④ 설득력 있는 전달

해설 Hard Skill-빅데이터 관련 이론적 지식(관련 기법 이해, 방법론 습득), 분석 기술의 숙련도(최적의 분석 설계, 노하우 축척)
Soft Skill-분석의 통찰력(창의적 사고, 호기심, 논리적 비판), 설득력 있는 전달력(스토리텔링, 시각화), 여러 분야의 협력 능력

해답 ④

동영상

4 다음 중 Soft Skill에 해당되는 것을 모두 고른 것은?

> A. 분석의 통찰력
> B. 설득력 있는 전달력
> C. 데이터 관련 이론적 지식
> D. 분석 기술의 숙련도

① A, B   ② A, C
③ B, C   ④ B, D

해설 • Hard Skill: 빅데이터 관련 이론적 지식(관련 기법 이해, 방법론 습득), 분석 기술의 숙련도(최적의 분석 설계, 노하우 축척)
• Soft Skill: 분석의 통찰력(창의적 사고, 호기심, 논리적 비판), 설득력 있는 전달력(스토리텔링, 시각화), 여러 분야의 협력 능력

해답 ①

Section 02 빅데이터 기술 및 제도

1 빅데이터 플랫폼

(1) 빅데이터 플랫폼 정의

- 다양한 데이터 소스에서 수집한 데이터를 분석하여 가치를 추출하기 위해 사용할 수 있도록 준비된 환경 및 규격화된 기술
- 빅데이터 처리를 위한 기술 요소들의 집합체

[빅데이터 플랫폼 개념]

(2) 빅데이터 플랫폼 구조

- 주요 핵심 기술: 데이터 생성 기술, 수집 기술, 저장 기술, 공유 기술, 처리 기술, 분석 기술, 시각화 기술
- 데이터 분석 작업에 필요한 소프트웨어 구축과 빅데이터 수용 용량 및 처리, 분석 작업에 필요한 인프라 환경 포함

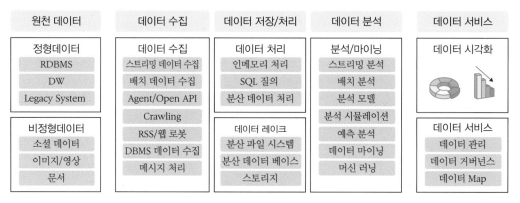

[빅데이터 플랫폼 구조 예시]

1 다음 중 빅데이터 플랫폼에 대한 설명으로 틀린 것은?

① 다양한 데이터를 분석하고 활용하여 가치를 추출하기 위해 준비된 환경이다.

② 데이터 처리를 위한 기술 요소들의 상호 작용이 일어난다.

③ 데이터를 생성, 수집, 저장, 분석, 시각화 하는 기술들로 구성되어 있다.

④ 빅데이터 분석 처리를 지원하는 컴퓨팅 인프라 환경은 포함되지 않는다.

해설 빅데이터 플랫폼에는 분석처리를 지원하는 컴퓨팅 인프라 환경도 포함된다.

해답 ④

2 다음 중 빅데이터 플랫폼의 주요 핵심 기술이 아닌 것은?

① 데이터 생성 기술

② 데이터 수집 기술

③ 데이터 분석 기술

④ 데이터 암호화 기술

해설 빅데이터 플랫폼의 요소 기술에는 데이터 생성 기술, 수집 기술, 저장 기술, 공유 기술, 처리 기술, 분석 기술, 시각화 기술이 있다.

해답 ④

3 다음 중 빅데이터 플랫폼의 주요 핵심 기술 중 그 성격이 다른 하나는?

① Data Mining

② Crawling

③ 시뮬레이션

④ 예측 분석

해설 Crawling 기술은 데이터 수집 기술에 해당하며 데이터 마이닝, 시뮬레이션, 예측 분석은 데이터 분석 기술에 해당한다.

해답 ②

4 다음 중 빅데이터 플랫폼의 구성 설명 중 틀린 것은?

① 데이터 분석 결과는 데이터 시각화를 통해 표현할 수 있다.

② 원천시스템의 다양한 정형, 비정형 데이터를 수집한다.

③ 빅데이터 플랫폼은 주로 분산 컴퓨팅 환경으로 구성된다.

④ 인공지능 기술인 머신 러닝은 빅데이터 분석에 활용하지 않는다.

해설 인공지능 기반의 분석 기술도 데이터 분석을 위해 활용한다.

해답 ④

(3) 빅데이터 플랫폼 구성 요소

구성 요소	관련 기술	설명
저장 관리	하둡 분산 파일 시스템 (HDFS)	• 대용량 파일을 분산 저장하고 저장된 데이터를 처리할 수 있게 하는 분산 파일 시스템 • 파일의 속성 정보를 기록하는 하나의 네임 노드(Name Node)와 일정한 크기로 나눈 데이터를 저장하는 다수의 데이터 노드(Data Node)로 구성
데이터베이스	Hbase	• 랜덤 엑세스와 실시간 읽고 쓰기 지원 • 테이블 샤딩으로 성능 향상
프로세싱	맵리듀스 (MapReduce)	• 병렬 및 분산 처리로 대용량 데이터를 신속하게 처리하기 위한 프로그램 • 데이터 분할(Split) → 맵(Map) → 셔플(Shuffle) → 리듀스(Reduce) 순서로 처리 • 데이터 집합을 작은 단위로 나누어 처리
	아파치 스파크 (Apache Spark)	• 빠른 성능을 위해 인 메모리 캐싱과 최적화된 실행을 사용하는 분산 처리 시스템 • 하둡보다 빠른 처리 속도로 실시간 분석 업무에 적용 • 스칼라(Scalar) 언어를 사용해 간단한 코드로 인터렉티브 쉘(Interactive shell)을 사용
분산/병렬 처리	하둡 (Hadoop)	• 대용량의 데이터를 분산 환경에서 처리할 수 있도록 지원하는 자바 기반 오픈소스 프레임워크 • 분산 파일 시스템(HDFS)과 맵리듀스와 에코 시스템을 구성하는 다양한 소프트웨어로 구성
분석 소프트웨어	R, Python	• 데이터 분석을 위한 프로그래밍 언어

1 다음 설명에 맞는 기술은 무엇인가?

> • 빠른 성능을 위해 인 메모리 캐싱과 최적화된 실행을 사용하는 분산 처리 시스템
> • 하둡보다 빠른 처리 속도로 실시간 분석 업무에 적용
> • 스칼라(Scala) 언어를 사용해 간단한 코드로 인터렉티브 셸(Interactive Shell)을 사용

① 하둡 분산 파일 시스템(HDFS)

② Hbase

③ 맵리듀스(MapReduce)

④ 아파치 스파크(Apache Spark)

해설 아파치 스파크는 빠른 성능을 위해 인 메모리 캐싱과 최적화된 실행을 사용하는 분산 처리 시스템에 해당된다.

해답 ④

3 다음 중 Hbase의 역할은 무엇인가?

① 저장 관리

② 데이터베이스

③ 프로세싱

④ 분석 소프트웨어

해설 Hbase는 데이터베이스로 랜덤 엑세스와 실시간 읽고 쓰기를 지원한다.

해답 ②

2 다음 중 빅데이터 플랫폼 구성 요소와 관련 기술이 잘못 연결된 것은?

① 저장 기술 – 하둡 분산 파일 시스템(HDFS)

② 프로세싱 – 맵리듀스(MapReduce)

③ 프로세싱 – 아파치 스파크(Apache Spark)

④ 분석 소프트웨어 – 하둡(Hadoop)

해설 분석 소프트웨어로는 R, Python이 있으며, 하둡은 분산, 병렬 처리 기술에 해당된다.

해답 ④

4 다음 중 맵리듀스의 데이터 처리 과정을 순서대로 나열한 것은?

① Split → Map → Shuffle → Reduce

② Split → Shuffle → Map → Reduce

③ Split → Shuffle → Reduce → Map

④ Map → Split → Reduce → Shuffle

해설 맵리듀스의 데이터 처리 과정은 데이터 분할(Split) → 맵(Map) → 셔플(Shuffle) → 리듀스(Reduce) 순서로 처리된다.

해답 ①

(4) 하둡 에코 시스템

- 하둡 에코 시스템은 하둡 프레임워크를 이루고 있는 다양한 서브 프로젝트들의 모임
- 수집, 저장, 처리, 분석, 관리를 위한 기술로 구분

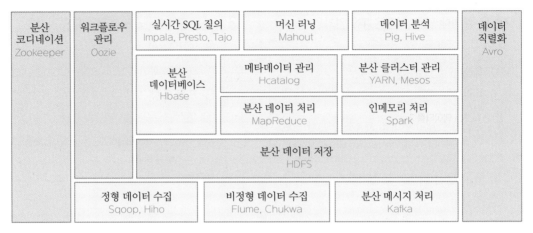

[하둡 에코 시스템 구성도]

① 데이터 수집, 저장, 처리 기술: 빅데이터 분석을 위한 원천 데이터를 수집하고 이를 저장하는 기술

구분	기술	설명
정형 데이터 수집	스쿱 (Sqoop)	• HDFS, RDBMS, DW, NoSQL 등 다양한 저장소에 대용량 (정형) 데이터를 신속하게 전송할 수 있는 데이터 전송 솔루션 • Oracle, MS SQL, DB2와 같은 상용 RDBM 또는 MySQL, PostgreSQL 오픈소스 RDBMS 지원
	히호 (Hiho)	• 대용량 데이터 전송 솔루션 • 하둡에서 데이터를 가져오기 위한 SQL 지정이 가능하고 JDBC 인터페이스를 지원
비정형 데이터 수집	척와 (Chukwa)	• 분산 환경에서 생성되는 데이터를 HDFS에 저장하는 플랫폼 • 분산된 각 서버에 에이전트를 실행하고, 콜렉터가 에이전트로부터 데이터를 받아 HDFS에 저장
	플룸 (Flume)	• 분산된 서버에 설치된 에이전트로부터 데이터를 전달받는 콜렉터로 데이터 수집 • 스트리밍 데이터 플로우 아키텍처를 기반으로 로그 데이터 수집
	스크라이브 (Scribe)	• 페이스북에서 개발한 데이터 수집 플랫폼 • 데이터를 중앙 집중 서버로 전송 • HDFS외 다양한 저장소 활용 가능 • HDFS에 저장하기 위해 JNI(Java Native Interface)를 이용
데이터 저장	HDFS	• 대용량 파일을 분산된 서버에 저장하는 하둡 분산 파일 시스템
	HBase	• HDFS의 컬럼 기반 데이터베이스

1 다음 중 데이터를 수집, 저장하는 하둡 에코 시스템의 기술이 **아닌** 것은?

① 스쿱   ② 피그

③ 척와   ④ HDFS

해설 피그는 데이터를 가공하는 기술에 해당된다.

해답 ②

2 다음 중 하둡 에코 시스템의 기술에 대한 설명으로 **옳지 않은** 것은?

① 스쿱(Sqoop) – 대용량 정형 데이터를 신속하게 전송할 수 있는 데이터 전송 솔루션

② 척와(Chukwa) – 분산 환경에서 생성되는 데이터를 HDFS에 저장하는 플랫폼

③ HDFS – 대용량 파일을 분산된 서버에 저장하는 분산 파일 시스템

④ 플룸(Flume) – 페이스북에서 개발한 데이터 수집 플랫폼

해설 플룸은 분산된 서버에 설치된 에이전트로부터 로그 데이터를 수집하는 데이터 수집 플랫폼이다. 페이스북에서 개발한 데이터 수집 플랫폼은 스크라이브(Scribe)이다.

해답 ④

3 다음 중 하둡 에코 시스템의 기술이 **잘못 연결된** 것은?

① 정형 데이터 수집 – 스쿱, 히호

② 비정형 데이터 수집 – 척와, 플룸, 스크라이브

③ 데이터 저장 – HDFS

④ 데이터 가공 – HCatalog

해설 HCatalog는 스토리지를 관리하는 기술에 해당된다.

해답 ④

4 다음에서 설명하는 빅데이터 플랫폼 수집 기술은 무엇인가?

- HDFS, RDBMS, 데이터웨어하우스, NoSQL 등 다양한 저장소에 대용량 데이터를 신속하게 전송하는 데이터 전송 솔루션
- 오라클, MS SQL, DB2 등 상용 RDBMS 또는 MySQL 등 오픈소스 RDBMS 지원

① HDFS

② 스쿱(Sqoop)

③ 척와(Chukwa)

④ Hbase

해설 다양한 데이터 저장소로부터의 정형 데이터를 수집하는 기술은 스쿱(Sqoop)이다.

해답 ②

② 데이터 가공, 분석 기술: 빅데이터를 가공, 분석하는 기술

구분	기술	설명
데이터 가공	피그 (Pig)	• 복잡한 맵리듀스 프로그래밍을 대체하기 위한 기술로 Pig Latin이라는 자체 스크립트 언어 제공 • 맵리듀스 API를 단순화시키고 SQL과 유사한 형태로 설계
	하이브 (Hive)	• 하둡 기반의 데이터웨어하우스(DW) 솔루션 • SQL과 유사한 HiveQL 쿼리 제공 • HiveQL 내부적으로 맵리듀스 작업으로 변환되어 실행
데이터 마이닝	머하웃 (Mahout)	• 하둡 기반 데이터 마이닝 알고리즘으로 구현한 오픈 소스 • 분류(Classification), 클러스터링(Clustering), 추천 및 협업 필터링(Recommenders/Collaborative Filtering), 진화 알고리즘 (Evolutionary Algorithms) 등 지원
데이터 직렬화	아브로 (Avro)	• RPC(Remote Procedure Call)과 데이터 직렬화를 지원하는 프레임워크 • JSON을 이용해 데이터 형식과 프로토콜 정의 • 작고 빠른 바이너리 포맷으로 데이터 직렬화
실시간 SQL 질의	임팔라 (Impala)	• 클라우데라에서 개발한 하둡 기반 실시간 SQL 질의 시스템 • 자체 엔진을 사용해 빠른 질의 성능 • 데이터 조회를 위한 인터페이스로 HiveQL 사용 • HBase와도 연동 가능

③ 하둡 에코 시스템 관리 기술: 빅데이터를 분석하는 여러 단계를 효율적으로 관리하고 모니터링하는 기술

구분	기술	설명
분산 코디네이션	주키퍼 (Zookeeper)	• 분산 환경에서 서버들 간에 상호 조정이 필요한 정보 공유, 락(Lock), 이벤트 등 다양한 서비스를 제공 • 하나의 서버에서 처리한 결과를 다른 서버들과 동기화 • 분산 환경을 구성하는 서버들의 환경 설정을 통합적으로 관리
스토리지 관리	HCatalog	• 하둡으로 생성한 데이터를 위한 테이블 및 스토리지 관리 서비스 • 하둡 에코 시스템 간의 상호 운용성 향상 지원
워크플로우 관리	우지 (Oozie)	• 하둡의 작업을 관리하는 워크플로우 및 코디네이터 시스템 • 자바 서블릿 컨테이너에서 실행되는 자바 웹 애플리케이션 서버 • 맵리듀스나 Pig 등 특화된 액션들로 구성된 워크플로우를 제어

1 다음 중 하둡 에코 시스템의 기술이 잘못 연결된 것은?

① 데이터마이닝 – 머하웃(Mahout)

② 분산 코디네이션 – 주키퍼(Zookeeper)

③ 데이터 저장 – HDFS

④ 데이터 가공 – HCatalog

해설 HCatalog는 스토리지를 관리하는 기술에 해당된다.

해답 ④

2 다음 중 하둡 에코 시스템의 기술에 대한 설명으로 옳지 않은 것은?

① 하이브(Hive) – 하둡 기반의 데이터 웨어하우스 솔루션으로 HiveQL 쿼리 제공

② HBase – HDFS의 컬럼 기반 데이터베이스

③ 머하웃(Mahout) – 하둡 기반에서 분류, 클러스터링 등 데이터 마이닝 알고리즘을 구현

④ 임팔라(Impala) – 복잡한 맵리듀스 프로그래밍을 대체하기 위한 기술로 Pig Latin이라는 자체 스크립트 언어 제공

해설 피그는 복잡한 맵리듀스 프로그래밍을 대체하기 위한 기술로 Pig Latin이라는 자체 스크립트 언어 제공한다. 임팔라는 클라우데라에서 개발한 하둡 기반 실시간 SQL 질의 시스템이다.

해답 ④

3 다음과 같은 빅데이터 플랫폼 기술은 무엇인가?

- 하둡의 작업을 관리하는 워크플로우 및 코디네이터 시스템
- 자바 서블릿 컨테이너에서 실행되는 자바 웹 애플리케이션 서버
- 맵리듀스나 Pig 등 특화된 액션들로 구성된 워크플로우를 제어

① R

② 우지(Oozie)

③ 주키퍼(Zookeeper)

④ HCatalog

해설 하둡의 작업을 관리하는 워크플로우 및 코디네이터 시스템은 우지에 해당된다.

해답 ②

4 주키퍼는 어떤 특성을 가진 하둡 에코 시스템의 기술에 해당되는가?

① 데이터 수집 기술

② 데이터 저장 기술

③ 데이터 분석 기술

④ 데이터 관리 기술

해설 주키퍼는 분산 환경에서 서버들 간에 상호 조정이 필요한 다양한 서비스를 제공하는 하둡 에코 시스템의 관리 기술에 해당된다.

해답 ④

2 빅데이터와 인공지능

(1) 인공지능의 개념

인간이 가진 지적 능력을 모방하여 컴퓨터가 인간처럼 사고하고 행동할 수 있게 만든 프로그램

인공지능(AI): 인간이 가진 지적 능력을 컴퓨터로 구현하는 기술 예 전문가 시스템, 사이버네틱스...

기계 학습(Machine Learning): 인공지능의 한 분야로 명시적으로 프로그래밍하지 않고, 데이터를 기반으로 컴퓨터가 인간처럼 스스로 학습하여 인간의 학습 능력을 실현하고자 하는 기술 예 의사결정트리, SVM, 인공신경망, 베이지안망...

딥 러닝(Deep Learning): 기계 학습 방법 중 하나로 인간의 뉴런 구조를 모방하여 이와 유사한 구조로 학습할 수 있게 하는 인공신경망 등을 이용하는 기술 예 CNN, RNN, DNN...

[인공지능과 머신러닝, 딥러닝 관계]

(2) 인공지능의 분류

구분	개념
약 인공지능 (Artificial Narrow Intelligence)	• 주어진 조건 하에 특정한 문제를 해결하기 위한 목적으로 구현된 인공지능 • 인간 학습 능력의 극히 일부를 구현
강 인공지능 (Artificial General Intelligence)	• 인간과 같은 사고가 가능한 인공지능 • 인간의 지성을 컴퓨터의 정보 처리 능력으로 구현
초 인공지능 (Artificial Super Intelligence)	• 모든 영역에서 인간을 뛰어넘는 지능을 가진 인공지능

(3) 기계 학습의 종류

구분	개념	활용 예시
지도 학습 (Supervised Learning)	• 입력 데이터와 출력 데이터에 대한 관계를 유추하여 새로운 입력 데이터를 받았을 때 올바른 출력 데이터를 유추하는 학습 기법	분류(Classification) 회귀 분석(Regression Analysis)
비지도 학습 (Unsupervised Learning)	• 입력 데이터에 대해 올바른 출력 데이터(목표값)이 없는 데이터의 집합을 Cluster로 분리하는 학습 기법	클러스터링(Clustering) 생성적 적대 신경망(Generative Adversarial Network)
반지도 학습 (Semi-supervised Learning)	• 목표값이 있는 데이터와 없는 데이터를 모두 학습에 이용하는 기법	지도 학습과 비지도 학습의 조합
강화 학습 (Reinforcement Learning)	• 선택 가능한 행동들 중 보상을 최대화하는 행동이나 순서를 선택하는 방법으로 학습하는 기법	게임 지능형 로봇 학습

(4) 빅데이터와 인공지능

- 인공지능의 학습을 위해 많은 데이터가 필요하며, 빅데이터는 신뢰성 있는 데이터를 제공하고 인공지능은 이를 학습 데이터로 활용하여 모형의 정확도를 높일 수 있음
- 다양한 현실 세계에서 생성되는 데이터를 빅데이터 기술로 수집·축적·관리하고 이를 통해 얻어진 신뢰성 있는 데이터를 인공지능 분석·추론·예측을 위한 학습 데이터로 활용

1 다음 중 기계 학습에 해당되지 않는 것은?

① 지도 학습

② 비지도 학습

③ 시뮬레이션

④ 강화 학습

해설 기계학습 종류로는 지도 학습, 비지도 학습, 반지도 학습, 강화 학습이 있다.

해답 ③

3 다음 중 기계 학습 분석 기법에 해당되지 않는 것은?

① 의사결정트리

② SVM

③ KNN

④ CNN

해설 기계 학습 분석 기법으로는 의사결정트리, SVM, 인공신경망, KNN 등이 있다. CNN은 딥러닝 분석 기법에 해당된다.

해답 ④

2 기계 학습에 대한 설명으로 잘못 기술된 것은?

① 지도 학습 – 입력 데이터와 출력 데이터에 대한 관계를 유추하여 새로운 입력 데이터를 받았을 때 올바른 출력 데이터를 유추하는 학습 기법

② 비지도 학습 – 입력 데이터에 대해 올바른 출력 데이터(목표값)이 없는 데이터의 집합을 군집(Cluster)으로 분리하는 학습 기법

③ 반지도 학습 – 목표값이 있는 데이터와 없는 데이터를 모두 학습에 이용하는 기법

④ 강화 학습 – 인간의 뉴런 구조를 모방하여 이와 유사한 구조로 학습할 수 있게 하는 인공신경망 등을 이용하는 기술

해설 강화 학습은 선택 가능한 행동들 중 보상을 최대화하는 행동이나 순서를 선택하는 방법으로 학습하는 기법이다.

해답 ④

4 다음 중 빅데이터와 인공지능에 대한 설명으로 가장 옳지 않은 것은?

① 빅데이터를 통해 얻어진 신뢰성 있는 데이터는 인공지능 학습에 활용한다.

② 인공지능의 발전으로 빅데이터의 중요성은 점차 작아지고 있다.

③ 다양한 현실 세계에서 생성되는 데이터를 빅데이터 기술로 수집, 축적, 관리한다.

④ 인공지능은 빅데이터를 학습 데이터로 활용하여 분석, 추론, 예측 알고리즘을 구현한다.

해설 빅데이터와 인공지능은 함께 발전하며 상호 보완적인 관계를 가진다.

해답 ②

3 개인 정보법·제도

(1) 개인 정보의 정의

- 살아있는 개인에 관한 정보로서 성명, 주민등록번호 및 영상 등을 통해 개인을 알아볼 수 있는 정보
- 해당 정보만으로는 특정 개인을 알아볼 수 없더라도 다른 정보와 결합하여 알아볼 수 있는 정보
- 개인 정보를 가명 처리함으로써 원래 상태로 복원하기 위한 추가 정보의 사용, 결합 없이 특정 개인을 알아 볼 수 없는 정보인 가명 정보도 개인 정보에 해당

TIP 🔍 개인 정보의 예시

유형	개인정보 예
인적 사항 정보	성명, 주민 등록 번호, 운전 면허 번호, 여권 번호, 주소, 전화 번호, 생년 월일, 출생지, 본적지, 성별, 국적
신체적 정보	얼굴, 지문, 홍채, 음성, 유전자 정보, 키, 몸무게 등
가족 관계 정보	가족 구성원들의 이름, 출생지, 생년 월일, 직업, 전화 번호
사회적 정보	사상, 신념, 정치적 견해, 전과, 범죄 기록, 과태료 납부 내역, 직장·근로 경력, 직무 평가 기록
교육 정보	학교 출석 사항, 최종 학력, 학교 성적, 기술 자격증 및 전문 면허증, 이수 훈련 프로그램, 동아리 활동, 상벌 사항
병역 정보	군번 및 계급, 제대 유형, 주특기, 근무 부대
부동산 정보	소유 주택, 토지, 자동차, 기타 소유 차량, 상점 및 건물
소득 정보	소득, 연봉액, 상여금 및 수수료, 기타 소득의 원천
신용 정보	대부 잔액 및 지불 상황, 저당, 신용카드, 지불 연기 및 미납액
보건/의료 정보	진료 기록, 신체 장애 및 장애 등급 등
기타 정보	전화 통화 내역, IP주소, 웹 사이트 접속 내역, 이메일, 문자 메시지, 개인 위치 정보 등

(2) 개인 정보 보호

1) 개인 정보 보호 의미

- 개인 정보 보호는 정보 주체의 개인 정보 자기결정권을 철저히 보장하는 것
- 개인 정보 자기결정권: 자신에 관한 정보가 언제, 어떻게 그리고 어느 범위까지 타인에게 전달되고 이용될 수 있는지를 그 정보 주체가 스스로 결정할 수 있는 권리

1 다음 내용에 적합한 용어는 무엇인가?

> 살아있는 개인에 관한 정보로 개인을 알아볼 수 있는 정보

① 개인 정보   ② 보호 조치

③ 식별화   ④ 개인 정보 보호

해설 개인 정보는 살아있는 개인에 관한 정보로서 성명, 주민 등록 번호 및 영상 등을 통해 개인을 알아볼 수 있는 정보를 의미한다.

해답 ①

2 다음 중 개인 정보에 대한 설명으로 적절하지 않은 것은?

① 개인 정보란 살아있는 개인에 관한 정보로 개인을 알아볼 수 있는 정보를 의미한다.

② 해당 정보로 특정 개인을 알아 볼 수 없지만 다른 정보와의 결합으로 특정 개인을 알아볼 수 있다면 이 정보도 개인정보이다.

③ 개인 정보 자기결정권은 정보 주체가 스스로 자신의 정보이용에 대한 결정권을 갖는 것을 의미한다.

④ 결합 없이는 특정 개인을 알아 볼 수 없는 가명 정보는 개인 정보가 아니다.

해설 개인 정보는 살아있는 개인에 관한 정보로서 성명, 주민등록번호 및 영상 등을 통해 개인을 알아볼 수 있는 정보를 의미하며 결합 없이는 특정 개인을 알아 볼 수 없는 가명 정보도 개인 정보에 해당한다.

해답 ④

3 다음 중 개인 정보 유형에 관한 예로 잘못 기술된 것은?

① 인적 사항 정보– 성명, 주민 등록 번호, 운전 면허 번호, 주소, 전화 번호, 생년월일, 출생지, 본적지, 성별, 국적

② 신체적 정보 – 얼굴, 지문, 홍채, 음성, 유전자 정보, 키, 몸무게

③ 사회적 정보 – 가족 구성원들의 이름, 출생지, 생년월일, 주민등록번호, 직업, 전화번호

④ 교육 정보 – 학교 출석 사항, 최종 학력, 학교 성적, 기술 자격증 및 전문 면허증, 이수 훈련 프로그램, 동아리 활동, 상벌 사항

해설 가족 구성원들의 이름, 출생지, 생년 월일, 주민 등록 번호, 직업, 전화 번호 등은 가족 관계 정보에 해당된다.

해답 ③

동영상

4 다음 중 개인 정보에 해당되지 않는 것은 무엇인가?

① 이메일

② 지문

③ 거주지 날씨 정보

④ 가명 정보

해설 결합 없이 특정 개인을 알아볼 수 없는 정보인 가명 정보도 개인 정보에 해당된다.

해답 ③

2) 개인 정보 보호 원칙

원칙	개인 정보 항목
수집 제한의 원칙	• 개인 정보의 수집은 그 목적에 필요한 범위에서 최소한의 개인 정보만을 적법하고 정당하게 수집하여야 한다.
이용 제한의 원칙	• 이용 목적에 적합하게 처리하여야 하며, 그 목적 외의 용도로 활용하여서는 아니된다.
정보 정확성의 원칙	• 처리 목적에 필요한 범위에서 개인 정보의 정확성, 완전성 및 최신성이 보장되도록 하여야 한다.
안전성 확보 원칙	• 처리 방법 및 종류 등에 따라 정보 주체의 권리가 침해 받을 가능성과 그 위험 정도를 고려하여 개인 정보를 안전하게 관리하여야 한다.
정보 주체 참여 원칙	• 정보 주체인 개인은 자신과 관련한 열람 청구권, 이의 제기, 삭제 및 보완 등 정보 주체의 권리가 보장되어야 한다.
목적 명확화 원칙	• 정보 주체의 사생활 침해를 최소화하는 방법으로 개인 정보를 처리하여야 한다.
공개의 원칙	• 개인 정보의 익명처리가 가능한 경우에는 익명에 의하여 처리될 수 있도록 하여야 한다.
책임의 원칙	• 개인 정보 처리자는 관계 법령에서 규정하고 있는 책임과 의무를 준수하고 실천함으로써 정보주체의 신뢰를 얻기 위하여 노력하여야 한다.

(3) 개인 정보 보호법의 주요 내용

구분	내용
적용 대상	• 분야별 개별법에 따라 시행되던 개인 정보 보호의무 적용 대상을 공공·민간 부문의 모든 개인 정보 처리자로 확대 적용
보호 범위	• 종이 문서에 기록된 개인 정보 외에 컴퓨터 등에 의해 처리되는 정보, 가명 처리된 개인 정보도 보호대상에 포함
개인 정보 수집·이용·제공 기준	• 개인 정보를 수집할 때는 정보 주체의 동의를 받아야 하며, 수집·이용 목적, 수집 항목, 보유 및 이용 기간, 동의 거부권 등을 알려야 함 • 개인 정보를 수집할 때는 필요 최소한으로 수집해야 하며, 제3자에게 제공할 때는 정보 주체의 동의를 받아야 함
개인 정보의 처리 제한	• 정보 주체의 사생활을 침해할 우려가 있는 정보 처리 금지 • 고유 식별 정보는 법령에서 구체적으로 처리를 요구한 경우를 제외하고 원칙적으로 처리 금지
정보 주체의 권리 보장	• 정보 주체는 개인 정보 처리자에게 자신의 개인 정보에 대한 열람, 정정·삭제, 처리 정지 등을 요구 가능 • 정보 주체는 개인 정보 처리자의 고의 또는 중대한 과실로 인하여 개인 정보가 분실, 도난, 유출, 위조, 변조 또는 훼손된 경우 손해에 대한 배상을 요청할 수 있음
안전 조치 의무	• 개인 정보 처리자는 개인 정보가 분실, 도난, 유출, 위조, 변조 또는 훼손되지 않도록 안전성 확보에 필요한 기술적·관리적 및 물리적 조치를 하여야 함
가명 정보의 처리에 관한 특례 도입	• 통계 작성, 과학적 연구, 공익적 기록 보존 등을 위하여 정보 주체의 동의 없이도 가명 정보 처리 허용 • 처리 목적 외로 이용하거나 제3자에게 제공, 영리 또는 부정한 목적으로 이용 금지

1 개인 정보 보호 가이드 라인으로 올바르지 않은 것은?

① 개인 정보가 포함된 공개된 정보 및 이용 내역정보는 비식별화 조치를 취한 후 수집, 저장, 조합, 분석 및 제3자 제공 등이 가능하다.

② 개인 정보 취급방침을 통해 비식별화 조치 후 빅데이터 처리 사실·목적·수집 출처 및 정보 활용 거부권의 행사 방법 등은 이용자에게 공개하지 않아도 된다.

③ 민감 정보 및 통신 비밀의 수집·이용·분석 등 처리 금지한다.

④ 비식별화 조치가 취해진 정보를 저장·관리하고 있는 정보 처리 시스템에 대한 기술적·관리적 보호조치 적용한다.

해설 개인 정보 취급 방침을 통해 비식별화 조치 후 빅데이터 처리 사실, 목적, 수집 출처 및 정보 활용 거부권의 행사 방법 등을 이용자에게 투명하게 공개해야 한다.

해답 ②

2 개인 정보 보호법의 주요 내용에 해당되지 않은 것은?

① 개인 정보 보호법의 적용 대상은 각 분야별 개별법에 따라 시행된다.

② 종이 문서에 기록된 개인 정보 외에 컴퓨터 등에 의해 처리되는 정보, 가명 처리된 개인 정보도 보호 대상에 포함된다.

③ 정보 주체는 개인 정보 처리자에게 자신의 개인 정보에 대한 열람, 정정·삭제, 처리 정지 등을 요구 가능하다.

④ 개인 정보를 제3자에게 제공할 때는 정보 주체의 동의를 받아야 한다.

해설 개인 정보 보호법의 적용 대상은 분야별 개별법에 따라 시행되던 개인 정보 보호 의무 적용 대상을 공공·민간 부문의 모든 개인 정보 처리자로 확대 적용한다.

해답 ①

3 다음 중 개인 정보 수집 및 활용 동의 시 필수적으로 고지해야 할 사항이 아닌 것은?

① 데이터 수집·이용 목적

② 보유 및 이용 기간

③ 동의 거부권

④ 데이터 수집 방법

해설 개인 정보 활용 동의 시 필수 고지 사항은 데이터 수집·이용 목적, 수집 항목, 보유 및 이용 기간, 동의 거부권이다.

해답 ④

4 다음 중 개인 정보 수집, 이용 동의 없이 수집, 이용이 가능한 경우에 해당되지 않은 것은?

① 정보 주체와의 계약의 체결 및 이행을 위해 불가피하게 필요한 경우

② 개인 정보 처리자의 정당한 이익을 위해 필요한 경우로 명백하게 정보 주체의 권리보다 우선하는 경우

③ 공공기관이 법령 등에서 정하는 소관업무 수행을 위해 불가피한 경우

④ 정보 주체가 관심 있어 하는 마케팅 정보를 제공하기 위해 필요한 경우

해설 정보는 동의 없이 수집, 이용이 가능하다고 정해진 경우(①, ②, ③) 외 개인 정보 수집, 이용 동의 없이 수집, 이용해서는 안 된다.

해답 ④

4 개인 정보 활용

(1) 데이터 3법 개정에 따른 개인 정보 활용

- '개인 정보 보호법', '신용정보의 이용 및 보호에 관한 법률' (약칭: 신용정보법), '정보통신망 이용촉진 및 정보 보호 등에 관한 법률' (약칭 : 정보통신망법)의 개정 시행 ('20.8.5 시행)
- 데이터 3법은 '개인 정보 보호법', '정보통신망법', '신용정보법' 등 3개 법률을 총칭하는 것으로 4차산업 시대의 도래에 따른 데이터 활성화 추진 및 데이터의 효율적이고 안전한 활용을 도모하고자 개정

법률명	소관부처	규제 완화 주요 내용
개인 정보 보호법	행정안전부	• 가명 정보를 상업적 목적으로 활용 가능 • 개인 정보 보호 감독 기관을 개인정보보호위원회로 일원화 • 개인 정보 범위의 판단 기준 제시 • 수집 목적과 합리적 관련 범위 내에서의 활용 확대
신용정보법	금융위원회	• 가명 정보 금융분야 빅데이터 분석 및 이용의 법적 근거 마련 • 가명 정보 주체 동의 없이 이용 및 제공 허용
정보통신망법	과학기술정보통신부 방송통신위원회	• 온라인상 개인 정보 보호 규제 감독 권한 개인정보보호위원회로 변경 • 개인 정보 보호법과 유사·중복 규정 삭제

- 데이터 3법 개정으로 개인 정보의 범위가 명확해지고 가명 정보 이용이 제도화되어 기업들의 빅데이터 활용 및 분석의 근거가 마련되어 마이 데이터 등 향후 빅데이터 분석 및 인공지능 등 신기술을 이용한 데이터 이용이 활성화될 것으로 기대

TIP 마이 데이터(My Data)

마이 데이터(My Data): 정보 주체인 개인이 본인의 정보를 적극적으로 관리, 통제하고 이를 신용관리, 자산관리 등 개인 생활에 능동적으로 활용하는 일련의 과정

(2) 개인정보 개념 및 활용 가능 범위

구분	개념	활용 가능 범위
개인 정보	살아있는 개인에 관한 정보로 성명, 주민 등록 번호, 영상 등 개인을 알아볼 수 있는 정보	• 사전에 구체적인 동의를 받는 범위 내에서 활용 가능 • 필수 고지 사항 : 수집·이용 목적, 수집 항목, 보유 및 이용 기간, 동의 거부권
가명 정보	개인 정보의 일부 또는 전부를 삭제·대체하는 등 가명 처리를 통해 추가 정보 없이는 특정 개인을 알아볼 수 없는 정보	• 통계 작성 (상업적 목적 포함), 연구 (산업적 연구 포함), 공익적 기록 보존 목적 등은 동의 없이 활용 가능
익명 정보	시간, 비용, 기술 등을 합리적으로 고려할 때 다른 정보를 사용하여도 더 이상 개인을 알아볼 수 없는 정보	• 개인 정보가 아니기 때문에 제한 없이 자유롭게 활용

1 다음 보기의 설명에 적당한 용어는 무엇인가?

> 개인 정보의 일부를 삭제하거나 일부 또는 전체를 대체하는 등 방법으로 추가 정보의 사용 없이는 특정 개인을 알아볼 수 없게 조치한 정보

① 가명 정보

② 익명 정보

③ 표준 정보

④ 개인 정보

해설 가명 정보는 개인 정보의 일부를 삭제하거나 일부 또는 전체를 대체하는 등 방법으로 추가 정보의 사용 없이는 특정 개인을 알아볼 수 없게 조치한 정보를 의미한다.

해답 ①

3 다음 중 마이 데이터가 시사하는 바로 옳게 기술된 것은 무엇인가?

① 데이터 통합 시대 도래

② 데이터 가치 부여

③ 데이터 관리의 중요성

④ 데이터 권리 시대

해설 마이 데이터는 정보 주체인 개인이 본인의 정보를 적극적으로 관리, 통제하는 것으로 데이터에 대한 권리를 요구하는 시대를 의미한다.

해답 ④

2 데이터 기본 3법에 해당되지 않은 것은?

① 개인 정보 보호법

② 신용정보법

③ 정보통신산업 진흥법

④ 정보통신망법

해설 데이터 3법에는 개인 정보 보호법, 신용정보법, 정보통신망법이 포함되어 있다.

해답 ③

4 다음 중 개인 정보 보호법에 관한 내용이 아닌 것은?

① 소관부처가 금융위원회이다.

② 가명 정보를 상업적 목적으로 활용 가능하다.

③ 개인 정보 범위의 판단 기준을 제시한다.

④ 수집 목적과 합리적 관련 범위 내에서 활용을 확대하고자 한다.

해설 개인 정보 보호법의 소관부처는 행정안전부이다.

해답 ①

(3) 가명 정보 처리 가이드라인

1) 배경 및 개요

- 빅데이터, 인공지능 등 다양한 융·복합 산업에서의 데이터 이용 수요가 급증하고, 데이터 활용의 핵심인 가명 정보 활용에 대한 법적 근거가 마련됨(데이터 3법 개정)
- 가명 정보의 처리 과정에서의 개인 정보 오·남용을 방지하고, 데이터 산업 활성화를 위한 안전한 가명 정보 활용 방안 안내
- 개인 정보 처리자의 정당한 처리 범위 내에서 통계 작성, 과학적 연구, 공익적 기록 보존 등의 목적으로 정보 주체 동의 없이 처리 가능

2) 개인 정보의 가명 처리 단계별 절차

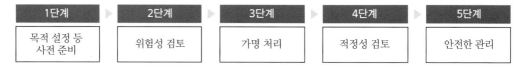

[개인 정보 가명 처리 절차]

3) 가명 정보 처리 세부절차

절차	설명
목적 설정 등 사전 준비	가명 정보 처리 목적을 명확히 설정하고 가명 정보 처리 목적의 적합성 검토 및 필요한 서류 작성
위험성 검토	사전 준비 단계에서 설정한 목적을 달성하기 위해 필요한 항목을 개인 정보 파일에서 선정 가명 처리 대상 데이터의 식별 위험성을 분석·평가하여 가명 처리 방법 및 수준 반영
가명 처리	식별 위험성 검토 결과를 기반으로 가명 정보의 활용 목적 달성에 필요한 항목별 가명 처리 계획을 설정 가명처리 계획을 기반으로 가명처리 수행
적정성 검토	가명 처리 결과 적정성을 최종 검토
안전한 관리	적정성 검토 이후 생성된 가명 정보를 법에 따라 사후 관리

1 개인 정보의 가명 처리 절차를 순서대로 나열한 것은?

① 사전 준비 → 위험성 검토 → 가명 처리 → 적정성 검토 → 사후 관리

② 사전 준비 → 적정성 검토 → 가명 처리 → 위험성 검토 → 사후 관리

③ 적정성 검토 → 사전 준비 → 가명 처리 → 위험성 검토 → 사후 관리

④ 위험성 검토 → 사전 준비 → 가명 처리 → 적정성 검토 → 사후 관리

해설 개인 정보 가명 처리 절차는 사전 준비 → 위험성 검토 → 가명 처리 → 적정성 검토 → 사후 관리(안전한 관리) 순으로 진행한다.

해답 ①

2 개인 정보의 가명 처리 절차 단계에 대한 설명 가운데 잘못 기술된 것은?

① 사전 준비 – 가명 정보 처리 목적의 적합성을 검토하고, 정보의 종류, 범위를 명확히 하여 가명 처리 대상을 선정

② 가명 처리 – 정보 집합물에서 개인을 식별할 수 있는 요소를 전부 또는 일부 삭제하거나 대체하는 등의 방법 활용

③ 적정성 검토 – 다른 정보와 쉽게 결합하여 개인을 간접적으로 식별할 수 있도록 조치

④ 위험성 검토 – 가명 처리 대상 정보의 식별 위험성, 다른 항목과 결합을 통해 식별될 가능성, 재식별 시 사회적 파장 등 영향도를 검토

해설 다른 정보와 쉽게 결합하여 개인을 식별할 수 없어야 되며 이를 판단하기 위해 적정성을 검토한다.

해답 ③

3 개인 정보 가명 처리 절차 가운데 가명 정보 안전조치, 재식별 가능성 모니터링 등 비식별 정보 활용 과정에서 재식별 방지를 위해 필요한 조치 수행하는 단계는 무엇인가?

① 사전 준비   ② 가명 처리

③ 위험성 검토   ④ 사후 관리

해설 사후 관리를 통해 비식별 정보 안전 조치, 재식별 가능성 모니터링 등 비식별 정보 활용 과정에서 재식별 방지를 위해 필요한 조치 수행한다.

해답 ④

4 개인 정보 가명 처리 절차 가운데 가명 처리에 대한 설명으로 맞게 기술된 것은?

① 가명 정보 안전 조치, 재식별 가능성 모니터링 등 가명 정보 활용 과정에서 재식별 방지를 위해 필요한 조치 수행

② 정보 집합물에서 개인을 식별할 수 있는 요소를 전부 또는 일부 삭제하거나 대체하는 등의 방법을 활용, 개인을 알아볼 수 없도록 조치

③ 빅데이터 분석을 위해 정보를 처리하려는 사업자 등은 해당 정보가 개인 정보인지 여부를 판단

④ 다른 정보와 쉽게 결합하여 개인을 식별할 수 있는지를 평가

해설 비식별 조치는 정보 집합물에서 개인을 식별할 수 있는 요소를 전부 또는 일부 삭제하거나 대체하는 등의 방법을 활용, 개인을 알아볼 수 없도록 조치를 의미한다.

해답 ②

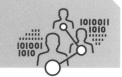

Section 01 **분석 방안 수립**

1 분석 로드맵 설정

(1) 분석 로드맵 설정

- 분석 과제를 대상으로 전략적 중요도, 비즈니스 성과 및 ROI, 분석 과제의 실행 용이성 등을 고려하여 우선 순위를 설정
- 과제의 우선 순위뿐만 아니라 분석 과제별 적용 범위 및 방식을 고려하여 분석 로드맵 수립

(2) 분석 로드맵 설정 단계

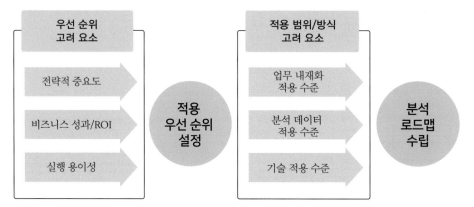

[분석 로드맵 수립]

단계	추진 목표	상세 과제
데이터 분석 체계 도입	• 비즈니스 Pain Point 식별 • 분석 과제 정의 및 로드맵 수립	• 분석 기회 발굴 • 분석 과제 정의 • 마스터 플랜 수립
데이터 분석 유효성 검증	• 분석 과제 Pilot 실행 • 비즈니스 유효성, 타당성 검증 • 기술적 실현 가능성 검증 • 분석 알고리즘, 아키텍처 설계	• 분석 알고리즘 설계 • 아키텍처 설계 • 분석 과제 Pilot 수행
데이터 분석 확산 및 고도화	• 검증된 분석 과제를 업무 프로세스에 내재화 • 빅데이터 관련 시스템 구축 • 유관 시스템 고도화	• 업무 프로세스 변화 관리 (Process Innovation) • 시스템 구축 • 유관 시스템 고도화

1 분석 로드맵 설정 단계에 해당되지 않는 것은?

① 데이터 분석 체계 도입
② 데이터 분석 유효성 검증
③ 데이터 분석 산출물 정리
④ 데이터 분석 고도화

해설 분석 로드맵 설정 단계는 데이터 분석 체계 도입 → 데이터 분석 유효성 검증 → 데이터 분석 확산 및 고도화이다.

해답 ③

3 분석 로드맵 설정 시 적용 범위 및 방식을 결정하는 고려 요소가 아닌 것은?

① 분석 데이터 적용 수준
② 업무 내재화 적용 수준
③ 기술 적용 수준
④ 분석 조직 적용 수준

해설 분석 과제의 적용 범위 및 방식을 결정하는 고려 요소는 업무 내재화 적용 수준, 분석 데이터 적용 수준, 기술 적용 수준이다.

해답 ④

2 분석 로드맵 설정 시 적용 우선 순위 선정을 위한 고려 요소가 아닌 것은?

① 전략적 중요도
② 업무 내재화 적용 수준
③ 비즈니스 성과/ROI
④ 실행 용이성

해설 적용 우선 순위 선정을 위한 고려 요소는 전략적 중요도, 비즈니스 성과/ROI, 실행 용이성이다. 업무 내재화 적용 수준은 적용 범위 및 방식을 결정하는 고려 요소이다.

해답 ②

4 다음에서 설명하는 분석 로드맵 설정 단계는 무엇인가?

- 기술적 실현 가능성을 확인한다.
- 분석 알고리즘과 아키텍처를 설계한다.
- 파일럿 분석 과제를 실행한다.

① 데이터 분석 체계 도입
② 데이터 분석 유효성 검증
③ 데이터 분석 확산/고도화
④ 데이터 분석 평가

해설 데이터 분석 유효성 검증 단계에는 분석 과제 파일럿 실행, 비즈니스 유효성과 기술적 실현 가능성을 검증하고, 분석 알고리즘과 아키텍처를 설계한다.

해답 ②

2 분석 문제 정의

(1) 데이터 분석 기획

- 분석 기획은 분석 수행에 앞서 분석을 수행할 과제 정의 및 의도했던 결과를 도출할 수 있도록 이를 적절하게 관리할 수 있는 방안을 사전에 계획하는 일련의 작업
- 어떠한 목표(What)를 달성하기 위하여(Why) 어떠한 데이터를 가지고 어떤 방식으로(How) 수행할지에 대한 일련의 계획 수립
- 분석 대상과 방법에 따라 개선을 통한 최적화, 솔루션 찾기, 새로운 통찰 도출, 발견의 방법 4가지 유형을 넘나들면서 분석을 수행하고 결과를 도출하는 과정 반복

[분석 주제 유형]

유형	설명
최적화 (Optimization)	분석 대상을 알고 있고 분석 방법을 알고 있는 경우 개선을 통한 최적화의 형태로 분석을 수행
솔루션 (Solution)	분석 대상은 알고 있으나 분석 방법을 알지 못하는 경우 분석 주제에 대한 솔루션을 찾아내는 방식으로 분석 수행
통찰 (Insight)	분석 대상을 모르지만 분석 방법을 알고 있는 경우 기존 분석 방식을 활용하여 새로운 지식인 통찰을 도출
발견 (Discovery)	분석 대상도 모르고 분석 방법도 모르는 경우 분석 대상과 방법을 새롭게 발견

(2) 분석 문제 도출

- 비즈니스 상에서 풀어야 할 다양한 문제를 데이터 분석 문제로 변환하여 분석 문제 도출
- 분석 문제 도출 방식: 하향식 접근 방법, 상향식 접근 방법

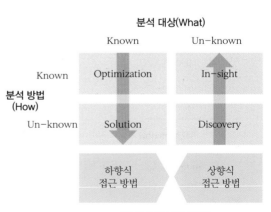

[분석 문제 도출 유형]

1 분석 대상 및 방법에 따른 분석 기획 유형에 해당하지 않는 것은?

① 최적화(Optimization)
② 솔루션(Solution)
③ 통찰(In-sight)
④ 분석(Analysis)

해설 대상별 분석 기획 유형으로는 최적화, 솔루션, 통찰, 발견이다.

해답 ④

2 빅데이터 분석 기획 유형 가운데 분석 대상을 알고 있는 경우에 해당되는 유형으로 알맞게 짝지어진 것은?

① 최적화 – 솔루션
② 최적화 – 통찰
③ 솔루션 – 발견
④ 발견 – 통찰

해설

최적화(Optimization)	분석 대상 Known, 분석 방법 Known
솔루션(Solution)	분석 대상 Known, 분석 방법 Un-Known
통찰(Insight)	분석 대상 Un-Known, 분석 방법 Known
발견(Discovery)	분석 대상 Un-Known, 분석 방법 Un-Known

해답 ①

3 빅데이터 분석 유형 중 분석 대상을 모르지만(Un-known) 분석 방법을 알고 있는 (Known) 경우에 해당되는 유형으로 적절한 것은?

① 최적화(Optimization)
② 솔루션(Solution)
③ 통찰(Insight)
④ 발견(Discovery)

해설 분석 대상을 모르지만 분석 방법을 알고 있는 경우 기존 분석 방식을 활용하여 새로운 지식인 통찰 (Insight)을 도출 유형이다.

해답 ③

4 분석 기획 시 분석 대상과 방법에 따른 분류 유형으로 옳지 않은 것은?

① Optimization: 분석 대상을 알고 있고 분석 방법을 알고 있는 경우
② Insight: 분석 대상을 모르지만 분석 방법을 알고 있는 경우
③ Question: 분석 대상은 알고 있으나 분석 방법을 알지 못하는 경우
④ Discovery: 분석 대상도 모르고 분석 방법도 모르는 경우

해설 Solution은 분석 대상은 알고 있으나 분석 방법을 알지 못하는 경우에 해당되는 유형이다.

해답 ③

(3) 하향식 접근 방법(Top-down Approach)

- 분석 문제가 주어지고 이에 대한 해법을 찾기 위해 각 과정을 체계적으로 단계화하여 수행하는 방식
- 도출된 여러 대안의 평가 과정을 거쳐 가장 우월한 대안 선택

절차	설명
문제 탐색	• 비즈니스 모델 관점에서 업무, 제품, 고객, 규제와 감사, 지원 인프라 단위로 문제 발굴 • 거시적 관점 요인, 경쟁자 동향, 시장 니즈의 변화, 역량 재해석 등 새로운 관점의 접근 • 유사 · 동종 사례 벤치마킹을 통한 분석 기회 발굴
문제 정의	• 식별된 비즈니스 문제를 데이터 문제로 변환하여 정의 • 문제 해결을 위해 필요한 데이터 및 기법 정의
해결방안 탐색	• 정의된 데이터 분석 문제를 해결하기 위한 방안 탐색 • 소요 예산 및 활용 가능한 도구 고려
타당성 검토	• 도출된 문제 해결을 위해 제시된 대안의 타당성 평가 • 비용 대비 편익 분석 관점의 경제적 타당성 검토 • 데이터 및 기술 관점의 타당성 검토

(4) 상향식 접근 방법(Bottom-up Approach)

- 문제의 정의가 어려운 경우 데이터를 기반으로 문제의 재정의 및 해결 방안을 탐색하고 이를 지속적으로 개선하는 방식
- 데이터를 활용하여 생각하지 못했던 인사이트(Insight)를 도출하고 시행착오를 통해 개선해 가는 접근 방식

방법	설명
디자인 싱킹 (Design Thinking)	• 사물을 있는 그대로 인식하는 'What' 관점에서 객관적으로 존재하는 데이터 그 자체를 관찰 • Empathize → Define → Ideate → Prototype → Test 단계
비지도 학습 (Unsupervised Learning)	• 데이터 자체의 결합, 연관성, 유사성 등을 중심으로 데이터의 상태를 표현 • 장바구니 분석, 군집 분석, 기술 통계, 프로파일링 등 데이터 마이닝 기법 활용
프로토타이핑 접근법 (Proto–typing Approach)	• 분석을 시도해 보고 그 결과를 확인해가면서 반복적으로 개선 • 가설 생성(Hypotheses), 디자인에 대한 실험(Design Experiments), 실제 환경에서의 테스트(Test), 테스트 결과에서 인사이트(Insight) 도출 및 가설 확인 단계로 구성

1 분석 문제 도출 방식 중 하향식 접근 방법(Top-down Approach)에 해당되지 않는 것은?

① 분석 문제가 주어지고 이에 대한 해법을 찾기 위해 각 과정을 체계적으로 단계화하여 수행하는 방식이다.

② 데이터를 활용하여 생각하지 못했던 인사이트(Insight)를 도출하고 시행착오를 통해 개선해가는 접근 방식이다.

③ 현황 분석을 통해 문제 탐색, 문제 정의, 해결 방안 탐색, 타당성 검토를 거쳐 분석 과제를 도출하는 과정이다.

④ 도출된 여러 대안의 평가 과정을 거쳐 가장 우월한 대안 선택한다.

해설 데이터를 활용하여 생각하지 못했던 인사이트(Insight)를 도출하고 시행착오를 통해 개선해가는 접근 방식은 상향식 접근 방법에 해당된다.

해답 ②

2 문제의 정의가 어려운 경우 데이터를 기반으로 문제의 재정의 및 해결 방안을 탐색하고 이를 지속적으로 개선하는 방법을 무엇이라고 하는가?

① 밀집형 접근 방법

② 분산형 접근 방법

③ 하향식 접근 방법

④ 상향식 접근 방법

해설 상향식 접근 방법은 문제의 정의가 어려운 경우 데이터를 기반으로 문제의 재정의 및 해결 방안을 탐색하고 이를 지속적으로 개선하는 방법이다.

해답 ④

3 하향식 접근 방법(Top-down Approach)에서 문제 탐색 단계에 대한 설명으로 적절하지 않은 것은?

① 비즈니스 모델 관점에서 업무, 제품, 고객, 규제와 감사, 지원 인프라 단위로 문제를 발굴한다.

② 식별된 비즈니스 문제를 데이터 문제로 변환한다.

③ 거시적 관점 요인, 경쟁자 동향, 시장 니즈의 변화, 역량 재해석 등 새로운 관점으로 접근한다.

④ 유사·동종 사례 벤치마킹을 통한 분석 기회 발굴한다.

해설 식별된 비즈니스 문제를 데이터 문제로 변환하여 정의하는 단계는 문제 정의 단계이다.

해답 ②

4 프로토타이핑 접근법에 대한 설명으로 잘못 기술된 것은?

① 사물을 있는 그대로 인식하는 'What' 관점에서 객관적으로 존재하는 데이터 그 자체를 관찰한다.

② 분석을 시도해 보고 그 결과를 확인해가면서 반복적으로 개선한다.

③ 상향식 접근 방법에 해당된다.

④ 디자인에 대한 실험, 실제 환경에서의 테스트, 테스트 결과에서 인사이트 도출 및 가설 확인 단계로 구성된다.

해설 ①은 디자인 싱킹에 관한 해설이다.

해답 ①

(5) 분석 우선 순위 평가

- 빅데이터 특징을 참고한 분석 ROI 요소를 고려하여 데이터 분석 과제에 대한 우선 순위 평가 기준을 정의
- 데이터 분석 과제 우선 순위 평가는 전략적 중요도에 따른 시급성이 가장 중요한 기준이며 비용 및 현재의 분석 수준을 고려한 난이도 역시 우선 순위를 정하는 중요한 기준

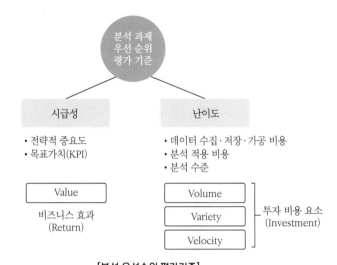

[분석 우선순위 평가기준]

- 분석 과제 우선 순위 선정을 위해 포트폴리오 사분면(Quadrant) 분석을 통해 과제 우선 순위를 선정
- 우선 순위 선정 기준을 토대로 난이도 또는 시급성을 고려하여 우선 추진해야 하는 분석 과제와 제한된 자원을 고려하여 단기적 또는 중장기적으로 추진해야 하는 분석 과제를 분류하여 우선 순위 결정

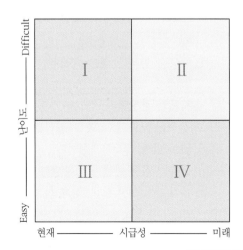

I
- 전략적 중요도가 높아 경영에 미치는 영향이 크므로 현재 시급하게 추진이 필요함
- 난이도가 높아 현재 수준에서 과제를 바로 적용하기에 어려움

II
- 현재 시점에서는 전략적 중요도가 높지 않지만 중장기적 관점에서는 반드시 추진되어야 함
- 분석 과제를 바로 적용하기에는 난이도가 높음

III
- 전략적 중요도가 높아 현재 시점에 전략적 가치를 두고 있음
- 과제 추진의 난이도가 어렵지 않아 우선적으로 바로 적용 가능할 필요성이 있음

IV
- 전략적 중요도가 높지 않아 중장기적 관점에서 과제 추진이 바람직함
- 과제를 바로 적용하는 것은 어렵지 않음

[분석 과제 우선 순위 선정 매트릭스]

1 분석 과제 가운데 우선 순위 평가 기준이 나머지와 다른 하나는?

① 목표 가치

② 데이터 수집 비용

③ 분석 수준

④ 분석 적용 비용

해설 분석 우선 순위 평가 기준 가운데 난이도 평가 요소로는 데이터 수집/저장/가공 비용, 분석 적용 비용, 분석 수준이 있다. 목표가치는 시급성 평가 요소에 해당된다.

해답 ①

2 다음 중 포트폴리오 사분면 분석 기법을 통한 분석 과제 우선 순위에 대한 설명으로 바르게 기술된 것은?

① 가장 우선적으로 분석 과제 적용이 필요한 영역은 4사분면이다.

② 우선 순위가 낮은 영역은 3사분면이다.

③ 우선 순위 기준을 난이도에 둘 경우 순서는 2사분면, 4사분면, 3사분면 순이다.

④ 우선 순위 기준을 시급성에 둘 경우 순서는 3사분면, 4사분면, 2사분면 순이다.

해설 ① 가장 우선적으로 분석 과제 적용 필요한 영역은 3사분면이다.
② 우선 순위가 낮은 영역은 2사분면이다.
③ 우선 순위 기준을 난이도에 둘 경우 순서는 3사분면, 1사분면, 2사분면 순이다.

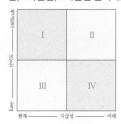

해답 ④

3 분석 과제에서 난이도와 시급성을 고려했을 때 가장 우선적으로 추진해야 되는 과제는?

① 난이도: 쉬움(Easy), 시급성: 현재

② 난이도: 쉬움(Easy), 시급성: 미래

③ 난이도: 어려움(Difficult), 시급성: 현재

④ 난이도: 어려움(Difficult), 시급성: 미래

해설 포트폴리오 사분면 분석을 통해 난이도와 시급성을 모두 고려할 때, 가장 우선적인 분석 과제 적용이 필요한 영역은 난이도는 어렵지 않고, 시급성은 현재 시점에 전략적 가치를 두고 있는 과제(3사분면)이다.

해답 ①

4 분석 ROI를 고려한 분석 과제 우선 순위 평가 기준으로 난이도 관점에서의 평가 기준이 아닌 것은?

① 데이터 가공 비용

② 분석 수준

③ 전략 중요도

④ 저장 비용

해설 전략 중요도는 시급성 평가 요소에 해당된다.

해답 ③

3 데이터 분석 방안

(1) 방법론의 개념

1) 방법론의 정의

- 문제를 해결하기 위한 절차, 기법, 도구들을 공학적인 원리를 이용하여 체계화한 것
- 소프트웨어 개발 방법론, 데이터 분석 방법론, 정보시스템 구축 방법론 등 종류 다양

2) 방법론 구성 요소

구성 요소	설명	비고
작업 절차	• 작업 단계 체계로 단계별 활동, 활동별 세부 작업을 열거, 활동의 순서 명시	단계 – 활동 – 작업
작업 방법	• 수행해야 하는 일에 대한 구체적인 설명(누가, 언제, 무엇을 작업하는지 등을 기술)	작업 방법 명시
산출물	• 각 단계별로 만들어야 하는 산출물의 목록 및 양식	설계서 등
기법	• 각 단계별로 작업 수행 시 소요되는 기술 및 기법 설명	모델 검증 기법 등
도구	• 기법에서 제시된 각 지원 도구에 대한 구체적인 사용 표준 및 방법	ERD 등

(2) 빅데이터 분석 방법론

1) 빅데이터 분석의 계층적 프로세스

빅데이터 분석 방법론은 계층적 프로세스 모델로서 단계(Phase) – 태스크(Task) – 스텝(Step)의 3계층으로 구성

계층	설명
단계(Phase)	• 프로세스 그룹(Process Group)을 통해 완성된 단계별 산출물 생성 • 각 단계는 기준선(Baseline)으로 설정되어 관리되어야 하며 버전 관리(Configuration Management) 등을 통하여 통제
태스크(Task)	• 각 단계는 여러 개의 태스크로 구성 • 각 태스크는 단계를 구성하는 단위 활동으로써 물리적 또는 논리적 단위로 품질 검토 항목이 됨
스텝(Step)	• 입력 자료(Input), 처리 및 도구(Process & Tool), 출력 자료(Output)로 구성된 단위 프로세스(Unit Process)

1 다음 중 계층적 프로세스 모델에서 계층에 해당되지 않는 것은?

① 단계
② 태스크
③ 스텝
④ 범위

해설 빅데이터 분석 방법론은 계층적 프로세스 모델로서 단계(Phase) – 태스크(Task) – 스텝(Step)의 3계층으로 구성한다.

해답 ④

2 다음 중 분석 방법론의 구성 요소에 해당되지 않는 것은?

① 산출물
② 비용
③ 기법
④ 도구

해설 분석 방법론 구성 요소는 절차, 방법, 산출물, 기법, 도구 등이 있다.

해답 ②

3 다음에서 설명하는 빅데이터 분석 방법론 계층은 무엇인가?

> WBS의 워크패키지 단위
> 입력 자료, 처리 도구, 출력 자료로 구성된 단위 프로세스

① 단계 ② 태스크
③ 스텝 ④ 그룹

해설 스텝 계층은 WBS의 워크패키지 및 단위 프로세스에 해당하는 계층이다.

해답 ③

4 다음 중 분석 방법론의 계층 프로세스 가운데 태스크에 대한 설명으로 바르게 기술된 것은?

① 프로세스 그룹(Process Group)을 통하여 완성된 단계별 산출물이 생성된다.
② 각 단계는 기준선으로 설정되어 관리되어야 하며 버전 관리 등을 통하여 통제된다.
③ 단계를 구성하는 단위 활동으로써 물리적 또는 논리적 단위로 품질 검토의 항목이 된다.
④ WBS의 워크 패키지에 해당되고 입력 자료, 처리 및 도구, 출력 자료로 구성된 단위 프로세스이다.

해설 태스크는 여러 개의 태스크로 구성되어 있고, 각 태스크는 단계를 구성하는 단위 활동으로써 물리적 또는 논리적 단위로 품질 검토의 항목이 된다.

해답 ③

2) 빅데이터 분석 방법론 단계

분석 기획 (Planning)	데이터 준비 (Preparing)	데이터 분석 (Analyzing)	시스템 구현 (Developing)	평가 및 전개 (Deploying)
비즈니스 이해 및 범위 설정	필요 데이터 정의	분석용 데이터 준비	설계 및 구현	모델 발전 계획 수립
프로젝트 정의 및 계획 수립	데이터 스토어 설계	텍스트 분석	시스템 테스트 및 운영	프로젝트 평가 및 보고
프로젝트 위험계획 수립	데이터 수집 및 정합성 점검	탐색적 분석		
		모델링		
		모델 평가 및 검증		
		모델 적용 및 운영 방안 수립		

[빅데이터 분석 방법론]

단계	설명	상세 업무
분석 기획 (Planning)	• 비즈니스 도메인과 문제점을 분석하고 분석 프로젝트에 대한 계획 수립	• 비즈니스 이해 및 범위 설정 • 프로젝트 정의 및 계획 수립 • 프로젝트 위험 계획 수립
데이터 준비 (Preparing)	• 데이터 분석을 위한 원천 데이터를 정의하고 수집 및 정합성 점검 수행	• 필요 데이터 정의 • 데이터 스토어 설계 • 데이터 수집 및 정합성 점검
데이터 분석 (Analyzing)	• 원천 데이터를 분석용 데이터 셋으로 편성하고 다양한 분석 기법과 알고리즘을 이용하여 데이터 분석 • 분석 단계를 수행하는 과정에서 추가적인 데이터 확보가 필요한 경우, 데이터 준비 단계로 피드백 (Feedback)하여 두 단계를 반복하여 수행	• 분석용 데이터 준비 • 텍스트 분석 • 탐색적 분석 • 모델링 • 모델 평가 및 검증 • 모델 적용 및 운영 방안 수립
시스템 구현 (Developing)	• 분석 기획에 맞는 시스템을 도출하고 이를 구현 • 이미 운영 중인 시스템이라면 이를 변경하고, 신규 시스템 개발인 경우 이를 위한 사전 검증으로 프로토 타입 시스템을 구현	• 설계 및 구현 • 시스템 테스트 및 운영
평가 및 전개 (Deploying)	• 데이터 분석과 시스템 구현 단계를 수행한 후, 프로젝트 성과 평가 • 프로젝트를 종료하는 단계로서 모델에 대한 문제가 발견될 경우 개선 계획 수립	• 모델 발전 계획 수립 • 프로젝트 평가 및 보고

1 빅데이터 분석 방법론 단계 중 다음에서 설명하는 단계는 무엇인가?

> • 데이터 분석을 위한 원천 데이터를 정의한다.
> • 데이터 수집 및 정합성을 점검한다.
> • 데이터 스토어를 설계한다.

① 데이터 분석

② 시스템 구현

③ 분석 기획

④ 데이터 준비

해설 데이터 준비 단계에서 원천 데이터를 정의하고 수집 및 정합성 점검을 수행한다.

해답 ④

3 다음 중 분석 방법론 단계를 바르게 나열한 것은?

① 분석 기획 → 데이터 준비 → 시스템 구현 → 데이터 분석 → 평가

② 분석 기획 → 데이터 준비 → 데이터 분석 → 시스템 구현 → 평가

③ 데이터 준비 → 분석 기획 → 데이터 분석 → 시스템 구현 → 평가

④ 데이터 준비 → 분석 기획 → 시스템 구현 → 데이터 분석 → 평가

해설 분석 방법론 단계는 분석 기획 → 데이터 준비 → 데이터 분석 → 시스템 구현 → 평가 순이다.

해답 ②

2 다음 중 분석 방법론 단계 중 데이터 분석 단계에 대한 설명으로 맞지 않는 것은?

① 데이터 준비 단계 후 데이터 분석을 수행하는 단계이다.

② 비즈니스 도메인과 문제점을 분석한다.

③ 분석용 데이터셋을 준비한다.

④ 분석 모델링을 수행하고 모델을 평가한다.

해설 비즈니스 도메인과 문제점을 분석하는 단계는 분석 기획 단계이다.

해답 ②

4 다음 중 데이터 분석 기획 단계 업무에 해당되는 것은?

① 프로젝트 정의 및 계획 수립

② 필요 데이터 정의

③ 분석용 데이터 준비

④ 모델 발전 계획 수립

해설 데이터 분석 기획 단계 업무로는 비즈니스 이해 및 범위 설정, 프로젝트 정의 및 계획 수립, 프로젝트 위험 계획 수립 등이 있다.

해답 ①

3) 데이터 분석 방법론 유형

- 데이터 분석 방법론은 데이터 분석을 효과적으로 수행하기 위해 분석 절차와 방법을 체계화한 방법론
- 대표적으로 KDD(Knowledge Discovery in Database), CRISP-DM(Cross Industry Standard Process for Data Mining), SEMMA(Sampling Exploration Modification Modeling Assessment) 등이 존재

① KDD(Knowledge Discovery in Database)

- 데이터를 통해 통계적 패턴이나 지식을 찾을 수 있게 Fayyad가 체계적으로 정리한 데이터 마이닝 방법론(1996년)
- 데이터베이스에서 의미 있는 지식을 탐색하는 데이터 마이닝부터 기계 학습, 인공지능, 패턴 인식, 데이터 시각화 등으로 응용될 수 있는 구조

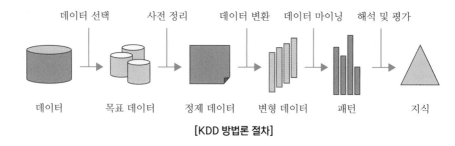

[KDD 방법론 절차]

- KDD 방법론 절차 설명

절차	설명
데이터 셋 선택 (Selection)	• 데이터베이스 또는 원시 데이터에서 분석에 필요한 데이터를 선택하고 필요한 경우 추가적으로 데이터 셋을 생성
데이터 전처리 (Preprocessing)	• 분석 대상용 데이터 셋에 포함되어 있는 잡음(Noise)과 이상값(Outlier), 결측값(Missing Value)를 식별하고 필요 시 제거하거나 의미 있는 데이터로 정제 처리
데이터 변환 (Transformation)	• 데이터 전처리 과정으로 분석용 데이터 셋이 편성되면 분석 목적에 맞는 변수를 선택하거나 파생 데이터를 생성하거나 데이터의 차원을 축소하여 데이터 마이닝이 효율적으로 적용될 수 있도록 데이터 셋을 변경
데이터 마이닝 (Mining)	• 데이터 변환 프로세스를 통해 만들어진 분석용 데이터 셋을 이용하여 분석 목적에 맞는 데이터 마이닝 기법을 선택하고 데이터 마이닝 알고리즘을 적용하여 데이터의 패턴을 찾거나 데이터 분류 또는 예측 작업
데이터 마이닝 결과 평가 (Interpretation/Evaluation)	• 데이터 마이닝 결과에 대한 해석과 평가, 그리고 분석 목적과 일치성을 확인 • 데이터 마이닝을 통하여 발견된 지식을 업무에 활용하기 위한 방안을 찾고 필요 시 데이터 셋 선택 프로세스부터 마이닝 프로세스를 반복 수행

1 KDD 분석 방법의 절차를 바르게 나열한 것은?

① 데이터 전처리 → 데이터 셋 선택 → 데이터 변환 → 데이터 마이닝 → 데이터 마이닝 결과 평가

② 데이터 전처리 → 데이터 변환 → 데이터 셋 선택 → 데이터 마이닝 → 데이터 마이닝 결과 평가

③ 데이터 셋 선택 → 데이터 전처리 → 데이터 변환 → 데이터 마이닝 → 데이터 마이닝 결과 평가

④ 데이터 셋 선택 → 데이터 전처리 → 데이터 마이닝 → 데이터 변환 → 데이터 마이닝 결과 평가

해설 KDD 분석 방법의 절차는 데이터 셋 선택 → 데이터 전처리 → 데이터 변환 → 데이터 마이닝 → 데이터 마이닝 결과 평가 순이다.

해답 ③

2 다음 설명에 적합한 분석 방법론은 무엇인가?

- 1996년 Fayyad가 체계적으로 정리한 데이터 마이닝 방법론
- 데이터베이스에서 의미 있는 지식을 탐색하는 데이터 마이닝부터 기계 학습, 인공지능, 패턴 인식, 데이터 시각화 등으로 응용될 수 있는 구조

① KDD   ② CRISP-DM
③ SEMMA   ④ K-means

해설 1996년 Fayyad가 체계적으로 정리한 데이터 마이닝 방법론은 KDD(Knowledge Discovery in Database)이다.

해답 ①

3 KDD 방법 절차 과정 중 데이터 변환과 관련된 내용으로 적절한 것은?

① 데이터 셋 선택 – 잡음(Noise)과 이상값(Outlier), 결측치(Missing Value)를 식별하고 필요 시 제거한다.

② 데이터 전처리 – 데이터베이스 또는 원시 데이터에서 분석에 필요한 데이터를 선택한다.

③ 데이터 변환 – 분석 목적에 맞는 변수를 선택하거나 데이터의 차원을 축소하여 데이터 마이닝을 효율적으로 적용될 수 있도록 데이터 셋을 변경한다.

④ 데이터 마이닝 – 데이터 마이닝 결과에 대한 해석과 평가, 그리고 분석 목적과 일치성을 확인한다

해설 ① 데이터 전처리 과정, ② 데이터 셋 선택 과정, ④ 데이터 마이닝 결과 평가 과정에 해당된다.

해답 ③

4 KDD 방법 절차 과정 중 잡음(Noise)과 이상값(Outlier), 결측값(Missing Value)를 제거하거나 의미 있는 데이터로 처리하는 과정은?

① 데이터 셋 선택
② 데이터 전처리
③ 데이터 변환
④ 데이터 마이닝

해설 데이터 전처리 과정에서 데이터 셋 선택 프로세스에서 추출된 분석 대상용 데이터 셋에 포함되어 있는 잡음(Noise)과 이상값(Outlier), 결측값(Missing Value)를 식별하고 필요 시 제거하거나 의미 있는 데이터로 처리하는 정제 작업을 진행한다.

해답 ②

③ CRISP-DM(Cross Industry Standard Process of Data Mining)
- 1996년 유럽연합의 ESPRIT에서 있었던 프로젝트에서 시작되었고 주요 5개 선도업체가 참여하여 1999년 첫 버전 발표
- CRISP-DM은 계층적 프로세스 모델(Hierarchical Process Model)로 Phases, Generic Tasks, Specialized Tasks, Process Instances 등 4개 레벨로 구성
- 분석 절차는 6단계로 구성되며 필요에 따라 단계간 반복 수행하며 분석 품질을 향상시킴

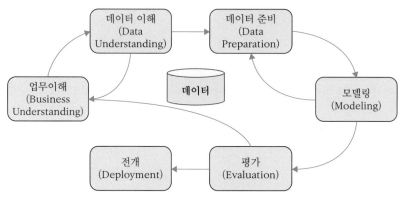

[CRISP-DM 방법론 절차]

절차	설명	상세 수행 업무
비즈니스 이해 (Business Understanding)	• 비즈니스 관점에서 프로젝트의 목적과 요구사항을 이해하기 위한 과정 • 도메인 지식을 데이터 분석을 위한 문제 정의로 변경하고 초기 프로젝트 계획 수립	• 업무 목적 파악, 상황 파악, 데이터 마이닝 목표 설정, 프로젝트 계획 수립
데이터 이해 (Data Understanding)	• 분석을 위한 데이터를 수집하고 데이터 속성을 이해하기 위한 과정 • 데이터 품질에 대한 문제점을 식별하고 숨겨져 있는 인사이트를 발견하는 단계	• 초기 데이터 수집, 데이터 기술 분석, 데이터 탐색, 데이터 품질 확인
데이터 준비 (Data Preparation)	• 분석을 위해 수집된 데이터에서 분석 기법에 적합한 데이터 셋을 편성하는 과정	• 분석용 데이터 셋 선택, 데이터 정제, 분석용 데이터 셋 편성, 데이터 통합, 데이터 포맷팅
모델링 (Modeling)	• 다양한 모델링 기법과 알고리즘을 선택하고 사용되는 파라미터 최적화 • 데이터 셋이 추가로 필요한 경우 데이터 준비 단계를 반복 수행 • 테스트용 프로세스와 데이터 셋으로 모델을 평가하여 과적합(Overfitting) 등의 문제를 발견하고 대응 방안 마련	• 모델링 기법 선택, 모델 테스트 계획 설계, 모델 작성, 모델 평가
평가 (Evaluation)	• 모델이 프로젝트의 목적에 부합하는지 평가 • 데이터 마이닝 결과를 수용할 것인지 최종적으로 판단하는 과정	• 분석 결과 평가, 모델링 과정 평가, 모델 적용성 평가
전개 (Deployment)	• 모델링과 평가 단계를 통하여 완성된 모델은 실업무에 적용하기 위한 계획을 수립하고 모니터링과 모델의 유지 보수 계획 수립	• 전개 계획 수립, 모니터링/유지보수 계획 수립, 프로젝트 종료 보고서 작성, 프로젝트 리뷰

1 CRISP-DM에 대한 설명으로 가장 옳지 않은 것은?

① 1996년 유럽 연합의 ESPRIT 프로젝트에서 시작되었다.

② Fayyad가 프로파일링 기술을 기반으로 체계적으로 정리한 방법론이다.

③ CRISP-DM의 구성 요소로는 단계, 일반화 태스크, 세분화 태스크, 프로세스 실행이 있다.

④ 단계 간 피드백(Feedback)을 통하여 단계별 완성도를 높인다.

해설 1996년 Fayyad가 체계적으로 정리한 데이터 마이닝 방법론은 KDD에 대한 설명이다.

해답 ②

3 CRISP-DM 분석 방법론에서 비즈니스 이해 (Business Understanding) 단계에 해당되는 내용은?

① 도메인 지식을 데이터 분석을 위한 문제 정의로 변경하는 단계

② 데이터 품질에 대한 문제점을 식별하고 숨겨져 있는 인사이트를 발견하는 단계

③ 수집된 데이터에서 분석 기법에 적합한 데이터 셋을 편성하는 단계

④ 모니터링과 모델의 유지 보수 계획을 수립하는 단계

해설 비즈니스 이해 단계에는 도메인 지식을 데이터 분석을 위한 문제 정의로 변경하고 초기 프로젝트 계획을 수립하는 단계이며, 업무 목적 파악, 상황 파악, 데이터 마이닝 목표 설정, 프로젝트 계획 수립을 주로 수행한다.

해답 ①

2 CRISP-DM 분석 방법론의 분석 절차로 올바르게 연결된 것은?

① 비즈니스 이해 → 데이터 준비 → 데이터 이해 → 모델링 → 평가 → 전개

② 비즈니스 이해 → 데이터 이해 → 데이터 준비 → 모델링 → 평가 → 전개

③ 데이터 준비 → 데이터 이해 → 업무 이해 → 모델링 → 평가 → 전개

④ 데이터 이해 → 업무 이해 → 전개 → 데이터 준비 → 모델링 → 평가

해설 CRISP-DM 분석 방법론의 분석 절차는 비즈니스 이해, 데이터 이해, 데이터 준비, 모델링, 평가, 전개 순으로 수행된다.

해답 ②

4 CRISP-DM 분석 방법론 절차 가운데 다음 내용에 해당되는 단계는?

- 다양한 기법과 알고리즘을 선택하고 파라미터를 최적화해 나가는 단계
- 테스트용 프로세스와 데이터 셋으로 평가하여 모델 과적합(Overfitting) 등의 문제를 발견하고 대응 방안 마련

① 비즈니스 이해　　② 데이터 이해

③ 데이터 준비　　④ 모델링

해설 모델링 단계에서 모델링 기법과 알고리즘을 선택하고 파라미터를 최적화하고 모델을 평가하여 과적합 (Overfitting) 등의 문제를 발견하고 대응 방안을 마련한다.

해답 ④

④ SEMMA 분석 방법론 (Sample, Explore, Modify, Model, Assess)
　　SAS사 주도로 만들어진 데이터 마이닝 방법론

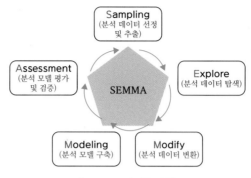

[SEMMA 방법론 절차]

단계	설명	비고
추출(Sampling)	• 분석데이터 생성 • 모델 평가를 위한 데이터 준비	• 통계적 추출 • 조건 추출
탐색(Explore)	• 분석 데이터 탐색 • 데이터 오류 탐색 • 이상 현상 및 변화 탐색	• 그래프, 통계 • 클러스터링 • 상관 분석
수정(Modify)	• 분석 데이터 변환 • 데이터 정보 표현 가시화 • 변수 생성, 선택, 변환	• 수량화 • 표준화 • 변환
모델링(Modeling)	• 모델 구축 • 패턴 발견 • 모델링, 알고리즘 적용	• 신경망 • 의사 결정 나무 • 회귀 분석 등
평가(Assessment)	• 모델 평가 및 검증 • 모델간 비교	• 분석 결과 • 모델 검증 자료

4) 데이터 방법론 적용 시 고려 사항

데이터 기반의 의사 결정을 위해서 기업 문화의 변화와 업무 프로세스 개선이 필요하고 이를
촉진시키는 도구로써 데이터 분석 방법론 활용 가능

고려 사항	설명
결과 구체화/가시화	구체적인 분석 결과 도출 및 효과 확인 가능해야 함
서비스 영향	데이터 수집/분석 시 기존 서비스 영향 최소화
데이터 품질	데이터의 품질 확보 필요
개인 정보 보호	민감한 개인 정보를 보호하기 위한 법 제도, 규제 만족
분석 비용	데이터 수집, 저장, 분석에 소요되는 자원 최소화
평가 모니터링/KPI	분석 진행 및 결과 평가가 가능한 모니터링 지표 도출 및 측정 가능
기술 전략/유연성	다양한 데이터 수집, 변환, 분석 기술 활용 가능

1 SEMMA 분석 방법론의 단계 **가운데 탐색 과 정에 대한 설명으로 잘못 연결된 것은?**

① 분석 데이터 탐색

② 데이터 오류 탐색

③ 모델 정확성 탐색

④ 이상 현상 및 변화 탐색

해설 SEMMA 분석 방법론의 단계 가운데 탐색 과정에서는 분석 데이터, 데이터 오류, 이상 현상, 변화 오류 등을 탐색한다.

해답 ③

3 데이터 방법론 적용 시 고려 사항에 대한 설 명으로 잘못 기술된 것은?

① 구체적인 분석 결과 도출 및 효과 확인이 가능해야 한다.

② 민감한 개인 정보를 보호하기 위한 법 제 도 및 규제를 지켜야 한다.

③ 데이터 수집, 저장, 분석에 소요되는 자 원은 최대로 사용해야 한다.

④ 다양한 데이터 수집, 변환, 분석 기술을 활용한다.

해설 데이터 수집, 저장, 분석에 소요되는 자원인 분석 비용 은 최소화한다.

해답 ③

2 SEMMA 분석 방법론의 분석 절차로 바르게 나열된 것은?

① 탐색 → 수정 → 추출 → 평가 → 모델링

② 탐색 → 추출 → 수정 → 모델링 → 평가

③ 추출 → 수정 → 탐색 → 평가 → 모델링

④ 추출 → 탐색 → 수정 → 모델링 → 평가

해설 SEMMA 분석 방법론의 분석 절차는 추출(Sample), 탐색(Explore), 수정(Modify), 모델링(Modeling), 평가(Assess) 순으로 수행된다.

해답 ④

4 데이터 방법론 적용 시 고려 사항에 해당되 지 않는 것은?

① 데이터 품질

② 분석 비용

③ 개인 정보 보호

④ 데이터 다양성

해설 데이터 방법론 적용 시에는 결과 구체화, 데이터 품질, 서비스 영향, 개인 정보 보호, 분석 비용, 평가 KPI, 기 술 전략/유연성 등을 고려해야 한다.

해답 ④

4 데이터 분석 거버넌스

(1) 거버넌스 체계

- 데이터를 이용한 의사결정을 위해 데이터 분석과 활용을 위한 체계적인 관리가 중요
- 데이터 분석의 기업 문화 정착 및 지속적 고도화를 위해 조직 내 분석 관리 체계 수립 필요
- 분석 기획 및 관리 수행 조직(Organization), 과제 기획 및 운영 프로세스(Process), 분석 관련 시스템(System), 데이터(Data), 분석 관련 교육 및 마인드 육성 체계(Human Resource)로 구성

(2) 데이터 분석 성숙도 모델 및 수준 진단

- 데이터 분석 수준 진단으로 데이터 분석 기반 마련을 위한 분석 유형 및 방향성 결정 가능
- 데이터 분석 수준 진단은 분석 준비도와 분석 성숙도를 함께 평가함

1) 분석 준비도(Readiness)

- 데이터 분석 도입의 수준 파악을 위한 진단 방법
- 분석 업무, 인력 및 조직, 분석 기법, 분석 데이터, 분석 문화, IT 인프라 등 6개 영역의 현 수준 파악

분석 업무 파악	인력 및 조직	분석 기법
• 발생한 사실 분석 업무 • 예측 분석 업무 • 시뮬레이션 분석 업무 • 최적화 분석 업무 • 분석 업무 정기적 개선	• 분석 전문가 직무 존재 • 분석 전문가 교육 훈련 프로그램 • 관리자들의 기본적 분석 능력 • 전사 분석 업무 총괄 조직 존재 • 경영진 분석 업무 이해 능력	• 업무별 적합한 분석 기법 사용 • 분석 업무 도입 방법론 • 분석 기법 라이브러리 • 분석 기법 효과성 평가 • 분석 기법 정기적 개선
분석 데이터	**분석 문화**	**IT 인프라**
• 분석 업무를 위한 데이터 충분성 • 분석 업무를 위한 데이터 신뢰성 • 분석 업무를 위한 데이터 적시성 • 비구조적 데이터 관리 • 외부 데이터 활용 체계 • 기준 데이터 관리(MDM)	• 사실에 근거한 의사 결정 • 관리자의 데이터 중시 • 회의 등에서 데이터 활용 • 경영진의 직관보다 데이터 • 데이터 공유 및 협업 문화	• 운영 시스템 데이터 통합 • EAI, ETL 등 데이터 유통 체계 • 분석 전용 서버 및 스토리지 • 빅데이터 분석 환경 • 통계 분석 환경 • 비주얼 분석 환경

[데이터 분석 준비도 프레임 워크]

1 데이터 분석 거버넌스 구성 요소에 해당하지 않는 것은 무엇인가?

① 분석 기획 및 관리 수행 조직
② 과제 기획 및 운영 프로세스
③ 데이터 분석 업무 투자 비용
④ 분석 관련 교육 및 마인드 육성 체계

해설 데이터 분석 거버넌스는 조직(Organization), 프로세스(Process), 시스템(System), 데이터(Data), 교육 및 육성 체계(Human Resource)로 구성된다.

해답 ③

3 다음 중 데이터 분석 수준 진단 중 분석 준비도를 평가하는 영역에 해당되지 않는 것은?

① 분석 기법
② IT 인프라
③ 분석 문화
④ 분석 비용

해설 분석 준비도는 분석 업무 파악, 인력 및 조직, 분석 기법, 분석 데이터, 분석 문화, IT 인프라 6개 영역에 대해 평가한다.

해답 ④

2 다음 중 분석 준비도에 대한 설명에 해당되지 않는 것은?

① 데이터 분석 도입의 수준을 파악하기 위해 진단을 수행함
② 도입, 활용, 확산, 최적화 단계로 준비도 수준을 평가함
③ 분석 업무 파악, 인력 및 조직, 분석 문화 등의 현 수준을 파악하여 평가함
④ 인력 및 조직 관점에서는 분석 전문가 직무가 존재하고 전사 차원에서 분석 전담 조직이 존재하는지를 평가함

해설 도입, 활용, 확산, 최적화 단계는 분석 성숙도에 대한 모델을 구분하는 단계로 활용된다.

해답 ②

4 다음 중 데이터 분석 거버넌스 체계에 대한 설명으로 맞지 않는 것은?

① 데이터 분석 수준 진단은 분석 준비도로 평가한다.
② 데이터 분석 문화를 정착하고 고도화하기 위해 분석 거버넌스 체계를 수립한다.
③ 데이터 분석 수준을 진단하여 분석 유형 및 방향성을 결정한다.
④ 분석 거버넌스는 Organization, Process, System, Data, Human Resource로 구성된다.

해설 데이터 분석 수준 진단은 분석 준비도와 분석 성숙도를 함께 평가한다.

해답 ①

2) 분석 성숙도 모델(Maturity Model)

- 분석 능력 및 분석 결과 활용에 대한 조직의 성숙도 수준 평가
- 비즈니스 부문, 조직·역량 부문, IT 부문 등 3개 부문의 성숙도 수준에 따라 도입 단계, 활용 단계, 확산 단계, 최적화 단계로 구분

단계	도입 단계	활용 단계	확산 단계	최적화 단계
설명	• 분석 시작 • 환경, 시스템 구축	• 분석 결과를 실제 업무에 적용	• 전사 차원에서 분석 관리, 공유	• 분석을 진화시켜 혁신, 성과 향상에 기여
비즈니스 부문	• 실적 분석 및 통계 • 정기 보고 수행 • 운영 데이터 기반	• 미래 결과 예측 • 시뮬레이션 • 운영 데이터 기반	• 전사성과 실시간 분석 • 프로세스 혁신 • 분석 규칙 관리 • 이벤트 관리	• 외부 환경 분석 활용 • 최적화 업무 적용 • 실시간 분석 • 비즈니스 모델 진화
조직·역량 부문	• 일부 부서에서 수행 • 담당자 역량에 의존	• 전문 담당부서에서 수행 • 분석기법 도입 • 관리자가 분석 수행	• 전사 모든 부서 수행 • 분석 COE 조직 운영 • 데이터 사이언티스트 확보	• 데이터 사이언스 그룹 • 경영진 분석 활용 • 전략 연계
IT 부문	• 데이터 웨어하우스 • 데이터 마트 • ETL/EAI • OLAP	• 실시간 대시보드 • 통계 분석 환경	• 빅데이터 관리 환경 • 시뮬레이션/최적화 • 비주얼 분석 • 분석 전용 서버	• 분석 협업 환경 • 분석 샌드 박스 • 프로세스 내재화 • 빅데이터 분석

3) 분석 수준 진단 결과

- 분석 준비도와 성숙도 진단 결과로 기업의 현재 분석 수준을 객관적으로 파악
- 유관 업종 또는 경쟁사의 분석 수준과 비교하여 분석 경쟁력 확보 및 강화를 위한 목표 수준 설정
- 4가지 유형으로 분석 수준 진단 결과를 구분하여 데이터 분석 수준에 대한 목표 방향 정의, 유형별 특성에 따라 개선 방향 수립

[분석 수준 진단 결과 사분면 분석]

구분	설명
준비형	• 데이터, 인력, 조직, 분석 업무, 분석 기법 등 적용되지 않아 사전 준비 필요
도입형	• 분석 업무, 기법 등은 부족하지만 적용 조직 등 준비도가 높아 바로 도입 가능
정착형	• 준비도는 낮으나 조직, 인력, 분석 업무, 분석 기법 등을 제한적으로 사용하고 있어 1차적으로 정착 필요
확산형	• 기업에 필요한 6가지 분석 구성 요소 갖춤 • 현재 부분적으로 도입되어 지속적인 확산 필요

1 다음 중 분석 성숙도 모델의 확산 단계에 대한 설명으로 맞지 않는 것은?

① 전사 차원에서 분석 업무를 관리하고 공유된다.

② 전사 성과를 실시간으로 분석하고 분석 규칙을 관리한다.

③ 전문 담당 부서에서 분석 기법을 도입하여 분석을 수행한다.

④ 분석 전용 서버를 도입하여 분석 업무에 활용한다.

해설 분석 성숙도 모델의 확산 단계는 특정 전문 담당 부서가 아닌 전사 모든 부서에서 분석 업무를 수행하는 수준의 성숙도 단계이다.

해답 ③

2 다음 중 분석 성숙도 모델에 대한 설명으로 맞는 것은?

① 비즈니스 부문, 조직·역량 부문, 데이터 부문의 3개 부문의 성숙도 수준을 평가한다.

② 개별 분석 결과를 실제 업무에 적용하고 있는 수준은 확산 단계이다.

③ 활용 단계에서는 분석 작업은 전문 담당 부서 위주로 수행된다.

④ 분석 성숙도는 도입 → 확산 → 활용 → 최적화 단계 순으로 성숙도 수준이 올라간다.

해설 ① 비즈니스 부문, 조직·역량 부문 , IT 부문에 해당된다.
② 활용 단계에 해당된다.
④ 분석 성숙도는 도입 → 활용 → 확산 → 최적화 단계 순으로 성숙도 수준이 올라간다.

해답 ③

3 다음 중 데이터 분석 수준 진단 결과를 구분하는 유형에 해당하지 않는 것은 무엇인가?

① 도입형

② 확산형

③ 정착형

④ 전파형

해설 데이터 분석 수준 진단 결과는 도입형, 확산형, 정착형, 준비형으로 구분한다.

해답 ④

4 기업의 분석 수준 진단 결과가 다음 보기의 내용일 경우에 어떤 유형의 기업인가?

- 분석 업무, 인력 및 조직, 분석 기법, 분석 데이터, 분석 문화, IT 인프라 등 데이터 분석을 위한 분석 준비도는 높음
- 비즈니스, 조직·역량, IT 부문의 분석 업무 성숙도 수준은 낮음

① 정착형

② 준비형

③ 도입형

④ 확산형

해설 분석 준비도 수준은 높으나 성숙도 수준은 낮은 경우 데이터 분석을 바로 도입할 수 있는 기업이다.

해답 ③

(3) 데이터 거버넌스 체계

- 전사 차원의 모든 데이터에 대해 정책 및 지침, 표준화, 운영 조직 및 책임 등의 표준화된 관리 체계를 수립하고 운영을 위한 프레임워크 및 저장소를 구축
- 데이터 거버넌스 관리 대상: 마스터 데이터(Master Data), 메타데이터(Meta Data), 데이터 사전(Data Dictionary)
- 데이터 거버넌스 구성 요소

구성 요소	설명	예시
원칙 (Principle)	데이터를 유지 관리하기 위한 지침, 가이드	보안, 품질 기준, 변경 관리
조직 (Organization)	데이터를 관리할 조직의 역할과 책임	데이터 관리자, 데이터베이스 관리자, 데이터 아키텍트(Data Architect)
프로세스 (Process)	데이터 관리를 위한 활동과 체계	작업 절차, 모니터링 활동, 측정 활동

- 데이터 거버넌스 체계

구분	상세 업무
데이터 표준화	• 데이터 표준 용어 설정, 명명 규칙 수립, 메타데이터 구축, 데이터 사전 구축
데이터 관리 체계	• 메타데이터, 데이터 사전 관리 원칙 수립, 원칙에 근거하여 상세 프로세스 수립, 담당자 및 조직별 역할과 책임 부여
개별 저장소 관리	• 메타데이터 및 표준 데이터를 관리하기 위한 저장소 구성
표준화 활동	• 표준 준수 여부의 주기적 점검, 모니터링 실시 • 변화 관리 및 주기적인 교육, 지속적인 표준화 개선 활동 수행

- 빅데이터 거버넌스는 데이터 거버넌스 체계에 빅데이터의 효율적 관리, 다양한 데이터의 관리체계, 데이터 최적화, 정보 보호, 데이터 생명 주기 관리, 데이터 카테고리별 관리 책임자(Data Steward) 지정 등을 포함

1 다음 중 데이터 거버넌스 체계에 대한 설명으로 적절하지 않은 것은?

① 빅데이터의 경우는 데이터 양이 커서 별도의 데이터 생명 주기 관리 방안을 수립하지 않아도 된다.

② 전사 차원의 데이터 관리체계를 갖추어야 데이터 중복 및 정합성 오류 등을 방지할 수 있다.

③ 데이터를 관리할 조직의 역할과 책임을 부여하고 데이터 관리를 위한 활동을 정의한다.

④ 데이터 표준 용어는 표준 단어 사전, 표준 도메인 사전, 표준 코드 등으로 구성된다.

해설 빅데이터의 경우 데이터 양의 급증으로 데이터 생명 주기 관리 방안을 수립하지 않으면 데이터 가용성 및 관리비용 증대 문제가 발생할 수 있다.

해답 ①

2 다음 중 데이터 거버넌스 관리 대상에 포함되지 않는 것은?

① 메타데이터
② 마스터 데이터
③ 데이터 사전
④ 데이터 레코드

해설 데이터 거버넌스 관리 대상으로는 마스터 데이터, 메타데이터, 데이터 사전 등이 있다.

해답 ④

3 다음 중 데이터 거버넌스에 대한 설명으로 맞지 않는 것은?

① 데이터 거버넌스는 전사 차원의 모든 데이터에 대한 정책, 표준화, 조직 및 책임 등 표준화된 관리 체계를 수립하는 것이다.

② 데이터 거버넌스는 원칙, 프로세스, 시스템으로 구성된다.

③ 데이터 거버넌스의 중요 관리 대상으로는 마스터 데이터, 메타데이터, 데이터 사전이 있다.

④ 표준화는 데이터 표준 용어 및 명명 규칙을 수립하고 메타데이터와 데이터 사전을 구축하는 업무이다.

해설 데이터 거버넌스는 원칙, 조직, 프로세스로 구성된다.

해답 ②

4 다음에서 설명하는 업무는 어떤 데이터 거버넌스 체계 항목에 포함되는가?

> 데이터 명명 규칙 수립, 메타데이터 구축, 데이터 사전 구축

① 데이터 생명 주기 관리
② 데이터 저장소 관리
③ 데이터 최적화
④ 데이터 표준화

해설 데이터 표준화는 표준 용어 설정, 명명 규칙 수립, 메타데이터 및 데이터 사전 구축 등의 업무를 포함한다.

해답 ④

Section 02 **분석 작업 계획**

1 데이터 확보 계획

(1) 데이터 수집 기획

- 데이터 수집 기법을 활용하여 필요 데이터를 배치 자동화로 수집
- 데이터 거래소, 공공 데이터에 적재된 분야별 데이터를 분류, 선별

(2) 분석 변수 정의

- 데이터 수집 전략을 수립하고, 분석에 필요한 데이터를 정의하고 빅데이터 특징을 고려하여 분석 변수 생성
- 빅데이터 분석 변수 유형과 형성 알고리즘을 이용하여 분석 유형 도출
- 변수의 분포를 구별하는 정도에 따라 순수도(Purity) 또는 불순도(Impurity)에 의해서 측정 구간별 순수도를 가장 높이는 분석 변수 도출

(3) 분석 변수 생성 프로세스 정의

분석 목적에 맞는 분석 변수를 생성할 수 있는 프로세스 정의

구분	설명
Fact 중심의 문제 접근	• 명확한 문제 인식을 위하여 분석적 관점과 가정에 의한 접근(Why) 방법과 함께 문제를 그대로 인식하고 무엇(What)이 문제인지를 파악하여 객관적 관찰 데이터 유형 식별
분석 대상의 연관성 분석	• 빅데이터 분석 대상의 연관성 분석을 통해 데이터 집합 간 통계적 관련성을 분석할 수 있는 변수를 생성하고 변수의 척도 분류 • 데이터 간 숨겨진 관계를 찾고 가치 있는 데이터의 가치 도출
프로토타이핑 접근법	• 의미 있는 분석 변수를 생성하기 위하여 프로토타이핑 접근법으로 결과 확인 • 프로토타이핑 모델을 반복적으로 개선하여 의미 있는 데이터와 분석 변수를 생성

(4) 데이터 정제 점검 항목 정의

분석 기획 단계에서 도출된 문제 인식, 해결을 위한 개념적 대안 설계를 통해 도출된 데이터에 대해 가용성을 평가하고 점검 항목 정의

1 데이터 확보 계획 절차에 대해 바르게 나열된 것은?

① 데이터 수집 기획 → 분석 변수 정의 → 분석 변수 생성 프로세스 정의 → 데이터 정제 점검 항목 정의 → 데이터 전처리 방법 수립 → 데이터 검증 방안 수립

② 분석 변수 정의 → 분석 변수 생성 프로세스 정의 → 데이터 수집 기획 → 데이터 정제 점검 항목 정의－데이터 전처리 방법 수립 → 데이터 검증 방안 수립

③ 데이터 수집 기획 → 분석 변수 생성 프로세스 정의 → 데이터 정제 점검 항목 정의 → 분석 변수 정의 → 데이터 전처리 방법 수립 → 데이터 검증 방안 수립

④ 데이터 수집 기획 → 분석 변수 정의 → 데이터 검증 방안 수립 → 데이터 정제 점검 항목 정의 → 분석 변수 생성 프로세스 정의 → 데이터 전처리 방법 수립

해설 데이터 확보 계획 절차로는 데이터 수집 기획 → 분석 변수 정의 → 분석 변수 생성 프로세스 정의 → 데이터 정제 점검 항목 정의 → 데이터 전처리 방법 수립 → 데이터 검증 방안 수립 순이다.

해답 ①

2 다음 중 데이터 확보 계획에서 수립해야할 대상이 아닌 것은?

① 분석에 필요한 변수 정의
② 데이터 정제를 위한 점검 항목 정의
③ 데이터 전처리 방법 수립
④ 분석 알고리즘 정의 및 모델링

해설 분석 알고리즘 정의 및 모델링은 데이터 분석 단계에서 수행할 업무이다.

해답 ④

3 분석 변수를 정의하기 위한 내용으로 잘못 기술된 것은?

① 빅데이터 특징을 고려하여 분석 변수 생성을 기획한다.
② 빅데이터 분석 변수 유형과 형성 알고리즘을 이용하여 분석 유형 도출한다.
③ 변수의 분포를 구별하는 정도에 따라 순수도(Purity) 또는 불순도(Impurity)에 의해 도출한다.
④ 분석 작업의 속도를 가장 높이는 분석 변수를 도출한다.

해설 측정 구간별 순수도(Purity)를 가장 높이는 분석 변수 도출해야 한다.

해답 ④

4 다음 중 분석 변수 생성하는 과정에서 접근해야 할 방법으로 거리가 먼 것은?

① 명확한 문제 인식을 위해 Fact 중심으로 문제에 접근하여 무엇이 문제인지를 파악한다.
② 분석 대상의 연관성을 분석해서 데이터 집합간에 통계적 관련성을 분석할 수 있는 변수를 생성한다.
③ 프로토 타이핑 접근법으로 변수 생성 결과를 확인하고 반복적으로 개선한다.
④ 분석 변수의 결측값을 채우고 이상값을 제거한다.

해설 결측값을 채우고 이상값을 제거하는 과정은 데이터 전처리 단계에서 수행한다.

해답 ④

(5) 데이터 전처리 방법 수립

다양한 유형의 데이터를 분석에 적합한 데이터 형태로 변경

처리 기법	설명	상세 내용
데이터 정제	• 결측값을 채우거나 이상값을 제거하는 과정을 통해 데이터의 신뢰도를 높이는 작업	• 입력 실수 확인 • 표현 모순 확인 • 불일치 코드 확인 • 타입과 속성, 값 확인 • 이상값, 결측값 확인
데이터 통합	• 다수의 정제된 데이터를 통합하여 표현하는 작업	• 데이터 통합 • 스키마 통합
데이터 축소	• 데이터 집합은 더 작지만, 분석 결과는 같은 데이터 집합으로 만드는 작업	• 중복 제거 • 데이터 통계 생성
데이터 변환	• 정규화, 이산화, 집계 등을 통하여 변환 및 변형 작업	• 새로운 속성 추가 • 요약 또는 집계 작업 • 데이터 정규화

(6) 데이터 검증 방안 수립

- 빅데이터의 특징에 따라 주요 품질 요소를 도출하고 생성된 분석 변수의 데이터 검증 방안 수립
- 관리 항목과 수준에 대해 품질 관리 및 검증 방법을 정의하고 주요 품질 지표 및 검증 전략 수립
- 정확성(Accuracy), 완전성(Completeness), 일관성(Consistency), 적시성(Timeliness) 등 다양한 데이터 품질 항목에 대한 검증 체계 수립
- 데이터 중복성, 불일치성 등 분석변수에 대한 데이터 검증 방안 수립

1 데이터 전처리를 위한 처리 기법으로 적절하지 않은 것은?

① 정제　　　　　② 확장

③ 통합　　　　　④ 변환

해설 데이터 전처리 처리 기법으로는 데이터 정제, 통합, 축소, 변환이 있다.

해답 ②

2 데이터 전처리 방법 가운데 데이터 정제에 대해 바르게 기술된 것은?

① 다수의 정제된 데이터를 통합하여 표현하는 작업

② 결측값을 채우거나 이상값을 제거하는 과정을 통해 데이터의 신뢰도를 높이는 작업

③ 데이터 집합은 더 작지만, 분석 결과는 같은 데이터 집합으로 만드는 작업

④ 데이터 마이닝의 효율을 높이기 위한 변환 및 변형 작업

해설 ① 데이터 통합, ③ 데이터 축소, ④ 데이터 변환에 해당된다.

해답 ②

3 다음 중 데이터 전처리에 대한 설명으로 적절하지 않은 것은?

① 다양한 정형, 반정형, 비정형 데이터를 분석에 적합한 데이터로 변경하는 작업이다.

② 데이터 전처리 과정은 통상 완전히 자동화하여 처리하여 분석에 활용한다.

③ 정제, 축소, 통합, 변환 등의 과정을 반복적으로 수행하여 데이터를 처리한다.

④ 데이터 전처리 과정을 거친 데이터는 검증 활동을 통해 품질을 확인한다.

해설 다양한 업무 유형의 데이터가 포함되어있어 데이터 전처리 과정은 완전하게 자동화하기 어렵다.

해답 ②

4 다음 중 데이터 전처리 기법과 상세 내용이 바르게 연결되지 않은 것은?

① 데이터 축소 – 통계 생성

② 데이터 통합 – 스키마 통합

③ 데이터 변환 – 데이터 정규화

④ 데이터 정제 – 중복 제거

해설 데이터 중복 제거는 데이터 축소와 관련한 전처리 기법이다.

해답 ④

② 분석 절차 및 작업 계획

(1) 데이터 분석 절차

데이터 분석을 위한 기본적인 절차로 문제 인식 후 관련 데이터를 확보하고 분석하여 결과를 도출하기 위한 프로세스

절차	설명
문제 인식	• 현재 직면한 주요 의사결정 문제를 인식하고 문제를 해결해야 하는 이유 및 문제 해결을 통해 달성해야 할 목적을 명확히 정의
연구 조사	• 문제와 관련된 각종 문헌을 조사하고 검토하여 문제를 명확하게 하고 중요 요인(변수)를 파악
모형화	• 복잡한 문제를 문제의 특성을 대표하는 결정적인 요소만을 활용하여 단순화하는 과정
데이터 수집	• 선정된 변수에 맞는 데이터를 수집하는 과정
데이터 분석	• 수집된 데이터를 분석하여 내재된 의미를 파악하고 데이터에서 변수들 간의 관련성을 파악하는 과정
분석 결과 공유	• 분석된 결과를 명료하게 해석하고 효과적으로 전달하기 위해 시각화

(2) 분석 작업 계획 수립

분석 절차에 따라 분석 작업을 수행하기 위해 프로젝트 일정 및 소요 비용 배분, 작업 분할 구조(WBS; Work Breakdown Structure) 수립, 인원 투입 계획 및 업무 분장 계획 등을 정의

(3) 분석 작업 WBS 수립

효율적인 데이터 분석을 수행하기 위해 범위, 일정, 품질, 의사소통 등 체계적인 프로젝트 관리 필요

단계	설명
데이터 분석 과제 정의	• 분석 목표 정의서를 기준으로 프로젝트 전체 일정에 맞게 사전 준비 • 단계별 필요 산출물, 주요 보고 시기 등으로 구분하여 세부 단위별 일정과 전체 일정 계획 수립
데이터 준비 및 탐색	• 데이터 처리 엔지니어와 데이터 분석가의 역할을 구분하여 세부 일정 수립 • 데이터 처리 엔지니어가 필요 데이터를 수집하고 일정 정리 • 데이터 분석가가 분석에 필요한 데이터들로부터 변수 후보를 탐색하고 도출하는 일정 수립
데이터 분석 모델링 및 검증	• 실험 방법 및 절차를 구분하여 검증하는 일정 수립 • 전체 프로젝트 일정 및 분석 인프라의 가용성에 맞추어 계획 수립
산출물 및 기타 일정	• 프로젝트 단계별 산출물 구분, 필수 산출물 정의

1 빅데이터 분석 절차 중 다음 보기에서 설명하는 단계는 무엇인가?

> 복잡한 문제를 문제의 특성을 대표하는 결정적인 요소만을 활용하여 단순화

① 문제 인식
② 모형화
③ 데이터 분석
④ 연구 조사

해설 복잡한 문제를 특성을 대표하는 분석 변수를 활용하여 단순화하는 과정은 모형화 단계이다.

해답 ②

2 빅데이터 분석 절차를 순서대로 나열한 것은?

① 데이터 수집 → 데이터 분석 → 문제 인식 → 연구 조사 → 모형화 → 분석 결과 공유
② 데이터 수집 → 문제 인식 → 모형화 → 데이터 분석 → 연구 조사 → 분석 결과 공유
③ 문제 인식 → 연구 조사 → 모형화 → 데이터 수집 → 데이터 분석 → 분석 결과 공유
④ 문제 인식 → 데이터 수집 → 연구 조사 → 데이터 분석 → 모형화 → 분석 결과 공유

해설 데이터 분석 절차는 문제 인식, 연구 조사, 모형화, 데이터 수집, 데이터 분석, 분석 결과 제시 순으로 수행된다.

해답 ③

3 다음 분석 작업 WBS 수립 단계에 대한 설명으로 잘못 기술된 것은?

① 데이터 분석 과제 정의: 분석 목표 정의서를 기준으로 프로젝트 전체 일정에 맞게 사전 준비를 하는 단계
② 데이터 준비 및 탐색: 분석에 필요한 데이터들로부터 변수 후보를 탐색하고 최종적으로 도출하는 과정
③ 데이터 분석 모델링 및 검증: 데이터 분석 가설이 증명된 내용을 중심으로 데이터 분석 모델링을 진행하는 단계
④ 산출물 정리: 단계별 필요 산출물, 주요 보고시기 등으로 구분하여 세부 단위별 일정과 전체 일정 계획 수립

해설 산출물 정리 단계에는 데이터 분석 단계별 산출물을 정리하고, 분석 모델링 과정에서 개발된 분석 스크립트 등을 정리하여 최종 산출물로 정리하는 단계이다.

해답 ④

4 다음 중 분석 작업 WBS 수집 과정 중, 데이터 분석 과제 정의 단계에 수행하는 업무에 대해 바르게 기술된 것은?

① 프로젝트 전체 일정에 맞게 사전 준비
② 데이터 처리 엔지니어와 데이터 분석가의 역할 구분
③ 실험 방법 및 절차를 구분하여 검증
④ 프로젝트 단계별 필수 산출물 정의

해설 ② 데이터 준비 및 탐색
③ 데이터 분석 모델링 및 검증
④ 산출물 및 기타 일정

해답 ①

(3) 분석 프로젝트 관리 방안

- 분석 프로젝트는 데이터 분석의 특성을 고려하여 프로젝트 관리 지침을 기본 가이드로 활용
- 특히 데이터 및 분석 모형을 생성하는 프로젝트 특성상 데이터 크기, 데이터 복잡도, 분석 모형 속도, 분석 모형 복잡도, 분석 결과 정확도와 정밀도 등의 중점 관리 필요

관리 영역	분석 프로젝트 특성 및 주요 관리 항목
범위 관리	• 분석 진행 시 데이터의 형태와 양, 적용 모델 알고리즘에 따라 프로젝트 범위가 변경될 수 있음 • 분석 최종 결과물이 보고서 형태인지 시스템인지에 따라 투입 자원 및 범위가 변경됨
시간 관리	• 초기에 의도했던 분석 모델이 쉽게 나오지 않기 때문에 지속적으로 반복되어 많은 시간이 소요될 수 있음 • 분석 결과에 대한 품질이 보장된다는 전제로 Time Boxing 기법으로 일정 관리가 필요함
원가 관리	• 외부 데이터 활용 시 고가의 비용이 소요될 수 있음 • 오픈 소스 도구 외 비용이 발생하는 상용 버전 도구가 필요할 수 있음
품질 관리	• 분석 프로젝트 수행 결과에 대한 품질 목표를 사전에 수립해야 함 • 품질 통제(Quality Control)와 품질 보증(Quality Assurance)를 구분하여 수행해야 함
통합 관리	• 프로젝트 관리 프로세스를 통합적으로 운영, 관리해야 함
조달 관리	• 프로젝트 목적에 맞는 외부 소싱을 적절하게 운영해야 함 • PoC(Proof of Concept) 형태의 분석 프로젝트는 인프라 구매가 아닌 클라우드 등 다양한 방안을 검토해야 함
자원 관리	• 고급 분석 및 빅데이터 아키텍처링 수행이 가능한 전문가 확보를 검토해야 함
리스크 관리	• 분석에 필요한 데이터 미확보로 인한 프로젝트 수행 위험을 식별하고 대응 방안을 사전에 수립해야 함 • 데이터 및 분석 알고리즘의 한계로 품질 목표 달성이 어려운 상황의 대응 방안을 수립해야 함
의사소통 관리	• 전문성이 요구되는 데이터 분석 결과를 모든 프로젝트 이해 관계자가 공유할 수 있어야 함 • 프로젝트의 원활한 진행을 위한 다양한 의사 소통 체계가 필요함
이해 관계자 관리	• 데이터 전문가, 비즈니스 전문가, 분석 전문가, 시스템 전문가 등 다양한 전문가의 참여에 따른 이해관계자 식별 및 관리가 필요함

1 분석 프로젝트 관리 방안이 바르게 연결한 것은?

① 범위 관리 – 초기에 의도했던 모델이 쉽게 나오지 않기 때문에 지속적으로 반복되어 많은 시간이 소용될 수 있는 부분에 대한 관리 필요

② 품질 관리 – 외부 데이터 활용 시 고가의 비용이 소요될 수 있으므로 해당 부분에 대한 관리 필요

③ 조달 관리 – 고급 분석 및 빅데이터 아키텍처링 수행이 가능한 전문가 확보가 필요한지에 대한 검토 필요

④ 리스크 관리 – 분석에 필요한 데이터 미확보로 인한 프로젝트 수행 위험을 식별하고 대응 방안에 대한 관리 필요

해설 ① 시간 관리 ② 원가 관리 ③ 자원 관리에 해당된다.

해답 ④

2 분석 프로젝트 관리 영역으로 올바르지 않은 것은?

① 범위 관리
② 주제 관리
③ 시간 관리
④ 원가 관리

해설 분석 프로젝트 관리 영역 항목은 범위, 시간, 원가, 품질, 통합, 조달, 자원, 리스크, 의사 소통, 이해 관계자 등이 있다.

해답 ②

3 다음에서 설명하는 분석 프로젝트 관리 영역은 무엇인가?

- 데이터 분석 결과를 모든 프로젝트 이해 관계자가 공유할 수 있게 관리
- 프로젝트의 원활한 진행을 위한 관리 체계 운영

① 의사 소통 관리
② 이해 관계자 관리
③ 자원 관리
④ 리스크 관리

해설 프로젝트의 진행 상황 및 분석 결과를 프로젝트 관련 인원이 공유하고 원활한 프로젝트 진행을 위해 의사 소통 체계를 운영하는 것은 의사 소통 관리이다.

해답 ①

2 분석 프로젝트 관리 영역 가운데 자원 관리에 해당되는 특성은?

① 분석 진행 시 데이터의 형태와 양, 적용 모델 알고리즘에 따라 프로젝트 범위가 변경될 수 있다.

② 분석에 필요한 데이터 미확보로 인한 프로젝트 수행 위험을 식별하고 대응 방안을 사전에 수립해야 한다.

③ 고급 분석 및 빅데이터 아키텍처링 수행이 가능한 전문가 확보를 검토해야 한다.

④ 전문성이 요구되는 데이터 분석 결과를 모든 프로젝트 이해 관계자가 공유할 수 있다.

해설 ① 범위 관리 ② 리스크 관리 ④ 의사 소통 관리

해답 ③

Chapter 03 데이터 수집 및 저장 계획

Section 01 데이터 수집 및 변환

1 데이터 수집

(1) 데이터 수집 개요

- 분석을 위해 내부 및 외부에 있는 다양한 데이터를 특정 주기 또는 실시간으로 수집
- 데이터 수집 가능 여부, 개인 정보 및 보안, 데이터 품질 수준 등 관련 사항들을 사전에 검토 후 데이터 수집

(2) 데이터 수집 절차

절차	설명
비즈니스 도메인 정보 수집/분석	• 분석 목표에 따른 기초 데이터 수집을 위해 비즈니스 모델, 용어, 프로세스 등 비즈니스 도메인 정보 수집 • 수집 정보를 분석하고 비즈니스 도메인 및 서비스 정보 이해
수집 데이터 탐색/선정	• 분석 목적 달성을 위한 원천 데이터 선정 및 위치, 크기, 유형, 수집 주기 탐색 • 데이터 보안, 수집 난이도, 수집에 필요한 비용 검토
수집 세부 계획 수립	• 수집 데이터 유형을 분류하고 관련 수집 기술 및 수집 주기, 저장 방식 등을 담은 세부 수집 계획 작성
데이터 수집 실행	• 데이터 수집 계획에 따라 사전 테스트를 진행하여 관련 시스템 점검 • 선정된 수집 기술을 활용하여 데이터 수집 활동 진행
수집 데이터 적절성 검증	• 수집 데이터가 목적에 맞게 수집되었는지 데이터의 누락 여부, 소스 데이터와의 비교, 데이터의 정확성 확인 • 보안/저작권/개인 정보 보호 등 검증

(3) 수집 데이터 유형

유형	설명	예시
정형 데이터	• 정형화된 스키마를 가진 데이터	RDB, File
반정형 데이터	• 데이터로 분석이 가능하지만 해석이 불가능하며, 메타 정보를 활용해야 해석이 가능한 데이터	HTML, XML, JSON, 웹로그, 모바일 데이터, 센싱 데이터
비정형 데이터	• 이미지나 동영상으로 존재하는 데이터 • 데이터 자체로 분석이 불가능하여 특정한 처리 프로세스를 거쳐 분석 데이터로 변경 후 분석	영상, 음성, 이미지 등 멀티미디어 데이터, 바이너리 파일

1 다음 중 비정형 데이터 유형에 포함되지 않는 데이터는 무엇인가?

① 영상 데이터

② XML 파일

③ binary 파일

④ 이미지 데이터

해설 XML 파일은 반정형 데이터 유형에 속한다.

해답 ②

2 다음 중 데이터 수집 절차를 올바른 순서대로 설명한 것은?

① 비즈니스 도메인 정보 수집 → 수집 데이터 탐색/선정 → 수집 세부 계획 수립 → 데이터 수집 실행 → 수집 데이터 적절성 검증

② 비즈니스 도메인 정보 수집 → 수집 세부 계획 수립 → 수집 데이터 탐색/선정 → 데이터 수집 실행 → 수집 데이터 적절성 검증

③ 수집 세부 계획 수립 → 비즈니스 도메인 정보 수집 → 수집 데이터 탐색/선정 → 수집 데이터 적절성 검증 → 데이터 수집 실행

④ 비즈니스 도메인 정보 수집 → 수집 세부 계획 수립 → 수집 데이터 탐색/선정 → 수집 데이터 적절성 검증 → 데이터 수집 실행

해설 데이터 수집 절차는 비즈니스 도메인 정보 수집 → 수집 데이터 탐색/선정 → 수집 세부 계획 수립 → 데이터 수집 실행 → 수집 데이터 적절성 검증 순으로 진행한다.

해답 ①

3 데이터 수집 절차 중 다음에서 설명하는 작업은 어느 단계에서 수행되는가?

- 원천 데이터 선정 및 위치, 크기, 유형, 수집 주기 확인
- 데이터 보안, 수집 난이도, 수집에 필요한 비용 검토

① 수집 세부 계획 수립

② 수집 데이터 적절성 검증

③ 데이터 수집

④ 수집 데이터 탐색

해설 수집 데이터 탐색 단계에서 원천 데이터를 탐색, 선정하고 데이터 보안, 수집 난이도, 수집에 필요한 비용 등을 검토한다.

해답 ④

동영상

4 다음 중 HTML, XML, JSON, 웹로그, 모바일 데이터, 센싱 데이터는 어떤 데이터 유형에 포함되는가?

① 정형 데이터

② 반정형 데이터

③ 스트림 데이터

④ 비정형 데이터

해설 반정형 데이터는 데이터로 분석이 가능하지만 해석이 불가능하며, 메타 정보를 활용해야 해석이 가능한 데이터로 HTML, XML, JSON, 웹로그, 모바일 데이터, 센싱 데이터 등이 포함된다.

해답 ②

(4) 수집 데이터의 위치

유형	설명	특징
내부 데이터	• 데이터 소스가 내부 시스템에 존재하는 데이터 • 내부 조직 간 협의로 데이터 수집 • ERP, SCM, CRM, 인증, 거래시스템, 방화벽, 스위치, 백본, IPS, IDS, VOC 접수 데이터, 고객 포털 시스템 등	• 대부분 정형 데이터 • 수집 난이도가 낮음
외부 데이터	• 데이터 소스가 외부 시스템에 존재하여 외부 조직과의 협의, 구매, 오픈 데이터 활용 등으로 데이터 수집 • SNS, 커뮤니티, 게시판, 센서, 로그, 공공 데이터 (LOD) 등	• 대부분 반정형, 비정형 데이터 • 추가적인 데이터 가공 필요 • 파일, OPEN API 등 활용 • 수집 난이도가 높음

(5) 수집 데이터 선정 시 고려 조건

고려 조건	설명 및 특징
데이터 유형	• 대상 데이터를 구조 관점에서 정형 데이터, 반정형 데이터, 비정형 데이터로 식별 • 저장 형태 관점에서 파일(File), 데이터베이스(Database), 콘텐츠(Content), 스트림(Stream) 데이터로 식별하여 수집 데이터를 선정
수집 주기	• 데이터의 생성 및 수집 주기에 따라 실시간 또는 비실시간(배치/주기적)으로 데이터를 수집할 것인지를 고려
활용 주기	• 데이터가 활용되는 시점에 맞춰 초, 분, 시간, 일, 주, 월 등 어떤 주기로 데이터를 수집할 것인지를 고려
수집 방식	• 데이터의 생성 및 전송, 저장되는 방식에 따라 어떤 수집 방식으로 데이터를 수집할 것인지를 고려

※ 추가로 수집 데이터의 개인 정보 보안, 저작권, 대용량 트래픽 발생 여부 등도 고려해야 함

1 다음 중 외부 데이터의 특성으로 적절하지 않은 것은?

① 외부 조직과의 협의, 구매, 오픈 데이터 활용 등으로 데이터를 수집한다.

② 내부 조직 간 협의로 데이터를 수집한다.

③ 대부분 반정형, 비정형 데이터가 많다.

④ 파일, OPEN API 등 활용할 수 있다.

해설 내부 데이터는 주로 내부 조직 간 협의로 데이터 수집하며, 외부 데이터는 데이터 소스가 외부 시스템에 존재하며, 외부 조직과의 협의, 구매, 오픈 데이터 활용 등으로 데이터 수집한다.

해답 ②

3 다음 중 내부 데이터에 해당되는 것은?

① SNS

② 커뮤니티 데이터

③ ERP

④ 공공 데이터(LOD)

해설 내부 데이터에는 데이터 소스가 내부 시스템에 존재하는 데이터로 ERP는 내부 데이터에 해당된다.

해답 ③

2 다음 중 수집 데이터 선정 시 고려 사항으로 적절하지 않은 것은?

① 데이터의 생성 및 수집 주기에 따라 실시간 또는 비실시간(배치/주기적)으로 데이터를 수집할 것인지를 고려

② 데이터가 활용되는 시점에 맞추어 초, 분, 시간, 일, 주, 월 등 어떤 주기로 데이터를 수집할 것인지를 고려

③ 데이터의 생성 및 전송, 저장되는 방식에 따라 어떤 수집 방식으로 데이터를 수집할 것인지를 고려

④ 데이터의 수집 비용을 고려하여 데이터 적정성보다는 가장 수집 비용이 적게 드는 데이터로 선정을 고려

해설 수집 데이터 선정 고려 조건으로는 데이터 유형, 수집 주기(①번 내용), 활용 주기(②번 내용), 수집 방식(③번 내용)을 고려하여야 한다.

해답 ④

4 다음 중 수집 데이터에 대한 설명으로 맞지 않는 것은?

① 수집 데이터가 존재하는 위치에 따라 내부 데이터와 외부 데이터로 구분한다.

② 수집 데이터 선정 시에는 데이터 소스 유형과 수집 주기, 수집 방식 등을 고려해야 한다.

③ 외부 데이터는 주로 반정형 또는 비정형 데이터 형태로 존재한다.

④ 내부 데이터는 내부 시스템에 존재하는 데이터이므로 개인 정보에 대해 고려할 필요가 없다.

해설 내부 데이터도 개인 정보가 포함된 데이터는 보안에 유의하여야 한다.

해답 ④

(6) 데이터 수집 방식

빅데이터 수집 대상이 되는 데이터 수집 방식은 파일 방식, 통신 프로토콜 방식, 데이터 전송 방식이 있음

1) 파일 기반 수집 방식

수집 방식	설명	데이터 종류
FTP(File Transfer Protocol)	• FTP 프로토콜(ftp, ftps, sftp)을 사용하여 내·외부 시스템의 저장 파일을 수집 시스템 내부에 다운로드	시스템 로그, 서비스 로그, 텍스트, 스프레드 시트, 이미지, 오디오, 비디오
RCP(Remote Copy)/ SCP(Secure Copy)	• 원격지 시스템에 저장된 파일을 수집 시스템 내부에 복사	
RSYNC(Remote Sync)	• Client/Server 방식으로 수집 대상 시스템과 1:1로 파일과 디렉토리 동기화	과금 데이터, 서비스 로그, 트랜잭션 데이터
API(Application Programming Interface)	• DBMS 제조사 또는 3rd Party Tool을 활용하여 내·외부 시스템의 DB 데이터 제어	RDB, NoSQL, In-memory DBMS

2) 통신 프로토콜 기반 수집 방식

수집 방식	설명	데이터 종류
소켓(Socket)	• 전송 계층 프로토콜인 TCP, UDP, SCTP를 활용하여 네트워크 소켓 기반으로 데이터 수집	센서 데이터, 이진 데이터, 트랜잭션 데이터
HTTP (Hyper Text Transfer Protocol)	• 응용 계층 프로토콜인 HTTP를 활용하여 웹 서버 등의 데이터 수집	웹 데이터

3) 데이터 전송 기반 수집 방식

수집 방식	설명	데이터 종류
에이전트(Agent)	• 외부 수집 대상 시스템에 설치된 에이전트를 통해 수집 대상 데이터의 모니터링 • 주기적/비주기적 데이터 수집, 전송	시스템 로그, 서비스 로그, 텍스트
스트리밍(Streaming)	• 내·외부 수집 대상 시스템에서 생성된 데이터를 실시간으로 수집	센서 데이터

PART I 빅데이터 분석 기획

1 다음 중 데이터 수집 방식이 다른 하나는?

① FTP(File Transfer Protocol)

② HTTP(Hyper Text Transfer Protocol)

③ RCP(Remote Copy)

④ API(Application Programming Interface)

해설 FTP, RCP, API는 파일 기반 수집 방식에 해당되며,
HTTP는 통신 프로토콜 기반 수집 방식에 해당된다.

해답 ②

2 다음 중 빅데이터 수집 대상이 되는 데이터
수집 방식에 해당되지 않는 것은?

① 파일 방식

② 통신 프로토콜 방식

③ 공유 디스크 클러스터링 방식

④ 데이터 전송 방식

해설 빅데이터 수집 대상이 되는 데이터 수집 방식은 파일
방식, 통신 프로토콜 방식, 데이터 전송 방식이 있다.

해답 ③

3 다음 중 데이터 수집 방식이 다른 데이터 종
류는?

① 웹 데이터

② 센서 데이터

③ 이진 데이터

④ 트랜잭션 데이터

해설 ①, ②, ③, ④ 소켓(Socket) 활용

해답 ①

4 다음 중 내·외부 수집 대상 시스템에서 생성
된 데이터를 실시간으로 수집하는 방식은 무
엇인가?

① 소켓

② 스트리밍

③ 에이전트

④ FTP

해설 스트리밍(Streaming)은 내·외부 수집 대상 시스템에
서 생성된 데이터를 실시간으로 수집하는 방식으로 센
서 데이터가 대표적이다.

해답 ②

5 API(Application Programming Interface)
에 대한 설명으로 잘못 기술된 것은?

① DBMS 제조사 또는 3rd Party Tool을 활
용하여 내·외부 시스템의 DB 데이터를
제어한다.

② RDB, NoSQL, In-memory DBMS 등
의 데이터 종류를 수집할 때 사용되는 방
식이다.

③ 파일 기반 수집 방식 형태를 따른다.

④ HTTP(Hyper Text Transfer Protocol)
와 유사한 형태의 수집 방식이다.

해설 API는 파일 기반 수집 방법, HTTP는 통신 프로토콜
기반 수집 방식에 해당된다.

해답 ④

(7) 데이터 수집 기술

- 수집 데이터 유형 및 포맷에 맞는 수집 기술 선정
- 수집 기술 선정 시 데이터 정제, 변환, 전처리, 저장 프로세스 필요 유무 점검

1) 정형 데이터 수집 기술

수집 기술	설명 및 특징
FTP (File Transfer Protocol)	• TCP/IP 프로토콜을 활용하는 인터넷 서버로부터 각종 파일들을 송수신 • 보안을 강화하기 위해 SFTP 사용 고려
ETL (Extract Transform Load)	• 수집 대상 데이터를 추출하여 가공(변환, 정제)하여 데이터 웨어하우스에 저장하는 기술
API (Application Programming Interface)	• 제조사 및 3rd party 소프트웨어로 제공되는 도구 • 시스템 간 연동을 통해 실시간으로 데이터를 수신할 수 있도록 기능을 제공하는 인터페이스
DB to DB	• 데이터베이스 시스템(DBMS) 간 데이터를 동기화 또는 전송하는 기능
스쿱(Sqoop)	• 관계형 데이터베이스(RDB)와 하둡(Hadoop) 간 데이터 전송 기능
RSYNC(Remote SYNC)	• 클라이언트(Client)/서버(Server) 방식으로 수집 대상 시스템과 1:1로 파일과 디렉터리를 동기화하는 응용 프로그램

2) 비정형 데이터 수집 기술

수집 기술	설명 및 특징
크롤링(Crawling)	SNS, 뉴스, 웹 정보 등 인터넷상에서 제공되는 웹문서·정보 수집
Open API	서비스, 데이터 등을 어디서나 쉽게 이용할 수 있도록 개방된 API로 데이터 수집 방식 제공
RSS (Really Simple Syndication)	Web기반 최신의 정보를 공유하기 위한 XML기반 콘텐츠 배포 프로토콜
Streaming	인터넷에서 음성, 오디오, 비디오 데이터를 실시간으로 수집하는 기술
척와(Chukwa)	분산 시스템으로부터 데이터를 수집, 하둡 파일 시스템에 저장, 실시간 분석 기능

3) 반정형 데이터 수집 기술

수집 기술	설명 및 특징
플룸(Flume)	분산 환경에서 대량의 로그 데이터를 수집 전송하고 분석하는 기능
스크라이브 (Scribe)	다수의 수집 대상 서버로부터 실시간으로 데이터를 수집, 분산 시스템에 데이터를 저장하는 기능

실전 미니 테스트

출제 키워드 ······ 데이터 수집 기술; 정형 데이터; FTP; ETL; API; DB to DB; 스쿱; RSYNC; 비정형; 크롤링; Open API; RSS; Streaming; 척와; 반정형; 플룸; 스크라이브

1 다음 중 비정형 데이터 수집 기술에 해당되는 것은?

① FTP   ② ETL

③ Sqoop   ④ Chukwa

해설 FTP, ETL, Sqoop은 정형 데이터 수집 기술에 해당된다.

해답 ④

2 다음 중 데이터 수집 기술에 대한 설명으로 잘못 기술된 것은?

① 수집 데이터 유형 및 포맷에 맞는 수집 기술을 선정한다.

② 수집 기술 선정 시 데이터 정제, 변환, 전처리, 저장 프로세스 필요 유무를 점검한다.

③ 비정형 데이터 수집 기술에는 DB to DB, Sqoop, RSYNC 등이 있다.

④ 데이터 형태(정형, 비정형, 반정형)에 따라 수집 기술이 달라진다.

해설 비정형 데이터 수집 기술에는 Crawling, Open API, RSS, Streaming, Chukwa 등이 있다.

해답 ③

3 다음 중 정형 데이터 수집 기술에 해당되지 않는 것은?

① FTP   ② DB to DB

③ Flume   ④ ETL

해설 Flume은 환경에서 대량의 로그 데이터를 수집 전송하고 분석하는 기능을 가지고 있으며, 반정형 데이터 수집 기술에 해당된다.

해답 ③

4 SNS, 뉴스, 웹 정보 등 인터넷상에서 제공되는 웹문서·정보 수집 기술로 적절한 것은?

① Crawling

② Streaming

③ Chukwa

④ ETL

해설 비정형 데이터 수집 기술인 Crawling은 SNS, 뉴스, 웹 정보 등 인터넷상에서 제공되는 웹문서·정보 수집하는 기술을 의미한다.

해답 ①

5 정형 데이터 수집 기술인 RSYNC에 대해 바르게 설명된 것은?

① TCP/IP 프로토콜을 활용하는 인터넷 서버로부터 각종 파일들을 송수신

② 데이터베이스 시스템(dbms) 간 데이터를 동기화 또는 전송하는 기능

③ 분산 시스템으로부터 데이터를 수집, 하둡 파일 시스템에 저장, 실시간 분석 기능

④ 클라이언트(Client)/서버(Server) 방식으로 수집 대상 시스템과 1:1로 파일과 디렉터리를 동기화하는 응용 프로그램

해설 ① FTP, ② DB to DB, ③ Chukwa에 대한 설명이다.

해답 ④

4) 주요 수집 기술 상세 설명

① FTP(File Transfer Protocol)

- 원격지 시스템 간에 파일을 공유하기 위해 서버와 클라이언트 모델과 TCP/IP 기반으로 파일을 송·수신하는 응용 계층 통신 프로토콜
- 최근에는 파일 전송 보안성을 강화하기 위해 SSH(Secure Shell)을 적용한 SFTP 사용
- FTP 구성도 및 주요 기능 설명

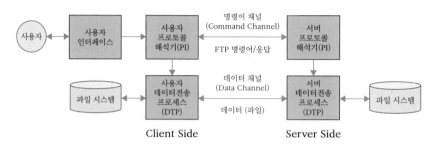

구분	기능	설명
서비스 구조	명령 채널 (Command Channel)	TCP 통신을 위한 명령(Command)을 송수신하는 채널
	데이터 채널 (Data Channel)	데이터 파일이 송수신되는 채널
동작 모드	능동 모드 (Active Mode)	클라이언트에서 Data Port를 open하고, 서버가 클라이언트로 접속하는 FTP 동작 방식
	수동 모드 (Passive Mode)	서버에서 Data Port를 open하고, 클라이언트가 서버에서 접속하는 FTP 동작 방식

② ETL(Extract Transform Load)

- 다양한 소스 시스템으로부터 필요한 원본 데이터를 추출(extract)하고 변환(transform)하여 타겟 시스템으로 전송 및 적재(load)하는 기술
- ETL 구성도

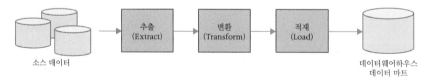

- ETL 주요 기능

구성 요소	기능
추출(Extract)	• 소스 데이터베이스로부터 데이터를 추출 • JDBC, ODBC, 3rd Party Tool 활용
변환(Transform)	• 데이터 결합/통합, 재구성 및 중복 데이터 제거 • 일관성 확보를 위한 정제 수행, 표준화
적재(Load)	• 추출 및 변환된 데이터를 데이터베이스에 저장 • insert, delete, update, append 수행

1 다음 중 FTP(File Transfer Protocol)에 대한 설명으로 잘못 연결된 것은?

① 서버와 클라이언트 모델과 TCP/IP 기반으로 파일을 송·수신하는 응용계층 통신 프로토콜이다.

② 최근에는 파일 전송 보안성을 강화하기 위해 SSH(Secure Shell)을 적용할 수 있다.

③ 서비스 구조는 명령어 채널과 데이터 채널로, 동작 모드는 능동, 수동 모드로 구분된다.

④ 수동 모드는 클라이언트에서 Data Port를 open하고, 서버가 클라이언트로 접속하는 FTP 동작 방식이다.

해설 • 능동 모드 – 클라이언트에서 Data Port를 open하고, 서버가 클라이언트로 접속하는 FTP 동작 방식
• 수동 모드 – 서버에서 Data Port를 open하고, 클라이언트가 서버에서 접속하는 FTP 동작 방식

해답 ④

2 다음 중 FTP(File Transfer Protocol)의 명령 채널에 대한 설명으로 맞게 기술된 것은?

① 소스 데이터베이스로부터 데이터를 추출하는 채널이다.

② 추출 및 변환된 데이터를 데이터베이스에 저장하는 채널이다.

③ 데이터 파일이 송수신되는 채널이다.

④ TCP 통신을 위한 명령(Command)을 송수신하는 채널이다.

해설 FTP 명령 채널은 TCP 통신을 위한 명령(Command)을 송수신하는 채널이다.

해답 ④

3 ETL 구성 요소에 포함되지 않는 것은?

① 추출

② 변환

③ 삭제

④ 적재

해설 ETL 프로세스는 추출(extract), 변환(transform), 적재(load)가 있다.

해답 ③

4 다음 구조에 해당되는 데이터 수집 기술 방식은?

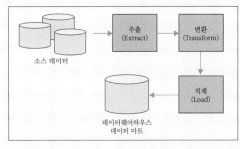

① FTP   ② ETL

③ Sqoop   ④ Scrapy

해설 ETL은 다양한 소스 시스템으로부터 필요한 원본 데이터를 추출(extract)하고 변환(transform)하여 타겟 시스템으로 전송 및 적재(load)하는 기술이다.

해답 ②

③ 아파치 스쿱(Apache Sqoop)
- 하둡과 관계형 데이터베이스 또는 메인 프레임 간에 데이터를 전송하도록 설계된 도구
- 스쿱 구조 및 특징

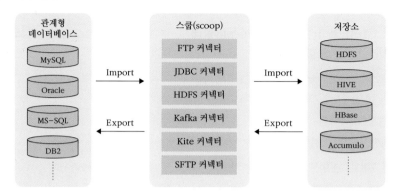

특징	설명
Bulk Import 지원	전체 데이터베이스 또는 테이블을 HFDS로 전송 가능
데이터 전송 병렬화	시스템 사용률과 성능을 고려한 병렬 데이터 전송
직접 입력 제공	RDB에 매핑(mapping)해서 HBase와 Hive에 직접 import 제공
프로그래밍 방식의 데이터 인터렉션	자바 클래스 생성을 통한 데이터 상호 작용

④ 스크래파이(Scrapy)
- 스크래파이는 웹 사이트를 크롤링하고 구조화된 데이터를 수집하는 파이썬(Python) 기반의 애플리케이션 프레임워크
- 스크래파이 구조 및 특징

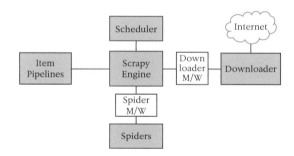

- 스크래파이 특징

특징	설명
파이썬 기반	• 파이썬 언어 기반으로 구성 • 설정이 쉬움
단순한 스크랩 과정	• 크롤링 수행 후 바로 데이터 처리 가능
다양한 부가 요소	• Scrapy, Scrapinghub 등 부가 요소, 쉬운 수집, 로깅 지원

1 다음 중 스크래파이(Scrapy) 주요 기능으로 가장 올바르지 않은 것은?

① Spider

② Scheduler

③ Channel

④ Pipelines

해설 스크래파이(Scrapy) 주요 기능으로는 Spider, Scheduler, Items Pipelines, Scrapy Engine, Downloader 등이 있다.

해답 ③

2 다음 중 스쿱(Sqoop)의 특징에 해당되지 않는 것은?

① 전체 데이터베이스 또는 테이블을 HFDS로 전송 가능하다.

② 시스템 사용률과 성능을 고려한 병렬 데이터로 전송한다.

③ RDB에 매핑(mapping)해서 HBase와 Hive에 직접 import 제공한다.

④ Fan Out Flow 방식으로 구성되어 수평 확장(Scale-out)이 가능하다.

해설 ④ 아파치 카프카 관련 설명이다.

해답 ④

3 다음 중 스크래파이(Scrapy)의 특징이 아닌 것은?

① 웹 사이트를 크롤링하고 구조화된 데이터를 수집하는 기술이다.

② 크롤링 수행 후 바로 데이터 처리 가능하다.

③ 스크래파이(Scrapy) 주요 기능으로는 Spider, Selector, Items, Pipelines, Settings이 있다.

④ C언어 기반으로 개발된 기술이다.

해설 스크래파이는 파이썬 기반으로 만들어진 애플리케이션 프레임워크이다.

해답 ④

4 하둡과 관계형 데이터베이스 또는 메인 프레임 간에 데이터를 전송하도록 설계된 도구를 무엇이라고 하는가?

① 스쿱(Sqoop)

② 스크래파이(Scrapy)

③ 카프카(Kafka)

④ 플룸(Flume)

해설 스쿱(Sqoop)은 하둡과 관계형 데이터베이스 또는 메인프레임 간에 데이터를 전송하도록 설계된 도구이다.

해답 ①

⑤ 아파치 카프카(Apache Kafka)
- 카프카는 대용량 실시간 로그 처리를 위해 기존 메시징 시스템과 유사하게 레코드 스트림을 발행(publish), 구독(subscribe)하는 방식의 분산 스트리밍 플랫폼
- 카프카 구성 및 구성 요소

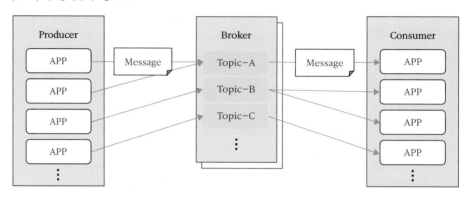

구분	기능	설명
특징	신뢰성 제공	• 메모리 및 파일 큐(Queue) 기반 채널 지원
	확장성 제공	• Multi Agent와 Consolidation, Fan Out Flow 방식으로 구성되어 수평 확장(Scale-out)이 가능하며, 수집 분산 처리 가능
구성요소	브로커(Broker)	• 데이터를 수신, 전달하는 서비스
	메시지(Message)	• 전달하는 데이터의 최소 단위
	토픽(Topic)	• 메시지를 종류별로 관리하는 스토리지 • 프로듀서와 컨슈머는 특정 토픽을 지정하여 메시지 송수신
	프로듀서(Producer)	• 데이터의 생산자이며 브로커에 메시지를 보내는 애플리케이션
	컨슈머(Consumer)	• 브로커에서 데이터를 취득하는 애플리케이션

1 다음 중 카프카(Kafka)의 구성 요소로 적절하지 않은 것은?

① Sink   ② Consumer

③ Broker   ④ Topic

> 해설 카프카(Kafka)는 Producer, Consumer, Broker, Topic, Zookeeper 등으로 구성된다.

> 해답 ①

2 다음 중 카프카(Kafka)에 대한 설명은?

① 대규모 분산 시스템 모니터링을 위해 에이전트와 컬렉터 구성을 통해 데이터를 수집하고, 수집된 데이터를 하둡 파일 시스템(HDFS)에 저장하는 기능을 제공하는 데이터 수집 시스템

② 다수의 서버로부터 실시간으로 스트리밍되는 로그 데이터를 수집하기 위해 단일 중앙 스크라이브 서버와 다수의 로컬 스크라이브 서버 구성을 통해 안정성과 확장성을 제공하는 대용량 실시간 로그 수집 서비스

③ 많은 양의 로그 데이터를 효율적으로 수집, 집계 및 이동하기 위해 이벤트(Event)와 에이전트(Agent)를 통해 스트리밍 데이터 흐름(Data Flow)의 비동기 방식 아키텍처 기반 분산형 로그 수집 서비스

④ 대용량 실시간 로그 처리를 위해 기존 메시징 시스템과 유사하게 레코드 스트림을 발행(publish), 구독(Subscribe)하는 방식의 분산 스트리밍 플랫폼

> 해설 ① 척와(Chukwa) ② 스크라이브(Scribe) ③ 플룸(Flume)에 해당된다.

> 해답 ④

3 다음 중 카프카(Kafka) 특징으로 적절히 기술된 것은?

① 다양한 소스 시스템으로부터 필요한 원본 데이터를 추출(extract)하고 변환(transform)하여 타겟 시스템으로 전송 및 적재(load)하는 기술

② 대규모 분산 시스템 모니터링을 위해 에이전트와 컬렉터 구성을 통해 데이터를 수집하고, 수집된 데이터를 하둡 파일 시스템(HDFS)에 저장하는 기능을 제공하는 데이터 수집 시스템

③ 대용량 실시간 로그 처리를 위해 기존 메시징 시스템과 유사하게 레코드 스트림을 발행(publish), 구독(scribe)하는 방식의 분산 스트리밍 플랫폼

④ 웹 사이트를 크롤링하고 구조화된 데이터를 수집하는 파이썬(Python) 기반의 애플리케이션 프레임워크

> 해설 ① ETL, ② 척와, ④ 스크래파이에 해당된다.

> 해답 ③

⑥ 아파치 플룸(Apache Flume)
- 많은 양의 로그 데이터를 효율적으로 수집, 집계 및 이동하기 위해 이벤트(Event)와 에이전트(Agent)를 통해 스트리밍 데이터 흐름(Data Flow)의 비동기 방식 아키텍처 기반 분산형 로그 수집 서비스
- 플룸 구조 및 특징

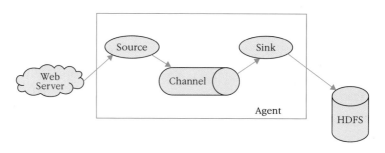

구분	기능	설명
특징	발행(Publisher)/구독(Subscribe) 모델	• 메시지 큐와 유사한 형태의 데이터 큐를 사용 • 풀(Pull) 방식으로 동작하여 부하 감소 및 고성능 제공
	고가용성	• 클러스터 구성을 통해 내결함성(Fault-tolerant)한 고가용성 서비스 제공 가능
	파일 기반 저장 방식	• 데이터를 디스크에 순차적으로 저장
기능	소스(Source)	• 이벤트(데이터를 전달하는 단위)를 전달하는 컨테이너 • 소스, 채널, 싱크로 흐름을 제어 • 에이전트 간 이벤트(Event) 가능하며, 1:N의 연결 가능
	채널(Channel)	• 이벤트를 소스와 싱크로 전달하는 통로
	싱크(Sink)	• 채널로부터 받은 이벤트를 저장, 전달 • 싱크 대상을 다중 선택하거나, 여러 개의 싱크를 그룹으로 관리

1 다음 중 많은 양의 로그 데이터를 효율적으로 수집, 집계 및 이동하기 위해 스트리밍 데이터 흐름(Data Flow)의 비동기 방식 아키텍처 기반 분산형 로그 수집 서비스를 의미하는 데이터 수집 기술은?

① ETL   ② Rsync

③ Sqoop   ④ Flume

해설 플룸(Flume)은 많은 양의 로그 데이터를 효율적으로 수집, 집계 및 이동하기 위해 이벤트(Event)와 에이전트(Agent)를 통해 스트리밍 데이터 흐름(Data Flow)의 비동기 방식 아키텍처 기반 분산형 로그 수집 서비스이다.

해답 ④

2 플룸(Flume)의 기능에 대한 설명으로 잘못 기술된 것은?

① 채널(Channel)은 외부 소스에 의해 전달되는 이벤트를 수집한다.

② 소스, 채널, 싱크로 흐름을 제어한다.

③ 싱크(Sink)는 채널로부터 받은 이벤트를 저장, 전달한다.

④ 싱크 대상을 다중 선택하거나, 여러 개의 싱크를 그룹으로 관리한다.

해설 외부 소스 이벤트를 수집하는 컨테이너는 소스(Source)이다.

해답 ①

3 다음 중 플룸(Flume) 에이전트의 구성 요소로 적절하지 않은 것은?

① Sink

② Channel

③ Broker

④ Source

해설 플룸(Flume) 에이전트는 Source, Channel, Sink 등으로 구성된다.

해답 ③

4 다음 중 플룸(Flume)의 특징을 설명한 내용 중 맞지 않는 것은?

① 주로 관계형 데이터베이스 정형 데이터를 수집한다.

② 데이터 큐를 사용한다.

③ 이벤트와 에이전트를 통해 데이터를 수집한다.

④ 비동기 방식 아키텍처로 구성되어 있다.

해설 플룸은 주로 반정형 데이터 유형인 로그 데이터를 수집하는데 활용한다.

해답 ①

⑦ 아파치 척와(Apache Chukwa)
- 대규모 분산 시스템 모니터링을 위해 에이전트와 컬렉터 구성을 통해 데이터를 수집하고, 수집된 데이터를 하둡 파일 시스템(HDFS)에 저장하는 기능을 제공하는 데이터 수집 시스템
- 척와 구조

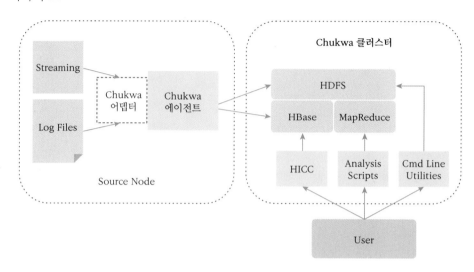

- 척와 특징

특징	설명
HDFS 연동	수집된 로그 파일을 HDFS에 저장하므로 HDFS 장점 수용
실시간 분석 제공	하둡 HDFS를 통한 실시간 분석 지원
청크(Chunk) 단위 처리	어댑터가 데이터를 메타데이터를 포함한 청크(Chunk) 단위로 전송

1 다음 중 데이터 수집 기술 방법 중의 하나인 척와에 대한 특징이 아닌 것은?

① HDFS 연동

② 실시간 분석 제공

③ 파일 기반 순차적 저장

④ 청크 단위 처리

> 해설 ③은 플룸에 관한 특징이다.

> 해답 ③

2 다음 구조에 해당되는 데이터 수집 기술 방식은?

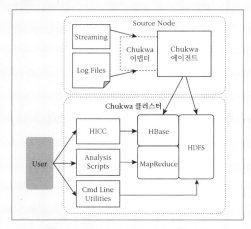

① 척와(Chukwa)

② 스크래파이(Scrapy)

③ 플룸(Flume)

④ 카프카(Kafka)

> 해설 척와(Chukwa)는 대규모 분산 시스템 모니터링을 위해 에이전트와 컬렉터 구성을 통해 데이터를 수집하고, 수집된 데이터를 하둡 파일 시스템(HDFS)에 저장하는 기능을 제공하는 데이터 수집 시스템이다.

> 해답 ①

3 다음 중 척와(Chukwa)에 대한 설명으로 잘못 기술한 것은?

① 다수의 서버로부터 실시간으로 스트리밍 되는 로그를 수집한다.

② 수집된 로그 파일을 HDFS에 저장하므로 HDFS 장점을 수용한다.

③ 하둡 HDFS를 통한 실시간 분석 지원한다.

④ 어댑터가 데이터를 메타데이터를 포함한 청크(Chunk) 단위로 전송한다.

> 해설 척와는 HDFS 연동(②번 문항), 실시간 분석 제공(③번 문항), 청크(Chunk, ④번 문항) 단위로 처리된다.

> 해답 ①

4 다음 중 척와(Chukwa)의 특징을 설명한 내용 중 맞지 않는 것은?

① 에이전트와 컬렉터 구성으로 데이터를 수집한다.

② 수집된 데이터를 분석하는 기술이다.

③ 소스 시스템에 설치된 에이전트가 데이터를 전송한다.

④ 수집된 데이터를 하둡 파일 시스템에 저장한다.

> 해설 척와는 빅데이터 에코 기술 중 데이터 수집과 관련한 기술이다.

> 해답 ②

2 데이터 유형 및 속성 파악

(1) 데이터 유형

데이터의 구조적 특성에 따라 정형 데이터, 반정형 데이터, 비정형 데이터로 유형 구분

(2) 데이터 속성 파악

1) 데이터 속성 정의

- 데이터 객체의 특성이나 특징을 나타내는 데이터 필드
- 관리하고자 하는 의미상 더 이상 분리되지 않는 최소의 데이터 단위

2) 데이터 속성 종류

종류	데이터 종류	예시
명목 속성 (Nominal Attributes)	• 이름과 관련된 속성 • 값은 어떤 유의미한 순서가 없음	기호, 이름
이진 속성 (Binary Attributes)	• 두 개의 가능한 상태를 갖는 명목 속성	1 또는 0 참 또는 거짓
순서 속성 (Ordinal Attributes)	• 의미 있는 순서나 순위를 값으로 가지는 속성 • 값의 범위를 유한 개수의 순서 범주로 구분하여 표현	0 – 불만족 1 – 보통 2 – 만족
수치형 속성 (Numeric Attributes)	• 정수 또는 실수값으로 나타낼 수 있는 측정 가능한 정량적 값 • 간격 척도 또는 비율 척도 속성값을 가짐	정수 또는 실수

(3) 데이터 척도

척도는 측정하고자 하는 데이터의 특성을 수량화하기 위해 체계적인 단위를 가지고 숫자나 기호를 부여한 것

구분	데이터 종류	예시
명목 척도 (Nominal Scale)	• 측정 대상의 특성을 구분하기 위해 숫자를 부여한 척도 • 데이터 구분을 위해 수치적 데이터로 변환하였지만 숫자의 의미는 없음	성별 구분 (남성 1, 여성 2)
서열(순위) 척도 (Ordinal Scale)	• 명목 척도의 특성을 가지며 측정 대상의 순서를 나타내기 위해 사용하는 척도 • 대상 간의 순서는 알 수 있으나 크기, 정도 차이는 알 수 없음	성적(1등, 2등 등) 소득계층(1분위, 2분위) 등
간격(등간) 척도 (Interval Scale)	• 서열 척도의 특성을 가지며 측정 대상의 정도나 크기를 측정할 수 있도록 동일한 간격을 부여한 척도 • 값들 간의 덧셈, 뺄셈 가능	온도, 만족도 등 설문조사
비율 척도 (Ratio Scale)	• 간격 척도의 속성을 가지며 측정 대상의 속성 차이를 다른 대상의 곱이나 비율로 표현하여 크기의 비교가 가능한 척도 • 값들 간의 사칙 연산이 가능	길이, 무게

※ 등간 척도와 비율 척도의 차이점 : 절대 0의 개념

  예 등간 척도에서 0은 Zero(無)의 의미가 아닌 등급의 하나에 포함되며(**예** 온도), 비율척도에서 0은 zero(無)의 의미임(**예** 몸무게)

PART I 빅데이터 분석 기획

1 데이터 측정 척도 가운데 등간 척도에 대한 설명으로 바르게 기술된 것은?

① 측정 대상의 특성을 구분하기 위해 숫자를 부여한 척도

② 0은 zero(無)의 의미가 아닌 등급의 하나에 포함

③ 측정 대상의 순서를 나타내기 위해 사용하는 척도

④ 데이터 구분을 위해 수치적 데이터로 변환하였지만 숫자의 의미는 없음

해설 등간 척도는 서열 척도의 특성을 가지며 측정 대상의 정도나 크기를 측정할 수 있도록 동일한 간격을 부여한 척도를 의미하며, 0은 zero(無)의 의미가 아닌 등급의 하나에 포함된다.

해답 ②

2 다음 중 비정형 데이터에 속하지 않는 형태는 무엇인가?

① 문자   ② 음성

③ 기호   ④ 그림

해설 비정형 데이터는 특정한 처리 프로세스를 거쳐 분석 데이터로 변경 후 분석이 가능한 데이터를 의미한다. 기호는 정형 데이터에 속한다.

해답 ③

3 다음 중 계량 변수에 대한 측정 척도로 가장 적절한 것은?

① 명목 척도   ② 서열 척도

③ 이진 척도   ④ 비율 척도

해설 계량적 변수는 연속형 변수로 비율 척도로 주로 측정한다.

해답 ④

4 범주형에 속하는 데이터 속성으로 알맞게 짝지어진 것은?

① 명목 척도, 서열 척도

② 명목 척도, 비율 척도

③ 서열 척도, 등간 척도

④ 비율 척도, 등간 척도

해설 범주형 데이터 속성은 명목 척도, 서열(순위) 척도에 해당된다.

해답 ①

5 다음 중 혈액형(A, B, O, AB) 자료의 특성을 나타내는 데이터 속성으로 알맞은 것은?

① 명목 척도

② 서열 척도

③ 등간 척도

④ 비율 척도

해설 혈액형은 데이터 구분을 위해 수치적 데이터로 변환하였지만 숫자의 의미는 없는 자료이기 때문에 명목 척도에 해당된다.

해답 ①

3 데이터 변환

(1) 데이터 처리 기술

- 데이터 분석을 위해 불필요한 항목을 제거하고 데이터 품질을 향상시킬 수 있도록 데이터 전·후 처리 작업 수행
- 데이터 처리는 데이터의 유형과 분석 목적 등을 고려하여 데이터 저장 전·후 처리 기법을 선정하고 처리 수행

구분	설명
데이터 필터링 (Filtering)	• 오류 발견, 보정, 삭제 및 중복성 확인 등의 과정을 통해 데이터 품질을 향상시키는 기술 • 비정형 데이터는 데이터 마이닝을 통해 오류, 중복, 저품질 데이터를 처리할 수 있도록 자연어 처리 및 기계 학습과 같은 추가 기술 적용
데이터 변환 (Transformation)	• 데이터 유형 변환 등 데이터 분석이 용이한 형태로 변환하는 기술 • 정규화(Normalization), 집합화(Aggregation), 요약(Summarization), 계층 생성 등의 방법 활용 • ETL(Extraction/Transformation/Loading) 도구 활용
데이터 정제 (Cleansing)	• 결측치들을 채워 넣고, 이상치를 식별 또는 제거하고, 잡음 섞인 데이터를 평활화하여 데이터의 불일치성을 교정하는 기술
데이터 통합 (Integration)	• 데이터 분석이 용이하도록 유사 데이터 및 연계가 필요한 데이터(또는 DB)들을 통합하는 기술
데이터 축소 (Reduction)	• 분석 시간을 단축 할 수 있도록 데이터 분석에 활용되지 않는 항목 등을 제거하는 기술 • 분석에 불필요한 데이터를 축소하여 고유한 특성은 손상되지 않도록 하고 분석 효율성 증대

(2) 데이터 변환 개요

- 데이터 변환은 다양한 형식으로 수집된 데이터를 분석이 용이한 형태로 변환하는 작업
- 다양한 시스템·매체로부터 수집된 원시 데이터를 분석에 필요한 부분의 데이터만 선별적으로 선택 또는 제거한 후 분석의 목적과 필요에 따라서 변환 작업 수행

(3) 데이터 변환 방법

구분	설명 및 특징
평활화(Smoothing)	• 데이터로부터 노이즈 데이터를 제거하기 위해 데이터 추세에서 벗어나는 값들을 변환하는 방법 • 비닝(Binning), 회귀(Regression), 클러스터링(Clustering)
집계(Aggregation)	• 다양한 차원의 방법으로 데이터를 요약 또는 합산하는 데이터 변환 방법
일반화(Generalization)	• 특정 구간에 분포하는 값으로 스케일을 변환하는 방법
정규화(Normalization)	• 데이터에 대해 통계적 기법을 적용하여 데이터를 변환하는 방법 • 최소–최대 정규화, Z–스코어 정규화, 소수 스케일링 등
속성/특성 생성 (Attribute/Feature Construction)	• 데이터 통합을 위해 속성 집합에 새로운 속성을 만들거나 추가하는 변환 방법

실전 미니 테스트

출제 키워드 ······ 데이터 변환; 필터링; 변환; 정제; 통합; 축소; 변환 방법; 평활화; 집계; 일반화; 정규화; 속성/특성 생성

1 다음 데이터 처리 기술에 대한 설명에 해당되는 것은?

> - 오류 발견, 보정, 삭제 및 중복성 확인 등의 과정을 통해 데이터 품질을 향상시키는 기술
> - 비정형 데이터는 데이터 마이닝을 통해 오류, 중복, 저품질 데이터를 처리할 수 있도록 자연어 처리 및 기계 학습과 같은 추가기술 적용

① 필터링   ② 변환
③ 정제   ④ 통합

해설 오류 발견, 보정, 삭제 및 중복성 확인 등의 과정을 통해 데이터 품질을 향상시키는 기술은 데이터 필터링에 해당된다.

해답 ①

2 데이터 처리 기술 가운데 데이터 축소에 대한 설명으로 올바른 것은?

① 데이터 유형 변환 등 데이터 분석이 용이한 형태로 변환하는 기술
② 데이터 분석이 용이하도록 유사 데이터 및 연계가 필요한 데이터를 통합하는 기술
③ 분석 시간을 단축할 수 있도록 데이터 분석에 활용되지 않는 항목 등을 제거하는 기술
④ 오류 발견, 보정, 삭제 및 중복성 확인 등의 과정을 통해 데이터 품질을 향상시키는 기술

해설 데이터 축소는 분석 시간을 단축할 수 있도록 데이터 분석에 활용되지 않는 항목 등을 제거하는 기술이며 이는 분석에 불필요한 데이터를 축소하여 고유한 특성은 손상되지 않도록 하며 분석 효율성 증대한다.

해답 ③

3 데이터 변환 방법 가운데 평활화 방법으로 적절하지 않은 것은?

① 비닝(Binning)
② 정규화(Normalization)
③ 회귀(Regression)
④ 클러스터링(Clustering)

해설 평활화는 데이터로부터 노이즈 데이터를 제거하기 위해 데이터 추세에서 벗어나는 값들을 변환하는 방법으로 비닝(Binning), 회귀(Regression), 클러스터링(Clustering) 등이 있다.

해답 ②

동영상

4 데이터 변환 방법에 관한 설명으로 잘못 연결된 것은?

① 평활화 – 데이터로부터 노이즈 데이터를 제거하기 위해 데이터 추세에서 벗어나는 값들을 변환하는 방법
② 집계 – 다양한 차원의 방법으로 데이터를 요약 또는 합산하는 데이터 변환 방법
③ 일반화 – 데이터 통합을 위해 속성 집합에 새로운 속성을 만들거나 추가하는 변환 방법
④ 정규화 – 다양한 차원의 방법으로 데이터를 요약 또는 합산하는 데이터 변환 방법

해설 일반화는 특정 구간에 분포하는 값으로 스케일을 변환하는 방법에 해당된다.

해답 ③

4 데이터 비식별화

(1) 데이터 비식별화

- 데이터에서 식별자를 제거하여 식별 및 프라이버시 모델을 기반한 추론을 방지하는 과정
- 데이터 비식별화 용어

유형	데이터 종류	예시
식별자 (Identifiers)	• 특정 개인을 식별할 수 있는 속성 • 비식별 조치 시 무조건 삭제되어야 하는 정보	주민 번호, 전화 번호, 이름, 계좌 번호, 유전자 정보 등
준식별자 (Quasi-identifiers)	• 해당 정보 자체로는 식별자가 아니지만 다른 데이터와 결합하여 특정 개인을 간접적으로 추론할 수 있는 속성	주소, 몸무게, 혈액형 등
민감 정보 (Sensitive Attributes)	• 식별 정보는 아니지만 개인의 사생활을 드러낼 수 있는 속성	질병명, 카드 결제 정보, 자산 금액 등

(2) 데이터 비식별화 필요성 및 조치

- 분석에 활용되는 데이터의 개인 정보 유출을 방지하기 위해 개인정보 비식별화 필요
- 개인 정보 비식별 조치는 사전 검토, 비식별 조치, 적정성 평가 및 사후 관리 절차로 진행

단계	설명 및 특징
사전 검토	• 데이터가 개인 정보에 해당하는지 여부를 검토 • 개인 정보가 아닌 것이 명백한 경우 법적 규제 없이 활용 가능
비식별 조치	• 데이터 세트에서 개인을 식별할 수 있는 요소를 전부 또는 일부 삭제하거나 대체하여 개인을 알아 볼 수 없도록 조치
적정성 평가	• 비식별 정보가 다른 정보와 쉽게 결합하여 개인을 식별할 수 있는지를 평가 • 프라이버시 모델 활용
사후 관리	• 비식별 정보 안전 조치, 재식별 가능성 모니터링 등 비식별 정보 활용 과정에서 재식별 방지를 위한 조치를 수행

> **TIP** 🔍 **프라이버시 보호 모델**
>
> | 구분 | 설명 및 특징 |
> |---|---|
> | k-익명성
(k-anonymity) | • 특정인을 추론할 수 있는지 여부를 검토, 일정 확률 수준 이상 비식별 되도록 하는 기법
• 동일한 값을 가진 레코드를 k개 이상으로 함 |
> | l-다양성
(l-diversity) | • 특정인 추론이 안되어도 민감한 정보의 다양성을 높여 추론 가능성을 낮추는 기법
• 각 레코드는 최소 l개 이상의 다양성을 가지도록 하여 동질성 또는 배경 지식 등에 의한 추론 방지 |
> | t-근접성
(t-closeness) | • 민감한 정보의 분포를 낮추어 추론 가능성을 낮추는 기법
• 전체 데이터 집합의 정보 분포와 특정 정보의 분포 차이를 t 이하로 하여 추론 방지 |

1 프라이버시 모델 종류에 해당되지 않는 것은?

① k-익명성

② l-다양성

③ t-근접성

④ z-정규성

해설 프라이버스 모델 종류에는 k-익명성, l-다양성, t-근접성이 있다.

해답 ④

2 다음 중 준식별자에 대해 맞게 설명한 것은?

① 특정 개인을 식별할 수 있는 속성

② 비식별 조치 시 무조건 삭제되어야 하는 정보

③ 해당 정보 자체로는 식별자가 아니지만 다른 데이터와 결합하여 특정 개인을 간접적으로 추론할 수 있는 속성

④ 식별 정보는 아니지만 개인의 사생활을 드러낼 수 있는 속성

해설 ①, ②는 식별자, ④는 민감 정보에 해당된다.

해답 ③

3 다음 중 비식별화 단계로 맞게 연결된 것은?

① 비식별 조치 → 사전 검토 → 사후 관리 → 적정성 평가

② 비식별 조치 → 사전 검토 → 적정성 평가 → 사후 관리

③ 사전 검토 → 비식별 조치 → 사후 관리 → 적정성 평가

④ 사전 검토 → 비식별 조치 → 적정성 평가 → 사후 관리

해설 비식별화 단계는 사전 검토 → 비식별 조치 → 적정성 평가 → 사후 관리 순으로 진행한다.

해답 ④

4 다음 중 프라이버시 보호 모델 종류 가운데 t-근접성에 대한 설명으로 적절한 것은?

① 특정인을 추론할 수 있는지 여부를 검토, 일정 확률 수준 이상 비식별 되도록 하는 기법

② 특정인 추론이 안되어도 민감한 정보의 다양성을 높여 추론 가능성을 낮추는 기법

③ 민감한 정보의 분포를 낮추어 추론 가능성을 낮추는 기법

④ 각 레코드는 근접성을 가지도록 하여 동질성 또는 배경 지식 등에 의한 추론 방지

해설 t-근접성은 민감한 정보의 분포를 낮추어 추론 가능성을 낮추는 기법으로 전체 데이터 집합의 정보 분포와 특정 정보의 분포 차이를 T이하로 하여 추론을 방지한다.

해답 ③

동영상

5 다음 중 민감정보에 해당되지 않는 것은?

① 주민 번호

② 질병명

③ 카드 결제 정보

④ 자산 금액

해설 민감 정보는 식별 정보는 아니지만 개인의 사생활을 드러낼 수 있는 속성을 의미한다. 주민 번호는 식별자에 해당된다.

해답 ①

(3) 데이터 비식별화 기법

구분	개념	기법 종류
가명 처리 (Pseudonymization)	• 개인 식별이 가능한 데이터를 직접적으로 식별할 수 없는 다른 값으로 대체하는 기법 예 홍길동, 25세, 부산 거주 → 임꺽정, 20대, 부산 거주	• 휴리스틱 가명화 (Heuristic Pseudonymization) • 암호화(Encryption) • 교환(Swapping)
총계 처리 (Aggregation)	• 통계값(전체 또는 부분)을 적용하여 특정 개인을 식별할 수 없도록 하는 기법 예 임꺽정 170cm, 홍길동 180cm, 이순신 175cm → 학생 키 평균: 175cm	• 총계 처리(Aggregation) • 부분 집계(Micro Aggregation) • 라운딩(Rounding) • 재배열(Rearrangement)
데이터 삭제 (Data Reduction)	• 개인 식별이 가능한 데이터 부분 또는 전체 삭제 처리 예 주민 등록 번호 890101-1234567 → 80년대 생, 남자	• 식별자 삭제 • 식별자 부분 삭제 • 레코드 삭제 • 식별 요소 전부 삭제
데이터 범주화 (Data Suppression)	• 특정 정보를 해당 그룹의 대표값이나 구간값으로 변환 예 홍길동, 52세 → 홍씨, 40 ~ 50대	• 랜덤 라운딩 • 범위 방법 • 제어 라운딩
데이터 마스킹 (Data Masking)	• 데이터의 전부 또는 일부분을 대체값(공백, 노이즈 등)으로 변환 예 홍길동, 28세, 서울 거주, 한국대 재학 → 홍OO, 2×세, OO거주, OO대학 재학	• 임의 잡음 추가 (Adding Random Noise) • 공백(Blank)과 대체(Impute)

1) 가명 처리

개인 식별이 가능한 데이터를 식별할 수 없는 다른 값으로 대체하는 기법

구분	설명 및 특징
휴리스틱 가명화 (Heuistic Pseudonymization)	• 식별자에 해당하는 값들을 몇가지 정해진 규칙으로 대체하거나 가공하여 개인 정보를 숨기는 방법 • 성명을 홍길동 등 일반화된 이름으로 대체하거나 기관명을 사전에 규칙을 정한 이름으로 대체
암호화 (Encryption)	• 정보 가공 시 일정한 규칙의 알고리즘을 적용하여 암호화함으로써 개인 정보를 대체 • 일방향 암호화를 사용하는 경우는 이론상 복호화가 원천적으로 불가능
교환 방법 (Swapping)	• 기존의 데이터 레코드를 사전에 정해진 외부의 변수(항목)값과 연계하여 교환

1 개인 식별이 가능한 데이터를 식별할 수 없는 다른 값으로 대체하는 기법을 무엇이라고 하는가?

① 가명 처리
② 총계 처리
③ 부분 집계
④ 라운딩

해설 가명 처리는 개인 식별이 가능한 데이터를 식별할 수 없는 다른 값으로 대체하는 기법을 의미한다.

해답 ①

2 다음 중 가명 처리 방법에 해당되지 않는 것은?

① 휴리스틱 가명화
② 암호화
③ 교환 방법
④ 범주화

해설 가명 처리는 개인 식별이 가능한 데이터를 식별할 수 없는 다른 값으로 대체하는 것으로 휴리스틱 가명화, 암호화, 교환 방법 등이 있다. 범주화는 특정 정보를 해당 그룹의 대푯값이나 구간값으로 변환한 것을 의미한다.

해답 ④

3 다음 중 데이터 비식별화 기법과 설명이 잘못된 것은?

① 총계 처리: 통계값을 적용하여 특정 개인의 데이터를 비식별화 처리
② 데이터 삭제: 개인 식별이 가능한 데이터의 부분 또는 전체 삭제 처리
③ 데이터 마스킹: 특정 정보를 대푯값이나 구간값으로 대체 처리
④ 가명 처리: 개인 식별 가능한 데이터를 직접 식별이 어려운 다른 값으로 대체

해설 데이터 마스킹은 데이터의 전부 또는 일부를 공백/노이즈 등의 대체값으로 변환하는 기법이다.

해답 ③

동영상

4 다음 중 개인 정보 비식별 조치 방법으로 적절하지 않은 것은?

① 가명 처리
② 총계 처리
③ 데이터 라벨링
④ 데이터 범주화

해설 개인 정보 비식별 조치 방법으로는 가명 처리, 총계 처리, 데이터 삭제, 데이터 범주화, 데이터 마스킹이 있다.

해답 ③

2) 총계 처리

통계값을 적용하여 특정 개인을 식별하지 못하도록 하는 기법

구분	설명 및 특징
총계 처리 (Aggregation)	• 데이터 전체 또는 부분을 집계(총합, 평균 등) 예 집단에 소속된 전체 인원의 평균 나이값을 구한 후 각 개인의 나이값을 평균 나이값(대푯값)으로 대체하거나 해당 집단 소득의 전체 평균값을 각 개인의 소득값으로 대체
부분 총계 (Micro Aggregation)	• 데이터 셋 내 일정 부분 레코드만 총계 처리함. 즉, 다른 데이터 값에 비하여 오차 범위가 큰 항목을 통계값(평균 등)으로 변환 예 다양한 연령대의 소득 분포에 있어서 30대의 소득 분포 편차가 다른 연령대에 비하여 매우 크거나 특정 소득 구성원을 포함하고 있을 경우, 30대의 소득만 선별하여 평균값을 구한 후 30대에 해당하는 각 개인의 소득값을 해당 평균값으로 대체
라운딩 (Rounding)	• 집계 처리된 값에 대하여 라운딩(올림, 내림, 사사오입) 기준을 적용하여 최종 집계 처리하는 방법 • 일반적으로 전체 통계 정보가 필요한 경우 많이 사용 예 23세, 41세, 57세, 26세, 33세 등 나이값을 20대, 30대, 40대, 50대 등 각 대표 연령대로 표기하거나 소득값을 일부 절삭하여 3백만 원, 4백만 원 등으로 집계 처리하는 방식
재배열 (Rearrangement)	• 기존 정보값은 유지하면서 개인이 식별되지 않도록 데이터를 재배열하는 방법 • 개인의 정보를 타인의 정보와 섞어서 전체 정보의 손상 없이 특정 정보가 해당 개인과 연결되지 않도록 하는 방법 예 데이터 셋에 포함된 나이, 소득 등의 정보를 개인별로 서로 교환하여 재배치

1 다양한 연령대의 소득 분포에 있어서 40대의 소득 분포 편차가 다른 연령대에 비하여 매우 크거나 특정 소득 구성원을 포함하고 있을 경우, 40대의 소득만 선별하여 평균값을 구한 후 40대에 해당하는 각 개인의 소득값을 해당 평균값으로 대체하는 방법을 무엇이라고 하는가?

① 암호화
② 교환
③ 부분 총계
④ 라운딩

해설 부분 총계는 데이터 세트 내 일정 부분 레코드만 총계 처리한다. 즉, 다른 데이터 값에 비하여 오차 범위가 큰 항목을 통계값(평균 등)으로 변환하는 것을 의미한다.

해답 ③

2 다음 중 총계 처리 방법으로 잘못 연결된 것은?

① 총계 처리 – 데이터 전체 또는 부분을 집계한 값으로 대체한다.
② 부분 총계 – 다른 데이터 값에 비해 오차 범위가 큰 항목을 통계값으로 변환
③ 라운딩 – 집계 처리 된 값에 대해 반올림, 올림, 버림 처리를 적용하여 최종 집계 처리하는 방법
④ 재배열 – 기존의 데이터 레코드를 사전에 정해진 외부 변수값과 연계하여 교환

해설 재배열은 기존 정보값은 유지하면서 개인이 식별되지 않도록 데이터를 재배열하는 방법을 의미한다.

해답 ④

3 다음에서 설명하는 총계 처리 방법은 무엇인가?

> 23세, 41세, 57세 등 나이값을 20대, 40대, 50대로 각 대표 연령대로 표기

① 부분 총계
② 라운딩
③ 재배열
④ 교환 방법

해설 라운딩은 집계 처리된 값에 올림, 내림, 버림 등을 적용하여 집계 처리하는 방법이다.

해답 ②

4 다음에서 설명하는 총계 처리 방법은 무엇인가?

> 데이터 셋에 포함된 나이, 소득 등의 정보를 다른 사람의 정보와 서로 교환

① 부분 총계
② 라운딩
③ 재배열
④ 교환 방법

해설 재배열은 기존 정보값을 유지하면서 개인이 식별되지 않도록 개인의 정보를 타인의 정보와 섞어서 재배열하는 방법이다.

해답 ③

3) 데이터 삭제 처리

개인 식별이 가능한 데이터를 삭제하는 방법

구분	설명 및 특징
식별자 삭제	• 원본 데이터에서 식별자를 단순 삭제하는 방법 📷 성명, 생년 월일(YY-MM-DD)이 나열되어 있는 경우 분석 목적에 따라 생년 월일을 생년(YY)으로 대체 가능하다면 월일(MM-DD)값 삭제
식별자 부분삭제	• 식별자 전체를 삭제하는 방식이 아니라, 해당 식별자의 일부를 삭제하는 방법 📷 상세 주소의 경우 부분 삭제를 통하여 대표 지역으로 표현 　(서울특별시 종로구 인사동 10번지 → 서울시 종로구)
레코드 삭제 (Reducing Records)	• 다른 정보와 뚜렷하게 구별되는 레코드 전체를 삭제하는 방법 📷 소득이 다른 사람에 비하여 뚜렷이 구별되는 값을 가진 정보는 해당 정보 전체 삭제
식별요소 전체삭제	• 식별자뿐만 아니라 잠재적으로 개인을 식별할 수 있는 속성자까지 전부 삭제하여 프라이버시 침해 위험을 줄이는 방법 📷 연예인, 정치인 등의 가족정보, 판례 및 보도 등에 따라 공개되어 있는 사건과 관련되어 있음을 알 수 있는 정보 등 잠재적 식별자까지 삭제하여 연관성 있는 정보의 식별 및 결합 예방

4) 데이터 범주화

특정 정보를 해당 그룹의 대푯값이나 구간값으로 변환하여 개인 식별을 방지하는 기법

구분	설명 및 특징
감추기	• 명확한 값을 숨기기 위하여 데이터의 평균 또는 범주값으로 변환하는 기법
랜덤 라운딩 (Random Rounding)	• 수치 데이터를 '임의의 수' 기준으로 올림(Round Up) 또는 내림(Round Down)하는 기법 • 라운딩(Rounding)과 달리 수치 데이터 이외의 경우에도 확장 적용 가능
범위 방법 (Data Range)	• 수치 데이터를 임의의 수 기준의 범위(Range)로 설정하는 기법 • 해당 값의 범위(Range) 또는 구간(Interval)으로 표현
제어 라운딩 (Controlled Rounding)	• 랜덤 라운딩 방법에서 어떠한 특정값을 변경할 경우 행과 열의 합이 일치하지 않는 단점 해결을 위해 행과 열이 맞지 않는 것을 제어하여 일치시키는 기법 • 프로그램으로 구현하기 어렵고 복잡한 통계표에는 적용하기 어려우며, 해결할 수 있는 방법이 존재하지 않을 수 있어 잘 사용하지 않음

5) 데이터 마스킹

데이터의 전부 또는 일부분을 대체값(공백, 노이즈 등)으로 변환하는 기법

구분	설명 및 특징
임의 잡음 추가 (Adding Random Noise)	개인 식별이 가능한 정보에 임의의 숫자 등 잡음을 추가(더하기 또는 곱하기)하는 방법
공백(Black)과 대체(Impute)	특정 항목의 일부 또는 전부를 공백 또는 대체 문자('＊', '-' 등)이나 전각 기호)로 바꾸는 기법

1 비식별화 기법 가운데 데이터 범주화에 대한 설명은?

① 개인 식별이 가능한 데이터를 삭제하는 방법

② 통계값을 적용하여 특정 개인을 식별하지 못하도록 하는 기법

③ 특정 정보를 해당 그룹의 구간값으로 변환하여 개인 식별을 방지하는 기법

④ 데이터의 전부 또는 일부분을 공백, 노이즈 등으로 변환하는 기법

해설 데이터 범주화는 특정 정보를 해당 그룹의 대푯값으로 변환하거나 구간값으로 변환하여 개인 식별을 방지하는 기법을 의미한다.

해답 ③

2 비식별화 기법 가운데 데이터 삭제 처리 방법으로 잘못 연결된 것은?

① 식별자 삭제 – 원본 데이터에서 식별자를 단순 삭제하는 방법

② 식별자 삭제 – 생년월일(YY-MM-DD)을 생년(YY)로 대체하는 방법

③ 레코드 삭제 – 다른 정보와 뚜렷하게 구분되는 식별자를 삭제하는 방법

④ 레코드 삭제 – 소득이 다른 사람에 비해 뚜렷이 구별되는 값을 가질 경우 해당 정보 전체 삭제

해설 레코드 삭제는 다른 정보와 뚜렷하게 구별되는 레코드 전체를 삭제하는 방법에 해당된다.

해답 ③

3 다음 중 데이터 마스킹 방법 중 임의의 숫자 등을 추가로 입력하는 방법을 무엇이라고 하는가?

① 공백 추가   ② 가명화

③ 잡음 추가   ④ 대체

해설 임의 잡음 추가 방법은 개인 식별이 가능한 정보에 임의의 숫자 등 잡음을 추가(더하기 또는 곱하기)하는 방법을 의미한다.

해답 ③

4 비식별화 기법 가운데 데이터 범주화 처리 방법과 설명이 바르게 연결된 것은?

① 감추기 – 명확한 값을 숨기기 위하여 데이터의 평균 또는 범주값으로 변환하는 방식

② 랜덤 라운딩 – 수치데이터를 '임의의 수' 기준의 범위(Range)로 설정하는 기법

③ 범위 방법 – 행과 열이 맞지 않는 것을 제어하여 일치시키는 기법

④ 제어 라운딩 – 수치 데이터를 '임의의 수' 기준으로 올림(Round Up) 또는 내림(Round Down)하는 기법

해설 ② 랜덤 라운딩 – 수치 데이터를 임의의 수 기준으로 올림(Round Up) 또는 내림(Round Down)하는 기법
③ 범위 방법 – 수치 데이터를 '임의의 수' 기준의 범위(Range)로 설정하는 기법으로, 해당 값의 범위(Range) 또는 구간(Interval)으로 표현
④ 제어 라운딩 – 랜덤 라운딩 방법에서 어떠한 특정값을 변경할 경우 행과 열의 합이 일치하지 않는 단점 해결을 위해 행과 열이 맞지 않는 것을 제어하여 일치시키는 기법

해답 ①

5 데이터 품질 검증

(1) 빅데이터 품질 검증 개요

비즈니스 목표에 부합한 데이터 분석을 위해 가치성, 정확성, 유용성 있는 데이터를 확보하고 신뢰성 있는 데이터를 유지하기 위한 데이터 품질 검증

(2) 빅데이터 품질 검증의 필요성

– 데이터 분석이 용이한 형태로 변환된 데이터가 의도한 요구 사항을 만족시키는지 데이터 품질 검증
– 분석하고자 하는 데이터가 불완전하거나 부정확하거나 일관적이지 않으면 원하는 분석 결과를 얻을 수 없음

중요성	설명 및 특징
분석 결과 신뢰성 확보	데이터의 품질에 따라 분석 결과 품질에 영향
일원화된 프로세스	업무 처리, 데이터 관리의 효율화
데이터 활용도 향상	고품질의 데이터 확보로 데이터 이용률 향상
양질의 데이터 확보	불필요한 데이터를 제거하여 고품질 데이터 준비도 향상

(3) 데이터 품질 저하 발생 요인

– 원천 시스템에서의 데이터 입력 오류나 데이터 수집/전송 과정에서의 손상으로 데이터 품질 저하 발생
– 데이터 간의 일관성이 없거나 중복 발생으로 인한 데이터 정합성 오류도 데이터 품질을 저하시키는 요인

유형	데이터 종류	대상
데이터 입력	원천 시스템에 데이터 입력 시 발생하는 오류 데이터	• 사용자 입력 오류 • 입력 통제 미비 • 입력 절차 문제 • 입력 프로그램 오류
데이터 손상	시간이 지나면서 데이터가 부정확해지는 경우 발생하는 오류 데이터	• 과거 시점 데이터
데이터 흐름	데이터 수집 및 전송 과정에서 발생하는 오류 데이터	• 데이터 변환 오류 • 데이터 전송 오류 • 데이터 적재 오류
데이터 일관성	데이터의 일관성이 없거나 중복이 발생한 데이터	• 데이터 간 정합성 오류

1 데이터 품질 검증의 필요성과 거리가 가장 먼 것은?

① 분석 결과 신뢰성 확보

② 업무 프로세스 다양화

③ 데이터 활용도 향상

④ 양질의 데이터 확보

해설 데이터 품질 검증이 중요한 이유는 분석 결과 신뢰성 확보, 일원화된 프로세스, 데이터 활용도 향상, 양질의 데이터 확보에 있다.

해답 ②

2 다음 중 데이터 품질 검증 활동에 대한 설명 중 적절하지 않은 것은?

① 신뢰성 있는 데이터를 유지하기 위한 활동이다.

② 원천 시스템에서 발생한 입력오류는 분석 데이터 품질에 영향을 주지 않는다.

③ 데이터 수집 및 전송 과정에서 발생한 손상으로 데이터 품질 저하가 발생한다.

④ 과거 시점의 정확한 데이터도 시간이 지나면서 데이터 품질을 저하시킬 수 있다.

해설 원천 시스템에서 발생한 오류도 데이터 품질 및 분석 결과에 영향을 줄 수 있기 때문에 데이터 품질 검증이 필요하다.

해답 ②

3 데이터 품질이 저하되는 유형과 오류 대상이 잘못 연결된 것은?

① 데이터 입력 – 데이터 전송 오류

② 데이터 손상 – 과거 시점 데이터로 시점 오류

③ 데이터 흐름 – 데이터 적재 시 발생 오류

④ 데이터 일관성 – 데이터 간 정합성 불일치

해설 데이터 품질 저하 발생 요인으로는 입력 오류, 시간이 지나면서 데이터가 부정확해지면서 발생되는 데이터 손상, 데이터 수집 및 전송 오류, 데이터의 일관성이 없거나 중복이 발생한 데이터의 경우에 해당된다. 데이터 전송 오류는 품질 저하 유형에 해당된다.

해답 ①

4 데이터 품질이 저하되는 경우에 해당되는 것은?

① 데이터를 정확하게 입력한다.

② 입력된 데이터가 자동으로 변경된다.

③ 데이터는 일관성이 있게 입력한다.

④ 데이터의 중복이 없게 입력한다.

해설 데이터 품질 저하 발생 요인으로는 입력 오류, 데이터 손상(시간이 지나면서 데이터가 부정확해짐), 데이터 수집 및 전송 오류, 데이터의 일관성이 없거나 중복이 발생한 데이터이다.

해답 ②

(4) 데이터 품질 검증 절차 및 방법

절차	설명 및 특징
데이터 품질 검증 계획 수립	• 수행 조직, 품질 검증 목적, 목표, 범위 및 검증 절차 정의 • 데이터 품질 검증 세부 시행 계획 확정
데이터 품질 기준 및 검증 대상 정의	• 데이터 품질 기준, 품질 지표 선정 • 품질 검증 대상 및 핵심 품질 항목 선정 • 데이터 프로파일링, 업무 규칙 도출
데이터 품질 측정/검증	• 품질 측정 계획 수립 • 품질 측정 체크리스트 준비 • 품질 측정 수행 및 결과 보고서 작성
데이터 품질 검증 결과 분석	• 품질 오류 원인 분석 • 품질 개선 방안 도출
데이터 품질 개선	• 품질 개선 계획 수립 • 개선 활동 수행 및 개선 결과 보고

(5) 데이터 품질 기준 요소

- 데이터 품질을 구성하는 완전성, 유효성, 정확성 등 기준 요소별 세부 품질 기준을 고려
- 데이터의 규모, 다양성, 속도, 복잡성 등 특징을 고려하여 다양한 관점에서 데이터 품질 검증

기준 요소	검증 전략	세부 품질 기준
완전성 (Completeness)	데이터에 문제 해결에 필요한 모든 대상과 속성이 빠짐 없이 존재하는지 검증	• 개별 완전성 • 조건 완전성
유일성 (Uniqueness)	반복적으로 중복되는 데이터가 존재하는지 검증	• 단독 유일성 • 조건 유일성
유효성 (Validity)	데이터가 사전에 정의된 범위, 유형을 충족하는지 검증	• 범위 유효성 • 날짜 유효성 • 형식 유효성
정확성 (Accuracy)	데이터가 문제 현상을 정확하게 반영하는지, 편향(Bias) 과 분산(Variance)이 큰지 검증	• 선후 관계 정확성 • 계산/집계 정확성 • 업무 규칙 정확성
일관성 (Consistency)	데이터가 서로 모순되지 않는지 속성간 관계를 통해 데이터 품질 검증	• 기준 코드 일관성 • 참조 무결성 • 흐름 일관성 • 컬럼 일관성
적시성 (Timeliness)	데이터가 문제 현상을 반영하기에 유효한 시점의 데이터인지, 필요한 시점에 사용 가능한 상태인지 검증	• 시간 효율성
사실성 (Believability)	얼마나 많은 데이터를 사용자가 신뢰하는지 검증	• 성숙성 • 신뢰 순응성
해석 가능성 (Interpretability)	데이터가 얼마나 이해하기 쉬운지를 검증	• 이해성 • 친밀성 • 사용 순응성

1 데이터 품질 검증 절차 과정을 바르게 연결한 것은?

① 계획 수립 → 데이터 품질 기준 및 검증 대상 정의 → 데이터 품질 측정 → 데이터 품질 검증 → 데이터 품질 개선

② 데이터 품질 기준 및 검증 대상 정의 → 계획 수립 → 데이터 품질 측정 → 데이터 품질 개선 → 데이터 품질 검증

③ 계획 수립 → 데이터 품질 기준 및 검증 대상 정의 → 데이터 품질 개선 → 데이터 품질 측정 → 데이터 품질 검증

④ 데이터 품질 기준 및 검증 대상 정의 → 계획 수립 → 데이터 품질 검증 → 데이터 품질 측정 → 데이터 품질 개선

해설 데이터 품질 검증 절차는 계획 수립 → 데이터 품질 기준 및 검증 대상 정의 → 데이터 품질 측정 → 데이터 품질 검증 → 데이터 품질 개선이다.

해답 ①

2 다음 설명에 해당되는 데이터 품질 기준 요소는?

> 데이터가 사전에 정의된 범위, 유형을 충족하는지 검증

① 유효성 ② 유일성

③ 적시성 ④ 해석 가능성

해설 유효성은 데이터가 사전에 정의된 범위, 유형을 충족하는지 검증하고자 한다.

해답 ①

3 데이터 품질 기준 요소에 해당하지 않는 것은?

① 완전성 ② 일관성

③ 정확성 ④ 유동성

해설 데이터 품질 기준 요소로는 완전성, 유일성, 유효성, 정확성, 일관성, 적시성, 사실성, 해석 가능성이 있다.

해답 ④

4 데이터 품질 검증 절차에 따른 방법으로 잘못 연결된 것은?

① 데이터 품질 검증 계획 수립 – 수행 조직, 품질 검증 목적, 목표, 범위 및 검증 절차 정의

② 데이터 품질 기준 및 검증 대상 정의 – 데이터 품질 기준, 품질 지표 선정

③ 데이터 품질 측정/검증 – 품질 측정 계획 수립

④ 데이터 품질 검증 결과 분석 – 개선 활동 수행 및 개선 결과 보고

해설 데이터 품질 검증 결과 분석 단계에서는 품질 오류 원인을 분석하고 개선 방안을 도출한다.

해답 ④

(6) 데이터 품질 진단

- 데이터 품질 진단을 위해 데이터 프로파일링 수행
- 데이터 프로파일링은 정형 텍스트 데이터, 비정형 콘텐츠의 메타데이터에 대한 품질 진단 시 활용
- 유형별 데이터 프로파일링 기법

유형	프로파일링 방법
누락값 분석	반드시 입력되어야 하는 필수 입력값의 누락 여부 분석
허용 범위 분석	컬럼 속성값이 허용된 범위 내의 속성값인지 여부 분석
허용값 목록 분석	대상 컬럼의 허용값 목록이나 집합에 포함되지 않는 값 분석
문자열 패턴 분석	문자열값의 특성을 정형화하여 오류로 추정되는 데이터 식별
날짜 유형 분석	텍스트 형태 날짜 컬럼인 경우, 날짜 형식과 유효 범위를 충족하는지 여부 분석
특정 번호 유형 분석	규칙을 가지고 있는 번호 컬럼이 규칙을 충족하고 있는지 분석
유일값 분석	데이터 집합 내에서 유일하게 식별할 수 있는 컬럼의 중복 발생 여부 분석
구조 분석	참조 무결성 등을 위해 하거나 구조 정의가 되지 않아 발생하는 일관성이 없는 데이터 존재 여부 분석

- 비정형 데이터의 경우 콘텐츠에 대한 메타데이터나 속성 데이터를 대상으로 품질 진단

1 세부 품질 기준으로 적절히 연결되지 않은 것은?

① 완전성 – 개별 완전성, 조건 완전성

② 유일성 – 단독 유일성, 조건 유일성

③ 일관성 – 선후 관계 일관성, 업무 규칙 일관성

④ 유효성 – 범위 유효성, 날짜 유효성

해설 일관성은 데이터가 서로 모순되지 않는지 속성 간 관계를 통해 데이터 품질을 검증하는 것으로, 기준 코드 일관성, 참조 무결성, 흐름 일관성, 컬럼 일관성 등이 있다.

해답 ③

2 데이터 품질 진단 방법으로 적절하지 않은 것은?

① 반드시 입력되어야 하는 필수 입력값의 누락 여부 분석

② 컬럼 속성값이 허용된 범위 내의 속성값인지 여부 분석

③ 대상 컬럼의 허용값 목록이나 집합에 포함되지 않는 값 분석

④ 문자열 값의 특성을 비정형화하여 오류 데이터 여부 식별

해설 문자열값의 특성을 정형화하여 오류로 추정되는 데이터를 식별한다.

해답 ④

3 데이터 품질 진단 프로파일링 유형에 해당되지 않는 것은?

① 날짜 유형 분석

② 특정 번호 유형 분석

③ 유일값 분석

④ 비구조 분석

해설 데이터 품질 진단 프로파일링 유형으로는 누락값 분석, 허용 범위 분석, 허용값 목록 분석, 문자열 패턴 분석, 날짜 유형 분석, 특정 번호 유형 분석, 유일값 분석, 구조 분석이 있다.

해답 ④

4 다음에서 설명하는 프로파일링 방법은 어떤 유형의 프로파일링 기법인지 고르시오.

참조 무결성 등을 위해하는 데이터의 존재 여부 분석

① 허용 범위 분석

② 구조 분석

③ 허용값 목록 분석

④ 유일값 분석

해설 구조 분석 프로파일링은 참조 무결성을 위해하거나 구조 정의가 되지 않아 일관성이 없는 데이터가 발생하는지 여부를 분석하는 유형이다.

해답 ②

Section 02 **데이터 적재 및 저장**

1 데이터 적재

(1) 데이터 적재 개요

– 수집된 데이터 유형에 따라 적재 계획을 수립하고 적합한 저장 DB를 구축한 후 데이터를 저장
– 데이터 적재를 위해서는 저장 기술의 기능성, 분석 방식 및 유형, 분석 데이터 유형, 기존 시스템과의 연계성 고려
– 데이터 적재 고려 사항

고려 요소	세부 고려 항목	상세 고려 사항
저장 기술의 기능성	• 데이터 모델 • 확장성 • 트랜잭션 일관성 • 질의 지원 • 접근성	• 데이터의 형태, 구조 • 확장성의 중요성 여부 • 데이터 일관성 보장 필요 여부 • SQL 등 질의 방법 필요 여부 • 웹 시스템 등 다양한 시스템에서의 접근 필요 여부
분석 방식 및 환경	• 온라인/배치	• 온라인 실시간 분석 필요 여부 • 배치 기반 분석 여부
데이터 유형	• 내/외부 데이터 • 데이터 발생량	• 기업 내부 시스템 또는 외부 데이터 • 데이터 발생량과 증가 속도
기존 시스템 연계	• 운영/원천 시스템과 연계	• 기존 시스템과의 연계

(2) 데이터 적재 계획 수립

– 저장할 데이터의 포맷 등 유형을 검토하고 저장 관리에 유리한 저장 기술 및 방식 선정
– 수집할 데이터 크기 및 저장 기간 등을 고려하여 적재 용량 설계

(3) 적재 DB 구축 및 테스트

– 데이터 적재 및 저장 계획에 따라 DB를 구축하고 주요 데이터 저장 관리에 필요한 주요 기능에 대해 사전 테스트 수행

(4) 데이터 적재 및 모니터링

– 데이터 적재 시 적정한 저장 공간의 확보가 중요하며 주기적인 여유공간 모니터링 실시
– 대용량 데이터 수집 및 적재 작업을 수행할 경우 사전 점검이 선행되어야 하며 일정 저장 공간 이상 사용 시 추가 적재 공간 확보를 위한 방안 마련

1 다음 중 저장할 데이터의 포맷 등 유형을 검토하고 데이터 저장 관리에 유리한 저장 기술 및 방식을 선정은 데이터 적재의 어떤 단계에 해당되는가?

① 데이터 적재 계획 수립

② 적재 DB 구축

③ 데이터 테스트

④ 데이터 모니터링

해설 데이터 적재 계획 수립 단계에서는 저장할 데이터의 포맷 등 유형을 검토하고 데이터 저장 관리에 유리한 저장 기술 및 방식을 선정하거나 수집할 데이터 크기 및 저장 기간 등을 고려하여 적재 용량을 설계한다.

해답 ①

2 데이터 적재 시 고려 요소인 저장 기술의 고려 사항에 해당되는 것은?

① 온라인 실시간 분석 필요 여부

② 기존 시스템과의 연계

③ 데이터 일관성 보장 필요

④ 데이터 발생량과 증가 속도

해설 데이터 적재 시 저장 기술의 기능성에 해당되는 부분은 데이터의 형태, 확장성의 중요성 여부, 데이터 일관성 보장 필요 여부, SQL 등 질의 방법 필요 여부, 웹 시스템 등 다양한 시스템에서의 접근 필요 여부 등이 있다.

해답 ③

3 데이터 적재를 위해 고려 사항에 해당되지 않는 것은?

① 저장 기술의 기능성

② 분석 방식 및 유형

③ 기존 시스템과의 연계성

④ 분석 기술

해설 데이터 적재를 위해서는 저장 기술의 기능성, 분석 방식 및 유형, 분석 데이터 유형, 기존 시스템과의 연계성을 고려한다.

해답 ④

4 다음 중 데이터 적재에 대한 설명으로 옳지 않은 것은?

① 데이터 저장 기술의 발전으로 데이터 적재 계획 수립 시 확장성을 고려할 필요가 없어졌다.

② 수집할 데이터의 크기 및 저장 기간 등 적재 용량 설계는 데이터 적재 계획 수립 때 진행한다.

③ 데이터 적재 시 적정한 저장 공간의 확보가 중요하여 주기적으로 여유 공간 모니터링을 실시한다.

④ 용량 데이터 수집 및 적재 작업을 수행할 경우 사전 점검이 선행되어야 한다.

해설 데이터 적재 및 저장 계획에 따라 DB를 구축하고 주요 데이터 저장 관리에 필요한 주요 기능에 대해 사전 테스트를 수행하고 데이터 증가량, 증가속도 등을 고려한 확장성을 고려해야 한다.

해답 ①

2 데이터 저장

(1) 빅데이터 저장 시스템 개요

- 빅데이터 저장 시스템은 대용량 데이터를 저장하고 관리하는 시스템으로 사용자에게 데이터 제공의 신뢰성과 가용성 보장
- 빅데이터 저장 시스템은 분산 데이터 저장 하드웨어와 데이터베이스 기술에 기반을 둔 다양한 빅데이터 저장 소프트웨어로 구성

(2) 빅데이터 저장 시 고려 요소

고려 요소	설명
비용	데이터 저장 단가를 절감할 수 있는 방안
성능	데이터 저장과 인출 속도를 향상 시킬 수 있는 방안
안정성	저장된 데이터의 안정성과 신뢰도를 보장하는 방안
확장성	데이터 저장 공간의 확장성 고려

(3) 빅데이터 저장 방식

유형	설명	예시
분산 파일 시스템	• 분산된 서버의 로컬 디스크에 파일을 저장하고 파일의 읽기, 쓰기 등과 같은 연산을 처리하는 파일 시스템	• 구글 파일 시스템(GFS) • 하둡 분산 파일 시스템 (HDFS)
데이터베이스 클러스터	• 관계형 데이터를 저장하거나, 수정하고 관리할 수 있게 해주는 데이터베이스 • SQL 문장을 통하여 데이터베이스의 생성, 수정 및 검색 등 서비스를 제공	• 오라클 RAC • MS-SQL • MySQL • sybase
NoSQL (Not-Only SQL)	• 비관계형 데이터 저장소로, 관계형 데이터베이스와 다르게 설계된 데이터베이스 • 테이블 스키마가 고정되지 않고, 수평적 확장이 용이한 DBMS • Key-value, Document Key-value, Column 기반의 NoSQL이 주로 활용	• Cloudata • HBase • Cassandra
클라우드 파일 저장 시스템	• 클라우드 컴퓨팅 환경에서 가상화 기술을 활용한 분산 파일 시스템	• AWS S3 • 오픈스택 Swift

1 빅데이터 저장 시 고려 사항으로 적절하지 않은 것은?

① 데이터 저장을 위해서는 고비용이 필요하여 저장 단가를 높일 수 있는 방안을 고려한다.

② 데이터 저장과 인출 속도를 향상 시킬 수 있는 방안을 고려한다.

③ 저장된 데이터의 안정성과 신뢰도를 보장하는 방안을 고려한다.

④ 데이터 저장 공간의 확장성 고려한다.

> 해설 빅데이터 저장 시 비용, 성능, 안정성, 확장성을 고려하며 비용에 있어서는 데이터 저장 단가를 절감할 수 있는 방안을 모색한다.

> 해답 ①

2 다음 중 빅데이터 저장 시스템에 대한 설명으로 잘못 기술된 것은?

① 빅데이터 저장 시스템은 대용량 데이터를 저장하고 관리하는 시스템이다.

② 사용자에게 데이터 제공의 신뢰성과 가용성 보장한다.

③ 분산 데이터 저장 하드웨어와 데이터베이스 기술에 기반을 두고 있다.

④ 오래된 데이터는 실시간으로 삭제하면서 데이터 저장 공간을 확보한다.

> 해설 오래된 데이터를 삭제하는 것보다는 데이터 저장 공간의 확장성을 고려해야 한다.

> 해답 ④

3 빅데이터 저장 방식이 아닌 것은?

① 분산 파일 시스템

② 데이터베이스 클러스터

③ SQL

④ 클라우드 파일 저장 시스템

> 해설 빅데이터 저장 방식에는 분산 파일 시스템, 데이터베이스 클러스터, NoSQL, 클라우드 파일 저장 시스템이 있다.

> 해답 ③

4 빅데이터 저장 방식에 따른 종류가 잘못 연결된 것은?

① 분산 파일 시스템 – 하둡 분산 파일 시스템

② 데이터베이스 클러스터 – 오라클 RAC

③ NoSQL – MySQL

④ 클라우드 파일 저장 시스템 – AWS S3

> 해설 NoSQL에는 Cloudata, HBase, Cassandra이 있다.

> 해답 ③

1) 분산 파일 시스템 기술

분산 파일 시스템은 빅데이터를 확장 가능한 분산 파일 형태로 저장하는 방식으로 구글 파일 시스템(GFS)이나 하둡 분산 파일 시스템(HDFS) 등이 있음

① 구글 파일 시스템(GFS; Google File System)
- 구글의 대규모 클러스터 서비스 플랫폼의 기반 파일 시스템
- 파일을 고정된 크기(64MB)의 청크(Chunk)로 나누어 청크 서버에 분산 저장하고 각 청크에 대한 여러 개의 복제본도 청크 서버에 분산·저장함
- 구글 파일 시스템 구성

구성 요소	설명 및 특징
마스터	• 파일 시스템의 이름 공간(Name Space)파일과 청크의 매핑 정보, 각 청크가 저장된 청크 서버들의 위치 정보등 메타데이터 관리
클라이언트	• 파일에 읽기/쓰기 동작을 요청하는 애플리케이션
청크(Chunk) 서버	• 로클 디스크에 청크를 저장, 관리하면서 클라이언트로부터 청크 입출력 요청을 처리하는 서버 • 청크 서버의 상태정보를 주기적으로 마스터에 전달

② 하둡 분산 파일 시스템(HDFS; Hadoop Distributed File System)
- 구글 파일 시스템과 아키텍처, 사상을 그대로 구현한 분산 파일 시스템
- 하나의 파일 데이터는 블록 단위로 나뉘어 여러 데이터 노드에 분리/보관
- 하나의 네임 노드(Name Node)와 다수의 데이터 노드(Data Node)로 구성

구성 요소	설명 및 특징
네임 노드	• 파일 시스템의 이름 공간(Name Space) 등 HDFS의 모든 메타데이터 관리 • 마스터/슬레이브 구조에서 마스터 역할 수행 • 데이터 노드의 상태를 체크
데이터 노드	• HDFS의 슬레이브 노드로 클라이언트로부터의 데이터 입출력 요청 처리 • 데이터 유실 방지를 위해 블록을 3중 복제하여 저장 • 주기적으로 데이터 노드의 상태를 네임 노드에게 전송
보조 네임 노드	• HDFS 상태 모니터링 보조 • 주기적으로 네임 노드의 파일 시스템 이미지 스냅샷 생성

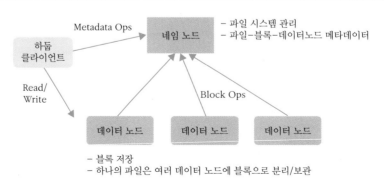

1 구글 파일 시스템 가운데 파일 시스템의 이름 공간 파일과 청크의 매핑 정보, 각 청크가 저장된 청크 서버들의 위치 정보 등 메타데이터를 관리하는 요소는 무엇인가?

① 청크(Chunk)

② 마스터

③ 클라이언트

④ 데이터 노드

해설 마스터는 파일 시스템의 이름 공간(Name Space)파일과 청크의 매핑 정보, 각 청크가 저장된 청크 서버들의 위치 정보 등 메타데이터를 관리한다.

해답 ②

2 분산 파일 시스템 기술에 대해 틀리게 기술된 것은?

① 분산 파일 시스템은 빅데이터를 확장 가능한 분산 파일 형태로 저장하는 방식이다.

② 분산 파일 시스템의 종류에는 구글 파일 시스템(GFS)이나 하둡 분산 파일 시스템(HDFS) 등이 있다.

③ 하둡 분산 파일 시스템은 객체 기반 클러스터 파일 시스템을 의미한다.

④ 하둡 분산 파일 시스템은 구굴 파일 시스템과 아키텍처, 사상이 유사한 구조이다.

해설 하둡 분산 파일 시스템은 구글 파일 시스템과 아키텍처, 사상이 같은 분산 파일 시스템이며, 객체 기반 클러스터 파일 시스템은 러스터이다.

해답 ③

3 하둡 분산 파일 시스템의 구성 요소가 아닌 것은?

① 네임 노드

② 데이터 노드

③ 마스터 노드

④ 보조 네임 노드

해설 하둡 분산 파일 시스템의 구성 요소에는 네임 노드, 데이터 노드, 보조 네임 노드가 있다.

해답 ③

4 다음 중 하둡 분산 파일 시스템(HDFS)에 대한 설명으로 알맞지 않은 것은?

① 구글 파일 시스템과 동일한 구조를 가진 파일 시스템이다.

② 하나의 데이터 노드에 다수의 네임 노드로 구성된 파일 시스템이다.

③ 네임 노드는 데이터 노드의 상태를 주기적으로 체크한다.

④ 데이터 노드는 실제 데이터가 저장되는 노드이다.

해설 하둡 분산 파일 시스템은 하나의 네임 노드에 다수의 데이터 노드로 구성된다.

해답 ②

③ 러스터(Lustre)
  - Linux와 Cluster의 합성어
  - 객체 기반 클러스터 파일 시스템으로 주로 고성능 컴퓨팅(HPC; High Performance Computing)의 대용량 파일시스템으로 사용
  - 분산(Distributed) 병렬(Parallel), 클러스터 파일시스템
  - GNU GPL(General Public License)을 준수하는 Open Source Software
  - 구동 방식: 메타데이터 → 클라이언트 → 객체 저장 서버

구성 요소	설명 및 특징
클라이언트 파일 시스템	• 리눅스 VFS(Virtual File System)에서 설치할 수 있는 파일 시스템 • 메타데이터 서버와 객체 저장 서버들과 통신하며 클라이언트 응용에 파일 시스템 인터페이스를 제공
메타데이터 서버	• 파일 시스템의 이름 공간과 파일에 대한 메타데이터 관리
객체 저장 서버	• 파일 데이터를 저장 • 클라이언트로부터의 객체 입출력 요청 처리 • 세그먼트 단위로 데이터를 분할하여 복수의 디스크 장치에 분산 저장(스트라이핑 방식)

TIP 🔍 **파일 시스템 비교**

구분	구글 파일 시스템(GFS)	하둡 분산 파일 시스템(HDFS)	러스터
Open Source	○	○	○
청크(Chunk) 서버	○	○	×
복제본 지원	○	○	×
잠금 장치	○	○	
노드 추가 가능	○	○	○
POSIX 지원 가능	×	×	○
파일 수정 가능	×	×	○

※POSIX(Portable Operating System Interface): 서로 다른 UNIX OS의 공통 API를 통한 이식 가능 운영 체제 인터페이스

1 러스터의 구성 요소가 아닌 것은?

① 하둡 분산 파일 시스템
② 클라이언트 파일 시스템
③ 메타데이터 서버
④ 객체 저장 서버

해설 러스터 구성 요소로는 클라이언트 파일 시스템, 메타
데이터 서버, 객체 저장 서버 등이 있다.

해답 ①

3 다음 중 러스터에 대한 설명으로 알맞지 않는 것은?

① 파일 시스템의 이름과 파일의 메타데이터는 메타데이터 서버에서 관리한다.
② 실제 파일 데이터를 저장하는 공간은 객체 저장 서버이다.
③ 객체 기반 클러스터 파일 시스템이다.
④ 데이터는 청크(Chunk) 단위로 저장된다.

해설 데이터가 청크 단위로 나뉘어 분산 저장되는 시스템은
구글 파일 시스템이다.

해답 ④

2 다음에서 설명하는 러스터의 구성 요소는 무엇인가?

> 메타데이터 서버와 객체 저장 서버들과 통신
> 하며 클라이언트 응용에 파일 시스템 인터페
> 이스를 제공

① 클라이언트 파일 시스템
② 메타데이터 서버
③ 청크 서버
④ 객체 저장 서버

해설 러스터의 메타데이터 서버와 객체 저장 서버 간의 통
신을 담당하는 구성 요소는 클라이언트 파일 시스템이
다.

해답 ①

4 다음 중 분산 파일 시스템 기술 중 러스트의 특징이 아닌 것은?

① 청크 서버
② 클라이언트 파일 시스템
③ 메타데이터 서버
④ 객체 저장 서버

해설 청크 서버는 구글 파일 시스템(GFS; Google File
System), 하둡 분산 파일 시스템(HDFS; Hadoop
Distributed File System)의 특징에 해당된다.

해답 ①

2) 데이터베이스 클러스터 기술

데이터베이스를 여러 개의 서버 또는 가상 서버에 구축하는 것으로 데이터베이스 자체의 파티셔닝 또는 클러스터링을 이용한 데이터 통합 기술

① 리소스 공유 관점에서 데이터베이스 클러스터 기술 구분

구분	설명 및 특징
공유 디스크 클러스터 (Shared Disk Cluster)	• 논리적으로 모든 데이터베이스 인스턴스 노드들과 공유 • 각 인스턴스는 모든 데이터에 접근 가능 • 데이터 공유를 위해 SAN(Storage Area Network) 등 공유 디스크 필요 • 노드 간 동기화를 위한 별도의 커뮤니케이션 채널 필요 • 높은 수준의 고가용성 제공
무공유 디스크 클러스터 (Shared Nothing Cluster)	• 각 데이터베이스 인스턴스는 자신이 관리하는 데이터 파일을 로컬디스크에 저장 • 노드 간에 공유하지 않음 • 각 데이터는 소유권을 가진 인스턴스가 처리함 • 노드 확장에 제한 없음 • 노드 간 장애 발생에 대비하여 별도의 Fault-tolerance 구성 필요

② 데이터베이스 클러스터 종류

구분	설명 및 특징
오라클 RAC 데이터베이스	• 클러스터의 모든 노드에서 실행되며 데이터는 공유 스토리지에 저장 • 응용 프로그램은 RAC 클러스터에 연결하며 RAC는 클러스터의 모든 노드에 로드 분산
IBM DB2 ICE (Intergrated Cluster Environment)	• CPU, 메모리, 디스크를 파티션별 독립 운영하는 무공유 방식 클러스터링 지원
마이크로소프트 SQL Server	• 연합(Federated) 데이터베이스 형태의 여러 노드로 확장할 수 있는 기능 제공
MySQL 클러스터	• 무공유 구조에서 메모리 또는 디스크 기반 데이터베이스 클러스터링 지원 • 특정 하드웨어 및 소프트웨어 요구없이 병렬 서버 구조로 확장 가능

TIP 🔍 **파티셔닝과 클러스터링**

- 파티셔닝(Partitioning): 관계형 데이터베이스에서 대용량의 테이블을 분할하는 기법
- 클러스터링(Clustering): 동일한 데이터베이스 구성을 병렬로 연결하여 가용성을 높이는 기법

1 다음 중 공유 디스크 클러스터에 속하지 않는 것은?

① 논리적으로 모든 데이터베이스 인스턴스 노드들과 공유한다.

② 각 데이터베이스 인스턴스는 자신이 관리하는 데이터 파일을 로컬디스크에 저장한다.

③ 데이터 공유를 위해 SAN(Storage Area Network) 등 공유디스크 필요하다.

④ 노드 간 동기화를 위한 별도의 커뮤니케이션 채널 필요하다.

해설 각 데이터베이스 인스턴스는 자신이 관리하는 데이터 파일을 로컬디스크에 저장하는 것은 무공유 디스크 클러스터 특성에 해당된다.

해답 ②

2 다음 중 클러스터 기술과 설명이 잘못 연결된 것은?

① 공유 디스크 클러스터 – 각 인스턴스는 모든 데이터에 접근 가능

② 공유 디스크 클러스터 – 노드간에 공유하지 않음

③ 무공유 디스크 클러스터 – 각 데이터는 소유권을 가진 인스턴스가 처리

④ 무공유 디스크 클러스터 – 노드간 장애 발생에 대비하여 별도의 Fault-tolerance 구성 필요

해설 무공유 디스크 클러스터는 노드 간에 공유하지 않는다.

해답 ②

3 관계형 데이터베이스에서 대용량의 테이블을 분할하는 기법에 해당되는 것은?

① 그룹핑

② 디비젼

③ 파티셔닝

④ 클러스터링

해설 파티셔닝은 관계형 데이터베이스에서 대용량의 테이블을 분할하는 기법이다.

해답 ③

4 데이터베이스 클러스터 종류가 아닌 것은?

① 오라클 RAC 데이터베이스

② IBM SPSS

③ 마이크로소프트 SQL Server

④ MySQL 클러스터

해설 데이터베이스 클러스터 종류로는 오라클 RAC 데이터베이스,IBM ICE, 마이크로소프트, SQL Server, MySQL 클러스터 등이 있다.

해답 ②

3) NoSQL

- 고정된 테이블 스키마가 필요하지 않고, Join 연산이 없고 대용량 데이터와 대규모 확장이 가능한 DBMS
- 데이터 구조에 따라 Key-value 데이터베이스, Column-family 데이터베이스, Document 데이터베이스, Graph 데이터베이스 유형으로 분류

① NoSQL의 특성(BASE)

구분	설명 및 특징
Basically Available	• 언제든지 접근이 가능하고 항상 가용성을 보장
Soft-state	• 분산 노드 간 업데이트는 데이터가 노드에 도달한 시점에 갱신
Eventually Consistency	• 일시적으로 데이터 일관성이 깨질 수는 있지만 일정 시간이 지나면 데이터의 일관성을 유지

② NoSQL의 유형

구분	구조	설명	예시
Key-value 데이터베이스		• 데이터를 키와 그에 해당하는 값의 쌍으로 저장하는 데이터 모델에 기반을 둔 데이터 베이스 • 관계형 데이터베이스보다 확장성이 뛰어나고 질의 응답 시간도 빠름	Dynamo, Redis Scalaris
Column-family 데이터베이스		• 데이터를 로우(row)가 아닌 칼럼 기반으로 저장하고 컬럼과 로우는 확장성을 보장하기 위하여 여러 개의 노드로 분할 저장되어 관리하는 데이터베이스	Cassandra, HBase
Document 데이터베이스		• 문서 형식의 정보를 저장, 검색, 관리하기 위한 데이터베이스 • 문서의 내부 구조에 기반을 둔 복잡한 형태의 데이터 저장을 지원	MongoDB, SimpleDB, CouchDB
Graph 데이터베이스		• 시멘틱 웹에서 활용되는 그래프로 데이터를 표현하는 데이터베이스	InfoGrid VertexDB Neo4j AllegroGraph

1 다음 중 NoSQL의 특성에 속하지 않는 것은?

① Basically Available

② Soft-state

③ Eventually Consistency

④ Visualization

해설 NoSQL의 특성으로는 Basically Available, Soft-state, Eventually Consistency이 있다.

해답 ④

3 다음 중 NoSQL의 유형에 속하지 않는 것은?

① Key-value 데이터베이스

② Row-family 데이터베이스

③ Document 데이터베이스

④ Graph 데이터베이스

해설 NoSQL의 유형: Key-value 데이터베이스, Column-family 데이터베이스, Document 데이터베이스, Graph 데이터베이스

해답 ②

2 다음 중 NoSQL의 특성 가운데 Soft-state가 의미하는 것은?

① 언제든지 접근이 가능하고 항상 가용성 보장

② 분산 노드 간 업데이트는 데이터가 노드에 도달한 시점 갱신

③ 일시적으로 데이터 일관성이 깨질 수는 있지만 일정 시간이 지나면 데이터의 일관성 유지

④ 일정 시간이 지나면 데이터가 자동으로 소멸하여 저장 공간 확보

해설 Soft-state는 분산 노드 간 업데이트는 데이터가 노드에 도달한 시점에 갱신을 의미한다.

해답 ②

4 다음 중 NoSQL의 특성 가운데 언제든지 접근성이 가능하고 항상 가용성을 보장하는 특징과 관련이 있는 내용은 무엇인가?

① Basically Available

② Completeness

③ Soft-state

④ Eventually Consistency

해설 Basically Available에 대한 설명이다.

해답 ①

4) CAP 이론

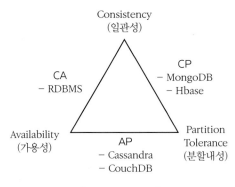

[CAP이론 개념도]

분산 컴퓨팅 환경은 일관성(Consistency), 가용성(Availability), 분할 내성(Partition Tolerance) 3가지 특성을 가지며, 3가지 특성을 모두 충족시킬 수 없다는 이론

① CAP이론의 3가지 특성
- Consistency(일관성): 모든 클라이언트에게 동일한 시점에 동일한 데이터를 유지하는 성질이며, 데이터에 동시성 제어가 요구됨
- Availability(가용성): 모든 클라이언트가 읽기 및 쓰기가 가능해야 함을 보장하며, 특정 노드가 장애가 일어나도 다른 노드에 영향이 없도록 구현함
- Partition Tolerance(분할 내성): 네트워크 환경에서 노드 간 정보 전송 중에 데이터 손실 상황이 발생해도 시스템은 정상적으로 동작함을 보장함

TIP 🔍 **CAP 이론의 3가지 특성**

구분	설명
Consistency (일관성)	• 모든 클라이언트에게 동일한 시점에 동일한 데이터를 유지하는 성질 • 데이터에 동시성 제어가 요구됨
Availability (가용성)	• 모든 클라이언트가 읽기 및 쓰기가 가능해야 함을 보장 • 특정 노드가 장애가 일어나도 다른 노드에 영향이 없도록 구현
Partition Tolerance (분할 내성)	• 네트워크 환경에서 노드 간 정보 전송 중에 데이터 손실 상황이 발생해도 시스템은 정상적으로 동작함을 보장

1 다음 중 분산 컴퓨터 환경의 특성이 아닌 것은?

① 다양성(Diversity)

② 일관성(Consistency)

③ 가용성(Availability)

④ 분할내성(Partition Tolerance)

> 해설 분산 컴퓨팅 환경은 일관성(Consistency), 가용성(Availability), 분할내성(Partition Tolerance) 3가지 특성을 가진다.

> 해답 ①

2 다음 중 CAP 이론에 대한 설명으로 바르게 연결된 것은?

① Consistency – 모든 클라이언트에게 다른 시점에 데이터도 동일한 시간 데이터로 유지하는 성질

② Availability – 모든 클라이언트가 읽기 및 쓰기가 가능해야 함을 보장

③ Partition Tolerance – 정보 전송 중에 데이터 손실 상황이 발생하면 시스템이 멈추는 성질

④ 분산 컴퓨팅 환경은 일관성, 가용성, 분할내성 3가지 특성을 가지며, 3가지 특성을 모두 충족시킬 수 있다.

> 해설 ① Consistency – 모든 클라이언트에게 동일한 시점에 동일한 데이터를 유지하는 성질
> ③ Partition Tolerance – 네트워크 환경에서 노드 간 정보 전송 중에 데이터 손실 상황이 발생해도 시스템은 정상적으로 동작함을 보장
> ④ 분산 컴퓨팅 환경은 일관성(Consistency), 가용성(Availability), 분할내성(Partition Tolerance) 3가지 특성을 가지며, 3가지 특성을 모두 충족시킬 수는 없다는 이론이다.

> 해답 ②

3 다음은 분산 컴퓨터 환경의 특성에 대한 설명이다. 어떤 유형의 성질을 의미하는가?

> • 모든 클라이언트에게 동일한 시점에 동일한 데이터를 유지하는 성질
> • 데이터에 동시성 제어가 요구됨

① 일관성(Consistency)

② 연속형(Continuity)

③ 가용성(Availability)

④ 분할내성(Partition Tolerance)

> 해설 분산 컴퓨팅 환경은 일관성(Consistency), 가용성(Availability), 분할내성(Partition Tolerance) 3가지 특성을 가지며, 모든 클라이언트에게 동일한 시점에 동일한 데이터를 유지하는 성질은 일관성(Consistency)에 해당된다.

> 해답 ①

4 다음 중 CAP 이론 중 Consistency(일관성)에 관한 설명으로 바르게 기술된 것은?

① 특정 노드가 장애가 일어나도 다른 노드에 영향이 없다.

② 모든 클라이언트가 읽기 및 쓰기가 가능하다.

③ 모든 클라이언트에게 동일한 시점에 동일한 데이터를 유지한다.

④ 네트워크 환경에서 노드 간 정보 전송 중에 데이터 손실 상황이 발생해도 시스템은 정상적으로 동작한다.

> 해설 ①, ②는 Availability(가용성), ④는 Partition Tolerance(분할내성)에 관한 설명이다.

> 해답 ③

빅데이터 탐색

PART II

20문항(100점) 가운데 8문항(40점) −12문항(60점) 이상 목표

주요항목	세부항목	세세부항목	출제 난이도
Chapter 01 데이터 전처리	Section 01 데이터 정제	1 데이터 정제	★
		2 데이터 결측값 처리	★★★
		3 데이터 잡음 처리	★★
		4 데이터 이상값 처리	★★★
	Section 02 분석 변수 처리	1 변수 선택	★
		2 차원 축소	★★★
		3 변수 변환	★★
		4 불균형 데이터 처리	★★★
Chapter 02 데이터 탐색	Section 01 데이터 탐색 기초	1 데이터 탐색 개요	★★
		2 기초 통계량 추출 및 이해	★★★
		3 상관 관계 분석	★★
		4 시각적 데이터 탐색	★★
	Section 02 고급 데이터 탐색	1 시공간 데이터 탐색	★★
		2 다변량 데이터 탐색	★
		3 비정형 데이터 탐색	★
Chapter 03 데이터 통계 기법 이해	Section 01 표본 추출	1 표본 추출	★★★
		2 확률 추출법	★★★
		3 비확률 추출법	★★
	Section 02 확률 분포	1 확률분포	★★
		2 표본분포	★★★
	Section 03 추론 통계	1 추론 통계의 의의 및 개념	★★★
		2 점 추정	★★
		3 구간 추정	★★★
		4 가설 검정	★★★

Section 01 **데이터 정제**

1 데이터 정제(Data Cleansing)

(1) 데이터 정제 개념

- 분석 데이터에 포함되어 있는 결측값(Missing Value), 잡음(Noise), 이상값(Outlier) 식별
- 필요 시 제거하거나 재처리하여 데이터의 불일치 문제점을 해결하는 과정
- 정제되지 않은 데이터를 이용하여 분석할 경우 신뢰할 수 없는 결과 도출 가능

(2) 데이터 정제 절차

- 데이터 정제는 데이터 오류 파악, 결측값 정제, 잡음 정제, 이상값 정제의 순으로 진행
- 데이터 정제 순서

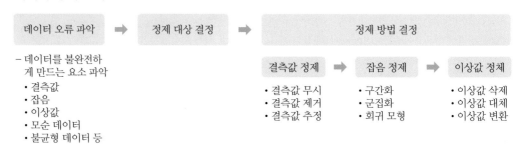

(3) 데이터 정제 기술

유형	정의
데이터 변환	데이터 유형을 변환하거나 데이터 분석이 용이한 형태로 변환하는 기술
데이터 교정	결측값, 이상값 제거, 잡음 데이터 교정하는 기술
데이터 통합	데이터 분석이 용이하도록 기존 또는 유사 데이터를 연계, 통합하는 기술
데이터 축소	분석 시간을 단축할 수 있도록 데이터 분석에 활용되지 않는 항목 등을 제거하는 기술

1 다음 중 데이터 정제에 대한 설명으로 옳지 않은 것은?

① 데이터의 신뢰를 높이기 위해서는 결측값, 잡음, 이상값을 제거하여야 한다.

② ESD(Extreme Studentized Deviation)는 데이터의 오류의 원인이 된다.

③ 데이터를 정제하기 전에 데이터 오류를 먼저 파악해야 된다.

④ 데이터 품질을 저하하는 데이터는 정제해야 된다.

> 해설 ESD(Extreme Studentized Deviation)는 평균으로부터 3 표준 편차 떨어진 값으로 이상값 측정 기준이 될 수 있다.

> 해답 ②

2 다음 중 데이터의 정제 절차로 옳은 것은?

① 데이터 오류 파악 → 데이터 정제 대상 선정 → 결측값 정제 → 잡음 정제 → 이상값 정제

② 데이터 오류 파악 → 결측값 정제 → 잡음 정제 → 이상값 정제 → 데이터 정제 대상 선정

③ 데이터 정제 대상 결정 → 데이터 오류 원인 분석 → 결측값 정제 → 잡음 정제 → 이상값 정제

④ 데이터 정제 대상 선정 → 결측값 정제 → 잡음 정제 → 이상값 정제 → 데이터 오류 원인 분석

> 해설 데이터의 정제 절차로는 오류 파악 → 정제 대상 선정 → 정제 방법 결정(결측값 정제 → 잡음 정제 → 이상값 정제) 순으로 진행한다.

> 해답 ①

3 정제할 데이터 대상을 선정하는 방법으로 옳은 것은?

① 데이터의 품질을 낮추는 데이터가 있더라도 신뢰성을 위해 데이터를 정제하면 안 된다.

② 데이터 정제 대상은 연구자가 원하는 특정 범위로 국한된다.

③ 비정형 데이터보다는 상대적으로 정형 데이터가 잡음, 이상값가 많을 가능성이 높다.

④ 데이터 정제 대상은 데이터를 불완전하게 만드는 요소이다.

> 해설 ① 데이터의 품질을 저하하는 데이터는 정제 작업을 거쳐야 데이터의 신뢰성이 높아진다.
> ② 데이터의 정제 대상은 분석에 포함된 전체 데이터여야 한다.
> ③ 정형 데이터보다 상대적으로 반정형, 비정형 데이터가 잡음, 이상값가 많을 가능성이 높다.

> 해답 ④

4 다음이 설명하는 알맞은 데이터 정제 기법은 무엇인가?

> YYYYMMDD → YY/MM/DD
> 남/여 → M/F
> 서울/경기/인천... → 1/2/3...

① 결측(Missing)

② 변환(Transformation)

③ 파싱(Parsing)

④ 보강(Enhancement)

> 해설 데이터 변환(Transformation)은 데이터 유형을 변환하거나, 데이터 분석에 용이한 형태로 변환하는 것을 의미한다.

> 해답 ②

PART II 빅데이터 탐색

2 데이터 결측값(Data Missing Value) 처리

(1) 데이터 결측값 개념

- 결측값: 분석에 활용될 관측 데이터 중 누락된 값, 없는 값
- 결측값이 있을 경우, ❶ 변수 간의 관계 왜곡, ❷ 모델의 정확도 낮아짐, ❸ 분석 결과가 왜곡될 수 있음
- 결측값 처리 절차: 결측값 식별 → 결측값 부호화 → 결측값 대체

(2) 데이터 결측값의 종류

유형	정의
완전 무작위 결측(MCAR) Missing Completely At Ramdom	• 결측값이 다른 변수와 완전 무관하게 발생 • 결측값 발생이 데이터의 특성에 영향을 주지 않음 • 가장 이상적인 결측값이지만 현실에서는 일어날 가능성이 낮음
무작위 결측(MAR) Missing At Ramdom	• 결측값은 오로지 관측된 값에 의해서만 설명되며 결측값과는 독립으로 발생 • 관측된 값으로부터 결측치가 추정 가능하므로 다양한 결측값 대체 방법 적용 가능
비무작위 결측(MNAR) Missing Not At Ramdom	• 결측값이 임의로 발생한 것이 아니라 특정 조건에 의해서 발생 • 결측값 발생에 이유가 있으므로 결측값에 대해 추가 조사가 필요

(3) 데이터 결측값 처리 방법

종류	방법	내용
제거법	완전(Complete) 제거법	• 완전하게 관측된 자료만 사용하여 분석
단일 대체법	평균 대체법	• 관측자료의 평균값으로 대체 • 평균 대신 중앙값, 최빈값으로 대체 가능
	연역적 대체법	• 다른 기록에 의거하여 결측값을 논리적 유추값으로이용하는 방법
	일치 대응 대체법	• 동일한 조사 단위에 해당하는 다른 외부자료의 값으로 대체
	핫덱(Hot-deck) 대체법	• 연구 중인 자료에서 다른 변수(나이, 성별, 소득 등)가 유사한 응답자의 값을 임의로 추출해 결측값 대체
	콜드덱(cold-deck) 대체법	• 외부 자료에서 비슷한 연구를 찾아서 유사한 응답자의 값을 결측값 대체
	K-nearest Neighbor(KNN) 대체법	• 비모수적 방법으로 결측이 발생한 개체와 가장 가까운 거리에 있는 K개의 이웃 개체들을 이용하여 결측값 대체하는 방식
	회귀대체법	• 회귀 분석을 통해 얻은 추정치로 대체
다중 대체법	• 단일 대치법을 m번의 대치를 통한 m개의 가상의 완전한 자료를 만들어서 분석하는 방법	

1 결측값이 임의로 발생한 것이 아니라 관측된 값, 결측값 모두 영향을 받게 되므로 절대 무시해서는 안 되는 결측값에 해당되는 것은?

① 완전 무작위 결측 ② 무작위 결측
③ 부분 무작위 결측 ④ 비 무작위 결측

해설 비 무작위 결측은 결측값이 임의로 발생한 것이 아니라 관측된 값, 결측값 모두 영향을 받게 되므로 절대 무시해서는 안 되는 결측값에 해당된다.

해답 ②

2 결측값을 처리하는 방법 가운데 단일 대치법에 해당하지 않는 것은?

① 핫덱(Hot-deck) 대체법
② 평균 대치법(Mean Imputation)
③ 단순 확률 대치법(Single Stochastic Imputation)
④ ESD(Extreme Studentized Deviation)

해설 ESD(Extreme Studentized Deviation)는 평균으로부터 3 표준 편차 떨어진 값으로 이상치 측정 기준이 될 수 있다.

해답 ④

3 무응답이 발생할 경우, 현재 진행 중인 연구에서 '비슷한' 성향을 가진 응답자의 자료로 대체하는 방법을 무엇이라 하는가?

① 핫덱(Hot-Deck) 대체
② 콜드덱(Cold-Deck) 대체
③ 평균 대체법
④ 연역적 대체법

해설 핫덱(Hot-Deck) 대체의 경우, 연구 중인 자료에서 다른 변수(나이, 성별, 소득 등)가 유사한 응답자의 값을 임의로 추출해 결측값 대체하는 것이며 콜드덱은 외부 자료에서 비슷한 연구를 찾아서 결측값 대체하는 것에 해당된다.

해답 ①

4 다음 중 결측값을 처리하는 방법에 대한 설명 중 부적절한 것은?

① 완전 제거법은 불완전 자료를 모두 삭제하고 완전한 관측치만 분석에 사용하는 방법이다.
② 평균 대치법은 자료의 평균값으로 결측값을 대치하여 완전한 자료를 만들어 분석하는 방법이다.
③ 단순 확률 대치법은 평균 대치법에서 추정량 표준 오차의 과소 추정문제를 보완하고자 고안된 방법이다.
④ 다중 대치법은 단일 대치법을 m번 대치하여 m개의 가상적 완전 자료를 만드는 방법으로 대치 → 결합 → 분석의 3단계 과정으로 진행된다.

해설 다중 대치법은 대치 → 분석 → 결합의 3단계 과정으로 진행된다.

해답 ④

동영상

5 데이터 결측값에 대한 설명으로 옳지 않은 것은?

① 결측값이란 분석에 활용될 관측 데이터 가운데 입력이 누락된 값을 의미한다.
② 결측값 처리는 결측값 식별, 결측값 부호화, 결측값 대체 순으로 진행한다.
③ 시각화를 이용하여 결측값을 검출 할 수 있다.
④ 완전 무작위 결측, 무작위 결측, 비 무작위 결측이 있다.

해설 시각화로는 결측값을 표현할 수 없으므로 결측값을 검출하기 어렵다.

해답 ③

3 데이터 잡음(Data Noise) 처리

(1) 데이터 잡음 개념

- 잡음: 측정된 변수에 무작위 오류(Random Error)나 분산(Varience)이 존재하여 본래의 참값을 벗어나게 하는 오류
- 잡음의 발생 원인: 데이터 생성 센서의 작동 실패, 데이터 엔트리(기입, 표기) 문제, 데이터 전송 문제, 기술적인 한계, 데이터 속성값의 부정확성 등

(2) 데이터 잡음 처리 방법

1) 구간화(Binning)

연속 변수를 다수의 작은 구간으로 나누고, 동일한 구간에 속하는 변수값들을 하나의 변수값으로 변환하는 방법

① 동일 범위 구간화: 데이터를 일정 범위로 나눔
② 동일 빈도 구간화: 데이터를 같은 개수의 그룹으로 나눔
③ 평활화 기법
- 평균값 평활화: 그룹의 평균값으로 변환
- 중앙값 평활화: 그룹의 중앙값으로 변환
- 경계값 평활화: 그룹의 경계값으로 변환

2) 군집화(Clustering)

데이터 집합을 수 개의 군집으로 묶은 뒤 동일 군집의 데이터들을 그것의 대푯값으로 치환하는 방법

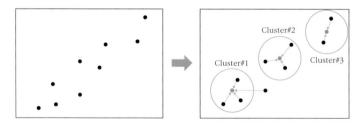

[잡음이 있는 데이터를 군집화를 이용해 평활화]

3) 회귀모형화(Regression)

데이터를 가장 잘 표현하는 회귀 모형을 추정하여 모형 위에 있는 변수값으로 변환하는 방법

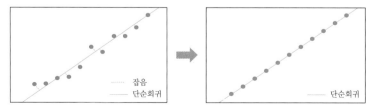

[잡음이 있는 데이터를 직선회귀모형을 이용해 평활화]

1 측정된 변수에 무작위 오류(Random Error)나 분산(Varience)이 존재하여 본래의 참값을 벗어나게 하는 오류는 어떤 처리를 해야 해결될 수 있는가?

① 잡음 처리

② 이상치 처리

③ 결측값 처리

④ 무응답 처리

해설 잡음은 측정된 변수에 무작위 오류(Random Error)나 분산(Varience)이 존재하여 본래의 참값을 벗어나게 하는 오류를 의미한다.

해답 ①

2 데이터 잡음 발생 원인으로 적절하지 않은 것은?

① 데이터 전송 문제

② 데이터 속성값의 부정확성

③ 데이터 엔트리(기입, 표기) 문제

④ 무응답 문제

해설 무응답의 경우 결측값 원인에 해당된다.

해답 ④

3 데이터 잡음 처리 방법으로 적절하지 않은 것은?

① 구간화   ② 평활화

③ 평균 대체   ④ 군집화

해설 평균 대체는 관측 자료의 평균값으로 대체로 결측값 처리 방법에 해당된다.

해답 ③

4 다음 설명에 맞는 데이터 잡음 처리 방법으로 적절한 것은?

> 데이터를 가장 잘 표현하는 회귀모형을 추정하여 모형 위에 있는 변수값으로 변환하는 방법

① 구간화   ② 평활화

③ 군집화   ④ 회귀모형화

해설 잡음 처리 방법 가운데 회귀모형화의 경우, 데이터를 가장 잘 표현하는 회귀모형을 추정하여 모형 위에 있는 변수값으로 변환하는 방법에 해당된다.

해답 ④

5 데이터 잡음 처리 방법 가운데 데이터 집합을 수 개의 군집으로 묶은 뒤 동일 군집의 데이터들을 그것의 대푯값으로 치환하는 방법을 무엇이라고 하는가?

① 구간화   ② 군집화

③ 평활화   ④ 회귀모형화

해설 잡음 처리 방법 가운데 군집화의 경우, 데이터 집합을 수 개의 군집으로 묶은 뒤 동일 군집의 데이터들을 그것의 대표값으로 치환하는 방법에 해당된다.

해답 ②

4 데이터 이상값(Outlier) 처리

(1) 데이터 이상값 개념

이상값: 일반적인 다른 값과 멀리 동 떨어져 있는 값(거리, 밀도)으로 정상 범주에서 벗어난 값

(2) 데이터 이상값 발생 원인

통계적 가설 검정 기반 검출 방법	거리 계산 기반 검출 방법	시각화 기반 검출 방법
• ESD • 기하 평균 • 사분위수 • 표준화 점수(Z-score) • 딕슨의 Q-검정 • 그럽스 T-검정 • 카이제곱 검정	• 마할라노비스 거리 • 데이터 군집화 • LOF(Local Outlier Factor) • iForest(Isolation Forest)	• 확률 밀도 함수 • 히스토그램 • 상자 그림 • 시계열 그래프(시간 추이 관찰)

TIP 🔍 **통계적 가설 검정 기반 검출 방법**

검출 기법	이상값 기준
ESD (Extreme Studentized Deviation)	• 평균으로부터 3 표준 편차 떨어진 값
기하 평균 (Geometric Mean)	• 기하평균으로부터 2.5 표준 편차 떨어진 값
사분위수(Inter Quartile)	• 제1사분위, 제3사분위를 기준으로 사분위수 범위(Q3-Q1)의 1.5배 이상 떨어진 값
표준화 점수(Z-Score)	• 평균이 μ이고 표준편차가 σ인 정규분포를 벗어난 값
딕슨의 Q-검정 (Dixon Q-test)	• 데이터 수 30 미만일 경우 • 데이터 수와 데이터의 범위(최소값-최대값)를 통해 검정 통계량이 산출되며 해당값이 임계값보다 큰 값
그럽스 T-검정 (Grubbs T-Test)	• 정규 분포를 만족하는 단변량 자료일 경우 • T 분포를 근거해 검정 통계량이 산출되며 해당값이 임계값보다 큰 값
카이제곱 검정 (Chi-square Test)	• 자료가 적은 경우 • 자유도가 1인 카이제곱 분포를 근거해 검정 통계량이 산출되며 해당값이 임계값보다 큰 값

※ 기하 평균: n개의 양수값을 모두 곱한 것의 n 제곱근 예 $a_1...a_n \rightarrow \sqrt{a_1 a_2 \cdots a_n}$

1 다음 중 데이터 이상값 발생 원인으로 올바르지 않은 것은?

① 데이터 입력 오류

② 데이터 입력 누락

③ 잘못 응답 오류

④ 데이터 측정 오류

해설 데이터 입력 누락은 결측값에 해당된다.

해답 ②

2 다음 중 데이터 이상값 검출 방법이 아닌 것은?

① ESD(Extreme Studentized Deviation)

② 평균 대체법(Mean Imputation)

③ 딕슨의 Q-검정

④ 카이제곱 검정

해설 평균 대체법(Mean Imputation)은 결측값 대체 방법에 해당된다.

해답 ②

3 ESD(Extreme Studentized Deviation) 기준으로 보는 이상값에 해당되는 것은?

① 평균으로부터 0 표준 편차 떨어진 값

② 평균으로부터 1 표준 편차 떨어진 값

③ 평균으로부터 2 표준 편차 떨어진 값

④ 평균으로부터 3 표준 편차 떨어진 값

해설 ESD(Extreme Studentized Deviation)는 평균으로부터 3 표준 편차 떨어진 값으로 이상치 측정 기준이 될 수 있다.

해답 ④

4 다음 중 이상값 검출 방법 중 평균이 μ이고 표준편차가 σ인 정규 분포에서 얼마나 벗어나 있는지를 나타냄으로써 이상값을 검출하는 방법은?

① ESD(Extreme Studentized Deviation)을 이용한 방법

② 기하 평균을 이용한 방법

③ 사분위수를 이용한 방법

④ 표준화 점수(Z-Score)를 활용한 방법

해설 표준화 점수(Z-score)를 활용한 방법은 평균이 μ이고 표준 편차가 σ인 정규 분포에서 얼마나 벗어나 있는지를 나타냄에 따라 이상값 검출에 해당된다.

해답 ④

5 다음 중 이상값을 찾는 방법에 대한 설명이 아닌 것은?

① 박스 플롯과 스캐터 플롯 등에서 멀리 떨어진 값

② 정규 분포에서 표준 편차가 3 이상인 값

③ 도메인 지식에서 이론적이나 물리적으로 맞지 않는 값

④ 가설 검정의 노이즈 값

해설 노이즈는 이상값이라기보다는 잡음에 해당된다.

해답 ④

1. 거리 계산을 통한 데이터 이상값 검출 기준

검출 기법	이상값 기준
마할라노비스 거리 (Mahalanobis Distance)	• 변수 간에 선형관계를 만족하고, 정규 분포를 따르는 경우에 적용 가능 • 데이터의 분포를 고려한 거리 측도로, 관측치가 평균으로부터 벗어난 정도 측정
LOF (Local Outlier Factor)	• 관측치 주변의 밀도와 근접한 관측치 주변 밀도의 상대적인 비교를 통해 이상값 탐색 • 각 관측치에서 K번째 근접 이웃까지의 거리를 산출하여 해당 거리 안에 포함되는 관측치 개수를 나눈 역수값으로 산출
iForest (Isolation Forest)	• 관측치 사이의 거리 또는 밀도에 의존하지 않고 의사 결정 나무를 통해 이상값 탐색 • 분류 모형을 생성하여 모든 관측치를 고립시켜가면서 분할 횟수로 이상값 탐색 • 데이터의 평균적인 관측치와 멀리 떨어진 관측치일수록 이상값

2. 시각화를 통한 데이터 이상값 검출 기준

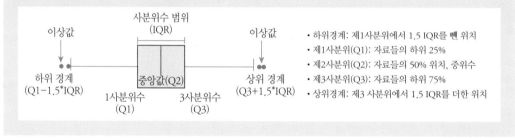

• 하위경계: 제1사분위에서 1.5 IQR를 뺀 위치
• 제1사분위(Q1): 자료들의 하위 25%
• 제2사분위(Q2): 자료들의 50% 위치, 중위수
• 제3사분위(Q3): 자료들의 하위 75%
• 상위경계: 제3 사분위에서 1.5 IQR를 더한 위치

(4) 데이터 이상값 처리

방법	내용
삭제	• 이상값으로 판단되는 관측값 제거(보통 양극단의 값 절단) • 단순 오타나, 주관식 설문 등의 비현실적인 응답 제거 • 이상값도 실제 조사된 수치일 수 있으므로, 무조건 제거하는 것보다는 대체 방법을 활용하는 것이 데이터 손실률도 적고 설명력도 높아짐
대체	• 대푯값(평균, 중앙값, 최빈값 등)으로 이상값 대체 • 하한값보다 작으면 하한값으로 대체하고 상한값보다 크면 상한값으로 대체 • 정렬된 데이터를 여러 개의 구간으로 배분 후 구간 대표값으로 대체(구간화) • 비슷한 성격을 가진 클러스터 단위로 묶은 다음 처리(군집화) • 다른 변수들을 사용해서 예측 모델을 만들고, 이상값을 예측한 후 대체하는 방법(회귀값)
변환	• 자연로그 등 변수 실제값을 변환하여 실제값의 산포를 감소시킴 • 오늘쪽 꼬리가 긴 경우 : 로그 변환, 제곱 루트 변환으로 큰 값을 작게 만들기 • 왼쪽 꼬리가 긴 경우 : 지수 변환, 제곱 변환으로 작은 값을 크게 만들기

1 다음 중 관측치 주변의 밀도와 근접한 관측치 주변의 밀도의 상대적인 비교를 통해 이상값을 탐색하는 기법은 무엇인가?

① 딕슨의 Q-검정

② 마할라노비스 거리

③ LOF(Local Outlier Factor)

④ iForest(Isolation Forest)

해설 LOF(Local Outlier Factor)은 관측치 주변의 밀도와 근접한 관측치 주변 밀도의 상대적인 비교를 통해 이상값을 탐색하는 기법을 의미한다.

해답 ③

2 다음 중 관측치 사이의 거리 또는 밀도에 의존하지 않고 의사 결정 나무를 통해 이상값을 탐색할 수 있는 방법으로 적절한 것은?

① 마할라노비스 거리(Mahalanobis Distance)

② iForest(Isolation Forest)

③ 상자 그림(Box Plot)

④ LOF(Local Outlier Factor)

해설 iForest(Isolation Forest)는 관측치 사이의 거리 또는 밀도에 의존하지 않고 의사 결정 나무를 통해 이상값 탐색하는 방법으로 분류 모형을 생성하여 모든 관측치를 고립시켜가면서 분할 횟수로 이상값 탐색한다.

해답 ②

3 데이터 이상값 처리 방법에 대한 설명으로 옳지 않은 것은?

① 평균, 중앙값, 최빈값 등으로 대체한다.

② 이상값은 분석에 방해되기 때문에 반드시 제거해야 한다.

③ 하한값과 상한값을 결정한 후 하한값보다 작으면 하한값으로 대체하고 상한값보다 크면 상한값으로 대체한다.

④ 데이터의 실제값을 자연 로그로 변환한다.

해설 이상값도 실제 조사된 수치일 수 있으므로, 무조건 제거하는 것보다는 대체 방법을 활용하는 것이 데이터 손실률도 적고 설명력도 높아진다.

해답 ②

동영상

4 시간에 따른 수치의 변화나 추세를 나타내는 자료에서 이상값을 검출하는 방법으로 적절한 시각화 방법은?

① 히스토그램

② 막대 그림

③ 상자 그림

④ 시계열 그래프

해설 시간에 따른 수치 변화나 추세는 시계열 그래프를 통해 그래프에서 벗어난 자료를 이상값으로 검출할 수 있다.

해답 ④

Section 02 분석 변수 처리

1 변수 선택

(1) 변수 개념

- 데이터 테이블의 컬럼(열)에 해당되며, 행에 따라 컬럼의 값이 변경되어 변수라 함
- RDBMS에서는 속성(Attribute), 통계에서는 변수(Variable), 머신러닝에서는 피처(Feature)

(2) 변수 유형

- 독립 변수/원인 변수/설명 변수: 종속변수에 영향을 주는 변수
- 종속 변수/결과 변수/반응 변수: 다른 변수들로부터 영향을 받는 변수

(3) 변수 선택

1) 변수 선택 개념

- 독립 변수 가운데 종속 변수에 관련성이 높은 변수만을 선정하는 방법
- 모델 단순화를 통해 해석이 용이하고 훈련 시간 단축, 차원의 저주 방지, 과적합을 줄여 일반화 가능

2) 변수 선택 기법 종류

	필터(Filter) 기법	래퍼(Wrapper) 기법	임베디드(Embedded) 기법
특징	•통계적 측정 방법을 사용하여 변수간 상관 관계로 선택하는 기법	•예측 정확도가 가장 높은 집합을 선택하는 기법 •반복 실행하여 선택하는 방법으로 시간이 오래 걸릴 수 있으며 과적합 위험 발생 가능	•필터 기법과 래퍼 기법의 장점을 결합한 방법 •모델 정확도에 기여하는 변수를 위주로 학습하는 기법
종류	•상관 계수, 카이제곱 검정, 피셔 스코어	•전진 선택, 후진 제거, 단계 선택	•라쏘, 릿지, 엘라스틱 넷

 TIP

1. 전진선택법/후진선택법/단계선택법

전진 선택법 (Forward Selection)	•절편만 있는 상수모형으로부터 유의도가 높은 독립 변수로부터 하나씩 모형에 추가하여 검증
후진 제거법 (Backward Selection)	•모든 독립 변수가 포함된 모형으로부터 유의도가 가장 낮은 독립 변수를 하나씩 모형에서 제거하면서 검증
단계 선택법 (Stepwise Selection)	•전진 선택법에 의해 변수를 추가하면서 독립 변수를 추가했다, 제거하면서 가장 유의한 모형이 될 때까지 검증

2. 라쏘/릿지/엘라스틱 넷

라쏘(LASSO)	•가중치의 절댓값의 합을 최소화하는 것을 제약 조건으로 하는 방법(L1-norm)
릿지(Ridge)	•가중치들의 제곱합을 최소화하는 것을 제약 조건으로 하는 방법(L2-norm)
엘라스틱 넷	•가중치 절댓값의 합과 제곱합을 동시에 제약 조건으로 하는 방법

1 다음 중 데이터 모델에서 사용되는 용어 가운데 의미가 다른 하나는?

① 속성(Attribute)

② 변수(Variable)

③ 피처(Feature)

④ 튜플(Tuple)

해설 데이터 모델에 사용되는 변수를 RDBMS에서는 속성(Attribute), 머신러닝에서는 피처(Feature)라고 한다. 튜플은 행을 의미한다.

해답 ④

2 다음 중 변수(Variable)의 종류가 다른 것은?

① 독립 변수　　② 반응 변수

③ 설명 변수　　④ 예측 변수

해설 독립 변수, 설명 변수, 예측 변수는 원인 변수에 해당되며, 반응 변수는 결과 변수(=종속 변수)에 해당된다.

해답 ②

3 특정 모델링 기법에 의존하지 않고 통계적 특성으로부터 변수를 선택하는 기법은 무엇인가?

① 필터 기법

② 래퍼 기법

③ 임베디드 기법

④ 표준화 기법

해설 필터 기법은 특정 모델링 기법에 의존하지 않고 데이터의 통계적 특성으로부터 변수를 택하는 기법이다.

해답 ①

4 아래의 변수 선택 기법 중 임베디드 기법(Embedded Method)으로 가장 적절하지 않은 것은?

① LASSO

② Ridge

③ Fisher Score

④ Elastic Net

해설 Fisher Score는 필터(Filter) 기법에 해당된다.

해답 ③

5 다음 중 래퍼 기법(Wrapper Method)의 설명으로 가장 적절하지 않은 것은?

① 예측 정확도가 가장 높은 집합을 선택하는 기법이다.

② 반복 실행으로 변수를 선택하는 방법으로 시간이 단축된다.

③ 과적합의 위험이 발생할 수 있다.

④ 전진 선택, 후진 제거, 단계 선택 등에 해당된다.

해설 래퍼(Wrapper) 기법은 반복 실행하여 선택하는 방법으로 시간이 오래 걸릴 수 있으며 과적합 위험 발생 가능하다.

해답 ②

2 차원 축소

(1) 차원 축소 개념

- 고차원의 데이터로부터 데이터 변수의 개수를 줄여 저차원의 데이터로 변환
- 차원 축소 자료는 원래의 전체 데이터의 정보를 최대한 설명할 수 있어야 함
- 차원의 저주: 데이터의 차원이 증가할수록 데이터 간의 거리도 함께 증가하여 모델이 복잡해지고 과적합(Overfitting)의 위험이 커짐.

(2) 차원 축소 기법

기법	설명
주성분 분석 (PCA)	• Principal Component Analysis • 여러 변수 간에 존재하는 상관 관계를 이용해 가장 높은 분산을 가지는 주성분을 추출해 차원을 축소하는 기법 • 행과 열의 크기가 같은 정방행렬을 분해 후 차원 축소 • Total Variance=Common Variance
특이값 분해 (SVD)	• Singular Value Decomposition • PCA와 유사하나 행과 열의 크기가 다른 행렬(Rectangular Matrix)도 분해 후 축소 가능
요인 분석 (FA)	• Factor Analysis • 여러 변수들이 가지고 있는 공분산 구조 분석 • 관찰할 수 없는 잠재 변수(Latent Variable)가 존재한다고 가정 • PCA와 유사하나 Unique Variance가 존재(Total Variance=Common Variance+Unique Variance)
독립 성분 분석 (ICA)	• Independent Component Analysis • 다변량의 신호를 통계적으로 독립적인 하부 성분으로 분리하는 계산 방법

※ 높은 분산을 가지는 주성분은 전체 데이터의 분산을 최대한 보존하여 전체 데이터의 분포를 잘 설명할 수 있는 것을 뜻하며, 이는 정보의 손실을 최소화한다.

(3) 차원 축소 기법 주요 활용 분야

- 탐색적 데이터 분석부터 정보 결과의 시각화까지 다양하게 활용 가능
- 분석하려는 데이터가 많은 차원으로 구성되어 있을 때 좀 더 쉽게 데이터를 학습하고 모델을 생성하고자 할 때 주로 활용 가능
- 대상에 대한 패턴 인식이나 추천 시스템 구현 결과의 성능을 개선할 목적으로 사용 가능

1 다음 중 주성분 분석(PCA)에 대한 설명으로 가장 적절한 것은?

① 관찰할 수 없는 잠재 변수가 존재하여 Unique Variance을 고려해야 한다.

② 변수 간에 존재하는 상관 관계를 이용해 가장 높은 분산을 가지는 성분을 추출한다.

③ 다변량의 신호를 통계적으로 독립적인 하부 성분으로 분리하는 계산 방법이다.

④ 행과 열의 크기가 다른 행렬(Rectangular Matrix)도에서 사용할 수 있다.

해설 ①번은 요인 분석, ③번은 독립 성분 분석, ④번은 특이값 분해에 대한 설명이다.

해답 ②

2 주성분 분석(PCA)에 대한 설명으로 옳지 않은 것은?

① 공분산 행렬의 행과 열은 개수가 동일하다.

② 주성분 분석은 표본의 수가 변수의 수보다 클 때 사용할 수 없다.

③ 공분산 행렬의 고유값과 고유 벡터를 계산하여 주성분을 택할 수 있다.

④ 주성분 분석은 차원을 축소하는 방법으로 영상 인식에 쓰인다.

해설 주성분 분석은 표본의 수가 변수의 수보다 클수록 효과적일 수 있다.

해답 ②

3 요인 분석(Factor Analysis)에 대한 설명으로 바르게 기술된 것은?

① 통계적으로 독립적인 하부 성분으로 분리하여 차원을 축소하는 기법이다.

② 데이터를 이용해 잠재요인을 도출하고 데이터 구조를 해석하는 기법이다.

③ 유사한 것들끼리 가깝게 공간 상에 배치하는 방법으로 다차원 분석이 가능하다.

④ 행과 열의 크기가 다른 행렬(Rectangular Matrix)도에서 사용할 수 있다.

해설 ①번은 독립 성분 분석(ICA), ③번은 다차원 척도법(MDS), ④번은 특이값 분해(SVD)에 대한 설명이다.

해답 ②

동영상

4 다음 빈칸에 들어갈 내용으로 적절하게 연결된 것은?

> 데이터의 차원이 (   )할수록 데이터 간의 거리도 함께 (   )하여 과적합의 위험이 (   )한다.

① 증가 – 증가 – 증가

② 증가 – 증가 – 감소

③ 증가 – 감소 – 감소

④ 증가 – 감소 – 증가

해설 데이터의 차원이 증가할수록 데이터 간의 거리도 함께 증가하여 모델이 복잡해지고 과적합(overfitting)의 위험이 커진다.

해답 ①

3 변수 변환

(1) 변수 변환 개념

- 데이터가 모델에서 더 잘 작동할 수 있도록 변수의 수치 및 범주를 변경하는 작업
- 파생 변수(주관적 변수 개념) : 기존 변수에 특정 조건 혹은 함수 등을 사용하여 새롭게 정의한 변수
- 요약 변수(단순 종합 개념) : 수집된 정보를 분석에 맞게 종합(aggregate)한 변수

(2) 변수 변환 방법

종류		설명
비닝 (Binning)	비닝(Binning)	• 구간화 • 연속형 변수를 범주형(Category) 형태의 변수로 변환하는 작업 • 데이터 값을 몇 개의 Bin(구간)으로 분할하여 데이터의 평활화, 범주화 목적 • 정보가 압축되고 단순해져 정확도는 떨어짐 • 데이터의 이상값이나 과적합을 방지하는 기법으로 사용
	엔코딩(Encoding)	• Label Encoding: 값의 일련 번호로 변경 • One Hot Encoding: 범주의 개수만큼 feature를 만들어 냄
데이터 변환 (Data Transform)	단순 기능 변환	• 데이터의 값 변경 • 데이터 분포에 따라 로그, 지수, 제곱근, 역수 등 다양한 함수 사용하여 분포 변환 • 박스-콕스 변환(Box Cox Transformation)
데이터 스케일링 (Data Scaling)	정규화 (Normalization)	• Min-Max Scaling • 모든 데이터를 [0 – 1] 사이에 위치하도록 데이터 변환 • $X = \dfrac{x - 최소값(\min)}{최대값(\max) - 최소값(\min)}$ 예 min, max가 각각 0, 100일 경우, 50은? $\dfrac{50-0}{100-0} = 0.5$
	표준화 (Standardization)	• Z-스코어 정규화 • 평균을 중심으로 데이터를 양쪽으로 분포시켜 정규 분포로 변환 • $z = \dfrac{x-\mu}{\sigma}$ (μ=평균, σ=표준 편차) 예 평균 80, 표준편차 10일 경우, 90점은? $\dfrac{90-80}{10} = 1$
	Robust scaling	• 중앙값(median)과 사분위수 범위(IQR, interquartile range) 사용 • 데이터 셋에 이상값이 있을 때, Robust하게 표준화 할 수 있는 방법

1 다음 중 변수 변환 기법으로 가장 적절하지 않은 것은?

① 표준화(Standardization)

② 역수 변환

③ 비닝(Binning)

④ 주성분 분석

해설 주성분 분석은 주로 차원 축소 목적으로 활용한다.

해답 ④

2 주관적인 정의를 통해 사용자가 특정 조건이나 특정 함수를 사용하여 새롭게 정의한 변수를 무엇이라 하는가?

① 파생 변수　　② 요약 변수

③ 통제 변수　　④ 반응 변수

해설 파생 변수는 기존 변수에 특정 조건 혹은 함수 등을 사용하여 새롭게 정의한 변수를 의미한다.

해답 ①

3 다음 중 변수 변환 방법 가운데 그 형태가 다른 하나는?

① 60세 이상 연령 데이터 삭제

② 날짜 변수를 요일로 변환

② 만족도 점수를 80점 기준으로 만족 유무로 변환

④ 1년 동안 병원에 방문 기록을 통해 누적 방문 횟수 집계

해설 파생 변수는 기존 변수에 특정 조건 혹은 함수 등을 사용하여 새롭게 변수를 만드는 것을 의미하므로 60세 이상 연령 데이터 삭제는 해당되지 않는다.

해답 ①

4 다음 중 박스-콕스 변환에 대한 목적으로 적절한 것은?

① 데이터를 0을 중심으로 양쪽을 데이터를 분포시키는 방법

② 한쪽으로 치우친 변수를 변환하여 분석 모형을 적합하게 하는 방법

③ 데이터를 특정 구간(=범위)로 바꾸는 척도법

④ 데이터 값을 몇 개의 Bin으로 분할하여 데이터를 평활화하는 방법

해설 ①번은 표준화, ③번은 정규화, ④번은 비닝에 해당된다.

해답 ②

5 다음 중 비닝(Binning)을 설명한 것으로 가장 잘못 기술한 것은?

① 데이터 값을 몇 개의 Bin(구간)으로 분할한다.

② 데이터의 이상값이나 과적합을 방지할 수 있다.

③ 데이터를 0을 중심으로 양쪽을 데이터를 분포시켜 정규 분포로 변환이 가능하다.

④ 연속형 변수를 구간화하여 범주형 변수로 변환하는 작업을 의미한다.

해설 표준화를 통해 데이터를 0을 중심으로 양쪽을 데이터를 분포시켜 정규 분포로 변환시킬 수 있다.

해답 ③

4 불균형 데이터(Imbalanced Data) 처리

(1) 불균형 데이터 개념

– 불균형 데이터: 각 클래스(범주)내의 데이터의 비율이 너무 많이 차이가 나는 경우
– 불균형 데이터는 예측 정확도(Accuracy)가 높아도 재현율(Recall rate)이 작아지는 현상 발생

(2) 불균형 데이터의 처리 방법

	언더 샘플링(Under Sampling)	오버 샘플링(Over Sampling)
특징	• 다수 클래스의 데이터를 소수 클래스의 데이터 수에 맞추어 샘플 수를 줄여서 추출하는 방식	• 소수 클래스의 데이터를 복제, 생성하여 다수 클래스의 데이터 수에 맞추어 늘려서 추출하는 방식
장점	• 데이터의 제거로 계산 시간 감소	• 정보가 손실되지 않음
단점	• 중요한 정상 데이터 손실 발생	• 과적합 초래

TIP

1. 언더 샘플링 기법 종류(샘플 수를 줄이는 방법)

기법	설명
Random Sampling	• 다수 범주에서 무작위로 일부 샘플 선택 • 무작위이다 보니 반복 시, 결과가 다를 수 있음 　→ 해결: Tomek Links 방법
Tomek Links	• 클래스를 구분하는 경계선 주변은 분류 정확도가 부정확하므로 경계선 주변의 다수 범주 제거
CNN (Condensed Nearest Neighbor)	• 다수 범수에 데이터가 밀집되지 않고 대표 데이터만 남도록 나머지는 제거
OSS (One Sided Selection)	• Tomek Links와 CNN을 합친 방법 • 다수 클래스는 Tomek Links 방법으로 제거하고, 밀집 데이터는 CNN을 이용하여 제거

2. 오버 샘플링 기법 종류(샘플 수를 늘리는 방법)

기법	설명
Re-sampling	• 무작위로 소수 범주를 복제하여 데이터 수를 늘림
SMOTE	• 소수 클래스에서 중심이 되는 데이터와 주변 데이터 사이에 가상의 직선을 만든 후 그 위에 데이터를 늘리는 방법
Borderline-SMOTE	• 다수 클래스와 소수 클래스의 경계선에서 SMOTE를 적용하는 방법 • Borderline 부분에 대해서만 SMOTE 방식을 사용하는 것
ADASYN	• Borderline SMOTE 방법과 비슷 • 소수 클래스와 다수 클래스의 관측 비율을 계산하여 SMOTE 적용
GAN (Generative Adversarial Nets)	• 딥 러닝을 사용한 오버 샘플링 기법 • 무작위로 노이즈를 생성하여 가짜 데이터를 만들어 진짜 데이터와 섞은 후 이들이 잘 판별되지 않을 때까지 반복하여 진짜 데이터와 유사한 데이터로 수를 늘림

1 다음 중 클래스 불균형의 해결 방안으로 적절하지 않은 것은?

① 언더 샘플링 ② 경계값 이동

③ 비용 민감 학습 ④ 정규화

해설 정규화는 변수 변환 방법의 일종이다.

해답 ④

2 다음 중 샘플링 성격이 다른 하나는?

① Tomek Links

② SMOTE

③ CNN

④ OSS

해설 언더 샘플링 방법으로는 Tomek Links, CNN, OSS 등이 있고, 오버 샘플링 방법으로는 SMOTE, ADASYN, GAN 등이 있다.

해답 ②

3 다음 중 불균형 데이터 처리 기법으로 적절한 것은?

① 오버 샘플링

② 주성분 분석

③ 독립성 분석

④ 다차원 척도법

해설 오버 샘플링은 소수 클래스의 데이터를 복제, 생성하여 다수 클래스의 데이터 수에 맞추어 늘려서 추출하는 방식에 해당된다.

해답 ①

4 Borderline SMOTE 방법과 비슷하며 소수 클래스와 다수 클래스의 관측 비율을 계산하여 SMOTE를 진행하는 오버 샘플링 기법에 해당되는 것은?

① Tomek Links

② CNN

③ GAN

④ ADASYN

해설 ADASYN에 해당되는 내용이다.

해답 ④

5 다수 클래스의 데이터를 소수 클래스의 데이터 수에 맞추어 샘플 수를 줄여서 추출하는 방식의 불균형 데이터 처리 기법에 해당되는 것은?

① 비닝

② 언더 샘플링

③ 앙상블 기법

④ 오버 샘플링

해설 언더 샘플링 방법은 다수 클래스의 데이터를 소수 클래스의 데이터 수에 맞추어 샘플 수를 줄여서 추출하는 방식에 해당된다.

해답 ②

PART II 빅데이터 탐색

Section 01 데이터 탐색 기초

1 데이터 탐색 개요

(1) 데이터 탐색의 개념

수집한 데이터를 분석하기 전에 그래프나 통계적인 방법을 이용하여 다양한 각도에서 데이터의 특징을 파악하고 자료를 직관적으로 바라보는 분석 방법

(2) 탐색적 데이터 분석(EDA; Exploratory Data Analysis)의 4가지 특징

특징	내용
저항성(Resistance)	• 수집된 자료에 오류점, 이상값이 있을 때에도 영향을 적게 받는 성질
잔차(Residual) 해석	• 주 경향에서 벗어난 값(=잔차)이 왜 존재하는지에 대해 탐색하는 작업
자료 재표현 (Re-Expression)	• 데이터 분석과 해석을 단순화할 수 있도록 원래 변수를 적당한 척도로 재표현
현시성 (Graphic Representation)	• Display, Visualization, 데이터 시각화 • 데이터 분석 결과를 쉽게 이해할 수 있도록 시각적으로 표현하고 전달

(3) 데이터 탐색

종류	특징	예시
명목 척도	• 구별/분류를 위한 척도	성별, 거주지, 국적, 우편번호 등
서열 척도	• 측정 대상간의 서열관계 존재	순위(학업 성적) 등
등간 척도	• 서열성, 등간성 정보를 갖고 있는 척도 • 연산 가능, 숫자 '0' 의미 없음	온도, IQ, 년도(year) 등
비율 척도	• 서열성, 등간성, 절대 영점(0)을 갖고 있는 척도 • 연산 가능, 숫자 '0'의 의미 있음	키, 몸무게, 거리, 시간 등

(4) 데이터 탐색 방법

– 다차원 데이터

	범주형	수치형
범주형	• 빈도/비율 비교 • 분석 방법: 교차 분석 • 시각화: 막대 그래프	• 항목별 기술 통계량 비교 • 분석 방법: T 검정, 분산 분석 등 • 시각화: 상자 그림
수치형	• 항목별 기술 통계량 비교 • 분석 방법: T 검정, 분산 분석 등 • 시각화: 상자그림	• 상관성 비교 • 분석 방법: 상관 분석 • 시각화: 산점도

1 다음 중 비율 척도 자료로 적당한 것은?

① 질량　　　　　② 순위

③ 온도　　　　　④ 국적

해설 ② 순위=서열 척도, ③ 온도=등간 척도, ④ 국적=명목 척도

해답 ①

2 측정 대상이 어느 집단에 속하는지 분류할 때 사용되는 척도로, 성별(남, 여) 구분, 출생지(서울시, 부산시, 대전시 등) 구분 등을 할 때 사용되는 척도 종류는?

① 순서 척도

② 명목 척도

③ 구간 척도

④ 비율 척도

해설 명목 척도는 구별, 분류를 위한 척도에 해당된다.

해답 ②

3 다음 중 탐색적 데이터 분석의 특징에 해당되지 않은 것은?

① 저항성

② 잔차 해석

③ 현시성

④ 동시성

해설 탐색적 데이터 분석의 특징으로는 저항성, 잔차 해석, 자료 재표현, 현시성이 있다.

해답 ④

4 빅데이터 탐색에 대한 설명으로 적절하지 않은 것은?

① 빅데이터의 전체 분포를 검토하는 과정이다.

② 빅데이터 분석 과정에서 결과를 도출한다.

③ 데이터 탐색 시 잠재적 문제를 발견하는 과정이다.

④ 데이터 탐색 시 패턴을 찾는 과정이다.

해설 데이터 분석만으로는 문제를 해결할 수 없지만 분석 결과로 밝혀진 패턴과 그로 인한 통찰을 이용하면 합리적 의사 결정이 가능해진다.

해답 ②

5 다음 중 척도 종류에 대한 설명으로 바르게 기술된 것은?

① 명목 척도 – 측정 대상이 어떤 집단에 속하는지 분류된 척도

② 서열 척도 – 측정 대상의 순위 관계에 대한 정보를 담고 있는 척도

③ 등간 척도 – 측정 대상의 차이가 동일한 간격이 포함되어 있는 척도

④ 비율 척도 – 측정 대상에 절대 영(zero)을 갖고 있지 않는 척도

해설 비율 척도는 절대 영(zero)을 갖고 있는 척도로 모든 사칙 연산이 가능하다.

해답 ④

2 기초 통계량 추출 및 이해

구분	설명	종류
중심 경향성	데이터의 집중화 경향	• 평균(Mean), 중앙값(Median), 최빈값(Mode)
산포도	데이터의 흩어진 정도	• 분산(Variance), 표준 편차(Standard Deviation) • 변동 계수(CV; Coefficient of Variation) • 범위(Range), 사분범위(IQR; Interquartile Range)
정규성	데이터 분포 모양	• 왜도(Skewness), 첨도(Kutosis)

(1) 중심경향성(Centrality)

데이터가 전체적으로 어느 부분(수치)에 집중되어 있는지 그 중심 위치 파악

1) 평균(Mean)

- 데이터의 특성을 표현할 때 가장 먼저 제시되는 값으로 이상값에 영향을 많이 받음
- 통계에서 가장 많이 활용되는 중심경향 대푯값
- 산술 평균(Arithmetic Mean): 모든 데이터들을 합한 후 전체 데이터 수로 나눈 평균
- 기하 평균(Geometric Mean): n개의 양수 값을 모두 곱한 것의 n제곱근
- 다기간의 수익률에 대한 평균수익률, 평균 물가상승률 등을 구할 때 사용
- 조화 평균(Harmonic Mean): 각 요소의 역수의 산술평균을 구한 후 다시 역수를 취하는 형태로 표현
- 속력, 저항, F1-score 등에 활용

$$\frac{a+b}{2} \geq \sqrt{ab} \geq \frac{2ab}{a+b}$$

(산술 평균) ≥ (기하 평균) ≥ (조화 평균)

2) 중앙값 = 중위수(Median)

- 데이터 집합을 크기순으로 정렬한 순서의 중심
- 데이터의 분포가 좌우 대칭이 아닌 경우, 중앙값이 평균에 비해 더 합리적인 중앙 위치임
- (n이 홀수인 경우) $\frac{n+1}{2}$ 번째 해당하는 수
- (n이 짝수인 경우) $\frac{n}{2}$ 번째, $(\frac{n}{2}+1)$ 번째 해당하는 수의 평균

3) 최빈값(Mode)

- 관측된 데이터들 중에서 표본에서 가장 많이 나타나는 관측값
- 가장 많은 노출 빈도를 갖는 데이터

1 다음 그림은 어떤 지역의 연수입 데이터 결과를 나타낸 그림이다. 조사 대사 중 연수입 데이터의 일부가 누락되었을 때, 대체할 수 있는 값은?

① 최빈값   ② 평균

③ 분산   ④ 중앙값

해설 중앙값은 이상치에 덜 영향을 받는 대푯값의 일종이므로 오른쪽으로 치우친 연수입 데이터의 대체값으로 적당할 수 있다.

해답 ④

2 기술 통계량에 관련된 설명으로 옳지 않은 것은?

① 평균은 중앙값보다 이상값에 영향을 더 적게 받는다.

② Q3－Q1값은 사분위수 범위를 의미한다.

③ 변동률 등은 기하 평균으로 구한다.

④ 변동 계수는 분산과 관련이 있다.

해설 평균은 중앙값보다 이상값에 영향을 더 민감하게 받는다.

해답 ①

3 다음 중 중심화 경향 통계량에 해당하지 않는 것은?

① 평균   ② 중앙값

③ 표준 편차   ④ 최빈값

해설 표준 편차는 데이터의 흩어진 정도를 나타내는 산포도에 관한 통계량에 해당된다.

해답 ③

4 아래 주어진 데이터의 중심화 경향 통계량을 비교한 설명으로 적절한 것은?

1, 1, 2, 3, 5, 6

① 평균 ＝ 중앙값

② 평균 ＝ 최빈값

③ 평균 〉 중앙값

④ 최빈값 〉 중앙값

해설 평균＝$\dfrac{(1+1+2+3+5+6)}{6}$ ＝ 3, 중앙값은 총 데이터 수가 6인 짝수이므로, $\dfrac{6}{2}$ ＝ 3번째, $(\dfrac{6}{2}+1)$ ＝ 4번째 해당하는 수인 2, 3의 평균이 2.50이다. 최빈값은 가장 많은 빈도를 가지고 있는 1이다.
따라서 최빈값 〈 중앙값 〈 평균 순으로 되어 있는 자료이다.

해답 ③

(2) 산포도(Scatter Diagram)

1) 분산(Variance)

- 데이터가 평균으로부터 떨어져 있는 정도

$$\text{모 분산}(\sigma^2) = \frac{\sum\limits_{i=1}^{N}(x_i - \mu)^2}{N}, \ \text{표본 분산}(s^2) = \frac{\sum\limits_{i=1}^{n}(x_i - \overline{x})^2}{n-1}$$

(N=모집단의 수, μ=모평균, n=표본 집단의 수, $\overline{x}$=표본 평균)

2) 표준 편차(Standard Diviation)

- 분산 양의 제곱근
- 데이터의 각 변량에서 평균을 뺀 값
- 분산은 제곱값으로 단위의 변화가 발생하므로, 분산에 제곱근(Square Root)을 계산해 원래의 단위로 환원 가능

$$\text{모 표준 편차}(\sigma) = \sqrt{\sigma^2}, \ \text{표본 표준 편차}(s) = \sqrt{s^2}$$

3) 변동 계수(CV; Coefficient of Variation)

크기나 단위가 다른 두 집단의 표준 편차의 단위를 일치시켜 비교 가능

$$\text{변동 계수}(CV) = \frac{\text{표본 표준 편차}(s)}{\text{표본 평균}(\overline{x})} \times 100(\%)$$

4) 범위(Range)

- 측정 자료의 최대값과 최소값의 차이(= 최대값 − 최소값)
- 자료에 이상치나 극단치가 포함되어 있을 경우 범위가 커지는 단점

5) 사분위수 범위(IQR; Interquartile Range)

- 사분위수 범위(IQR) = 제3사분위수(Q3, 75% 백분위수)−제1사분위수(Q1, 25% 백분위수)
- 이상값이나 극단값이 존재하는 경우 범위가 커지는 단점을 보완하기 위해 사분위수 범위(IQR)를 사용

1 다음 중 데이터의 퍼짐 정도를 표현하는 통계적 데이터 탐색 방법으로 적절하지 않은 것은?

① 범위

② 기하 평균

③ 분산

④ 표준 편차

해설 평균은 데이터 분포의 중심으로 전체 데이터를 대표하는 대푯값이며, 기하 평균은 다기간의 수익률에 대한 평균 수익률, 평균 물가 상승률 등을 구할 때 사용한다.

해답 ②

3 다음 중 산포도 계산값으로 적당하지 않은 것은?

> 8, 10, 12, 13, 15, 16, 17, 18, 19, 23, 24

① 사분위수 범위 = 8

② Q1 = 12

③ Q3 = 19

④ 범위 = 16

해설 제1사분위수 Q1: 12, (11+1)*0.25 = 3으로 3번째 수치인 12
제3사분위수 Q3: 19, (11+1)*0.75 = 9로 9번째 수치인 19
사분위수 범위(IQR) = Q3 − Q1 = 19 − 12 = 7

해답 ①

2 데이터가 중심에서 얼마나 떨어져 있는지를 측정하는 척도를 산포도라고 한다. 다음 중 평균과의 거리를 제곱한 값의 평균을 무엇이라 하는가?

① 분산

② 표준 편차

③ 사분위수 범위

④ 범위

해설 분산은 평균을 중심으로 밀집되거나 퍼짐 정도를 나타내는 척도이다.

해답 ①

동영상

4 소수의 극단값의 영향을 받지 않는 변동성 척도로서 적절한 것은?

① 범위

② 변동 계수

③ 사분위수 범위

④ 표준 편차

해설 사분위수 범위는 순위를 이용하여 제3사분위수와 제1사분위 사이이며, 이상값에 덜 민감하다.

해답 ③

(3) 정규성(Normality)

데이터 집합의 분포 특성을 정규 분포를 기준으로 파악하는 방법

1) 왜도(Skewness)

데이터의 분포가 정규성을 벗어나 어느 한쪽으로 치우친 정도

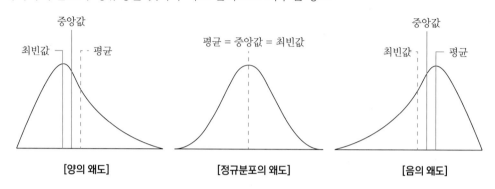

종류	기준	치우침
양의 왜도(Positive Skewness)	평균(Mean) 〉 중앙값(Median) 〉 최빈값(Mode)	오른쪽으로 분포가 길게 늘어져 있어(=치우침) 오른쪽 편포
정규분포의 왜도(왜도 = 0)	평균(Mean) = 중앙값(Median) = 최빈값(Mode)	좌우 대칭
음의 왜도(Negative Skewness)	평균(Mean) 〈 중앙값(Median) 〈 최빈값(Mode)	왼쪽으로 분포가 길게 늘어져 있어(=치우침) 왼쪽 편포

2) 첨도(Kurtosis)

데이터의 분포가 정규 분포를 기준으로 뾰족한 정도

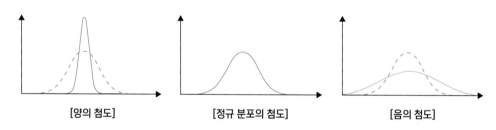

종류	기준
양의 첨도(Positive Kurtosis)	정규 분포보다 뾰족함
정규 분포의 첨도(첨도 = 0)	실제 첨도는 3이지만 첨도 계산의 용이성으로 3을 뺀 0으로 정의하여 사용함
음의 첨도(Negative Kurtosis)	정규 분포보다 퍼져 있음

1 다음 중 데이터 분포의 뾰족한 정도를 설명하는 통계량으로 가장 알맞은 것은?

① 평균   ② 왜도

③ 첨도   ④ 수염

해설 첨도는 데이터의 분포가 정규 분포를 기준으로 뾰족한 정도에 해당된다.

해답 ③

2 정규 분포를 따르는 자료에서 평균값(Mean)과 중앙값(Median), 최빈값(Mode) 중에서 가장 작은 값은 무엇인가?

① 평균값(Mean)

② 중앙값(Median)

③ 최빈값(Mode)

④ 최빈값과 중위수, 평균값의 크기는 동일하다.

해설 정규 분포를 따르는 자료의 왜도는 평균 = 중앙값 = 최빈값으로 좌우 대칭인 자료이다.

해답 ④

3 왜도(Skewness)가 0보다 클 경우, 자료 분포 형태로 바르게 기술한 것은?

① 자료가 오른쪽으로 치우친 오른쪽 편포 형태

② 자료가 왼쪽으로 치우친 왼쪽 편포 형태

③ 자료가 좌우 대칭인 형태

④ 자료가 정규 분포에 비해 뾰족한 형태

해설 양의 왜도인 경우, 자료는 오른쪽으로 치우친 오른쪽 편포 형태를 보인다.

해답 ①

4 자료의 분포가 오른쪽으로 긴 꼬리일 경우에 대한 설명으로 맞는 것은?

① 왜도 〉0, 최빈값 〈 중앙값 〈 평균

② 왜도 〉0, 평균 〈 중앙값 〈 최빈값

③ 왜도 〈 0, 중앙값 〈 최빈값 〈 평균

④ 왜도 〈 0, 최빈값 〈 중앙값 〈 평균

해설 오른쪽으로 치우친 오른쪽 편포의 경우, 평균 〉중앙값 〉최빈값이며, 이는 양의 왜도에 해당된다.

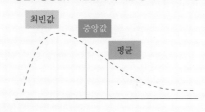

해답 ①

3 상관 관계 분석(Correlation Analysis)

(1) 상관 관계 분석의 개요

두 개 이상의 변수 사이에 존재하는 상호 연관성의 존재 여부와 강도를 측정하여 분석하는 방법

(2) 변수 사이의 상관 관계 종류

종류	설명
양의 상관 관계	한 변수의 값이 증가할 때 다른 변수의 값도 증가하는 경향
음의 상관 관계	한 변수의 값이 증가할 때 다른 변수의 값은 반대로 감소하는 경향
상관 관계 없음	한 변수의 값의 변화에 무관하게 다른 변수의 값이 변하는 경향

(3) 상관관계의 표현 방법

1) 산점도를 통한 표현 방법

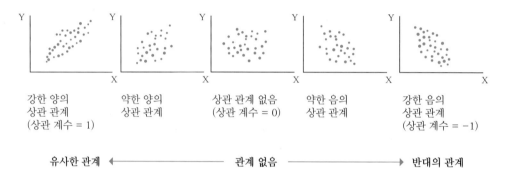

2) 공분산을 통한 표현 방법

- 공분산: 2개의 변수 사이의 상관 정도를 나타내는 값
- 공분산 값의 크기는 측정 단위에 따라 달라지므로 선형 관계의 강도를 나타내지는 못함
- 공분산 공식: $S_{XY} = \dfrac{\sum(x_i - \overline{x})(y_i - \overline{y})}{n-1}$

조건	설명
공분산 〉0	2개의 변수 중 하나의 값이 상승하는 경향을 보일 때, 다른 값도 상승하는 경향
공분산 〈0	2개의 변수 중 하나의 값이 상승하는 경향을 보일 때, 다른 값이 하강하는 경향

3) 상관 계수를 통한 표현 방법

- 두 변수 사이의 연관성을 수치적으로 객관화하여 두 변수 사이의 방향성과 강도를 표현하는 방법
- 상관 계수(r)의 범위: $-1 \leq r \leq 1$
- 상관 계수의 해석: 절댓값 1에 가까울수록 강한 상관 관계

1 상관 관계에 대한 설명 중 틀린 것은?

① 상관 계수는 결정 계수의 제곱이다.

② 범위는 −1에서 1사이이다.

③ 0에 가까우면 상관성이 낮다.

④ 관계를 산점도로 알 수 있다.

해설 결정 계수는 총 편차 중 회귀선으로 설명되는 양으로 상관 계수의 제곱에 해당된다.

해답 ①

3 두 변수 사이의 상관 정도를 나타내며 다만 측정 단위에 따라 크기가 달라지므로 선형 관계의 강도를 나타내지 못하는 지표는?

① 상관 계수

② 왜도

③ 공분산

④ 분산

해설 공분산에 대한 설명이다.

해답 ③

2 다음은 공분산에 대한 설명이다. 적절하지 않은 것은?

① Cov(a, b) ≠ 0 이면 변수 간의 상관 관계를 띤다.

② Cov(a, b) = 0 이면 두 변수 a, b는 항상 독립적이다.

③ 변수 a, b 가 독립적이면 항상 Cov(a, b) = 0이다.

④ Cov(a, b) 〈 0이면, 변수 쌍 (a1, b1)일 때 a가 b보다 크다.

해설 두 변수가 독립이면 Cov(a, b)=0 이지만, Cov(a, b)=0 이면 두 변수가 비선형 관계를 의미하며, 이는 독립이 아닐 수도 있다.

해답 ②

4 다음 중 상관 관계에 대한 설명으로 바르게 기술된 것은?

① 음의 상관 관계는 한 변수의 값이 증가할 때 다른 변수의 값도 증가하는 관계이다.

② 양의 상관 관계는 한 변수의 값이 증가할 때 다른 변수의 값도 감소하는 관계이다.

③ 무상관은 한 변수의 값의 변화와는 무관하게 다른 변수의 값이 변하는 관계이다.

④ 상관 계수의 범위는 항상 양수이며, 값이 커질수록 강한 상관 관계이다.

해설 ① 양의 상관 관계는 한 변수의 값이 증가할 때 다른 변수의 값도 증가하는 관계이다.
② 음의 상관 관계는 한 변수의 값이 증가할 때 다른 변수의 값도 감소하는 관계이다.
④ 상관 계수의 범위는 -1 ≤ r ≤ 1 이다.

해답 ③

PART II 빅데이터 탐색

4 시각적 데이터 탐색

(1) 히스토그램(Histogram)

- 도수 분포를 나타내는 막대 그래프 모양의 그래프
- 가로축: 연속적 수치를 범위로 나누어 표시
- 세로축: 범위 속하는 측정값의 출현 도수를 표시

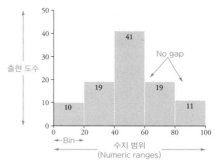

[히스토그램(Histogram)]

(2) 막대 그래프(Bar Plot)

- 사물의 양을 막대 모양의 길이로 나타낸 그래프
- 가로축: 불연속적 데이터 또는 범주형 데이터
- 세로축: 가로축 항목의 숫자값

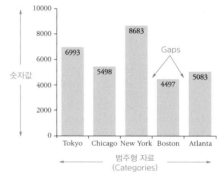

[막대 그래프(Bar Plot)]

(3) 상자 그림(Box Plot)

- 중앙값(m), 제1사분위수(Q1), 제3사분위수(Q3)와 두 극단값(최대값, 최소값)을 사용하면 자료의 특성을 한눈에 파악할 수 있음
- 이를 '다섯 숫자 요약(5 Number Summary)'이라고 하며 상자 그림은 이를 시각적으로 표현한 것

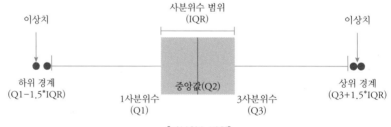

[사분위수 범위]

(4) 산점도(Scatter Plot)

2개의 연속형 변수 간의 관계를 보기 위한 통계 그래프

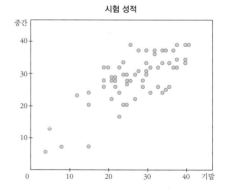

1 시각적 데이터 탐색 기법에 대한 설명 가운데 잘못 기술한 것은?

① 히스토그램은 도수 분포를 나타내는 막대 그래프이다.

② 막대 그래프는 막대가 서로 붙어 있는 것이 특징이다.

③ 산점도는 2개의 연속형 변수 간의 상관성을 보기 위한 그래프이다.

④ 상자 그림을 통해 중앙값, 이상값 등을 확인할 수 있다.

해설 막대 그래프는 막대가 서로 떨어져 있으며, 히스토그램은 막대가 서로 붙어 있다.

해답 ②

2 아래와 같은 시각화 데이터를 무엇이라 하는가?

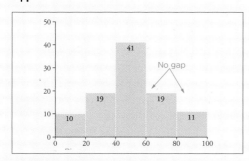

① 히스토그램

② 막대 그래프

③ 산점도

④ 상자 그림

해설 히스토그램은 막대가 서로 붙어 있다.

해답 ①

3 다음 빈칸에 들어갈 적절한 용어는 무엇인가?

> 히스토그램은 ( )를 가로축에 계급, 세로축에 도수로 사상하여 나타낸 그래프에 해당한다.

① 막대 그래프   ② 상관 행렬

③ 정규 분포   ④ 도수 분포표

해설 히스토그램은 도수 분포를 나타내는 막대 그래프 모양의 그래프이다.

해답 ④

4 다음 중 상자 그림을 통해서 확인할 수 없는 지표는?

① 평균

② 중앙값

③ 사분위수 범위

④ 이상값

해설 상자 그림을 통해서 제1사분위수(Q1), 중앙값(Q2, Median), 제3사분위수(Q3)와 두 극단값(최대값, 최소값), 이상값을 확인할 수 있다.

해답 ①

5 상자 그림에서 3Q 보다 작은 값은?

① 중앙값   ② 80%

③ 95%   ④ 최대값

해설 3Q은 75% 위치의 값을 의미하며, 중앙값은 50%의 위치를 의미한다.

해답 ①

PART II 빅데이터 탐색

Section 02 고급 데이터 탐색

1 시공간 데이터 탐색

(1) 시공간 데이터

공간적 객체에 시간의 개념이 추가되어 시간에 따라 위치나 형상이 변하는 데이터

데이터 타입	내용
포인트 타입	하나의 노드로 구성되는 공간 데이터 타입
라인 타입	서로 다른 두 개의 노드와 두 노드를 잇는 하나의 세그먼트로 구성
폴리곤 타입	n개의 노드와 n개의 세그먼트로 구성
폴리라인 타입	n개의 노드와 n−1개의 세그먼트로 구성

TIP 🔍 **폴리곤, 폴리라인 예시**

[폴리곤]　　　　　　　　　　　　　　　[폴리라인]

(2) 시공간 데이터 탐색 절차

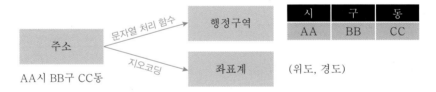

(3) 시공간 데이터 종류

시공간 데이터에 따라 행정구역 데이터를 지도에 표시하거나 좌표계를 지도에 표시함

종류	특징	예시
코로플레스 지도	• 등치지역도 • 데이터에 따라 지정한 색상 스케일로 영역을 색칠해서 표현하는 방법 • 데이터 값의 크기에 따라 지역별로 색을 다르게 표시함	
카토그램	• 변량 비례도 • 데이터 값에 따라 지도의 면적이 왜곡되는 지도 • 데이터 값이 큰 지역의 면적이 시각적으로도 더 크게 표시 • 직관적으로 인지할 수 있다는 장점	
버블 플롯맵	• 좌표를 원으로 시각화한 지도 • 원의 크기, 색깔 등을 반영하여 시각화 표현	

1 다음 중 코로플레스 지도에 대한 설명으로 맞게 기술된 것은?

① 변량 비례도라고도 한다.

② 버블 차트에 위도, 경도 정보를 적용하였다.

③ 데이터의 수치에 따라 지정한 색상 스케일로 영역을 표시하였다.

④ 데이터의 값의 크기를 직관적으로 인지할 수 있다.

해설 ①, ④ 카토그램 ② 버블 지도

해답 ③

2 다음 중 시공간 데이터의 타입에 대한 설명으로 맞게 연결된 것은?

① 포인트 타입: 하나의 노드로 구성되는 공간 데이터 타입

② 라인 타입: n개의 노드와 n−1개의 세그먼트로 구성

③ 폴리곤 타입: 서로 다른 두 개의 노드와 두 노드를 잇는 하나의 세그먼트로 구성

④ 폴리라인 타입: n개의 노드와 n개의 세그먼트로 구성

해설 ② 라인 타입: 서로 다른 두 개의 노드와 두 노드를 잇는 하나의 세그먼트로 구성
③ 폴리곤 타입: n개의 노드와 n개의 세그먼트로 구성
④ 폴리라인 타입: n개의 노드와 n−1개의 세그먼트로 구성

해답 ①

3 다음 중 특정한 데이터 값의 변화에 따라 지도의 면적이 왜곡되는 지도로 올바른 것은?

① 코로플레스 지도

② 버블 지도

③ 막대 지도

④ 카토그램

해설 카토그램은 특정한 데이터 값의 변화에 따라 지도의 면적이 왜곡되는 지도로 변량 비례도라고도 한다.

해답 ④

4 다음 중 시공간 데이터가 아닌 것은?

① 지도 데이터

② 패턴 데이터

③ 패널 데이터

④ 격자 데이터

해설 ① 지도 데이터: 행정구역 데이터를 지도에 표시하거나 좌표계를 지도에 표시한 데이터
③ 패널 데이터: 종단 자료(Longitudinal Data)라고도 하며, 여러 개체들을 복수의 시간에 걸쳐서 추적하여 얻은 데이터
④ 격자 데이터: 동일한 방식으로 반복되는 점들의 규칙적인 구조를 가진 데이터

해답 ②

2 다변량 데이터 탐색

유형	내용
일변량 데이터 탐색	• 1개의 변수 비교, 단변량 • 기술 통계량: 평균, 분산, 표준 편차 등 • 그래프: 히스토그램, 상자 그림 등
이변량 데이터 탐색	• 각 단위에 대해 두 개의 특성을 측정하여 얻어진 두 개의 변수에 대한 자료 탐색 • 일반적으로 두 변수 사이의 관계를 밝히려는 것이 관심의 대상임 • 그래프: 산점도 등
다변량 데이터 탐색	• 2개 이상의 변수 비교 • 이변량 데이터도 다변량 데이터에 포함 • 그래프: 산점도 행렬, 별 그림, 등고선 그림 등을 통해 데이터 탐색

※ 변량(Variance) : 조사 내용의 특성을 수량으로 나타낸 것

3 비정형 데이터 탐색

(1) 비정형 데이터의 개념

일정한 규격이나 형태를 지닌 숫자 데이터와 달리 이미지와 영상, 텍스트처럼 형태와 구조가 다른 구조화되지 않은 데이터

(2) 비정형 데이터의 유형

유형	데이터	내용
비정형 데이터	텍스트	텍스트 덩어리를 정형 데이터로 변환
	동영상, 이미지	동영상, 이미지를 한 픽셀마다 수치로 변환
반정형 데이터	XML	웹 페이지를 만드는 HTML을 개선하여 만든 마크업 언어
	JSON	웹상에서 자료를 주고받을 때 사람이 읽을 수 있는 자바스크립트 구문 형식의 언어
	HTML	링크, 인용 등을 이용해 만들 수 있는 구조적 문서

(3) 비정형 데이터의 탐색

텍스트 탐색	소셜 데이터의 텍스트와 같은 스크립트 파일 형태일 경우 데이터를 파싱한 후 정형 데이터로 변환하여 탐색
동영상, 이미지 탐색	이진 파일 형태의 데이터일 경우 데이터의 종류별로 응용소프트웨어를 이용하여 픽셀을 수치로 변환하여 탐색
반정형 데이터 탐색	XML, JSON, HTML 각각의 Parser를 이용하여 데이터를 파싱한 후 탐색

1 다음 중 비정형 데이터 유형에 해당되는 것은?

① 텍스트   ② XML

③ JSON   ④ HTML

해설 비정형 데이터로는 텍스트, 이미지 등이 있다.

해답 ①

2 아래 그림과 같이 데이터를 시각적으로 표현한 것을 무엇이라고 하는가?

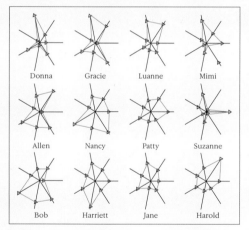

① 별 그림

② 산점도 행렬

③ 코로플레스 지도

④ 장미 그림

해설 별 그림은 별 모양의 점을 각각의 변수에 대응되도록 한 뒤 각각의 변수값에 비례하도록 반경을 나타내어 관찰값을 그림으로 표시한 그림이다.

해답 ①

3 다음 중 산점도에 적합한 데이터 유형에 해당되는 것은?

① 일변량 데이터

② 이변량 데이터

③ 삼변량 데이터

④ 사변량 데이터

해설 산점도는 두 변수 간의 연관성을 의미하는 것이므로 산점도가 가능한 데이터 유형은 이변량 데이터에 해당된다.

해답 ②

4 아래 그림과 같이 데이터를 시각적으로 표현한 것을 무엇이라고 하는가?

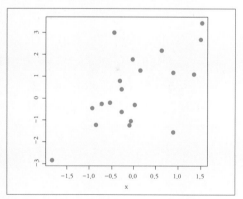

① 별 그림

② 산점도

③ 코로플레스 지도

④ 카토그램

해설 산점도는 두 변수 간의 산점도를 행렬로 나타내 변수 간의 연관성을 표현한 그래프를 의미한다.

해답 ②

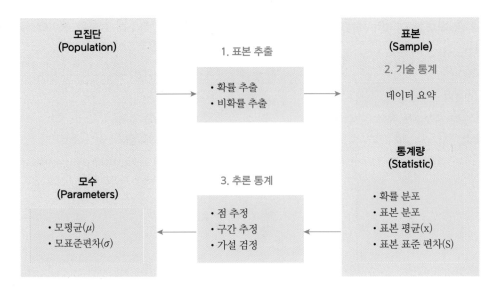

통계 목적	모집단의 특성 파악
표본 추출	모집단으로부터 일부 자료를 수집
기술 통계	수집된 표본 자료를 요약하여 표본의 특성 파악
추론 통계	표본의 자료를 이용하여 모집단의 특성 추론

- 모집단(Population): 연구하고자 하는 이론상의 전체 집단
- 표본(Sample): 연구 대상으로 추출된 일부
- 표집(또는 표본 추출, Sampling): 전체 모집단으로부터 표본을 추출하는 과정을 의미하며, 편향이 일어나지 않게 랜덤으로 추출해야 함
- 표집 단계: 모집단 확정 → 표집틀 선정 → 표집 방법 선정 → 표집 크기 결정 → 표집

1 모집단 전체의 특성을 요약한 수치를 뜻하는 용어는?

① 평균(Mean)

② 모수(Parameter)

③ 통계치(Statistics)

④ 표집틀(Sampling Frame)

해설 모수는 모집단 전체의 특성을 요약한 수치에 해당된다.

해답 ②

2 모든 요소의 총체로서 조사자가 표본을 통해 발견한 사실들을 토대로 하여 일반화하고자 하는 궁극적인 대상을 지칭하는 것은?

① 표본 추출 단위(Sampling Unit)

② 표본 추출 분포(Sampling Distribution)

③ 표본 추출 프레임(Sampling Frame)

④ 모집단(Population)

해설 추정을 통해 궁극적으로는 표본을 통해 모집단의 특성을 일반화하고자 한다.

해답 ④

3 표본 추출에 관한 용어의 설명으로 틀린 것은?

① 모집단(Population)은 모든 연구 대상 혹은 분석 단위들이 모인 집합이다.

② 표본(Sample)은 모집단에서 일정 부분 추출된 요소들의 집합이다.

③ 모수(Parameter)는 모집단의 특성값으로, 통계량(Statistic)를 근거로 추정한다.

④ 통계량(Statistic)는 모수로부터 계산되는 표본값이다.

해설 통계량은 모수가 아닌 표본을 통해 얻을 수 있는 측정치를 의미한다.

해답 ④

4 표본 추출과 관련된 용어 설명으로 틀린 것은?

① 통계량(Statistic): 표본 내 변수의 값

② 모집단(Population): 연구하고자 하는 이론상의 전체 집단

③ 표본(Sample): 모집단에서 일정 부분 추출된 요소의 특성치

④ 표본 오차(Sampling Error): 표본 수치와 모집단 수치의 차이

해설 표본은 모집단 중 연구 대상으로 추출된 일부를 의미하며, 표본 자료의 특성값을 통계량이라고 한다.

해답 ③

1 표본 추출

(1) 표본 추출의 개념

통계의 목적으로 모집단(전체)에서 표본(일부)을 추출

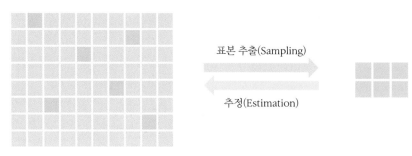

표본 추출(Sampling)

추정(Estimation)

[모집단]　　　　　　　　　　　　　　　[표본]

(2) 표본 오차의 특성

- 모집단에서 표본을 추출해서 조사하기 때문에 모수와 표본 통계량 사이에 생기는 오차
- 표집 오차라고도 함
- 표본의 크기를 크게 하면 표본 오차를 감소시킴
- 표본 오차의 허용 범위를 확률로 구하는 것이 목적

	표본 오차(Sampling Error)	비표본 오차(Non-sampling Error)
정의	• 모집단 전체가 아닌 일부 표본을 추출해 조사함으로 인해, 발생되는 통계적 오차	• 표본의 선택, 추출에서 자연적으로 발생하는 오차가 아니라, 잘못 관찰, 측정, 기록하여 발생되는 오차
원인	• 무작위성(Randomness): 일부 자료를 무작위 추출하였기 때문	• 무응답 오차(Non-response Error) • 응답 오차(Response Error)
해결 방법	• 표본 편의(Sampling Bias) 제거 • 적절한 표본 추출 방법 선택 • 적절한 표본의 크기 확보	• 응답자의 관심 유발 • 조사원의 철저한 교육(Response Error) • 처리 오차(Processing Error) • 정확한 통계 처리

1 표본 오차(Sampling Error)에 관한 설명으로 올바른 것은?

① 표본의 크기가 커지면 늘어닌다.

② 모집단과 표본의 차이에 의해 발생하는 오류를 말한다.

③ 조사 연구의 모든 과정에서 확산되어 발생한다.

④ 조사원의 훈련 부족으로 인해 각기 다른 성격의 자료가 수집되는 경우 발생한다.

[해설] 표본 오차는 모집단과 표본이 달라서 발생되는 오류에 해당된다.

[해답] ②

2 표본 추출과 관계없이 자료를 수집하는 과정에서 발생하는 오차는?

① 표본틀 오차

② 비표본 오차

③ 표준 오차

④ 확률적인 오차

[해설] 비표본 오차는 표본 추출과 관계없이 발생하는 오차이다.

[해답] ②

3 다음 중 비표본 오차를 해결하는 방법으로 적절하지 않은 것은?

① 조사원의 철저한 교육을 실시한다.

② 확률화를 통해 비표본 오차를 줄인다.

③ 응답자의 관심 유발로 인해 결측값을 제거한다.

④ 입력 오차를 줄인다.

[해설] 확률화를 통해서는 비표본 오차가 아닌 표본 오차를 해결하는 방법이다.

[해답] ②

4 전수 조사와 비교할 때 표본 조사의 특징에 관한 설명으로 옳은 것은?

① 시간과 노력이 많이 든다.

② 조사 기간 동안에 발생하는 변화를 반영하지 못한다.

③ 비표본 오차를 줄일 수 있다.

④ 항상 정확한 자료를 수집할 수 있다.

[해설] 전수 조사는 표본 추출이 아니기 때문에 비표본 오차가 발생하며, 표본 조사 시 비표본 오차는 줄어든다.

[해답] ③

2 확률 추출법

모집단에 속하는 모든 추출 단위에 대해 사전에 일정한 추출 학률이 주어지는 표본 추출

종류	특징	예시
단순 무작위 추출 (Simple Random Sampling)	• 모집단을 구성하는 요소 하나 하나가 뽑힐 확률이 동일한 상황에서 추출	손님 1000명 중 100명을 난수를 이용해 추출
계통 추출 (Systematic Sampling)	• 모집단의 추출틀에서 n번째 간격마다 하나씩 표본으로 추출	손님 만족도 조사를 위한 10, 20, 30 … 번째 손님 추출
층화 확률 추출 (Stratified Random Sampling)	• 모집단을 서로 겹치지 않은 여러 개의 층으로 분할한 후, 각 층별로 단순 확률 추출법을 적용시켜 표본 추출	서울시장 후보 선호도 조사를 위해 1000명의 조사할 때 각 구별 인구 비율로 층을 분할한 후 표본 추출
집락(=군집) 추출 (Cluster Sampling)	• 서로 인접한 기본 단위들로 구성된 군집을 만들고, 추출된 군집내의 일부 또는 전체 조사	서울에 있는 대학생 월 평균 용돈을 추정할 경우, 서울에 있는 56개 대학 중 무작위로 몇 개의 대학을 추출하여 대학생 추출

3 비확률 추출법

추출 단위가 표본에 추출될 확률을 객관적으로 나타낼 수 없는 표본 추출

종류	특징	예시
편의 표본 추출 (Convenience Sampling)	• 연구자가 표본 추출하기 쉬운 사람을 대상으로 표본을 추출하는 방법	백화점에서 쇼핑하는 사람들을 대상으로 하는 여론 조사
판단 표본 추출 (유의 표본 추출, Purposive Sampling)	• 연구자의 주관적 판단에 의해 모집단을 잘 대표하리라고 믿는 사례들을 의도적으로 표본을 추출하는 방법	서울 시민의 시청률 조사 시 조사 대상이 다른 지역으로 이사갔을 경우, 연구자가 임의로 판단하여 이사를 간 대상과 대상을 선별하여 대체하는 경우
할당 표본 추출 (Quota Sampling)	• 모집단의 특성을 대표할 수 있게 몇 개의 하위 집단을 구성한 후, 각 집단별로 표본의 수를 할당하여 임의로 표본을 추출하는 방법 • 층화 표본 추출과는 다름	연령, 성별, 학력, 직업, 지역 등 일정한 기준의 할당 비율만 충족시키면 나머지는 면접원이 무작위로 할당하여 조사하는 것으로 응답이 까다로운 대상을 기피할 수 있음
눈덩이 표본 추출 (누적 표본 추출, Snowball Sampling)	• 모집단의 특성을 대표할 수 있게 몇 개의 하위 집단을 구성한 후, 각 집단별로 표본의 수를 할당하여 임의로 표본을 추출하는 방법	일탈 대상(약물 중독, 성매매, 도박 등)이나 모집단의 구성원을 찾기 어려운 경우(노숙인, 이주 노동자, 불법이민자 등) 소개로 대상자로 선택하는 경우

1 층화 표본(Stratified Random Sampling)에 대한 설명으로 틀린 것은?

① 추정값의 표본 오차를 감소시켜 표본의 대표성을 높이기 위해 사용되는 방법이다.

② 층화한 부분 집단 간은 동질적이고 부분 집단 내에서는 이질적이다.

③ 층화한 모든 부분 집단에서 표본을 추출한다.

④ 층화 시 모집단에 대한 지식이 필요하다.

해설 층화한 부분 집단 간은 이질적이고, 부분 집단 내에서는 동질적이다.

해답 ②

3 다음 중 확률 표본 추출이 아닌 것은?

① 단순 무작위 표본 추출(Simple Random Sampling)

② 판단 표본 추출(Judgement Sampling)

③ 군집 표본 추출(Cluster Sampling)

④ 체계적 표본 추출(Systematic Sampling)

해설 판단 표본 추출은 비확률 표본 추출 방법에 해당된다.

해답 ②

2 오후 2시부터 4시 사이 서울 강남역을 지나는 행인들 중 접근이 쉬운 사람을 대상으로 신제품에 대한 의견을 물어보는 경우 이에 해당하는 표본 추출 방법은?

① 판단 표본 추출(Judgement Sampling)

② 편의 표본 추출(Convenience Sampling)

③ 층화 표본 추출(Stratified Random Sampling)

④ 군집 표본 추출(Cluster Sampling)

해설 편의 표본 추출은 연구자가 표본 추출하기 쉬운 사람을 대상으로 표본을 추출하는 방법이다.

해답 ②

4 표본의 하위 집단 분포를 의도적으로 정하여 표본을 임의로 추출하는 방법은?

① 편의 표본(Convenience Sampling)

② 군집 표본(Cluster Sampling)

③ 눈덩이 표본(Snowball Sampling)

④ 할당 표본(Quota Sampling)

해설 눈덩이 표본은 모집단의 특성을 대표할 수 있게 몇 개의 하위집단을 구성한 후, 각 집단별로 표본의 수를 할당하여 임의로 표본을 추출하는 방법이다.

해답 ③

PART II 빅데이터 탐색

Section 02 기술 통계

1 확률 분포(Probability Distribution)

(1) 확률 분포의 개념

확률 변수 X가 특정한 값을 가질 확률을 나타내는 분포

종류	특징	예시
이산 확률 분포	– 데이터가 정수로 딱 떨어지는 경우 – 누적분포 함수는 비약적 불연속으로 증가	 서울시 구별 인구수
연속 확률 분포	– 데이터가 정수로 딱 떨어지지 않음 – 일정 구간의 값을 연속적으로 나타냄	 남자 고등학생 몸무게 10 20 30 40 50 60 70 80 90

(2) 이산 확률 분포(Discrete Probability Distribution)

1) 베르누이 시행(Bernoulli Trial)

– 두 개의 결과만을 가질 수 있는 확률 실험
– 성공/실패의 확률이 p, 1–p인 베르누이 시행에서 성공이 나오는 횟수를 X라 하면, X는 성공 확률이 p인 베르누이 분포 X ~ B(1, p)
– 이항 분포, 포아송 분포, 초기하 분포의 기초가 되는 확률 분포

분포	기댓값	분산
X ~ B(1, p)	p	p(1–p)

2) 이항 분포(Binomial Distribution)

– 성공률이 p로 동일한 베르누이 시행을 미리 정해진 횟수 n만큼 독립적으로 반복하여 발생하는 성공 횟수를 Y라 하면 Y는 시행 횟수가 n이고 성공률이 p인 이항 분포
– 확률 질량 함수: $P = \binom{n}{k} p^k (1-p)^{n-k}$ (n: 반복 횟수 , p: 성공 확률, k: 성공 횟수)

분포	기댓값	분산
Y ~ B(n,p)	np	np(1–p)

예 주사위를 3번 던질 때, 1이 나오는 횟수의 확률분포: Y ~ B(3, 1/6)

기댓값 = np = $3*(\frac{1}{6}) = \frac{1}{2}$, 분산 = np(1–p) = $3*(\frac{1}{6})*(\frac{5}{6}) = \frac{5}{12}$

TIP

– 평균: E(aX+b) = aE(X)+b   – 분산: Var(aX+b) = a2Var(X)

1 n개의 베르누이 시행(Bernoulli's Trial)에서 성공의 개수를 X라 하면 X의 분포는?

① 기하 분포

② 음이항 분포

③ 초기하 분포

④ 이항 분포

해설 베르누이 시행이 n번 반복되면 이항 분포를 따른다.

해답 ④

2 X_1, X_2, …, X_n은 서로 독립이고, 성공률이 p인 동일한 베르누이 분포를 따른다. 이때, $X_1 + X_2 + \cdots + X_n$ 은 어떤 분포를 따르는가?(단, B는 이항 분포를, Poisson은 포아송 분포를 나타냄)

① B(n/2, p)   ② B(n, p)

③ Poisson(p)   ④ Poisson(np)

해설 성공률이 p로 동일한 베르누이 시행이 n번 반복되면 이항 분포를 따르며, 분포는 B(n, p) 이다.

해답 ②

3 이산 확률 변수 X에 대해 E(X) = 4, $E(X^2)$ = 25일 때, 확률변수 Y = 3X−4의 평균과 분산으로 옳은 것은 ?

① E(Y) = 8, V(Y) =81

② E(Y) = 16, V(Y) =9

③ E(Y) = 8, V(Y) =25

④ E(Y) = 16, V(Y) =81

해설 E(Y) = E(3X-4) = 3E(X)-4 = 3*4-4 =12-4 = 8
$V(X) = E(X^2)-E(X)^2 = 25-16 = 9$
$Var(Y) = Var(3X-4) = 3^2 Var(X) = 9*9 = 81$

해답 ①

4 주사위를 3번 던질 때, 1이 나오는 횟수의 확률 분포의 기댓값 및 분산은?

① 기댓값 $= \dfrac{1}{2}$, 분산 $= \dfrac{1}{12}$

② 기댓값 $= \dfrac{1}{2}$, 분산 $= \dfrac{5}{12}$

③ 기댓값 $= \dfrac{1}{36}$, 분산 $= \dfrac{1}{12}$

④ 기댓값 $= \dfrac{1}{36}$, 분산 $= \dfrac{5}{12}$

해설 이항 분포의 기댓값 = np = 3*(1/6) = 1/2
이항 분포의 분산 = np(1-p) = 3*(1/6)*(5/6) = 5/12

해답 ②

PART II 빅데이터 탐색

3) 포아송 분포(Poisson Distribution)

- 단위 시간이나 단위 공간에서 일어나는 특정 사건의 횟수에 대한 확률 모형 분포
- Poisson(λ)의 확률 질량 함수: $p(x) = \dfrac{e^{-\lambda}\lambda^x}{x!}$

분포	기댓값	분산
Y ~ P(λ)	λ	λ

4) 기하 분포(Geometric Distribution)

- 성공률이 P인 베르누이 시행을 독립적으로 반복할 때 첫 번째 성공이 일어날 때까지의 시행 횟수가 따르는 분포
- 확률 질량 함수: $f(x) = p(1-p)^{x-1}$, $x = 1, 2, \cdots$

분포	기댓값	분산
X ~ Geometric(p)	$\dfrac{1}{P}$	$\dfrac{(1-p)}{P^2}$

5) 음이항 분포(Negative Binomial Distribution)

- 기하 분포의 확장
- 성공률이 P인 베르누이 시행을 독립적으로 반복할 때 r번째 성공을 얻을 때까지의 시행횟수가 따르는 분포
- 확률 질량 함수: $f(x) = \binom{x-1}{r-1} p^r (1-p)^{x-r}$, $x = r, r+1, \cdots$

분포	기댓값	분산
X ~ NB(r, p)	$\dfrac{r}{P}$	$\dfrac{r(1-p)}{P^2}$

TIP 🔍 **이산 확률 분포 요약**

종류	특징	기댓값	분산
베르누이 시행	성공, 실패, 1번 시행 예 동전을 1번 던질 때, 앞면이 나올 확률	p	$p(1-p)$
이항 분포	복원 추출, 베르누이 n번 시행 예 동전을 n번 던질 때 앞면이 나올 횟수	np	$np(1-p)$
포아송 분포	단위 시간 내의 사건 횟수 예 하루 동안 발생하는 교통 사고의 수 예 책에서 발견되는 오타의 수	λ	λ
기하 분포	첫번째 성공이 일어날 때까지의 시행 횟수 예 주사위 1의 눈이 1번 나올 때까지의 던진 횟수	$\dfrac{1}{p}$	$\dfrac{(1-p)}{p^2}$
음이항 분포	n번째 성공이 일어날 때까지의 시행 횟수 예 주사위 1의 눈이 n번 나올 때까지의 던진 횟수	$\dfrac{r}{p}$	$\dfrac{r(1-p)}{p^2}$

1 다음이 설명하는 내용으로 가장 적절한 확률 분포는 무엇인가?

> 이산형 확률 분포 중 주어진 시간 또는 영역에서 어떤 사건의 발송 횟수를 나타내는 확률 분포

① 베르누이 분포

② 포아송 분포

③ 이항 분포

④ 이산 확률 분포

해설 포아송 분포는 단위 시간이나 단위 공간에서 일어나는 특정 사건의 횟수에 대한 확률 모형 분포이다.

해답 ②

2 다음 중 특정 사건의 수를 확률 변수로 갖는 확률 분포로 적절한 것은?

① 지수 분포　　② 포아송 분포

③ 정규 분포　　④ 이항 분포

해설 포아송 분포는 어떤 단위 시간이나 단위 공간 내에서 사건이 몇 번 정도 일어나는지 혹은 내가 원하는 구간 동안에 몇 번 일어나는지 알고 싶은 경우 사용하는 분포이다.

해답 ②

3 특정 제품의 단위 면적당 결점의 수 또는 단위 시간당 사건 발생 수에 대한 확률 분포로 적합한 분포는?

① 포아송 분포　　② 이항 분포

③ 초기화 분포　　④ 지수 분포

해설 단위 시간이나 단위 공간에서 일어나는 특정 사건의 횟수에 대한 확률 모형 분포는 포아송 분포이다.

해답 ①

4 확률 변수 X는 포아송 분포를 따른다고 하자. X의 분산이 9라고 할 때, 평균은 얼마인가?

① 1　　　　　　② 3

③ 5　　　　　　④ 9

해설 포아송 분포의 평균 $E(X) = \lambda$, $Var(X) = \lambda$이므로 $E(X) = Var(X) = 9$

해답 ④

동영상

5 다음 중 확률 분포가 다른 하나는?

① 보험 회사에서 1년동안 보험료 청구 횟수

② 하루동안 발생하는 교통사고의 수

③ 책에서 발견되는 오타의 수

④ 주사위를 3번 던졌을 때, 6이 나오는 횟수

해설 ①,②,③ 포아송 분포 : 단위 시간이나 단위 공간에서 일어나는 특정사건의 횟수에 대한 확률 분포
④ 이항 분포: 성공률이 p로 동일한 시행을 n만큼 독립적으로 반복하여 발생하는 성공횟수에 대한 확률 분포

해답 ④

(3) 연속 확률 분포(Continuous Probability Distribution)

확률 변수 X가 실수와 같이 연속적인 값을 취할 때는 이를 '연속 확률 변수'라 하고 이러한 연속
확률 변수 X가 가지는 확률 분포를 '연속 확률 분포'라고 함

1) 균일 분포(Uniform Distribution)

- 구간(a, b)에서의 균일 분포, U(a,b)의 확률 밀도 함수: $f(x) = \begin{cases} \frac{1}{b-a}, & a \leq x \leq b \\ 0, & \text{otherwise} \end{cases}$

- 기댓값 $= \frac{(a+b)}{2}$, 분산 $\frac{(b-a)^2}{12}$

> 예 0과10 사이에 난수를 컴퓨터 모의 실험으로 생성할 때, 난수의 값이 1에서 2.5 사이에 있을 확률?
> $(\omega) = 1/(10-0) = 1/10$ $(0 < X < 10)$
> 난수값이($1 < X < 2.5$)일 확률: $(2.5-1)/(10-0) = 1.5/10 = 0.15$

2) 지수 분포(Exponential Distribution)

- 포아송 확률 과정을 고려했을 때, 특정 사건이 일어난 후 또 다시 같은 사건이 일어날 때까
지 걸리는 시간은 음이 아닌 값을 가지는 연속형 확률 변수
- 모수가 λ인 지수 분포를 따르는 확률 변수 X의 확률 밀도 함수

$$f(x) = \frac{1}{\lambda} \exp\left(\frac{-x}{\lambda}\right), x > 0$$

- 기댓값 $= \lambda$, 분산 $= \lambda^2$

3) 정규 분포(Normal Distribution)

- 18세기 초 드 무아브르(A. de Moivre)에 의해 이항 분포의 근사분포로서 처음 소개됨
- 칼 프리드리히 가우스(Karl Friedrich Gauss)는 관측에 따른 오차가 정규분포를 따른다는
사실을 밝혔고, 이후 이 분포는 관측값에서 참값을 추정해내는 근본적인 원리로 자리잡음
→ 가우스 분포
- 평균이 μ이고 표준 편차가 σ인 정규 분포를 따르는 X의 확률 밀도 함수: $X \sim N(\mu, \sigma^2)$

$$f(x, \mu, \sigma) = \frac{1}{\sqrt{2\pi}\sigma} \exp\left[-\frac{(x-\mu)^2}{2\sigma^2}\right]$$

- 평균이 0이고 표준 편차가 1인 정규 분포: 표준 정규 분포 $X \sim N(0,1)$

$$f(x) = \frac{1}{\sqrt{2\pi}} \exp\left[-\frac{x^2}{2}\right]$$

1 확률 분포에 대한 설명으로 틀린 것은?

① X가 균일 분포를 따르는 확률 변수일 때, P(X=x)는 모든 x에서 영(0)이다.

② 포아송 분포의 평균과 분산은 동일하다.

③ 연속 확률 분포의 확률 밀도 함수 f(x)와 x축으로 둘러싸인 부분의 면적은 항상 1이다.

④ 정규 분포의 표준 편차 σ는 음의 값을 가질 수 있다.

해설 표준 편차는 퍼짐 정도를 나타내는 것으로 음수가 될 수 없다.

해답 ④

3 정규 분포의 설명이 아닌 것은?

① 왜도가 3, 첨도가 0이다.

② 직선 X = (평균)에 대하여 대칭인 종 모양의 곡선이다.

③ 곡선과 X축으로 둘러싸인 영역의 넓이는 1이다(확률의 총합은 100%이다).

④ 곡선의 모양은 표준편차가 일정할 때, 평균이 변하면 대칭축의 위치와 곡선의 모양이 바뀐다.

해설 정규 분포는 왜도가 0이고 첨도는 3(또는 0)이 된다.

해답 ①

2 다음 확률 분포 중 확률 변수의 성질상 다른 분포와 구별되는 것은?

① 정규 분포

② 이항 분포

③ 포아송 분포

④ 다항 분포

해설 정규 분포는 연속형 확률 분포이며, 나머지는 이산형 확률 분포에 해당된다.

해답 ①

4 표준화와 표준 정규 분포에 관한 설명으로 적절한 것은?

① 표준화는 각 요소에서 평균을 뺀 값을 분산으로 나눈다.

② 표준화의 최대값은 1이다.

③ 표준화의 표준 편차는 0이다.

④ 정규 분포를 표준화하면 표준 정규 분포가 된다.

해설 표준 정규 분포는 정규 분포가 표준화 변환 과정을 거쳐 평균이 0이고, 표준 편차가 1로 정리된 정규 분포이다.

해답 ④

2 표본 분포(Sampling Distribution)

(1) 표본 분포의 개념

- 표본 평균: 모집단에서 임의로 추출된 표본의 평균
- 모분포가 정규 분포를 따를 때 표본 평균의 분포: $X \sim N(\mu, \sigma^2) \rightarrow \overline{X} \sim N(\mu, \frac{\sigma^2}{n})$
- 기댓값: $E(\overline{X}) = \mu$
- 분산: $Var(\overline{X}) = \frac{\sigma^2}{n}$(복원 추출), $\frac{\sigma^2}{n} \times \frac{N-n}{N-1}$(비복원 추출)

(2) 중심 극한 정리(Central Limit Theorem)

드 므와브르(A. de Moivre)가 이항 분포를 근사하기 위한 방법으로 처음 제시

> 평균이 μ이고 분산이 σ^2인 모집단에서 표본의 크기가 n인 확률 표본의 표본 평균 $\overline{X}$은 n이 어느 정도 충분히 크면 근사적으로 정규 분포 $N(\mu, \frac{\sigma^2}{n})$를 따르게 된다.

(3) 표본 분포 유형

종류	특징	수식
정규 분포	• 모평균이 μ, 모분산이 σ^2이라고 할 때, 종 모양의 분포	$f(x) = \frac{1}{\sqrt{2\pi}\sigma}exp\left[-\frac{(x-\mu)^2}{2\sigma^2}\right], -\infty \langle x \langle \infty$
표준 정규 분포	• 정규 분포 함수에서 X를 Z로 정규화한 분포	$f(z) = \frac{1}{\sqrt{2\pi}}exp(-x^2/2), -\infty \langle z \langle \infty$
T분포	• 모집단이 정규 분포라는 정도만 알고, 모표준 편차(σ)는 모를 때 사용	$T = \frac{\overline{x}-\mu}{s/\sqrt{n}}$
카이제곱 분포	• n개의 서로 독립적인 표준 정규 확률 변수를 각각 제곱한 다음 합해서 얻어지는 분포	$x^2 = \sum_{i=1}^{n} z_i^2$
F분포	• 독립적인 카이제곱분포가 있을 때, 두 확률변수의 비	$F = \frac{x_1^2/v_1}{x_2^2/v_2}$

※ 표준화: $Z = \frac{\overline{X}-\mu}{\sigma}$

1 정규 분포의 일반적인 성질이 아닌 것은?

① 정규 분포는 평균에 대하여 대칭이다.

② 평균과 표준 편차가 같은 두 개의 다른
  정규 분포가 존재할 수 있다.

③ 정규 분포에서 평균, 중앙값, 최빈수는
  모두 같다.

④ 밀도 함수 곡선은 수평에서부터 어느 방
  향으로든지 수평축에 닿지 않는다.

해설 평균과 표준 편차가 같으면 정규 분포는 동일하다.

해답 ②

2 임의의 모집단으로부터 확률 표본을 취할 때
표본 평균의 확률 분포는 표본의 크기가 충
분히 크면 근사적으로 정규 분포를 따른다는
사실의 근거가 되는 이론은?

① 중심 극한 정리   ② 대수의 법칙

③ 체비 셰프의 부등식 ④ 확률화의 원리

해설 중심 극한 정리에 대한 설명이다.

해답 ①

3 X_1, X_2, ⋯, X_9을 정규 분포 $N(\mu, \sigma^2)$에서 추
출한 표본 크기가 9인 확률 표본이라 할 때,
$\sum_{i=1}^{9} \left(\dfrac{X_i - \mu}{\sigma} \right)^2$의 확률 분포는?

① 정규 분포

② 자유도가 9인 x^2 분포

③ 자유도가 8인 x^2 분포

④ 자유도가 8인 T 분포

해설 n개의 서로 독립인 정규 확률 변수의 제곱은 자유도가
  n인 카이제곱 분포를 따른다.

해답 ②

4 다음 중 성격이 다른 확률 분포는 무엇인가?

① F분포

② 이항 분포

③ 지수 분포

④ 정규 분포

해설 이항 분포는 이산 확률 분포에 해당된다.

해답 ②

5 정규 모집단 N(50, 22)에서 크기 n = 16의
표본을 무작위 추출할 때 표본평균 분포의
표준편차, 또한 표본평균이 X = 51 이상일 때
의 표준화 점수의 분포는?

① $\sigma_x = 1/2$, z = 2, N(0,1)

② $\sigma_x = 1$, z = 2, N(50,2²)

③ $\sigma_x = 1/2$, z = 2, N(50,2²)

④ $\sigma_x = 1$, z = 2, N(0,1)

해설 중심 극한 정리에 따라, n이 충분히 크면, 표본 평균은
  $N(\mu, \dfrac{\sigma^2}{n})$을 따르므로, N(50, $\dfrac{2^2}{16}$) = N(50, $(\dfrac{1}{2})^2$)이
  다. 이때, X=51 이상인 표준화 점수

  $z = \dfrac{\overline{X} - \mu}{\sigma} = \dfrac{51 - 50}{1/2} = \dfrac{1}{1/2} = 2$이다.

  또한 표준화의 분포는 N(0, 1)에 해당된다.

해답 ①

1 추론 통계(Inferential Statistics) 의의 및 개념

(1) 추론 통계 의의

– 효율적인 의사 결정을 위한 정확한 추정 필요
– 표본을 추출하는 이유: 모집단의 특성을 알 수 없거나 알려진 모집단의 특성에 대해 신뢰성이 의심될 때 특성을 통해 모집단의 특성을 추론하기 위함

(2) 추론 통계의 개념

추론 통계는 표본을 이용하여 미지의 모수를 추측하는 통계적 추정과 이 값에 대한 가설 검정으로 구분

2 점 추정(Point Estimation)

(1) 점 추정의 개념

표본의 특성을 나타내는 통계량 중 하나의 값으로 모수를 추정하는 방법
예 모집단의 평균은 55kg이다.

(2) 점 추정의 조건

기준	설명
불편성(Unbiasedness)	표본 분포 추정량의 기대값과 모수 간 차이가 없음
효율성(Efficiency)	표본 분포 추정량의 분산도가 작을수록 효율적
일치성(Consistency)	표본의 크기가 클수록 추정값은 모수에 근접
충족성(Sufficient Estimator)	추정량이 모수에 대한 모든 정보 제공

(3) 점 추정법

구분	내용	공식
모평균(μ)	• 모집단의 평균을 알고자 할 때 • 모평균의 점 추정량에는 표본의 평균, 중앙값, 최빈값 등이 있음	• 표본 평균 추정량: $\overline{X} = \dfrac{\sum\limits_{a=1}^{n} X_i}{n} = \mu$ • 표준 오차 추정량: $SE(\overline{X}) = \dfrac{s}{\sqrt{n}}$
모분산(σ^2)	• 모집단의 변이가 관심이 대상일 경우	• 모 표준 편차의 추정량: $\hat{\sigma} = \sqrt{S^2} = S$ • 모 분산의 추정량: $\hat{\sigma}^2 = S^2 = \dfrac{\sum (X_i - \overline{X})^2}{n-1}$
모비율(π)	• 모비율 분포는 이항 분포를 따름 • 표본의 크기가 클 경우에는 중심 극한 정리에 의해 표본 비율의 분포는 정규 분포를 따름	• 표본 비율 추정량: $\hat{p} = \dfrac{X}{n} = p$ • 표본 오차 추정량: $SE(\hat{p}) = \sqrt{\dfrac{p(1-p)}{n}}$

1 어떤 사회 정책에 대한 찬성률을 추정하고자 한다. 크기 n인 확률 표본을 추출하여 자료를 $X_1, \cdots, X_n$ 으로 입력하였을 때에 대한 점 추정치로 옳은 것은?(단, 찬성이면 1, 반대면 0 으로 코딩한다.)

① $\dfrac{1}{\sqrt{n}} \sum_{i=1}^{n} x_i$

② $\dfrac{1}{n} \sum_{i=1}^{n} x_i$

③ $\dfrac{1}{\sqrt{n}} \sum_{i=1}^{n} (1 - x_i)$

④ $\dfrac{1}{n} \sum_{i=1}^{n} (1 - x_i)$

해설 모비율의 점 추정량 $\hat{p} = \dfrac{X}{n}$ 이다. 따라서 $\hat{p} = \dfrac{1}{n} \sum_{i=1}^{n} x_i$ 이다.

해답 ②

3 검정 통계량의 분포가 정규 분포가 아닌 검정은?

① 대표본에서 모평균의 검정

② 대표본에서 두 모비율의 차에 관한 검정

③ 모집단이 정규 분포인 대표본에서 모분산의 검정

④ 모집단이 정규 분포인 소표본에서 모분산을 알 때, 모평균의 검정

해설 모집단이 정규 분포인 대표본에서 모분산을 검정하고자 할 때는 카이제곱(x^2) 분포를 사용한다.

해답 ③

2 다음 중 점 추정의 조건으로 맞지 않는 것은?

① 불일치성

② 불편성

③ 효율성

④ 충족성

해설 점 추정의 조건으로는 불편성, 효율성, 일치성, 충족성 이 있다.

해답 ①

4 모집단의 평균을 추정하기 위해 1,000개의 표본을 취하여 정리한 결과 표본 평균은 100, 표준 편차는 5로 계산되었다. 모평균에 대한 점 추정치는?

① 10   ② 100

③ 5   ④ 25

해설 모평균의 점 추정치는 표본 평균과 동일하다.

해답 ②

PART II 빅데이터 탐색

❸ 구간 추정(Interval Estimation)

(1) 구간 추정 개념

- 추정값에 대한 신뢰도를 제시하면서 범위로 모수를 추정하는 방법
- 추정의 불확실 정도를 표현 못하는 이러한 단점을 극복하기 위해 구간 추정량 사용

> 예 올해 입사자의 평균 연령은 25 ~ 27세이다.
> 스키장의 오늘 하루 입장객은 100 ~ 120명 정도이다.
> A씨의 주량은 3 ~ 5병이다.

(2) 구간 추정 용어 정리

용어	설명
신뢰 수준 (Confidence Level)	• 추정값이 존재하는 구간에 모수가 포함될 확률 • $100(1-a)$%로 계산
신뢰 구간 (Confidence Interval)	• 신뢰 수준을 기준으로 추정된 통계적으로 유의미한 모수의 범위 • (표본 평균−z*표본 오차, 표본 평균+z*표본 오차)
오차율 (Error Rate)	• 신뢰 구간 내에서 모수가 포함되지 않을 확률

(3) 구간 추정 종류

구간 추정	신뢰 구간
단일 모집단 모평균 구간 추정	• 모분산을 아는 경우 : 모평균 μ에 대한 $100(1-a)$% 신뢰 구간은 $\left(\overline{X} - Z_{\alpha/2} \dfrac{\sigma}{\sqrt{n}}, \ \overline{X} + Z_{\alpha/2} \dfrac{\sigma}{\sqrt{n}} \right)$ 이다. • 모분산을 모르는 경우 : 표본의 크기가 큰 경우의 모평균 μ에 대한 $100(1-a)$% 신뢰 구간은 $\left(\overline{X} - Z_{\alpha/2} \dfrac{S}{\sqrt{n}}, \ \overline{X} + Z_{\alpha/2} \dfrac{S}{\sqrt{n}} \right)$ 이다.
단일 모집단 모분산 구간 추정	분산 σ^2에 대한 $100(1-a)$% 신뢰 구간은 $\left(\dfrac{(n-1)S^2}{x^2_{(n-1, \ \alpha/2)}}, \ \dfrac{(n-1)S^2}{x^2_{(n-1, \ (1-\alpha/2))}} \right)$
단일 모집단 모비율 구간 추정	모비율 p에 대한 $100(1-a)$% 신뢰 구간은 $\left(\hat{p} - Z_{\alpha/2} \sqrt{\dfrac{\hat{p}(1-\hat{p})}{n}}, \ \hat{p} + Z_{\alpha/2} \sqrt{\dfrac{\hat{p}(1-\hat{p})}{n}} \right)$

1 통계조사 시 한 가구를 조사하는데 소요되는 시간을 측정하기 위하여 64가구를 임의 추출하여 조사한 결과 평균 소요 시간이 30분, 표준 편차가 5분이었다. 한 가구를 조사하는데 소요되는 평균 시간에 대한 95%의 신뢰 구간 하한과 상한은 각각 얼마인가? (단, $Z_{0.025}$=1.96, $Z_{0.05}$=1.645)

① 28.8, 31.2　　② 28.4, 31.6
③ 29.0, 31.0　　④ 28.5, 31.5

해설 신뢰 구간 하한: $\overline{X} - Z_{a/2} \dfrac{s}{\sqrt{n}} = 30 - Z_{0.05/2} \dfrac{5}{\sqrt{64}}$
$= 30 - 1.96 \times \dfrac{5}{8} = 28.8$

신뢰 구간 상한: $\overline{X} + Z_{a/2} \dfrac{s}{\sqrt{n}} = 30 + Z_{0.05/2} \dfrac{5}{\sqrt{64}}$
$= 30 + 1.96 \times \dfrac{5}{8} = 31.2$

해답 ①

2 모평균 μ에 대한 구간 추정에서 95% 신뢰 수준(Confidence Level)일 때, 신뢰 수준 95%의 의미는?

① 구간 추정치가 맞을 확률이다.
② 모평균의 추정치가 100±5 내에 있을 확률이다.
③ 모평균과 구간 추정치가 95% 같다.
④ 동일한 추정 방법을 사용하여 신뢰 구간을 반복하여 추정할 경우 평균적으로 100회 중에서 95회는 추정 구간이 모평균을 포함한다.

해설 신뢰 구간은 100번 반복 시행하였을 때, 95번은 해당 신뢰 구간에 모평균이 포함되는 것을 의미한다.

해답 ④

3 정규 분포의 모평균에 대한 신뢰구간에 관한 설명으로 틀린 것은?

① 신뢰 구간이 높을수록 신뢰 구간 폭은 넓어진다.
② 표본 수가 증가할수록 신뢰 구간 폭은 넓어진다.
③ 모분산을 아는 경우는 정규 분포를 모르는 경우는 T분포를 이용하여 신뢰 구간을 구한다.
④ 95% 신뢰 구간이라 함은 동일한 추정 방법에 의해 반복하여 신뢰 구간을 추정할 경우, 전체 반복 횟수의 약 95% 정도는 신뢰 구간 안에 포함된다.

해설 표본 수가 증가할수록 신뢰 구간 폭은 좁아진다.

해답 ②

4 분산을 모르는 정규 모집단으로부터의 확률 표본에 기초한 모평균에 대한 신뢰 구간을 구하고자 한다. 표본 크기가 충분히 크지 않을 때 신뢰 구간을 구하기 위해 사용하는 분포는?

① T 분포　　② 정규 분포
③ 이항 분포　　④ F 분포

해설 모집단의 표준 편차를 모르고 소표본일 경우에는 정규 분포가 되지 않고 자유도가 n-1인 T 분포를 이용한다.

해답 ①

4 가설 검정(Hypothesis Test)

(1) 통계적 검정의 개념

– 모집단의 모수값을 설정하고, 표본 통계값을 통해 확률적으로 진위를 판정하는 과정

> 예 상자 무게 비교: 아몬드가 들어 있는 용량 200g의 초코볼 상자의 무게가 항상 정확히 200g이라고 기대할 수 없다. 50개의 상자를 뽑아 무게의 평균을 구했을 때 195g이라면 포장 과정에 문제가 있는 것일까?

> 예 신약 효과 비교: 환자를 무작위로 두 집단으로 나눈 후, 한쪽 처리 집단에는 신약을, 다른 한쪽 대조 집단에는 가짜약(Placebo)을 투약한 후 효과를 비교한다. 비록 효과가 집단 간 차이가 없더라도 우연히 차이가 있다고 나타날 수 있다. 이때 신약과 가짜약의 효과 차이가 없음에도 불구하고 우연히 차이가 발생하게 될 확률은 어느 정도인가?

(2) 가설 검정의 개념

관측이나 실험 등을 통해 구한 표본의 정보에 근거하여 모집단에 대해 특정 조건의 참 여부를 판단하는 의사 결정 방법

(3) 가설의 종류

종류	설명
귀무 가설 (Null Hypothesis, H0)	• 영가설 • 의미적으로 차이를 나타내지 않는 경우의 가설 • 기존의 사실, 주장, 믿음
대립 가설 (Alternative Hypothesis, H1)	• 귀무 가설과 반대되는 가설 • 연구자가 연구를 통해 입증하고자 하는 가설 • 연구가설, 새로운 사실, 주장, 믿음

(4) 가설 검정의 종류

종류	설명
단측 검정	• 대립 가설의 모수 영역이 한쪽에 주어지는 검정 • 귀무 가설 – $H_0 : A = B$ • 대립 가설 – $H_1 : A < B$ or $H_1 : A > B$
양측 검정	• 대립 가설의 모수 영역이 양쪽에 주어지는 검정 • 귀무 가설 – $H_0 : A = B$ • 대립 가설 – $H_1 : A \neq B$

1 신약 개발 전·후 약을 무작위로 20명을 추출하여 투약한 후, 약의 효과가 있는지 유무를 검정하기 위한 가설 검정 방법으로 옳은 것은?

① 모평균 차이에 대한 한쪽 검정

② 모평균 차이에 대한 양쪽 검정

③ 대응이 있는 모평균 차이에 대한 단측 검정

④ 대응이 있는 모평균 차이에 대한 양측 검정

해설 동일한 대상자를 대상으로 전후 비교를 하였기 때문에 대응이 있는 모평균 차이를 비교하여야 하며, 약의 효과가 차이가 있는지 유무를 비교하는 것이므로 양측 검정에 해당된다.

해답 ④

2 다음 사례의 귀무가설 검정으로 옳은 것은?

사람의 평균 수명을 알아보기 위해 사망자 100명을 표본으로 추출하여 조사하였더니 평균 72.4년으로 나타났다. 모 표준 편차를 12년으로 가정할 때 현재의 평균 수명은 70년보다 길다고 할 수 있는가를 검정하라.
(유의 수준 a=0.05, $z_{0.05}$=1.645)

① 표준 정규 확률 변수 z = 2, 귀무 가설 채택

② 표준 정규 확률 변수 z = 2, 귀무 가설 기각

③ 표준 정규 확률 변수 z = 3, 귀무 가설 채택

④ 표준 정규 확률 변수 z = 3, 귀무 가설 기각

해설 귀무가설 H_0: μ=70, 대립가설 H_1: μ〉70년 (단측 검정)

$z = \dfrac{\overline{x} - \mu}{\sigma/\sqrt{n}} = \dfrac{72.4 - 70}{12/\sqrt{100}} = 2$,

따라서 기각역과 비교하여 z 〉 $z_{0.05}$ 이므로, 귀무 가설 기각, 대립 가설 채택한다.

해답 ②

3 표본 자료로부터 추정한 모평균 μ에 대한 95% 신뢰 구간이 (−0.042, 0.522)일 때, 유의 수준 0.05에서 귀무 가설 H_0: μ=0 대 대립가설 H_1: $\mu \neq 0$ 의 검증 결과는 어떻게 해석할 수 있는가?

① 신뢰 구간과 가설 검증은 무관하기 때문에 신뢰 구간을 기초로 검증에 대한 어떠한 결론도 내릴 수 없다.

② 신뢰 구간이 0을 포함하기 때문에 귀무 가설을 기각할 수 없다.

③ 신뢰 구간의 상한이 0.522로 0보다 상당히 크기 때문에 귀무 가설을 기각해야 한다.

④ 신뢰 구간을 계산할 때 표준 정규 분포의 임계값을 사용했는지 또는 T 분포의 임계값을 사용했는지에 따라 해석이 다르다.

해설 신뢰 구간에 0이 포함되면 귀무 가설을 기각할 수 없는데 해당 신뢰 구간 내에 0을 포함하기 때문에 귀무 가설을 기각할 수 없다.

해답 ②

4 성인의 흡연율은 40%로 알려져 있다. 금연의 중요성을 강조하는 공익 광고를 실시하면 흡연율이 감소할 것이라는 주장을 확인하기 위한 귀무 가설 H_0 와 대립 가설 H_1은?

① H_0: p = 0.4, H_1: p ≠ 0.4

② H_0: p 〈 0.4, H_1: p ≥ 0.4

③ H_0: p 〉0.4, H_1: p ≤ 0.4

④ H_0: p = 0.4, H_1: p 〈 0.4

해설 흡연율이 기존에 알려진 0.4(=40%) 보다 감소한다는 것을 주장하는 것이므로 귀무 가설은 흡연율=0.4, 대립가설은 흡연율〈 0.4 에 해당된다.

해답 ④

(5) 가설 검정의 오류

종류	설명
제1종 오류 (Type I Error)	• 귀무 가설이 사실일 때, 귀무 가설을 기각하는 오류(α) • 제 1종 오류 감소는 유의 수준 감소
제2종 오류 (Type II Error)	• 귀무 가설이 거짓일 때, 귀무 가설을 기각하지 않는 오류(β) • 제1종 오류와 제2종 오류는 반비례 관계로 제1종 오류의 가능성을 줄일 경우 제 2종 오류의 가능성이 커짐

(6) 용어 정리

종류	설명
유의 수준(α)	• 귀무 가설의 값이 참일 경우 이를 기각할 확률의 허용 한계 • Type1 Error의 허용 한계
기각역(Critical Region)	• 귀무 가설을 기각하는 관측값의 영역으로 검정 통계량 값이 기각역 안에 들어가면 귀무 가설 H₀ 기각하고, 채택역에 있으면 H₀ 채택
검정 통계량	• 귀무 가설과 대립가설의 판정을 위하여 사용되는 표본통계량
유의 확률(P-Value)	• 표본을 토대로 계산한 검정 통계량보다 더 극단적인 값이 나올 확률
검정력($1-\beta$)	• 귀무 가설이 사실이 아닐 때, 귀무 가설을 기각할 확률

(7) 가설 검정의 절차

환자를 무작위로 두 집단으로 나눈 후, 한쪽 처리 집단에는 신약을, 다른 한쪽 대조 집단에는 가짜약(Placebo)을 투약한 후 효과를 비교한다. 가짜약에 비해 신약의 효과가 차이가 있는가?

절차	내용
1) 가설 설정	[단측 검정] • 귀무 가설 H₀: 신약의 효과(A) = 가짜약의 효과(C) • 대립 가설 H₁: 신약의 효과(A) ≠ 가짜약의 효과(C) [양측 검정] • 귀무 가설 H₀: 신약의 효과(A) = 가짜약의 효과(C) • 대립 가설 H₁: 신약의 효과(A) 〉 가짜약의 효과(C)
2) 유의 수준 결정	[1종 오류] 신약과 가짜약이 실제로는 차이가 없음에도 불구하고 차이가 있다고 나타날 오류 [2종 오류] 신약과 가짜약이 실제로는 차이가 있음에도 불구하고 차이가 없다고 나타날 오류
3) 검정 통계량 계산	검정 통계량을 바탕으로 유의 확률(p 값)을 계산할 수 있음
4) P값과 유의 수준 비교	유의 수준(일반적으로는 5%) 기준으로 유의 수준보다 유의 확률(p 값)이 작으면 귀무 가설을 기각할 수 있고, 크면 기각하지 못한다. • 유의 수준 〉 유의 확률(p값): 귀무 가설 기각 • 유의 수준 〈 유의 확률(p값): 귀무 가설 기각하지 못함

1 제1종 오류를 범할 확률의 허용 한계를 뜻하는 통계적 용어는?

① 기각역

② 유의 수준

③ 검정 통계량

④ 대립가설

해설 유의 수준은 1종 오류를 범할 확률의 최대 허용 한계를 의미한다.

해답 ②

2 다음 중 2종 오류에 대한 설명으로 옳은 것은?

① 귀무 가설이 참인데 잘못하여 이를 기각하게 되는 오류

② 귀무 가설이 참이 아닌 경우 이를 기각할 수 있는 확률

③ 귀무 가설이 참일 때 이를 기각하지 않을 확률

④ 귀무 가설이 참이 아닌데 잘못하여 이를 채택하게 되는 오류

해설 1종 오류는 귀무 가설이 참인데, 귀무 가설을 기각하는 오류에 해당된다.

해답 ①

3 가설 검정 시 대립 가설이 사실인 상황에서 귀무 가설을 기각할 확률은?

① 검정력

② 신뢰 수준

③ 유의 수준

④ 제2종 오류를 범할 확률

해설 검정력은 귀무가설이 사실이 아닐 때 귀무 가설을 기각할 확률을 의미한다.

해답 ①

4 어떤 가설 검정에서 유의 확률(p값)이 0.044일 때, 검정 결과로 옳은 것은?

① 귀무 가설을 유의 수준 1%와 5%에서 모두 기각할 수 없다.

② 귀무 가설을 유의 수준 1%와 5%에서 모두 기각할 수 있다.

③ 귀무 가설을 유의 수준 1%에서 기각할 수 없으나 5%에서는 기각할 수 있다.

④ 귀무 가설을 유의 수준 1%에서 기각할 수 있으나 5%에서는 기각할 수 없다.

해설 유의 확률 0.044는 0.05보다는 작고 0.01보다는 크기 때문에 5% 유의 수준에서는 귀무 가설을 기각할 수 있으나, 1% 유의 수준에서는 기각할 수 없다.

해답 ③

PART II 빅데이터 탐색

빅데이터 모델링

PART III

20문항(100점) 가운데 8문항(40점) −12문항(60점) 이상 목표

주요항목	세부항목	세세부항목	출제 난이도
Chapter 01 분석 모형 설계	Section 01 분석 절차 수립	1 분석 모형 선정	★
		2 분석 모형 정의	★
		3 분석 모형 구축 절차	★
	Section 02 분석 환경 구축	1 분석 도구 선정	★
		2 데이터 분할	★★★
Chapter 02 분석 기법 적용	Section 01 분석 기법	1 상관 분석	★★
		2 회귀 분석	★★★
		3 로지스틱 회귀 분석	★★★
		4 의사 결정 나무	★★★
		5 인공 신경망	★★
		6 서포트 벡터 머신	★★★
		7 연관성 분석	★★
		8 군집 분석	★★★
	Section 02 고급 분석 기법	1 범주형 자료 분석	★★★
		2 다차원 척도법	★★
		3 시계열 분석	★★
		4 베이지안 기법	★
		5 딥러닝 분석	★★★
		6 비정형 데이터 분석	★★
		7 앙상블 분석	★★★
		8 비모수 통계	★

Section 01 **분석 절차 수립**

1 분석 모형 선정

(1) 분석 모형 설정 개념

- 수집된 데이터의 변수들을 고려하여 분석 목적에 부합하고 적합한 빅데이터 분석 모형 선정
- 분석 모형 선정은 문제 요건 정의, 데이터 수집, 데이터 전처리, 데이터 탐색 등 분석 이전의 단계들을 수행하면서 선정
- 설정된 가설을 검증하기에 적합한 통계, 데이터 마이닝, 머신 러닝 기반 분석 모형 기법을 고려하여 강건성(Robustness)이 확보된 적합한 빅데이터 분석 모형 선정
- ※ 강건성(Robustness): 모형(Model)에 사용된 가정, 자료, 분석 방법 등에 작은 변화를 주어도 그 결과가 일관되게 나타나는 모형

(2) 통계적 분석 기반 분석 모형 선정

확률·통계적 기법을 적용하여 어떤 현상을 추정·예측을 검정하는 기법

1) 기술 통계(Descriptive Statistics) 기반 분석 모형

- 수집한 데이터를 확률·통계적으로 정리·요약·계산·기술하는 기초적인 통계
- 대푯값, 산포도, 형태 등으로 데이터 요약 정리
- 수집된 데이터를 그래프, 표, 그림 또는 몇 개의 수치로 정리 요약
- 분석 초기 단계에 데이터 특징을 파악하려는 목적으로 활용되며 데이터의 기초적인 속성을 파악

2) 추론 통계(Inference Statistics) 기반 분석 모형

- 표본을 통해 모집단을 추정하는 것
- 모수 추정: 표본 집단으로부터 모집단의 특성인 모수를 분석하여 모집단 추론
- 가설 검정: 가설을 설정한 후 그 가설이 옳은지 틀린지에 대한 채택 여부 결정
- 예측: 미래의 불확실성을 해결해 효율적인 의사 결정에 활용

분석 방법	형태
교차 분석	범주형–범주형
T 검정	범주형(2군)–연속형
분산 분석	범주형(3군 이상)–연속형
선형 회귀 분석	연속형(종속 변수)–연속형(독립 변수)
로지스틱 회귀 분석	범주형(종속 변수)–연속형, 범주형(독립 변수)

1 통계에서 평균에 대한 차이 검정으로 모집단 3개 이상 시 사용하는 분석 방법으로 가장 알맞은 것은?

① T 검정   ② Z 검정

③ 분산 분석   ④ 상관 분석

해설 모집단이 3군 이상이고, 연속형 변수(=평균)에 대한 차이 검정이 가능한 분석 방법은 분산 분석이다.

해답 ③

2 분산 분석을 적용하기에 부적합한 경우는?

① 어느 화학 회사에서 3개 제조업체에서 생산된 기계로 원료를 혼합하는데 소요되는 평균 시간이 동일한지를 검정하기 위하여 소요 시간(분) 자료를 수집하였다.

② 소기업 경영 연구에 실린 한 논문은 자영업자의 스트레스가 비자영업자보다 높다고 결론을 내렸다. 부동산 중개업자, 건축가, 증권 거래인들을 각각 15명씩 무작위로 추출하여 5점 척도로 된 15개 항목으로 직무 스트레스를 조사하였다.

③ 어느 회사에 다니는 회사원은 입사 시 학점이 높은 사람일수록 급여를 많이 받는다고 알려져 있다. 30명을 무작위로 추출하여 평균 평점과 월 급여를 조사하였다.

④ A구, B구, C구 등 3개 지역이 서울시에서 아파트 가격이 가장 높은 것으로 나타났다. 각 구마다 15개씩 아파트 매매가격을 조사하였다.

해설 분산 분석은 독립 변수(범주형)와 종속 변수(연속형) 사이의 관계를 파악하며, 독립 변수가 하나인 경우를 의미한다. 하지만 ③의 경우는 평균 점수와 월 급여는 모두 연속형이므로 분산 분석 대신 상관 분석이나 회귀 분석이 적합할 수 있다.

해답 ③

3 일정기간 공사장지대에서 방목한 가축 소변의 불소 농도에 변화가 있는가를 조사하고자 한다. 랜덤하게 추출한 10마리의 가축 소변의 불소 농도를 방목 초기에 조사하고 일정기간 방목한 후 다시 소변의 불소 농도를 조사하였다. 방목 전·후의 불소 농도에 차이가 있는가에 대한 분석 방법으로 적합한 것은?

① 단일 모평균에 대한 검정

② 독립 표본에 의한 두 모평균의 비교

③ 쌍체 비교(대응 비교)

④ F Test

해설 대응 비교는 비교하고자 하는 두 그룹이 서로 짝을 이루고 있어 독립 집단이라는 가정을 만족하지 못할 경우의 차이를 비교하려는 목적이다. 동일 대상의 방목 전·후의 불소 농도의 차이를 분석하는 것이므로 대응 비교가 적합하다.

해답 ③

4 다음 ( )에 들어갈 분석 방법으로 옳은 것은?

종속 변수(Y) \ 독립 변수(X)	범주형 변수	연속형 변수
범주형 변수	(ㄱ)	
연속형 변수	(ㄴ)	(ㄷ)

① ㄱ: 교차 분석, ㄴ: 분산 분석, ㄷ: 회귀 분석

② ㄱ: 교차 분석, ㄴ: 회귀 분석, ㄷ: 분산 분석

③ ㄱ: 분산 분석, ㄴ: 분산 분석, ㄷ: 회귀 분석

④ ㄱ: 회귀 분석, ㄴ: 회귀 분석, ㄷ: 분산 분석

해설

독립 변수(X)	종속 변수(Y)	분석 방법
범주형 변수	범주형 변수	(ㄱ)교차 분석
범주형 변수	연속형 변수	(ㄴ)분산 분석
연속형 변수	연속형 변수	(ㄷ)회귀 분석

해답 ①

PART III 빅데이터 모델링

(3) 데이터 마이닝 기반 분석 모형 선정

데이터 마이닝(Data Mining): 대용량의 데이터에 숨겨져 있는 데이터 간의 관계, 패턴을 탐색하고 이를 모형화하여 업무에 적용할 수 있는 의미 있는 정보로 변환함으로써 의사 결정에 적용하는 일련의 과정

모형 종류	특징
분류 모형 (Classification Model)	• 레코드(튜플)의 범주형 속성값을 예측하는 것 • 통계적 기법, 의사 결정 나무, 서포트 벡터 머신, K-최근접 이웃(K-NN), 인공 신경망, 앙상블
예측 모형 (Prediction Model)	• 분류와 추정을 위한 대부분의 모델들이 예측에 사용 • 회귀 분석, 의사 결정 나무, 인공 신경망, 시계열 분석
군집화 모형 (Clustering Model)	• 전체 이질적인 집단을 유사한 속성들을 갖는 집단 내 동질적인 소집단으로 세분화하는 작업 • 계층적 군집화 방법, 비계층적 군집화 방법
연관 규칙 모형 (Association Rule Model)	• 특정 사건들이 동시에 발생하는 빈도로 상호 간의 연관성을 표현하는 규칙 • 연관 규칙 분석 혹은 장바구니 분석은 주로 마케팅에 활용되는 기법

(4) 머신 러닝 기반 분석 모형 선정

- 머신 러닝과 데이터 마이닝은 종종 같은 방법을 사용하며 상당히 중첩됨
- 머신 러닝은 훈련 데이터(Training Data)를 통해 학습된 알려진 속성을 기반으로 예측에 초점을 두고, 데이터 마이닝은 몰랐던 데이터의 속성을 발견하는 것에 집중

1) 지도 학습(Supervised Learning)

- 정답(Label, 목표값)이 포함된 학습 데이터 셋으로 학습시켜 모델(Model)을 찾아내는 방법
- 이미지 인식, 음성 인식, 자연어 인식, 추세 예측, 스팸 메일 분류 등에 적용

[지도 학습 주요 알고리즘]

분류	수치 예측(혹은 회귀)
K-최근접 이웃(K-Nearest Neighbors)	선형 회귀(Linear Regression)
로지스틱 회귀(Logistic Regression)	확장된 회귀 분석(다중/다항 회귀, 비선형 회귀 등)
의사 결정 나무(Decision Tree)	의사 결정 나무(Decision Tree)
인공 신경망 분석(Artificial Neural Network)	인공 신경망 분석(Artificial Neural Network)
서포트 벡터 머신(Support Vector Machine)	서포트 벡터 머신(Support Vector Machine)
나이브 베이즈(Naive Bayes)	PLS(Partial Least Squares)
앙상블 기법(랜덤 포레스트 등)	앙상블 기법(랜덤 포레스트 등)

1 다음의 보기와 같은 데이터 셋이 주어졌을 경우 해당되는 알고리즘 사례는?

1	8	7	9	3	9	8	5	9	3
3	0	7	4	9	8	0	9	4	1

① 회귀
② 분류
③ 규칙
④ 예측

해설 손글씨 이미지를 분류하는 것을 목적으로 한 알고리즘 형태는 분류에 해당된다.

해답 ②

2 의사 결정 나무 분석 기법 가운데 다지 분류에 적당하지 않은 기법은?

① ID3
② CHAID
③ CART
④ C5.0

해설 CART는 이지 분류에 적당한 분석 기법이다.

구분	분리 기준	분리 형태
ID3	Entropy	다지 분류
CHAID	Chisqaure 검정	다지 분류
CART	Gini Index	이지 분류
QUEST	Chisqaure 검정	이지 분류
C5.0	Split Information Gain ratio	다지 분류

해답 ③

3 범주형에 대한 분류 방법이 아닌 것은?

① 인공 신경망
② 선형 회귀 분석
③ 서포터 벡터
④ 의사 결정 나무

해설 선형 회귀 분석의 경우, 연속형 자료를 추정, 예측하는 데 적당한 분석 방법이다.

해답 ②

4 다음 중 지도 학습에 대한 설명으로 잘못 기술된 것은?

① 지도 학습은 목표값이 학습 데이터 셋에 생략되어 있다.
② 이미지 인식, 음성 인식, 자연어 인식에 적용할 수 있다.
③ 분류와 추정이 모두 가능한 학습 방법이다.
④ 의사 결정 나무를 통해 분류 모형을 학습할 수 있다.

해설 머신러닝은 데이터를 이용하는 종류와 학습하는 방식에 따라서 지도 학습, 비지도 학습, 강화 학습 3가지로 나눈다.

지도 학습	정답(Label, 목표값)이 포함된 학습 데이터 셋으로 학습시켜 학습 모델을 찾아내는 방법이다.
비지도 학습	학습할 데이터에 정답은 없고 입력만 있다는 것이 지도 학습과의 가장 큰 차이점이다.
강화 학습	처음부터 데이터가 없고, 입력과 정답 데이터를 자동으로 만드는 작업을 한다.

해답 ①

PART III 빅데이터 모델링

2) 비지도 학습(Unsupervised Learning)

- 정답(Label, 목표값)이 포함되지 않은 학습 데이터로 학습시켜 모델(Model)을 찾아내는 방법
- 마케팅의 고객 세분화, 개체의 분포 특성 분석 등에 적용

[비지도 학습 주요 알고리즘]

군집화	K-Means(K-평균), HCA(Hierarchcical Cluster Analysis, 계층 군집 분석)
차원 축소	주성분 분석(PCA), 독립 성분 분석(ICA), 지역적 선형 임베딩(LLE)
연관 관계 분석	Apriori(어프라이어리), Eclat(이클렛)
자율 학습 인공 신경망	자기 조직화 특징 맵(SOM)
딥러닝	입력 특성들의 차원을 축소하는 단계에서 자율 학습 기법 적용

3) 준지도 학습(Semisupervised Learning)

- Label(정답)이 일부만 있는 데이터로 학습, 지도 학습과 비지도 학습의 조합
- DBN(Deep Belief Network, 심층 신뢰 신경망), RBM(Restricted Bolzmann Machine, 제한된 볼츠만 머신)

4) 강화 학습(Reinforcement Learning)

- 데이터의 상태(State)를 인식하고 이에 반응한 행위(Action)에 대하여 환경으로부터 받는 포상(Reward)을 학습하여 행위에 대한 포상을 최적화하는 정책(Model)을 찾는 기계 학습
- 주요 알고리즘: DQN, HMM, MCTS 등
- 활용 예시: 로봇 제어, 게임 개인화, 공정 최적화

(5) 분석 모형 선정 절차

- 빅데이터 분석 요건에 따라 도출된 활용 시나리오에 적합한 데이터의 유형 및 분석 변수 정의
- 탐색적 분석 보고서를 기반으로 분석 주제에 적합한 분석 기법 선정
- 선정된 분석 기법을 순차 연계하여 개발할 분석 모형 정의
- 분석 모형과 분석 활용 시나리오를 바탕으로 분석 정의서 작성
- 정의된 분석 모형에 대한 성능 평가할 기준 정의
- 정의된 평가 기준에 따라 모니터링하여 운영 관리 체계 수립

1 비지도 학습 알고리즘 유형으로 알맞은 것은?

① 회귀 분석
② 로지스틱 회귀 분석
③ 서포트 벡터 머신
④ 군집 분석

해설 군집 분석은 대표적인 비지도 학습 유형이다.

해답 ④

2 다음 (A), (B)에 적당한 것은?

> 비지도 학습은 라벨링이 (A), 예시로는 (B)에 해당된다.

① (A) 안 된 것, (B) 로지스틱
② (A) 된 것, (B) 로지스틱
③ (A) 안 된 것, (B) 군집
④ (A) 된 것, (B) 군집

해설 비지도 학습은 라벨링이 없으며, 군집 분석이 대표적인 예이다.

해답 ③

3 다음 중 머신 러닝 기반의 분석 모형으로 옳지 않은 것은?

① 지도 학습(Supervised Learning)
② 강화 학습(Reinforcement Learning)
③ 비지도 학습(Unsupervised Learning)
④ 조직화 학습(Systematization Learning)

해설 머신 러닝은 지도 학습, 준지도 학습, 비지도 학습, 강화 학습으로 구분할 수 있다.

해답 ④

4 다음 중 비지도 학습의 군집화 중에서도 분할 기반(Partition-based)의 군집화에 속하는 방법은 무엇인가?

① Decision Tree
② Support Vector Machine
③ K-means Clustering
④ K-nearest-neighbors

해설 K-means 군집화는 비지도 학습의 군집화 중에서도 분할 기반(Partition-based)의 군집화에 속하는 방법이며, 가장 간단한 비지도 학습 알고리즘 중 하나이다. 이는 주어진 데이터를 K개의 클러스터로 묶는 알고리즘으로, 각 클러스터와 거리 차이의 분산을 최소화하는 방식으로 동작한다.

해답 ③

PART III 빅데이터 모델링

2 분석 모형 정의

(1) 분석 모형 정의 개념

데이터 특성을 고려하여 빅데이터 분석 목적에 적합한 분석 모형을 선정하고 파라미터들을 조정함으로써 최적의 분석 모형 도출

(2) 파라미터 개념

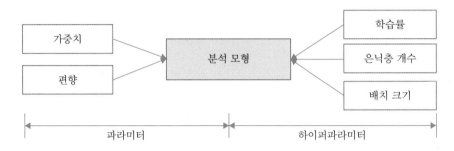

구분	파라미터(Parameter, 매개 변수)	하이퍼파라미터(Hyper-parameter, 초매개 변수)
정의	• 모형 내부에서 결정되는 변수로 그 값은 데이터로부터 결정 • 데이터를 통해 측정되거나 학습이 가능한 값이며, 모델이 새로운 샘플을 예측할 때 요구하는 값 • 학습된 모델의 일부로 저장되기도 함	• 모형 외부에서 사용자가 직접 설정해 주는 값 • 사용자의 선험적 지식을 기반으로 모델 구현 과정에서 모델의 파라미터 값 측정 • 주어진 예측 모델링의 성능을 최적화하거나 편향(Bias)과 분산(Variance) 사이의 균형을 맞출 때 알고리즘을 조절하기 위해 사용
생성 주체	• 데이터 학습 모델이 생성	• 사용자 판단 기반 생성
조정 여부	• 임의 조정 불가	• 임의 조정 가능
예시	• 학생 키에 대한 정규 분포의 평균과 표준 편차 • 로지스틱 회귀 분석(Logistic Regression)의 가중치 계수(Weight Coefficient) • Bias(편향 또는 절편)	• 학습률(Learning Rate) • 경사 하강법 반복 횟수(Epoch) • 손실 함수(Cost Function) • 활성화 함수, 정규화(일반화) 파라미터 등

TIP 🔍 **하이퍼파라미터_학습률(Learning Rate)**

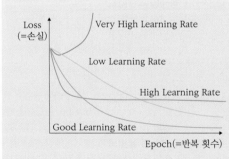

• Low Learning Rate: 손실 감소가 선형의 형태를 보이면서 천천히 학습됨
• High Learning Rate: 손실 감소가 지수적인(exponential) 형태를 보이며, 구간에 따라 빠른 학습 혹은 정체가 보임
• Very High Learning Rate: 매우 높은 학습률은 경우에 따라 손실을 증가시키는 상황을 발생시킴
• Good Learning Rate: 적절한 학습 곡선의 형태로, Learning Rate를 조절하면서 찾아내야 함

1 Hyper-parameter(초매개 변수)에 대한 설명으로 적당하지 않은 것은?

① 모형 외부에서 사용자가 직접 설정해 주는 값

② 모델 파라미터 측정을 위해 모델 구현 과정에서 주로 사용

③ 주어진 예측 모델링의 성능을 최적화하거나 Bias(편향)과 Variance(분산) 사이의 균형을 맞출 때

④ 모형 내부에서 결정되는 변수로 그 값은 데이터로부터 결정

해설 ④는 파라미터에 관한 설명이다.

해답 ④

2 하이퍼파라미터 학습률(Learning Rate) 가운데 손실 감소가 지수적인(exponential) 형태를 보이며, 구간에 따라 빠른 학습 혹은 정체가 보이는 단계에 해당되는 것은?

① Low Learning Rate

② High Learning Rate

③ Very High Learning Rate

④ Good Learning Rate

해설 손실 감소가 지수적인(exponential) 형태를 보이며, 구간에 따라 빠른 학습 혹은 정체가 보이는 단계는 High Learning Rate 구간에 해당된다.

해답 ②

3 다음 중 하이퍼파라미터 예시로 가장 적절하지 않은 것은?

① 활성화 함수

② 손실 함수

③ Bias(편향)

④ 학습률

해설 하이퍼파라미터 예시로는 학습률(Learning Rate), 경사 하강법 반복 횟수(Epoch), 손실 함수(Cost Function), 활성화 함수, 정규화(일반화)파라미터 등에 해당된다.

해답 ③

4 다음 중 하이퍼파라미터와 관계가 없는 항목은?

① 학습률

② 가중치

③ 은닉층 개수

④ 배치 크기

해설 가중치, 편향은 파라미터와 관련된 항목이다.

해답 ②

(3) 언더피팅(Underfitting, 과소 적합)과 오버피팅(Overfitting, 과대 적합) 개념

- 언더피팅: '모델링 대상'을 설명하기에 필요한 신호(Signal)를 충분히 모델에 반영하지 못한 상태
- 오버피팅: '모델링 대상'을 설명하는데 불필요한 잡음(Noise)을 과도하게 모델에 반영한 상태

- 모델의 복잡함 정도에 따라 데이터에 비해 모델이 너무 간단하면 언더피팅이 발생하고, 모델이 너무 복잡하면 오버피팅이 발생하므로 언더피팅과 오버피팅 사이에서 최적화된 절충점을 찾아 모델을 만드는 것이 매우 중요
- 일반화(Generalization) 모형: 훈련(Train) 데이터에서 생성된 모델이 일반 데이터에 대해 정확하게 예측되는 모델

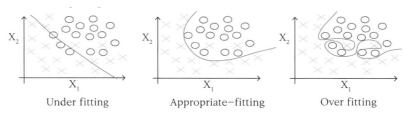

[언더피팅과 오버피팅 원인 및 대응 방안]

구분	언더피팅(Underfitting)	오버피팅(Overfitting)
개념	• 과소 적합, 적정 수준의 학습을 하지 못해 실제 성능이 떨어지는 현상 • 학습 부족, 데이터 해석 능력 저하 • High Bias(과편향) • 여러 가지 입력에 제대로 반응 불가	• 과대 적합, 학습 데이터에 성능이 좋지만 실제 데이터에 대해 성능이 떨어지는 현상 • 과학습, 학습 대상만 정상 반응 • High Variance(과분산) • 비슷한 입력에 부정확 반응 결과
원인	• 부적절한 분석 모형 • 학습 데이터 부족 • 표준 집합 부족	• 편중된 학습 데이터 • Too much Features • 무분별한 Noise 수용
대응 방안	• 분석 모델 유연성 확보 • 충분한 학습 데이터 확보 • Cross Validation	• 다양한 훈련 데이터 확보 • 정규화, 표준화 • Dropout(일부 뉴런 생략)

	• Training Data Set 최적값 선정
	  – 충분하고 다양한 Training Data Set 확보, Noise 고려하여 적절한 분포도 필요
	• 학습 대상, 데이터의 적절한 Feature(특징) 학습
	  – 대상별 적절한 Feature 수 선정, 원하는 분석 모형 고려하여 일반화	

1 분석 모형 정의 시 모형의 어떤 측면에서 언더피팅(Underfitting)과 오버피팅(Overfitting)을 고려해야 하는가?

① 복잡함   ② 활용도

③ 정밀함   ④ 응용도

해설 모델의 복잡함 정도에 따라 데이터에 비해 모델이 너무 간단하면 언더피팅이 발생하고 모델이 너무 복잡하면 오버피팅이 발생한다.

해답 ①

2 다음과 같이 분류를 하였을 때 발생되는 현상은?

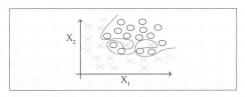

① 학습 데이터에 성능이 좋지만 실제 데이터 성능은 떨어진다.

② 적정 수준의 학습을 하지 못해 실제 성능이 떨어진다.

③ 적절히 학습되어 실제 데이터에 대한 분류 정확도가 높아진다.

④ 학습 데이터 성능도 떨어지고 실제 데이터도 성능이 떨어진다.

해설 해당 그래프의 분류 형태는 과대 적합이 발생할 가능성이 높아지고, 이는 학습 데이터에 대한 성능은 좋지만 실제 데이터에 대한 성능은 떨어지는 현상이 발생할 수 있다.

해답 ①

3 오버피팅에 대한 설명으로 잘못 기술된 것은?

① 모델링 대상을 설명하는데 불필요한 잡음을 과도하게 반영한 상태이다.

② 적정 수준의 학습을 하지 못해 실제 성능이 떨어지는 현상을 의미한다.

③ 대상별 적절한 Feature 수 선정으로 인한 일반화가 필요하다.

④ 충분하고 다양한 Training Data Set 확보가 필요하다.

해설 ②는 언더피팅에 관한 설명이다.

해답 ②

4 언더피팅에 대한 설명으로 바르게 기술된 것은?

① 편중된 학습 데이터로 인해 무분별한 잡음을 수용한다.

② High Variance(과분산)으로 인해 학습 능력이 부족하다.

③ 모델링 대상에 필요한 신호를 충분히 반영하지 못한 상태이다.

④ 정규화, 표준화를 통해 해결할 수 있다.

해설 ①, ②, ④는 오버피팅에 관한 설명이다.

해답 ③

(4) 데이터가 가지는 정보의 질

- 실제 데이터를 분석할 때는 모델의 복잡도를 고려하기에 앞서 모델이 표현하려는 대상인 데이터가 갖고 있는 정보의 '질' 먼저 고려
- 어떤 속성이 신호인지 잡음인지를 판단하려면 모델링 대상이 무엇인지를 명확히 정의 필요
- 모델링 대상이 명확히 정의되고 나면 보유한 데이터가 해당 대상을 표현하는데 필요한 신호를 충분히 보유하고 있는지, 잡음은 얼마나 되는지 확인

(5) 모델링 데이터 분류

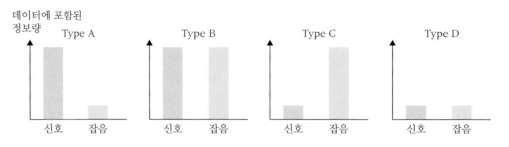

Type A	• 모델링에 포함해야 할 신호 정보는 많고, 잡음은 거의 없는 데이터 • 과학 분야 및 통계 모델링 기법에 사용
Type B	• 신호도 많고 잡음도 많은 데이터 • 이미지, 텍스트, 음성, 동영상 등의 데이터 • 모델의 복잡도 관점에서 언더/오버피팅 조정 대상
Type C	• 모델링에 필요한 신호 정보는 거의 없고 잡음만 많은 데이터 • 주식이나 비트코인 시세 예측에 사용되는 데이터
Type D	• 신호와 잡음이 모두 부족한 데이터로 모델링을 위해서는 더 많은 데이터 확보 필요

- 보유한 데이터가 위 4가지 중 어디에 속하는지 알려면 도메인 지식과 함께 탐색적 데이터 분석(EDA) 과정 필요
- 모델링 기법을 찾기에 앞서, 보유한 데이터가 모델링 목적을 충족하는지 먼저 확인
- 예측 모델을 만들 때 어떤 학습 기법을 사용할지 혹은 하이퍼파라미터는 어떻게 튜닝할지 등을 고민하기에 앞서 보유한 데이터가 모델링 목적을 달성하는데 충분한 수준인지 먼저 파악

(6) 예측 모형 선정 절차

- 데이터가 갖고 있는 여러 가지 특성 중에서 신호와 잡음을 구분
- 모델링에 필요한 충분한 정보(신호)를 갖고 있는지 확인
- 분석 데이터에서 신호를 최대한 잘 추출하기 위한 적절한 모형 기법 선정
- 하이퍼파라미터 튜닝

1 데이터에서 도출될 수 있는 정보의 질에 대한 설명으로 잘못 기술된 것은?

① 언더피팅과 오버피팅은 모델의 복잡도에 영향을 받으며 학습 데이터의 질과는 상관이 없다.

② 실제 데이터를 분석할 때는 데이터가 갖고 있는 정보의 '질'을 먼저 고려해야 한다.

③ 어떤 속성이 잡음인지를 판단하기 위해서는 모델링 대상이 무엇인지 정의가 필요하다.

④ 모델링 대상이 명확히 정의되면 신호와 잡음을 구분이 가능하다.

해설 언더피팅과 오버피팅은 모델의 복잡도에도 영향을 받지만 모델링을 위해 사용하는 학습 데이터의 질에도 많은 영향을 받는다.

해답 ①

2 모델링 데이터의 형태에 따른 구분에 있어 바르게 연결된 것은?

① Type A: 신호, 잡음이 모두 많은 데이터

② Type B: 신호 정보는 거의 없고 잡음만 많은 데이터

③ Type C: 신호 정보는 많고 잡음은 거의 없는 데이터

④ Type D: 신호, 잡음이 모두 부족한 데이터

해설 ① Type A: 신호 정보는 많고 잡음은 거의 없는 데이터
② Type B: 신호, 잡음이 모두 많은 데이터
③ Type C: 신호 정보는 거의 없고 잡음만 많은 데이터

해답 ④

3 모델링 데이터의 형태 가운데 신호 정보는 거의 없고, 잡음만 많은 데이터의 형태는 어디에 포함되는가?

① Type A

② Type B

③ Type C

④ Type D

해설 Type C는 모델링에 필요한 신호 정보는 거의 없고 잡음만 많은 데이터를 의미한다.

해답 ③

4 신호도 많고 잡음은 거의 없는 데이터에 해당되는 것은?

① 주식, 비트코인 등 시사 예측 데이터

② 이미지, 텍스트, 음성, 동영상 등의 데이터

③ 실험실에서 실험을 통해 얻은 데이터

④ 분석을 하기에는 부족한 데이터

해설	
Type A	신호 정보는 많고 잡음은 거의 없는 데이터 예 과학, 실험 분야
Type B	신호도 많고 잡음도 많은 데이터 예 이미지, 텍스트, 음성, 동영상 등의 데이터
Type C	신호 정보는 거의 없고 잡음만 많은 데이터 예 주식, 비트코인 등 시세 예측 데이터
Type D	신호와 잡음이 모두 부족한 데이터

해답 ③

3 분석 모형 구축 절차

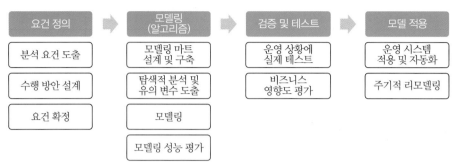

[분석 모델 구축 절차]

(1) 요건 정의
- 분석 요건을 구체적으로 도출·선별·결정하고 분석 과정을 설계하고 구체적인 내용을 실무 담당자와 협의
- 전체 프로세스 중에서 가장 중요한 부분으로 빅데이터 분석 업무 성패 좌우
- 요건 정의는 ❶ 분석 요건 도출, ❷ 수행 방안 설계, ❸ 요건 확정 단계로 수행
- 예 캠페인 반응률 개선을 통한 CRM 업무 효율성 증대, 캠페인 채널 비용 절감, 캠페인 대상 20% 증대 방안

(2) 모델링
- 모델링은 요건 정의에 따라 상세 분석 기법을 적용해 모델을 개발하는 과정
- 빅데이터 분석에서 모델링을 거치면, 필요한 입력 데이터에 대한 처리가 매우 용이
- 모델링 단계는 ❶ 모델링 마트 설계 및 구축, ❷ 탐색적 분석과 유의 변수 도출, ❸ 모델링, ❹ 모델링 성능 평가 단계 수행

(3) 검증 및 테스트
- 모든 모델링에서는 반드시 검증 및 테스트 수행
- 분석용 데이터를 트레이닝용과 테스트용으로 분리한 다음, 자체 검증
- 실제 테스트에서는 신규 데이터에 모델을 적용해 결과 도출
- 테스트 데이터의 비율은 분석용 데이터 셋의 30% 정도(7:3)를 이용하는 게 일반적이나 전체 데이터가 충분할 경우 6:4 또는 5:5로 분리해 테스트 집단 선정
- IT에서의 단위 테스트(Unit Test)에 해당되며, ❶ 운영 상황에 실제 테스트, ❷ 비지니스 영향도 평가 단계로 수행

(4) 모델 적용
- 분석 결과를 업무 프로세스에 완전히 통합해 실제 일·주·월 단위로 운영
- 분석 시스템과 연계돼 사용될 수 있고, 별도 코드로 분리돼 기존 시스템(Legacy System)에 별도 개발해 운영
- 모델 적용은 ❶ 운영 시스템 적용 및 자동화, ❷ 주기적 리모델링 단계로 수행

1 머신 러닝 수행 절차는 7단계로 나눌 수 있다. 입력 데이터와 출력 데이터의 타입에 맞게 적합한 모델을 선정하는 단계는 어디에 속하는가?

① 데이터 준비 단계

② 모델을 데이터에 적합 단계

③ 모델 클래스 선택 단계

④ 모델 평가 단계

해설 특징 행렬과 타켓 벡터의 데이터 타입에 따라 적합한 모델을 선정하는 단계는 2단계인 모델 클래스 선택 단계이다.

해답 ③

2 다음 중 머신 러닝 모델링 수행 절차로 적합한 것은?

❶ 분석 목적에 적합한 분석 모형 기법을 적용하여 분석 모델링을 수행한다.
❷ 전체 데이터를 학습용과 평가용 데이터로 일정 비율로 분할한다.
❸ 모델링 성능을 검증하기 위해 교차 검증 방법을 수행하여 모델링을 수행한다.
❹ 모델 성능 평가를 수행하여 만족스럽지 않으면 다시 모델링을 수행한다.

① ❷ → ❶ → ❸ → ❹

② ❶ → ❷ → ❸ → ❹

③ ❸ → ❶ → ❷ → ❹

④ ❹ → ❷ → ❸ → ❶

해설 데이터 분할 → 분석 모델링 수행 → 모델링 성능 평가 → 성능이 나올 때까지 반복 → 목적에 적합하면 모델링 종료 후 최종 모델 선정

해답 ①

3 다음 중 분석 모델 구축 절차 가운데 첫 단계에 해당되며 분석 방향성을 구체적으로 도출, 선별, 결정하고, 분석 과정을 설계하고 구체적인 내용을 실무 담당자와 협의하는 과정은 어느 단계에서 이루어져야 하는가?

① 요건 정의

② 모델링

③ 검증 및 테스트

④ 모델 적용

해설 분석 모델 구축 절차는 요건 정의 → 모델링 → 검증 및 테스트 → 모델 적용 순으로 진행되며 이 가운데 분석 방향성을 정하고, 실무 담당자와 협의하는 과정은 첫 단계인 요건 정의 때 이루어져야 한다.

해답 ①

4 다음 중 분석 모형 구축 절차에 관한 설명으로 적절하지 않은 것은?

① 모든 모델링에 반드시 검증을 할 필요는 없다.

② 전체 프로세스 중에서 분석 모형 정의는 빅데이터 분석 업무 성패를 좌우한다.

③ 모델링은 요건 정의에 따라 분석 기법을 적용해 모델을 개발하는 과정이다.

④ 분석용 데이터를 트레이닝용과 테스트용으로 분리한 다음, 자체 검증한다.

해설 모든 모델링에는 반드시 검증 및 테스트를 수행한다.

해답 ①

PART Ⅲ 빅데이터 모델링

1 분석 도구 선정

R, 파이썬(Python), SPSS, SAS, 래피드마이너(RapidMiner), 래피드 애널리틱스(Rapid Analytics), 나임(KNIME), 엑셀(Excel), 검색 플랫폼 기반 분석 도구(구글의 구글 트렌드, 네이버의 데이터 랩, 바이브의 썸트렌드, 빅카인즈) 등 다양한 빅데이터 분석 도구가 있으며, 이 중 R과 파이썬을 가장 많이 사용

2 데이터 분할

(1) 데이터 분할 개념

- 전체 데이터를 학습 데이터(Training Data), 검증 데이터(Validation Data), 평가 데이터 (Testing Data) 분할하는 것
- 데이터 분석을 진행함에 있어서, 모형이 주로 하는 역할은 주어진 데이터를 학습하여 최적의 파라미터를 도출하고, 특정 설명 변수(혹은 Feature)가 주어졌을 때 목적 변수(반응 변수) 값을 예측하는 것

학습 데이터(Training Data)	모델 학습을 위해 사용되는 데이터
검증 데이터(Validation Data)	학습 중 훈련된 모델 평가 및 최종 모델을 선정하기 위한 데이터
평가 데이터(Testing Data)	학습 후 정확도를 평가, 임의 입력에 결과를 예측하기 위해 사용되는 데이터

(2) 데이터 분할 이유

- 모형이 주어진 데이터에 대해서만 높은 성능을 보이는 과대 적합(Overfitting) 방지
- 새로운 데이터가 주어졌을 때도 정확하게 예측할 수 있는 일반화(Generalization) 능력 향상

(3) 데이터 분할 방법 및 절차

- 일정 비율로 학습용(60 ~ 80%)과 평가용(40 ~ 20%) 세트로 데이터 분할
- 학습 데이터로부터 분석 모델링 수행
- 정교한 모델링 성능을 검증하기 위해 교차 검증(Cross Validation) 방법 수행
- 평가 데이터를 이용한 모형 성능 평가
- 최종 모델 결과 제출

TIP 🔍 **과대 적합(Over-fitting)**

- 학습 데이터가 부족하여 학습 데이터에는 잘 동작하지만, 실제 데이터는 예측하지 못함
- 학습 데이터 부족으로 인한 과대 적합은 빅데이터 시대가 열리면서 데이터 확보가 용이해져 해결 가능

1 다음 중 학습 후 모델 정확도를 평가하거나 임의의 입력 데이터의 결과를 예측하기 위한 데이터로 적합한 것은?

① Original Data　　② Validation Data

③ Training Data　　④ Testing Data

해설 Testing Data는 학습 후 모델 정확도를 평가하거나 임의의 입력 데이터의 결과를 예측하기 위해 사용한다.

해답 ④

2 머신 러닝 데이터 중 학습 중 훈련된 모델 평가 및 최종 모델을 선정하기 위해 사용하는 데이터로 가장 적절한 것은?

① Training Data　　② Testing Data

③ Original Data　　④ Validation Data

해설 Validation Data인 검증 데이터는 학습 중 훈련된 모델을 평가하여 최종 모델을 선정하기 위해 사용한다.

해답 ④

3 머신 러닝(Machine Learning)의 데이터는 훈련, 검증, 평가 데이터로 분리를 할 수가 있다. 이 중 모델 학습을 위해 우리가 직접 사용할 수 있는 데이터는 어떤 것인가?

① 훈련 데이터+평가 데이터

② 검증 데이터+평가 데이터

③ 훈련 데이터+검증 데이터+평가 데이터

④ 훈련 데이터+검증 데이터

해설 모델 학습을 위해 우리가 직접 사용할 수 있는 데이터는 훈련 데이터와 검증 데이터이다. 평가 데이터는 현재 우리가 갖고 있지 않지만 실제로 맞닥뜨릴 데이터이다.

해답 ④

4 다음 중 K-fold 교차 검증에 대한 설명으로 옳지 않은 것은?

① 결과들의 평균을 그 모델의 성능으로 한다.

② (K-1)개의 데이터 셋을 학습 셋으로 사용한다.

③ K개의 데이터 셋을 사용한다.

④ 하나는 검증 데이터, 나머지는 훈련 데이터로 하여 (K-1)번 반복한다.

해설 교차 검증을 통해 모든 데이터를 학습 데이터로 사용할 수 있다.

해답 ②

5 다음 중 분석 모형 검증에 대한 설명으로 옳지 않은 것은?

① K-fold 교차 검증은 성능을 K번 측정한 후, 평가 지표 값의 평균을 구하여 모델의 성능을 평가한다.

② 데이터 수가 많으면 검증 데이터로 충분하므로 테스트 데이터는 불필요하다.

③ 데이터 수가 적으면 교차 검증을 사용하는 것이 좋다.

④ 교차 검증을 통해 분석 모형의 일반화 성능을 확인할 수 있다.

해설 데이터 수가 많더라도 최종 모형 선정 시 학습, 검증 데이터와 별도로 평가 데이터로 성능을 확인하는 과정이 필요하다.

해답 ②

 Section 01 분석 기법

1 상관 분석(Correlation Analysis)

(1) 상관 분석 개념

- 두 개 이상의 변수들 간에 어느 정도 밀접한 관련성을 갖고 변화하는지 변수들 간 상호 연관성 정도를 측정하여 분석하는 방법
- 두 변수에 대한 연관성 파악을 위한 단순 상관 분석과 셋 이상의 변수들 사이의 연관성을 분석하는 다중 상관 분석으로 분류
- 두 변수 간의 관련성을 구할 경우 이변량 상관 분석을 실시하며, 어떤 변수를 통제한 상태에서 두 변수 간의 관련성을 구할 경우 편(부분) 상관 분석 실시
- 상관 관계가 있다고 인과 관계가 있는 것은 아니며, 인과 관계는 선후 관계가 명확함
- 상관 관계의 방향 및 정도

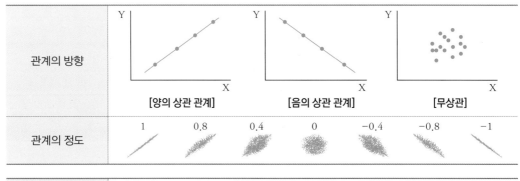

양의 상관 관계	한 변수의 값이 증가할 때 다른 변수의 값도 증가하는 경향을 보이는 상관 관계
음의 상관 관계	한 변수의 값이 증가할 때 다른 변수의 값은 감소하는 경향을 보이는 상관 관계

(2) 산점도(Scatter Plot)

- 두 변수 간의 관계의 정도를 알아보기 위한 방법
- 두 변수 사이의 관계를 점들로 표현한 그래프
- 자료의 탐색적 분석 방법

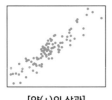

[양(+)의 상관]

[무상관]

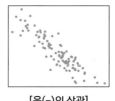

[음(-)의 상관]

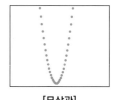

[무상관]

1 상관 분석에 대한 설명으로 가장 부적절한 것은?

① 상관 계수를 통해 두 변수의 상관 관계를 알 수 있다.

② 상관 계수는 두 변수 간의 상관 정도를 나타내는 것이지 인과 관계를 설명해 주는 것은 아니다.

③ 상관 계수의 값이 0에 가까운 것은 두 변수 사이에 아무 관계가 없음을 의미한다.

④ 상관 계수의 값은 항상 −1 과 1 사이에 있으며 1에 가까울수록 음의 상관 관계가 뚜렷한 것이다.

해설 상관 분석에 대한 설명으로 부적절한 것을 찾는 문제로, 상관 계수의 값은 항상 -1과 1 사이에 있으며 +1에 가까울수록 양의 상관관계가 뚜렷한 것이다.

해답 ④

2 상관 분석 및 회귀 분석을 실시할 때의 설명으로 틀린 것은?

① 연구자는 먼저 설명 변수와 반응 변수의 산점도를 그려서 관계를 파악해 보아야 한다.

② 두 변수 간의 관계가 선형이 아니라면, 관련이 있어도 상관 계수가 0이 될 수 있다.

③ 상관 계수가 +1에 가까우면 높은 상관이 있는 것이고, −1에 가까우면 상관이 없는 것으로 해석할 수 있다.

④ 두 개의 설명 변수가 있을 때 다중 회귀 분석을 실시한 경우의 회귀 계수와 각각 단순 회귀 분석을 했을 때의 회귀 계수는 달라진다.

해설 상관 계수는 -1에서 1 사이의 값으로 존재하며, -1에 가까울수록 높은 음의 상관성을, +1에 가까울수록 높은 양의 상관성을 나타낸다.

해답 ③

3 상관 분석에 대한 설명으로 틀린 것은?

① 데이터 내 두 개의 변수 사이의 관계를 알아보기 위한 분석으로 −1에서 1 사이의 값으로 결과를 확인할 수 있으며 0인 경우는 데이터 간의 상관 관계가 없는 것으로 해석한다.

② 두 개의 수치형 변수에서 분석이 가능하며 서열이 있는 명목형 변수인 경우에는 수치형으로 변환하여 상관 분석을 진행해야 한다.

③ 서열을 측정한 변수들 간의 상관 관계를 분석하기 위해서는 피어슨 상관 계수(Pearson Cor Relation)으로 확인해야 한다.

④ 상관 분석은 산점도를 통해 두 변수 간의 관계를 점들로 표현할 수 있다.

해설 등간격으로 측정된 변수들 간의 상관 관계 분석을 위한 방법은 피어슨 상관 계수를, 서열 또는 순위를 측정한 변수들 간의 상관 관계 분석을 위한 방법은 스피어만 상관 계수를 확인해야 한다.

해답 ③

4 다음 중 상관 분석의 적용을 위해 산점도에서 관찰해야 하는 자료의 특징이 아닌 것은?

① 선형 또는 비선형 관계의 여부

② 이상점의 존재 여부

③ 자료의 층화 여부

④ 원점$(0,0)$의 통과 여부

해설 산점도는 두 변수의 선형 또는 비선형 관계를 판단할 수 있으며, 데이터에서 비정상적인 점 또는 이상값이 두드러지게 나타난다. 산점도를 그려 자료 층화 여부를 나눌 수 있다. 이때 원점 통과 여부에 따라 값이 달라지지 않는다.

해답 ④

(3) 상관 계수(Correlation Coefficient)

- 두 변수 간의 상관성 정도, 관계의 강도를 나타내는 계수
- 변수 간의 관계의 정도와 방향을 하나의 수치로 요약해 표시해 주는 지표
- 평균과 표준 편차가 동일해도 상관 계수는 다를 수 있음
  - $-1 \leq r \leq 1$의 범위를 가짐
- $r = \pm 1$: 두 변수 간 완전한 선형 관계
- $r = 0$: 두 변수 간 선형 관계가 전혀 없음
- 부호는 두 변수 간 대체적인 증감관계의 방향성을 의미

TIP 🔍 상관 계수 r = 0의 의미

비선형 관계를 나타내며, 비선형이라고 해서 반드시 두 변수 사이의 연관성이 없다는 것은 아니다. 따라서, 두 변수의 연관성이 없으면 상관 계수 r = 0이나, 상관 계수 r = 0이라고 해서 반드시 두 변수의 연관성이 없는 것은 아니다.

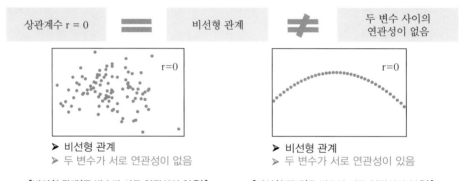

[비선형 관계(두 변수가 서로 연관성이 없음)]   [비선형 관계(두 변수가 서로 연관성이 있음)]

(4) 상관 분석 종류

종류	특징
피어슨 상관 계수 (Pearson's r)	• 수치형 데이터에 대해 두 변수 간의 선형적 연관성 파악 • 등간 척도나 비례 척도의 데이터에서 두 변수의 공분산을 표준 편차의 곱으로 나눈 값 • 두 변수 간 선형 관계의 크기를 측정하는 값으로 비선형적인 상관 관계는 나타내지 못함
스피어만 상관 계수 (Spearman's r)	• 두 변수의 순위 사이의 통계적 의존성을 측정하는 비모수적인 척도 • 두 변수를 모두 순위로 변환시킨 후 두 순위 사이의 상관 계수임 • 두 변수 간의 비선형적인 관계도 나타낼 수 있는 값
편 상관 분석 (Partial Correlation Analysis)	• 교란 요인(Confounding Factor)을 반영한 후 두 변수 간의 선형 관계 분석 📖 언어 능력(=단어 숙지 능력)과 신체 발달 능력(=키)의 상관관계 분석

TIP 🔍 공분산(Covariance)

두 확률 변수 A, B의 방향의 조합: $Cov(A, B) = E[(A-\mu_A)(B-\mu_B)] = E(AB) - E(A)E(B)$
A, B가 서로 독립이면, $Cov(A, B) = 0$

1 변수 X와 Y의 피어슨 상관 계수는 0.27이고 변수 X와 Z의 피어슨 상관 계수는 −0.78이다. 다음 중 X , Y , Z 간 피어슨 상관 계수에 대한 설명으로 가장 부적절한 것은?

① 두 상관 계수의 유의성은 판단할 수 없다.

② X와 Y는 선형 관계를 가진다.

③ X와 Y는 양의 상관 관계를 가진다.

④ X와 Y의 선형 관계보다 X와 Z의 선형 관계가 강하다.

해설 상관 계수는 −1에서 1 사이의 값으로 나타나며 1과 −1에 가까울수록 각각 양의 선형, 음의 선형 관계를 띈다. 0.27은 0에 가까우므로 선형 관계를 띈다고 확신하기 어렵다.

해답 ②

2 다음 중 상관 계수에 대한 설명으로 가장 부적절한 것은?

① 피어슨 상관 계수는 두 변수 간의 선형관계의 크기를 측정한다.

② 스피어만 상관 계수는 두 변수 간의 비선형적인 관계도 측정 가능하다.

③ 피어슨 상관 계수와 스피어만 상관 계수는 −1과 1 사이의 값을 가진다.

④ 피어슨 상관 계수는 두 변수를 순위로 변환시킨 후 두 순위 사이의 스피어만 상관 계수로 정의된다.

해설 피어슨 상관 계수는 연속형 변수에 사용하며 정규성을 가정한다. 스피어만 상관 계수는 순서형 변수에 사용하며 비모수적 방법이다. 피어슨 상관 계수를 순위로 변환시키는 것은 옳지 않다.

해답 ④

3 피어슨 상관 계수에 관한 설명으로 옳은 것은?

① 두 변수가 곡선 관계가 되었을 때 기울기를 의미한다.

② 두 변수가 모두 질적 변수일 때만 사용한다.

③ 상관 계수가 음일 경우는 어느 한 변수가 커지면 다른 변수도 커지려는 경향이 있다.

④ 단순 회귀 분석에서 결정 계수의 제곱근은 반응 변수와 설명 변수의 피어슨 상관 계수이다.

해설 ① 두 변수가 직선 관계가 되었을 때, ② 두 변수가 모두 양적 변수일 때, ③ 상관 계수가 음일 경우는 어느 한 변수가 커지면 다른 변수는 작아지는 경향이다.

해답 ④

4 변수 간의 상관 계수에 대한 설명 중 틀린 것은?

① 한 변수의 값이 일정할 때 상관 계수는 0이 된다.

② 한 변수의 값이 다른 변수값보다 항상 100만큼 클 때 상관 계수는 1이 된다.

③ 상관 계수는 변수들의 측정 단위에 따라 변할 수 있다.

④ 상관 계수가 0일 때는 두 변수의 공분산도 0이 된다.

해설 ① 상관 계수는 두 변수의 선형 관계를 의미하는 것이므로 한 변수의 값이 일정하면 선형의 증감이 없기 때문에 상관 계수는 0에 해당된다.
② 상관 계수는 하나의 변수가 증가(또는 감소)할 때 다른 하나의 변수가 증가(또는 감소)하는지를 확인하는 것이므로 한 변수의 값이 다른 변수값보다 항상 100만큼 크다는 것은 하나의 변수가 증가할 때 다른 하나의 변수도 정확히 증가하는 것에 해당되므로 상관 계수는 1에 해당된다.
③ 상관 계수는 측정 단위와는 무관하다.

해답 ③

2 회귀 분석(Regression Analysis)

(1) 회귀 분석 개념
- 연속형 변수들 간의 상관 관계를 파악함으로써 한 개 이상의 독립 변수들로부터 종속 변수값을 설명하고 예측하는 통계 기법
- 하나 이상의 독립 변수들이 종속 변수에 미치는 영향 추정
- 모형 적합을 통해 변수들 사이의 인과관계를 확인하고, 관심 있는 변수들을 예측하거나 추론하기 위한 분석 방법

(2) 회귀 분석 변수
- 독립 변수(X): 예측 변수, 설명 변수, 실험에 영향을 줄 것이라 예상되는 변수
- 종속 변수(Y): 결과 변수, 반응 변수, 독립 변수에 영향을 받을 것이라 예상되는 변수

(3) 회귀 분석 종류

1) 독립 변수 개수에 따른 분류

모형	설명
단순 회귀 분석(Simple Regression)	독립 변수와 종속 변수가 각각 1개
다중 회귀 분석(Multiple Regression)	2개 이상의 독립 변수와 1개의 종속 변수인 경우

2) 종속 변수 형태에 따른 분류
① 연속형 자료: 종속 변수가 연속형인 경우
- 포아송 회귀 분석: 종속 변수의 형태가 포아송 분포를 따를 경우
- 감마 회귀 분석: 종속 변수의 형태가 감마 분포를 따를 경우
- 비선형 회귀 분석: 회귀식의 모양이 비선형 관계에 있을 경우
② 범주형 자료: 종속 변수가 범주형인 경우
- (이분형) 로지스틱 회귀 분석: 종속 변수가 범주형(이분형, Yes or No 등)인 경우
- (다항) 로지스틱 회귀 분석: 종속 변수가 범주형(3개 이상, 질병 형태 A, B, C 등)인 경우
- (순위형) 로지스틱 회귀 분석: 종속 변수가 순위형 범주형(3개 이상, 소득 분위 상, 중, 하 등)인 경우
- 일반적인 로지스틱 회귀 분석은 (이분형) 로지스틱 회귀 분석이 대표

1 회귀 분석에 대한 설명 중 옳은 것은?

① 회귀 분석에서 분산 분석표는 사용되지 않는다.

② 독립 변수는 양적인 관찰값만 허용된다.

③ 회귀 분석은 독립 변수 간에는 상관 관계가 0인 경우만 분석 가능하다.

④ 회귀 분석에서 T 검정과 F 검정이 모두 사용된다.

해설 ① 분산 분석표를 사용하여 회귀 분석을 검정한다.
② 독립 변수는 질적 관찰값도 더비 변수로 변환하여 회귀 분석에 적용할 수 있다.
③ 독립 변수 간에 상관 관계가 0이 아니더라도 다중 공선성이 존재하지 않으면 가능하다.

해답 ④

2 회귀 분석에 관한 설명으로 틀린 것은?

① 회귀 분석은 자료를 통하여 독립 변수와 종속 변수 간의 함수 관계를 통계적으로 규명하는 분석 방법이다.

② 회귀 분석은 종속 변수의 값 변화에 영향을 미치는 중요한 독립 변수들이 무엇인지 알 수 있다.

③ 단순 회귀 선형 모형의 오차(ϵ_i)에 대한 가정에서 $\epsilon_i \sim N(0, \sigma^2)$이며, 오차는 서로 독립이다.

④ 최소 제곱법은 회귀 모형의 절편과 기울기를 구하는 방법으로 잔차의 합을 최소화시킨다.

해설 ④ 최소 제곱법은 잔차의 제곱합을 최소화시킨 것이다.

해답 ④

3 종속 변수가 yes, no인 범주형 자료이며, 독립 변수가 연속형, 범주형인 자료를 분석할 수 있는 분석 기법은?

① 이분형 로지스틱 회귀 분석

② 선형 회귀 분석

③ 순위형 로지스틱 회귀 분석

④ 비선형 회귀 분석

해설 이분형 로지스틱 회귀 분석은 종속 변수가 범주형(이분형, Yes or No 등)인 경우에 해당된다.

해답 ①

4 회귀 분석 변수 가운데 특성이 다른 하나는?

① 독립 변수

② 예측 변수

③ 반응 변수

④ 설명 변수

해설 독립 변수(X): 예측 변수, 설명 변수, 실험에 영향을 줄 것이라 예상되는 변수
종속 변수(Y): 결과 변수, 반응 변수, 독립 변수에 영향을 받을 것이라 예상되는 변수

해답 ③

(4) 선형 회귀(Linear Regression Analysis)

선형 회귀 분석을 사용하기 위해서는 선형성, 등분산성, 독립
성, 비상관성, 정상성을 만족해야 함

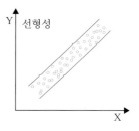

1) 선형성(Linearity): 독립 변수와 종속 변수 간에는 선형 관
계 존재

2) 등분산성(Homoskedasticity): 독립 변수와 상관없이 오차의 분산 일정

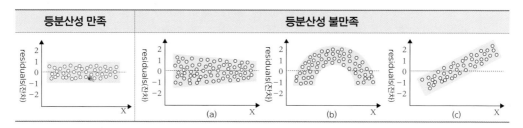

3) 독립성(Independency): 잔차와 독립 변수는 서로 관련이 없음, 독립성을 확인하기 위해
더빈왓슨(Durbin-Waston) 통계량을 통해 자기 상관 여부를 확인

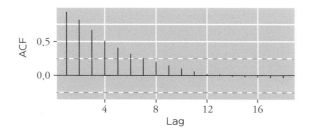

4) 비상관성(Uncorrelatedness): 잔차들끼리의 상관이 없음

5) 정상성(=정규성, Normality): 잔차는 평균이 0이고 분산이 σ^2인 정규 분포를 따름

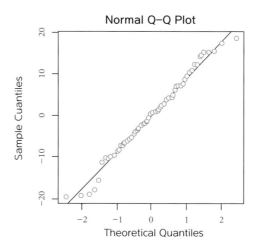

1 다음 중 회귀 분석의 가정으로 부적합한 것은?

① 독립성　　　② 선형성

③ 정규성　　　④ 이분산성

해설 회귀 분석의 가정은 선형성, 독립성, 등분산성, 비상관성, 정상성 가정을 만족하는지 확인하여야 한다. 따라서 이분산성이 아니라 등분산성이 만족하는지를 확인하여야 한다.

해답 ④

2 회귀 분석의 가정 중 정상성이란 무엇인가?

① 잔차항이 정규 분포를 따른다.

② 관측치 값이 정규 분포를 따른다.

③ 모든 값이 정규 분포를 따른다.

④ 상수항이 정규 분포를 따른다.

해설 정상성(정규성)은 잔차항이 정규 분포를 따른다.

해답 ①

3 선형 회귀 분석 가정의 특성이 아닌 것은?

① 비선형성　　　② 독립성

③ 정규성　　　④ 등분산성

해설 회귀 분석의 가정은 정규성, 독립성, 등분산성, 선형성이다.

정규성	잔차가 평균이 0인 정규 분포를 띈다.
독립성	잔차 사이에는 상관 관계가 없이 독립이어야 한다.
등분산성	잔차의 분산은 입력 변수와 무관하게 일정해야 한다.
선형성	독립 변수와 종속 변수 사이에는 선형적인 관계를 띄어야 한다.

해답 ①

4 다음 잔차 분석의 정의로 틀린 것은?

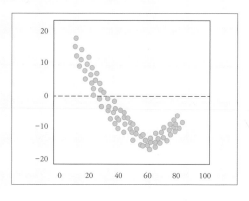

① 선형 회귀 분석에서 가정을 확인하기 위해 잔차 분석을 한다.

② 가로축은 종속 변수, 세로축은 독립 변수에 따른 잔차를 통해 잔차의 분산이 일정하다는 등 분산성의 가정이 위배된다는 사실을 알 수 있다.

③ 잔차의 분포가 2차 함수 형태를 따르게 되므로 회귀식은 2차 함수를 적용한 회귀식을 추정해야 한다.

④ 잔차 대 적합치를 표현한 그래프는 잔차의 분산은 일정하다는 가정을 확인하는 데 사용된다.

해설 잔차의 분포가 2차 함수를 따른다고 해서 회귀식을 2차 함수로 적용하지는 않는다.

해답 ③

5 회귀 분석에서 추정량의 성질이 아닌 것은?

① 선형성　　　② 불편성

③ 등분산성　　　④ 유효성

해설 회귀 분석의 가정은 선형성, 등분산성, 독립성, 정규성이다.

해답 ④

PART III 빅데이터 모델링

(5) 회귀 모형의 적합도를 평가하는 방법

1) 개념

가능한 모든 독립 변수들의 조합을 통해 회귀 모형을 만든 후 가장 적합한 회귀 모형 선택

2) 최적 모형 조건

① 결정 계수(R^2)

- 전체 데이터를 회귀 모형이 얼마나 잘 설명하는지에 대한 평가값
- 결정 계수는 0-1 사이의 값이며 숫자가 클수록 설명력이 높음
- 다중 회귀 분석에서 독립 변수의 개수가 많아질수록 결정 계수가 높아지므로 수정된 결정 계수를 이용하여야 함

- 결정 계수 $R^2 = \dfrac{회귀\ 제곱합}{전체\ 제곱합} = \dfrac{SSR}{SST}$ (이때, $SST = SSR + SSE$)

- 수정된 결정 계수 $R^2 = 1 - \dfrac{SSE}{SST} \times \dfrac{n-1}{n-k-1}$ (k = 독립 변수 개수, n = 데이터의 개수)

② AIC(Akaike Information Criterion), BIC(Bayesian Information Criterion)가 최소가 되는 모형 선택(일반적으로 AIC가 보편적인 평가 지표임)

③ 다중 회귀 분석에서 독립 변수 선택 방법
  - 전진 선택법(Forward Selection): 절편만 있는 상수 모형으로부터 유의도가 높은 독립 변수로부터 하나씩 모형에 추가하여 검증

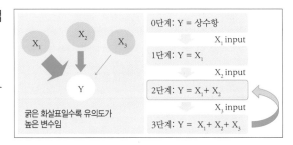

  - 후진 제거법(Backward Selection): 모든 독립 변수가 포함된 모형으로부터 유의도가 가장 낮은 독립 변수를 하나씩 모형에서 제거하면서 검증

  - 단계 선택법(Stepwise Selection): 전진 선택법에 의해 독립 변수를 추가, 제거 반복하면서 가장 유의한 모형이 될 때까지 검증

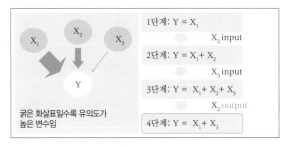

1 다음 중 결정 계수(Coefficient of Determination)에 대한 설명으로 옳지 않은 것은?

① 총제곱의 합 중 설명된 제곱의 합에 대한 비율을 뜻한다.

② 종속 변수에 미치는 영향이 적은 독립 변수가 추가되더라도 결정 계수는 변하지 않는다.

③ 결정 계수의 값이 클수록 추정된 회귀선을 통해 실제 관찰값을 예측하는 정확성이 높아진다.

④ 결정 계수는 단변량 회귀 분석에서 독립 변수와 종속 변수 간의 상관 계수(r)의 제곱값과 같다.

해설 독립 변수가 추가 또는 삭제되면 결정 계수는 변한다.

해답 ②

2 회귀식에서 결정 계수 R^2에 관한 설명으로 틀린 것은?

① 단순 회귀 모형에서는 종속 변수와 독립 변수의 상관 계수의 제곱과 같다.

② R^2은 독립 변수의 수가 늘어날수록 증가하는 경향이 있다.

③ 모든 측정값이 한 직선상에 놓이면 R^2의 값은 0이다.

④ R^2값은 0에서 1까지 값을 가진다.

해설 결정 계수는 회귀 모형으로 주어진 자료의 변동을 얼마나 설명할 수 있는지에 대한 척도를 의미하는 것으로 $R^2 = 1$은 추정 회귀선이 표본 자료의 관찰값이 모두 완벽하게 설명할 수 있는 것으로 모든 측정값이 한 직선상에 있게 되는 것을 의미한다.

해답 ③

3 다음 중 최적 회귀 방정식을 선택하기 위한 방법에 대한 설명으로 가장 부적절한 것은?

① 가능한 범위 내에서 적은 수의 설명 변수를 포함시킨다.

② AIC나 BIC의 값이 가장 작은 모형을 선택하는 방법으로 모든 가능한 조합의 회귀 분석을 실시한다.

③ 전진 선택법이나 후진 선택법과 동일한 최적 모형을 선택하는 것이 단계 선택법이다.

④ 전진 선택법은 설명 변수를 추가했을 때 제곱합의 기준으로 가장 설명을 잘하는 변수를 고려하여 그 변수가 유의하면 추가한다.

해설 단계 선택법은 독립 변수를 추가, 제거 반복하면서 최적의 모형을 찾는 방법으로 전진 선택법이나 후진 선택법과 동일하지 않다.

해답 ③

4 최적 방정식을 선택하기 위한 방법 중 모든 독립 변수 후보를 포함한 모형에서 시작하여 가장 적은 영향을 주는 변수를 하나씩 제거하면서 더 이상 유의하지 않은 변수가 없을 때까지 설명 변수를 제거하는 방법은 무엇인가?

① 전진 선택법　　② 후진 선택법

③ 단계 선택법　　④ 입력 선택법

해설 전진 선택법은 절편만 있는 상수 모형으로부터 유의도가 높은 독립 변수로부터 하나씩 모형에추가하는 방법이고, 후진 선택법은 모든 독립 변수 후보를 포함한 모형에서 영향력이 적은 변수부터 하나씩 제거하여 유의하지 않은 변수가 없을 때까지 제거하는 방법이다.

해답 ②

(6) 분산 분석(ANOVA; Analysis of Variance)

- 두 개 이상 다수의 집단을 비교하고자 할 때 집단 내의 분산(총평균과 각 집단의 평균의 차이에 의해 생긴 분산)과 집단 간 분산의 비교를 통해 만들어진 F 분포를 이용하여 가설 검정을 하는 방법
- 평균의 차이가 아니라 분산의 차이로 집단 간 차이가 있는지를 검증

1) 독립 변수와 종속 변수의 개수에 따라 세부 모델들로 분류

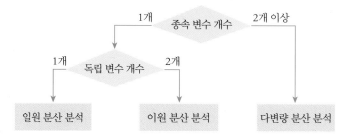

2) 분산 분석이 만족해야 하는 가정: 독립성, 정규성, 등분산성

3) 분산 분석표

$$\sum_{i=1}^{k} \sum_{j=1}^{r} (y_{ij} - \overline{y})^2 = r \sum_{i=1}^{k} (\overline{y}_i - \overline{y})^2 + \sum_{i=1}^{k} \sum_{j=1}^{r} (y_{ij} - \overline{y}_i)^2$$

각 반응값과 전체 평균과의 차이　　각 처리 평균과 전체 평균과의 차이　　각 반응값과 해당 개체가 속한 처리 평균과의 차이

요인	자유도	제곱합	평균 제곱합	F
처리(처리 간)	$k-1$	SST	$MST = SST/(k-1)$	$F = MST/MSE$
오차(처리 내)	$n-k$	SSE	$MSE = SSE/(n-k)$	
전체	$n-1$	TSS		

1 분산 분석에 대한 설명으로 옳은 것은?

① 분산 분석이란 각 처리 집단의 분산이 서로 같은지를 검정하기 위한 방법이다.

② 비교하려는 처리 집단이 k개 있으면 처리에 의한 자유도는 k−2가 된다.

③ 2개의 요인이 있을 때 각 요인의 주효과를 알아보기 위해서는 요인 간 교호 작용이 있어야 한다.

④ 일원 배치 분산 분석에서 일원 배치의 의미는 반응 변수에 영향을 주는 요인이 하나인 것을 의미한다.

해설 ① 분산 분석은 2개 이상의 집단 간 평균 차이를 검정할 때 사용된다.
② 비교하려는 처리 집단이 k개가 있으면 처리에 의한 자유도는 k−1이 된다.
③ 요인 간 교호 작용은 2개 요인의 상호 작용을 알아보기 위해 필요하다.

해답 ④

2 다음 중 분산 분석표에 나타나지 않는 것은?

① 제곱합   ② 자유도

③ F 값   ④ 표준 편차

해설 분산 분석표에는 제곱합, 자유도, 제곱합 평균(=분산), F 값이 있다.

해답 ④

3 일원배치법의 모형 $\mathbf{Y}_{ij} = \mu + a_i + \varepsilon_{ij}$에서 오차항 ε_{ij}의 가정에 대한 설명으로 틀린 것은?

① 오차항 ε_{ij}는 정규 분포를 따른다.

② 오차항 ε_{ij}는 서로 독립이다.

③ 오차항 ε_{ij}의 기댓값은 0이다.

④ 오차항 ε_{ij}의 분산은 동일하지 않아도 무방하다.

해설 일원 배치 분산 분석에서 오차항에 대한 가정: 정규성, 등분산성, 독립성

해답 ④

4 일원 배치 분산 분석에서 인자의 수준이 3이고 각 수준마다 반복 실험을 5회씩 한 경우 잔차(오차)의 자유도는?

① 9   ② 10

③ 11   ④ 12

해설 전체 개수 N(=3*5=15), 처리 집단 수 K(=3)라고 할 때, 잔차(오차)의 자유도: N−K = 15−3 = 12

해답 ④

5 일원 분산 분석으로 4개의 평균의 차이를 동시에 검정하기 위하여 귀무 가설을 $H_0 : \mu_1 = \mu_2 = \mu_3 = \mu_4$라 정할 때 대립가설 H_1은?

① H_1: 모든 평균이 다르다.

② H_1: 적어도 세 쌍 이상의 평균이 다르다.

③ H_1: 적어도 두 쌍 이상의 평균이 다르다.

④ H_1: 적어도 한 쌍 이상의 평균이 다르다.

해설 분산 분석의 대립 가설은 '최소한 적어도 한 쌍 이상의 평균이 다르다'이다.

해답 ④

(7) 단순 선형 회귀 분석(Simple Linear Regression Analysis)

1) 단순 선형 회귀 분석 개념

- 하나의 독립 변수가 하나의 종속 변수(연속형)에 미치는 영향을 추정할 수 있는 통계 기법
- 선형 관계 형태임

$$y_i = \beta_0 + \beta_i x_i + \varepsilon_i \quad i = 1, 2, \cdots n \quad \varepsilon_i \overset{iiu}{\sim} N(0, \sigma^2)$$

- y_i : i번째 종속 변수 값
- x_i : i번째 독립 변수 값
- β_0 : 선형 회귀식의 절편
- β_i : 선형 회귀식의 기울기
- ε_i : 오차항, 독립적이며 $N(0, \sigma^2)$의 분포를 이룬다.

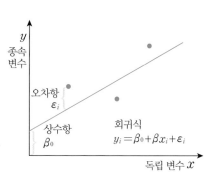

- 오차(Error): 모집단에서 실제값이 회귀선과 비교해 볼 때 나타나는 차이값
- 잔차(Residual): 표본 집단에서 관측값이 회귀선과 비교해 볼 때 나타나는 차이값

2) 회귀 분석 고려 사항

- 데이터의 가정 만족 여부 확인: 선형성, 독립성, 등분산성, 비상관성, 정상성 가정 만족
- 회귀 모형의 유의성 여부 확인: F 통계량 값을 통해 추정된 회귀식의 통계적 유의성 확인
- 회귀 모형의 설명력 확인: 결정 계수(R^2)를 통해 확인, 결정 계수는 0~1 사이의 값이며 숫자가 클수록 설명력이 높음
- 회귀 계수의 유의성: 독립 변수의 회귀 계수의 P-value가 통계적으로 유의한지 확인

3) 회귀 계수 추정 방법

- 최소 제곱법: 오차 제곱합을 최소로 만드는 해를 구함

4) 회귀 분석 검정

- 가설 검정: 귀무 가설 H_0 : 회귀 계수 $\beta_1 = 0$, 대립 가설 H_1 : 회귀 계수 $\beta_1 \neq 0$
  이때, $\beta_1 = 0$ 이면, 독립 변수(x)와 종속 변수(y)는 인과성이 없다고 볼 수 있음
- 분산 분석표

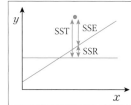 전체 제곱합(SST, Total Sum of Squares) $= \sum (y_i - \overline{y})^2$
오차 제곱합(SSE, Error Sum of Squares) $= \sum (y_i - \hat{y_i})^2$
회귀 제곱합(SSR, Regression Sum of Squares) $= SST - SSE = \sum (\hat{y_i} - \overline{y})^2$

변동의 원인	변동	자유도	평균 변동	F
회귀	SSR	1	$MSR = SSR/1$	MSR/MSE
잔차	SSE	$n-2$	$MSE = SSE/n-2$	
총변동	SST	$n-1$		

1 단순 회귀 분석 모형은 $y_i = \beta_0 + \beta_i x_i + \varepsilon_i$로 표현할 수 있다. 주어진 자료를 가장 잘 설명하는 회귀 계수의 추정치는 제곱 오차 $\sum(y_i - (\beta_0 + \beta_i x_i))^2$을 최소로 하는 값을 구한다. 이와 같이 구해진 회귀 계수 추정량을 무엇이라고 하는가?

① 최소 제곱법
② 최대 우도 추정법
③ 변동 제곱법
④ 회귀 제곱법

해설 최소 제곱법은 실제값과 회귀 계수의 추정치 사이의 오차의 제곱합이 최소가 되는 해를 구하는 방법이다.

해답 ①

2 다음 회귀 분석에서 가장 적합한 회귀 모형을 찾기 위한 과정의 설명으로 가장 알맞지 않은 것은?

① 회귀식에 대한 검정은 독립 변수의 기울기가 0이 아니라는 가정을 귀무 가설, 기울기가 0인 것을 대립 가설로 놓는다.
② 회귀 분석의 가설 검정에서 p값이 0.05보다 작은 값이 나와야 통계적으로 유의한 결과이다.
③ 잔차의 독립성, 등분산성, 그리고 정규성을 만족하는지 확인해야 한다.
④ 독립 변수의 수가 많아지면 독립 변수 간에 서로 영향을 미치는 다중 공선성의 문제가 발생하므로 상대적인 조정이 필요하다.

해설 회귀식에 대한 검정에 있어 독립 변수의 기울기가 0이라는 가정을 귀무 가설, 기울기가 0이 아니라는 것을 대립 가설로 검정한다.

해답 ①

3 다음 중 오차(Error)에 대한 설명으로 맞는 것은?

① 평균에서 개별값과의 차이의 평균
② 관측치가 평균으로부터의 떨어져 있는 정도
③ 표본 집단에서 관측값이 회귀선과 비교해 볼 때 나타나는 차이값
④ 모집단에서 실제값이 회귀선과 비교해 볼 때 나타나는 차이값

해설 ① 표준 편차 ② 편차 ③ 잔차 에 대한 설명이다.

해답 ④

4 회귀 분석에서 결정 계수 R^2에 대한 설명으로 틀린 것은?

① $R^2 = \dfrac{SSR}{SST}$
② $-1 \leq R^2 \leq 1$
③ SSE가 작아지면 R^2는 커진다.
④ R^2은 독립 변수의 수가 늘어날수록 증가하는 경향이 있다.

해설 결정 계수는 상관 계수의 제곱으로 $0 \leq R^2 \leq 1$이다.

해답 ②

(8) 다중 선형 회귀 분석(Multiple Linear Regression Analysis)

1) 다중 선형 회귀 분석 개념

- 둘 이상의 독립 변수가 하나의 종속 변수(연속형)에 미치는 영향을 추정할 수 있는 통계 기법
- 공식: 다중 선형 회귀 분석 회귀식

$$Y = \beta_0 + \beta_1 X_1 + \beta_2 X_2 + \ldots + \beta_k X_k + \varepsilon$$

변수	Y: 종속 변수 $X_1, X_2, \cdots, X_K$: 독립 변수
회귀 계수	β_0: 회귀식 절편으로 상수항 $\beta_1, \beta_2, \cdots, \beta_K$: 회귀식 기울기
오차항	ε: 오차항

2) 회귀 분석 검정

- 회귀 분석 결과의 적합도 정도를 검증함
- 분산 분석표

변동의 원인	변동	자유도	평균 변동	F
회귀	SSR	k	$MSR = SSR/k$	MSR/MSE
잔차	SSE	$n-k-1$	$MSE = SSE/(n-k-1)$	
총변동	SST	$n-1$		

$$SST = \sum_{i=1}^{n} (Y_i - \overline{Y})^2 \qquad \text{자유도: } n-1$$

$$SSR = \sum_{i=1}^{n} (\hat{Y}_i - \overline{Y})^2 \qquad \text{자유도: } k$$

$$SSE = \sum_{i=1}^{n} (Y_i - \overline{Y})^2 \qquad \text{자유도: } n-k-1$$

3) 회귀 분석 고려 사항

- 데이터의 가정 만족 여부 확인: 선형성, 독립성, 등분산성, 비상관성, 정상성 가정 만족
- 회귀 모형의 유의성 여부 확인: F 통계량 값을 통해 추정된 회귀식의 통계적 유의성 확인

종류	특징
회귀 계수의 유의성	• 독립 변수의 회귀 계수의 P-value가 통계적으로 유의한지 확인
수정된 결정 계수 (Adjusted R²) 고려	• 결정 계수(R²)는 독립 변수 수가 커지면 커지므로 수정된 결정 계수를 통해 확인
다중 공선성(Multicolinearity) 고려	• 독립 변수들 사이의 상관성이 있으면 종속 변수와의 정확한 추정이 어렵기 때문에 다중 공선성 여부를 확인하여야 함 • 다중 공선성 추정 방법은 분산 팽창 요인(VIF) 값을 통해 확인 가능하며, 10보다 크면 심각한 다중 공선성이 있다고 볼 수 있음

1 표본의 수가 n이고, 독립 변수의 수가 k인 중 선형 회귀 모형의 분산 분석표에서 잔차 제곱합 SSE의 자유도는?

① k ② k+1
③ n−k−1 ④ n−1

해설 분산 분석표

	변동	자유도	평균 변동	F
회귀	SSR	k	MSR=SSR/k	MSR/MSE
잔차	SSE	n−k−1	MSE=SSE/(n−k−1)	
총변동	SST	n−1		

해답 ③

2 교육 수준에 따른 생활 만족도 차이를 다양한 배경 변수를 통제한 상태에서 비교하기 위해서 다중 회귀 분석을 실시하고자 한다. 교육 수준을 5개의 범주로(무학, 초졸, 중졸, 고졸, 대졸 이상) 측정하였다. 대졸을 기준으로 할 때, 교육 수준별 차이를 나타내는 가변수(Dummy Variable)를 몇 개 만들어야 하는가?

① 1개 ② 2개
③ 3개 ④ 4개

해설 가변수의 수 = 범주 수−1 = 5−1 = 4

해답 ④

3 다중 회귀 분석에서 설명 변수들 사이에 선형관계가 존재할 경우 회귀 계수에 정확한 추정이 어려운 경우를 무엇이라 하는가?

① 모형의 적합성 위배
② 다중 공선성
③ 등분산성
④ 회귀 계수의 유의성 검정

해설 독립 변수들 사이의 상관성이 있으면(=다중 공선성) 종속 변수와의 정확한 추정이 어렵기 때문에 다중 공선성 여부를 확인하여야 한다.

해답 ②

4 아파트의 평수 및 가족수가 난방비에 미치는 영향을 알아보기 위해 다중 회귀 분석을 실시하여 다음의 결과를 얻었다. 분석 결과에 대한 설명으로 틀린 것은? (단, Y는 아파트 난방비(천원)이다.)

모형	비표준화 계수		표준화 계수	t	p−값
	B	표준오차	Beta		
상수	39.69	32.74		1.21	0.265
평수(X_1)	3.37	0.94	0.85	3.59	0.009
가족수(X_1)	0.53	0.25	0.42	1.72	0.090

① 추정된 회귀식은 $\hat{Y}=39.69+3.37X_1+0.53X_2$이다.

② 유의수준 5%에서 종속 변수 난방비에 유의한 영향을 주는 독립 변수는 평수이다.

③ 가족수가 주어질 때, 난방비는 아파트가 1평 커질 때 평균 3.37(천 원) 증가한다.

④ 아파트 평수가 30평이고 가족이 5명인 가구의 난방비는 122.44(천 원)으로 예측된다.

해설 ① 추정된 회귀식은 비표준화 계수 결과의 상수, 평수(X_1), 가족수(X_2)를 통해 $\hat{Y}=39.69+3.37X_1+0.53X_2$이다.
② 유의수준 5% 기준으로 평수(X_1)에서만 p−값이 0.05보다 작기 때문에 유의한 영향을 준다고 볼 수 있다.
③ 가족수가 고정되었을 때, 평수(X_1)의 계수가 3.37이므로 아파트가 1평 커질 때 평균 3.37 증가한다고 볼 수 있다.
④ 추정된 회귀식 $\hat{Y}=39.69+3.37X_1+0.53X_2$에 아파트 평수($X_1$)=30평, 가족수($X_2$)=5명을 대입하면 $\hat{Y}=39.69×3.37×30+0.53×5=143.44$(천 원)으로 예측된다.

해답 ④

3 로지스틱 회귀 분석(Logistic Regression Analysis)

(1) 로지스틱 회귀 분석 개념

- 설명 변수(예측 변수)가 주어질 때 종속 변수(반응 변수)가 각 범주에 속할 확률이 얼마인지를 추정(예측)하여, 추정 확률을 기준치에 따라 분류하는 목적으로 활용
- 종속 변수가 범주형이며, 독립 변수가 범주형, 연속형인 회귀 분석 모형

$$\log\left(\frac{\pi(x)}{1-\pi(x)}\right) = \alpha + \beta_1 x_1 + \cdots + \beta_k x_k$$

$$\pi(x) = P(Y=1\,|\,x),\ x = (x_1, \cdots, x_k)$$

(2) 오즈비(OR; Odds Ratio)

	암 발생	암 발생하지 않음	전체
흡연 유	50(A)	50(B)	100(A+B)
흡연 무	2(C)	98(D)	100(C+D)
전체	52(A+C)	148(B+D)	200(A+B+C+D)

1) 오즈(=승산, Odds)

- 실패할 확률에 비해 성공할 확률의 비
- 암에 걸릴 확률(P) / 암에 걸리지 않을 확률(1−P)

2) 오즈비

- 실패했을 때의 오즈와 성공했을 때의 오즈 비율
- 흡연을 했을 때의 오즈와 흡연을 하지 않을 때의 오즈의 비율
- 흡연을 했을 때의 오즈 = [A/(A+B)]/[B/(A+B)] = 50/50 = 1
- 흡연을 하지 않았을 때의 오즈 = [C/(C+D)]/[D/(C+D)] = 2/98 = 0.0204
- 오즈비=1/0.0204=49.02

(3) 로지스틱 회귀 분석 해석

- 독립 변수 X가 한 단계 늘어남에 따라 Y=0이 될 확률에 비해 Y=1이 될 확률(=오즈)비가 exp(B1)배만큼 늘어난다.

$$\ln\left(\frac{P(Y=1)}{P(Y=0)}\right) = B_0 + B_1 X + \varepsilon,\ \varepsilon \sim N(0, \sigma^2)$$

1 다음 중 로지스틱 회귀 모형에서 설명 변수가 한 개인 경우 해당 회귀계수의 부호가 0보다 작을 때 표현되는 그래프의 형태로 적절한 것은?

① S자 그래프   ② 양의 선형 그래프

③ 역 S자 그래프   ④ 음의 선형 그래프

해설 로지스틱 회귀 모형에서 설명 변수가 한 개인 경우 해당 회귀 계수의 부호가 0보다 작을 때는 역 S자 그래프가 그려진다.

해답 ③

2 다음 중 로지스틱 회귀 모형에 대한 설명으로 가장 부적절한 것은?

① 데이터에 대해 선형 회귀 모형을 적용하는 것이 기술적으로 가능하지만, 선형 회귀의 문제점은 0 이하의 값이나 1 이상의 값을 예측값으로 줄 수 있다는 것이며 따라서 이를 확률값으로 직접 해석할 수 없다.

② 로지스틱 회귀 모형은 클래스가 알려진 데이터에서 설명 변수들의 관점에서 각 클래스 내의 관측치들에 대한 유사성을 찾는데 사용할 수 있다.

③ 종속 변수 y 대신 로짓(Logit)이라 불리는 상수를 사용하여 로짓을 설명 변수들의 선형 함수로 모형화하기 때문에 이 모형을 로지스틱 회귀 모형이라고 한다.

④ Odds(오즈)란 클래스 0에 속할 확률 $(1-P)$이 클래스 1에 속할 확률 p의 비로 나타낸다. 즉, $Odds = p/(1-p)$로 나타낸다.

해설 종속 변수 y 대신 로짓(Logit)이라 불리는 상수를 사용하는 것이 아니라,
$$\log\left(\frac{\pi(x)}{1-\pi(x)}\right), \pi(x)=P(Y=1|x), x=(x_1,\cdots,x_k)$$
변환시킨 값을 사용한다.

해답 ③

3 로지스틱 회귀 분석에 대한 설명으로 잘못된 것은?

① 분류에 주로 사용한다.

② 자료형이 범주형을 갖는 경우 사용하는 분석 기법이다.

③ Y값은 0과 1 사이이다.

④ 대표적인 비지도 학습 알고리즘이다.

해설 로지스틱 회귀 분석은 지도 학습에 해당된다.

해답 ④

4 반응 변수가 범주형인 경우 적용 가능한 회귀 분석 모형은?

① 로지스틱 회귀 분석

② 다중 회귀 분석

③ 판별 분석

④ 군집 분석

해설 로지스틱 회귀 분석은 종속 변수가 범주형이며, 독립 변수가 범주형, 연속형인 회귀 분석 모형에 해당된다.

해답 ①

5 다음 중 Logistic Regression에 대한 설명으로 옳은 것은?

① 설명 변수가 한 개인 경우 종형 그래프를 가진다.

② 설명 변수는 모두 연속형이어야 한다.

③ 연속형 변수에 대해서도 적용할 수 있다.

④ 분류의 목적으로 사용될 수 있다.

해설 로지스틱 회귀 모형은 반응 변수가 범주형인 경우에 해당되는 회귀 분석 모델로 설명 변수의 값이 주어질 때 각 범주에 속할 추정 확률을 기준치에 따라 분류하는 목적으로 사용될 수 있다.

해답 ④

4 의사 결정 나무(Decision Tree)

(1) 의사 결정 나무 개념

- 데이터들이 가진 속성들로부터 분할 기준 속성을 판별하고, 분할 기준 속성에 따라 트리 형태로 모델링하는 분류 예측
- 의사 결정 나무 기법은 분석의 대상을 분류 함수를 활용하여 의사 결정 규칙으로 이루어진 나무 모양으로 그리는 기법
- 의사 결정 나무 구조는 연속적으로 발생하는 의사 결정 문제를 시각화해서 의사 결정이 이루어지는 시점과 성과 파악 가능
- 의사 결정 나무 기법의 해석이 용이한 이유: 계산 결과가 의사 결정 나무에 직접적으로 나타나기 때문

(2) 분류 함수(Classification Function)

어느 모집단에서 추출된 것인지를 모르는 새로운 표본이 관측되었을 때 이 표본을 여러 모집단 중에서 어느 하나의 모집단으로 분류(Classification)해 주기 위해 분류의 기준을 사용하는 함수

1) 의사 결정 나무 구성 요소

종류	특징
부모 마디(Parent Node)	• 주어진 마디의 상위에 있는 마디
자식 마디(Child Node)	• 하나의 마디로부터 분리되어 나간 2개 이상의 마디들
뿌리 마디(Root Node)	• 시작되는 마디로 전체 자료를 포함
끝 마디(Terminal Node)	• 잎(Leaf) 노드라고도 불림, 자식 마디가 없는 마디
중간 마디(Internal Node)	• 부모 마디와 자식 마디가 모두 있는 마디
가지(Branch)	• 뿌리 마디로부터 끝마디까지 연결된 마디들
깊이(Depth)	• 뿌리 마디부터 끝마디까지의 중간 마디들의 수

2) 해석력과 예측력

종류	특징
해석력	은행의 신용평가에서 평가 결과가 부적격 판정이 나온 경우 대상자에게 부적격 이유를 설명해야 하기 때문에 의사 결정 나무의 해석력에 집중
예측력	기대 집단의 사람들 중 가장 크고, 많은 반응을 보일 상품 구매 고객의 모집 방안을 예측하고자 하는 경우에는 의사 결정 나무의 예측력에 집중

1 데이터 마이닝 분석 기법 중 의사 결정 나무 분석의 특성으로 잘못 표현한 것은 어느 것인가?

① 의사 결정 나무 모형의 결과는 누구나 이해가 쉽고 설명이 용이하다.

② 의사 결정 나무 알고리즘은 대용량 데이터에서도 빠르게 만들 수 있고 데이터의 분류 작업도 신속히 진행할 수 있다.

③ 한 변수와 매우 상관성이 높은 다른 불필요한 변수가 포함되어 있으면 분석 결과에 노이즈가 많이 포함된다.

④ 의사 결정 나무 알고리즘은 비정상적인 잡음 데이터에서도 민감함 없이 분류할 수 있다.

해설 한 변수와 매우 상관성이 높은 다른 불필요한 변수가 있더라도 의사 결정 나무는 크게 영향을 받지 않는다. 하지만 불필요한 변수가 많아지면 의사 결정 나무의 크기가 커질 수 있으니 분류하기 전에 불필요한 변수를 제거해야 하는 작업이 필요하다.

해답 ③

2 다음 중 데이터들이 가진 속성들로부터 분할 기준 속성을 판별하고, 분할 기준 속성에 따라 트리 형태로 모델링하는 분류 예측 모델은 무엇인가?

① K-nearest-neighbors

② Linear Regression

③ Decision Tree

④ K-means

해설 데이터들이 가진 속성들로부터 분할 기준 속성을 판별하고 분할 기준 속성에 따라 트리 형태로 모델링하는 분류 예측 모델은 Decision Tree(의사 결정 나무)에 해당된다.

해답 ③

3 다음 중 의사 결정 나무의 활용 분야로 가장 적절한 것은?

① 장바구니 분석

② 교차 판매 예측

③ 교호 작용의 파악

④ 텍스트 분석

해설 의사 결정 나무의 활용 분야는 세분화, 분류, 예측, 차원 축소 및 변수 선택, 교호 작용 효과의 파악, 범주의 병합 또는 연속형 변수의 이산화가 있다.

해답 ③

4 다음 중 의사 결정 나무의 특성으로 가장 부적절한 것은?

① 의사 결정 나무 모형의 결과는 누구에게나 설명이 용이하다.

② 의사 결정 나무 알고리즘의 모형 정확도는 다른 분류 모형에 뒤지지 않는다.

③ 의사 결정 나무를 만드는 방법은 계산적으로 복잡하지 않다.

④ 의사 결정 나무 알고리즘은 정상적인 데이터에 대해서만 민감함 없이 분류할 수 있다.

해설 의사 결정 나무는 비정상 잡음 데이터에 대해서도 민감함 없이 분류할 수 있다.

해답 ④

(3) 분리 기준(Splitting Criterion)

- 하나의 부모 마디로부터 자식 마디들이 형성될 때, 입력 변수(Input Variable)의 선택과 범주(Category)의 병합이 이루어질 기준
- 어떤 입력 변수를 이용하여 어떻게 분리하는 것이 목표 변수의 분포를 가장 잘 구별해 주는지를 파악하여 자식 마디가 형성되는데, 목표 변수의 분포를 구별하는 정도를 순수도 또는 불순도(Impurity)에 의해서 측정

기준		특징
이산형 목표 변수에 사용되는 분리 기준	카이제곱 통계량의 P값	P값이 가장 작은 예측 변수와 그 당시의 최적 분리를 통해서 자식 마디 형성
	지니 지수(Gini Index)	불순도를 측정하는 하나의 지수로서 지니 지수를 감소시켜 주는 예측 변수와 그 당시의 최적 분리를 통해서 자식 마디 선택
	엔트로피 지수(Entropy Index)	엔트로피 지수가 가장 작은 예측 변수와 그 당시의 최적 분리를 통해서 자식 마디를 형성
연속형 목표 변수에 사용되는 분리 기준	분산 분석에서 F 통계량	P값이 가장 작은 예측 변수와 그 당시의 최적 분리를 통해서 자식 마디 형성
	분산의 감소량	예측 오차를 최소화하는 것과 같은 기준으로 분산의 감소량을 최대화하는 기준의 최적 분리를 통해서 자식 마디 형성

(4) 정지 규칙(Stopping Rule)

- 의사 결정 나무에서 정지 규칙과 가지치기라는 순서가 있는데 정지 규칙은 더 이상 분리가 일어나지 않고 현재의 마디가 끝 마디가 되도록 하는 규칙
- 정지 기준(Stopping Criterion)은 의사 결정 나무의 깊이(Depth)를 지정, 끝 마디의 레코드 수의 최소 개수를 지정

(5) 가지치기(Pruning)

- 의사 결정 나무에서 너무 큰 나무 모형은 자료를 과대 적합하고, 너무 작은 나무 모형은 과소 적합할 위험성 발생
- 일반적으로 사용되는 방법은 비용-복잡도 가지치기(Cost Complexity Pruning)를 활용하여 성장시킨 나무에 대한 가지치기를 실시함

1 다음 중 의사 결정 나무 모형에서 과대 적합되어 현실 문제에 적응할 수 있는 적절한 규칙이 나오지 않는 현상을 방지하기 위해 사용되는 방법으로 가장 적절한 것은?

① 가지치기(Pruning)

② 스테밍(Stemming)

③ 정지 규칙(Stopping Rule)

④ 랜덤 포레스트(Random Forest)

해설 의사 결정 나무 중 가지치기 단계는 오차를 크게 할 위험이 높거나 부적절한 추론 규칙을 가지고 있는 가지 또는 불필요한 가지를 제거하는 단계이다.

해답 ①

3 다음 중 데이터들이 가진 속성들로부터 분할 기준(Split Criterion) 속성을 판별하고, 분할 기준(Split Criterion) 속성에 따라 트리 형태로 모델링하는 분류 예측 모델은 무엇인가?

① K-nearest-neighbors

② Linear Regression

③ Decision Tree

④ K-means

해설 데이터들이 가진 속성들로 부터 분할 기준 속성을 판별하고 분할 기준 속성에 따라 트리 형태로 모델링하는 분류 예측 모델은 Decision Tree(의사 결정 나무)이다.

해답 ③

2 Decision Tree에서 가지가 더 이상 분리가 되지 않고 현재의 마디가 끝 마디가 되도록 하는 규칙은 무엇인가?

① 정지 규칙

② 분산 규칙

③ 분리 규칙

④ 가지치기

해설 '의사 결정 나무'에서 더 이상 분리가 일어나지 않고 현재의 마디가 끝마디가 되도록 하는 규칙은 정지 규칙에 해당된다.

해답 ①

4 의사 결정 나무에서 이산형 목표 변수를 위해 사용되는 분리 기준에 적합하지 않는 것은?

① 카이제곱 통계량

② 지니 지수

③ 엔트로피 지수

④ 분산의 감소량

해설 목표 변수가 이산형인 분류 나무의 경우 상위 노드에서 가지 분할을 수행할 때, 분류(기준) 변수와 분류 기준값의 선택 방법으로 카이제곱 통계량의 p값, 지니 지수, 엔트로피 지수 등이 사용된다. 분산의 감소량은 연속형 목표 변수에 사용되는 분리 기준에 해당된다.

해답 ④

(6) 의사 결정 나무 장점

종류	특징
해석의 용이성	• 나무 구조에 의해서 모형이 표현되기 때문에 사용자가 쉽게 이해 가능
상호 작용 효과의 해석 가능	• 두 개 이상의 변수가 결합하여 목표 변수에 어떻게 영향을 주는지 쉽게 파악 가능 • 의사 결정 나무는 유용한 입력 변수나 상호 작용(Interaction)의 효과 또는 비선형성(Nonlinearity)을 자동으로 찾아내는 알고리즘
비모수적 모형	• 선형성(Linearity)이나 정규성(Normality) 또는 등분산성(Homogeneity of Variance) 등의 가정을 필요로 하지 않는 비모수적인(Non-parametric) 방법 • 단지 순위(Rank)만 분석에 영향을 주기 때문에 이상값에 민감하지 않다는 장점이 있음
유연성과 정확도가 높음	• 대용량 데이터에서도 빠르게 만들 수 있음 • 모형 분류 정확도가 높음

(7) 의사 결정 나무 단점

종류	특징
비연속성	• 연속형 변수를 비연속적인 값으로 취급하기 때문에 분리의 경계점 근방에서는 예측 오류가 클 가능성이 있음 • 선형(Linear) 또는 주 효과(Effect) 모형에서와 같은 결과를 얻을 수 없다는 한계점이 있음
비안정성	• 새로운 자료의 예측에서는 불안정(Unstable)하여 과대 적합이 발생할 가능성이 있음 • 분석용 자료의 크기가 너무 작은 경우와 너무 많은 가지를 가지는 의사 결정 나무를 얻는 경우에 빈번히 발생 • 검증용 자료(Testing Data)에 의한 교차 타당성(Cross Validation) 평가나 가지치기에 의해서 안정성 있는 의사 결정 나무를 얻는 것이 필요

(8) 의사 결정 나무 종류

종류	특징	목표 변수	예측 변수	분리 기준	분리 방법
CART	• 가장 널리 사용되는 의사 결정 나무 알고리즘 • 가장 성취도가 좋은 변수 및 수준을 찾는 것에 중점	범주형 연속형	범주형 연속형	지니 지수 분산의 감소량	이진 분리
C5.0	• 범주형 입력 변수에 대해서는 범주의 수만큼 분리가 일어남	범주형	범주형 연속형	엔트로피 지수	다지 분리
CHAID	• 가지치기하지 않음 • 분리 변수의 각 범주가 하나의 부 마디(Sub-node)를 형성	범주형 연속형	범주형	카이제곱 통계량 F 검정	다지 분리
QUEST	• 변수의 선택에서 범주의 개수가 많은 범주형 변수로의 편향이 심한 CART의 문제를 개선 • 변수 선택 편향(Bias)이 거의 없음 • 분리 규칙은 분리 변수 선택과 분리점 선택의 두 단계로 나누어 시행	범주형	범주형 연속형	카이제곱 통계량 F 검정	이진 분리

1 의사 결정 나무에 대한 설명 중 틀린 것은?

① 가지에 하나가 남은 끝까지 진행한다.

② 변수를 하나 골라서 한계치를 설정한다.

③ 나무 구조에 의해 모델이 표현되기 때문에 해석이 용이한 편이다.

④ 분류 및 예측 목적으로 사용할 수 있다.

[해설] 의사 결정 나무는 정지 규칙과 가지치기를 통해 제한한다.

[해답] ①

2 의사 결정 나무의 장점에 적절한 것은?

① 나무 구조에 의해서 모형이 표현되기 때문에 사용자가 모형을 쉽게 이해 가능하다.

② 의사 결정 나무는 가정을 필요로 하지 않는 비모수적인 방법이다.

③ 설명 변수나 목표 변수에 수치형 변수와 범주형 변수를 모두 사용 가능하다.

④ 새로운 자료의 예측에서는 비교적 안정적이고 과대 적합 해소에 적당하다.

[해설] 학습용 자료(Training Data)에만 의존하는 의사 결정 나무는 새로운 자료의 예측에서는 불안정(Unstable)하여 과대 적합이 발생할 가능성이 있다.

[해답] ④

3 의사 결정 나무에서 이상형 목표 변수는 지니 지수, 연속형 목표 변수는 분산 감소량을 사용하는 알고리즘은 무엇인가?

① CHAID

② CART

③ C4.5

④ C5.0

[해설] 지니 지수를 사용하고, 분산의 감소량을 사용하는 알고리즘은 CART에 해당된다.

[해답] ②

4 의사 결정 나무 모델은 어떤 기준으로 규칙을 만들어야 가장 효율적인 분류가 될 것인가가 알고리즘의 성능을 크게 좌우한다. 다음 중 의사 결정 나무 모델의 특징으로 가장 부적절한 것은?

① 정보의 균일도라는 룰을 기반으로 하고 있어서 알고리즘이 쉽고 직관적이다.

② 선형 회귀 모델과 달리 특성들간의 상관관계가 많아도 트리 모델은 영향을 받지 않는다.

③ 수치형, 범주형 데이터 모두 가능하다

④ 새로운 Sample이 들어와도 모델을 학습할 수 있다.

[해설] 의사 결정 나무는 새로운 Sample이 들어오면 속수무책이다.

[해답] ④

5 인공 신경망(ANN; Artificial Neural Network)

(1) 인공 신경망 개념

- 사람 두뇌의 신경세포인 뉴런이 전기 신호를 전달하는 모습을 모방한 기계 학습 모델
- 실제 출력값과 기대 출력값을 비교하고 그 차이를 노드에 가중치를 주어 조정한 후, 그 과정을 신경망 구조가 안정화될 때까지 반복함으로써 예측 혹은 분류 모형 생성
- 이러한 오차들을 출력 계층에서 입력 계층으로 역방향으로 반영하는 역전파 알고리즘(Back Propagation Algorithm)을 통해 모델을 안정화하며 학습 과정을 기계적으로 단축
- 구성 요소 : 노드, 입력층, 은닉층, 출력층, 가중치, 활성 함수

(2) 인공 신경망 역사

1세대(1943 ~ 1986)	2세대(1986 ~ 2006)	3세대(2006 ~)
• 퍼셉트론 • 순방향 신경망 • XOR 선형 분리 불가 문제 발생	• 다층 퍼셉트론 • 역전파 알고리즘 • 기울기 소실/사라지는 경사	• 인공지능 부각 • tanh, ReLU, Leaky ReLU, softmax... • 딥러닝 기술 발전

퍼셉트론 (Perceptron)	• 인간의 신경망에 있는 뉴런을 모방하여 입력층/은닉층/출력층으로 구성한 인공 신경망 모델 • XOR 선형 분리 불가 문제 → 해결하기 위해 다층 퍼셉트론 등장 　– AND 연산: 입력값 (X, Y)이 모두 1이면 1 출력 / 나머지는 0 → 선형 분리 가능 　– OR 연산: 입력값 (X, Y)이 모두 0이면 0 출력 / 나머지는 1 → 선형 분리 가능 　– XOR 연산: 입력값 (X, Y)이 같으면 0 출력 / 다르면 1 출력 → 선형 분리 불가능
다층 퍼셉트론 (MLP; Multi-Layer Perceptrons)	• 입력층과 출력층 사이에 하나 이상의 은닉층을 두어 비선형적으로 분리되는 데이터에 대해 학습이 가능한 퍼셉트론 • 활성화 함수로 시그모이드 함수(Sigmoid Function) 사용 • 역전파 알고리즘을 통해 다층에서 학습 가능: 예측값과 실제값의 차이인 에러(Error)를 통해 가중치 조정 → 연결 강도 갱신 → 목적 함수 최적화 • 다층 퍼셉트론의 문제점: 과대 적합/ 기울기 소실

※ 기울기 소실(Vanishing Gradient)
- 다층 퍼셉트론의 활성화 함수인 시그모이드 함수는 편미분을 진행할수록 0으로 근접해져 경사(기울기)가 소실되는 문제점 발생
- 기울기 소실은 시그모이드 함수 대신 ReLU 함수를 사용하여 문제를 해결함

(3) 활성화 함수(Activation Function)

1) 활성화 함수 개념

순 입력 함수로부터 전달받은 값을 출력값으로 변환해 주는 함수

2) 활성화 함수 종류

계단 함수	부호 함수	시그모이드 함수	하이퍼볼릭 탄젠트 함수	ReLU 함수	Leaky ReLU 함수	Softmax 함수
임계값 기준 활성화 or 비활성화 (Y = 1 or 0)	임계값 기준 양 or 음 출력 (Y = +1 or −1)	변곡점 하나 로지스틱 회귀 분석 (0 ≤ Y ≤ 1)	시그모이드의 기울기 소실을 해결할 수 있음	$X > 0 → Y = X$ $X ≤ 0 → Y = 0$ 기울기 소실을 해결할 수 있음	ReLU의 Dying ReLU 현상을 해결할 수 있음	목표 변수가 다 범주이며, 각 범주에 속할 사후 확률 제공

1 다층 퍼셉트론(MLP;Multi-Layer Perceptrons)에서 최종 목표값(Target Value)은 활성 함수에 의해 결정되는데 다양한 활성 함수 중 출력값이 여러 개로 주어지고, 목표치가 다범주인 경우 각 범주에 속할 사후 확률을 제공하는 함수는 무엇인가?

① Tanh 함수

② Gauss 함수

③ Sigmoid 함수

④ Softmax 함수

해설 Softmax 함수는 목표 변수가 다범주이며, 각 범주에 속할 사후 확률을 제공한다.

해답 ④

2 각각의 사례에 대한 알맞은 분석 방법으로 옳은 것은?

① 어떤 규칙이나 방법을 찾는데 회귀 분석이나 군집 분석을 사용한다.

② 수요 예측은 회귀 분석 등 연속형 모델 등을 이용하여 분석할 수 있고 인공 신경망을 사용할 수도 있다.

③ 일정한 단위 시간의 변화에 따른 개개의 상품이나 상품의 집합체에 관한 경제 변량의 기본적인 관계를 나타내는 계수를 추정 및 분석하는 방법은 차원 축소 분석을 사용한다.

④ 동일한 공간상에 비교한 상표들의 상대적 위치를 나타내는 분석 방법은 요인 분석이다.

해설 ① 군집은 유사한 특성을 규칙이라 표현할 수 있지만 명확하게 정의할 수 없다. ③은 시계열 분석법이 적절하다. ④는 다차원 척도법이 적절하다.

해답 ②

3 입력값 (X, Y)이 같으면 0으로 출력하고 다르면 1로 출력하는 퍼셉트론 논리 회로는?

① OR

② NOR

③ XOR

④ EOR

해설 XOR 연산은 입력값 (X, Y)이 같으면 0으로 출력하고 다르면 1로 출력하게 되어 선형 분리가 불가능하다.

해답 ③

4 다음 중 인공 신경망에 대한 설명으로 잘못 기술된 것은?

① 다층 퍼셉트론은 입력층과 출력층 사이에 하나 이상의 은닉층을 두어 비선형적으로 분리가 가능한 퍼셉트론이다.

② 다층 퍼셉트론의 활성화 함수인 시그모이드 함수를 통해 기울기가 소실되는 문제점을 해소할 수 있다.

③ 활성화 함수는 순 입력 함수로부터 전달받은 값을 출력값으로 변환해 주는 함수이다.

④ 퍼셉트론은 XOR 선형 분리 불가 문제가 발생할 수 있다.

해설 다층 퍼셉트론의 활성화 함수인 시그모이드 함수는 편미분을 진행할수록 0으로 근접해져 경사(기울기)가 소실되는 문제점이 발생한다.

해답 ②

6 서포트 벡터 머신(SVM; Support Vector Machine)

(1) 서포트 벡터 머신 개념

- 데이터를 분리하는 초평면(Hyperplane) 중에서 데이터들과 거리가 가장 먼 초평면을 선택하여 분리하는 지도 학습 기반의 이진 선형 분류 모델
- 학습 데이터가 사상된 벡터 공간에서 학습 데이터의 특징(Feature) 수를 조절함으로써 2개의 그룹을 분류하는 경계선을 찾고, 이를 기반으로 패턴을 인식하는 방법
- 데이터 포인트를 명확하게 분류하는 N차원 공간(N−특징의 수)에서 초평면을 찾는 것
- 주어진 많은 데이터들을 가능한 멀리 두 개의 집단으로 분리시키는 최적의 초평면을 찾는 방법으로 주로 분류와 회귀 분석을 위해 사용
- 기계 학습의 한 분야로 사물 인식, 패턴 인식, 손글씨 숫자 인식 등 다양한 분야에서 활용되고 있는 지도 학습 모델
- 최대 마진(Margin: 여유 공간)을 가지는 비확률적 선형 판별에 기초한 이진 분류기

TIP 🔍 **용어 정리**

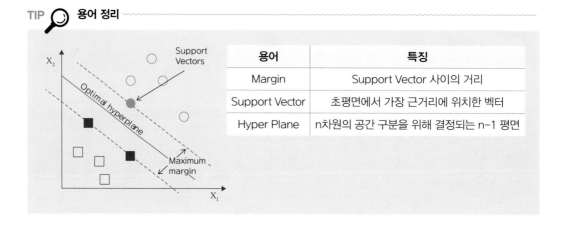

용어	특징
Margin	Support Vector 사이의 거리
Support Vector	초평면에서 가장 근거리에 위치한 벡터
Hyper Plane	n차원의 공간 구분을 위해 결정되는 n−1 평면

(2) 서포트 벡터 머신 특징

- 공간상에서 최적의 분리 초평면(Hyperplane)을 찾아서 분류 및 회귀 수행
- 변수 속성 간의 의존성은 고려하지 않으며 모든 속성을 활용하는 기법
- 훈련 시간이 상대적으로 느리지만, 정확성이 뛰어나며 다른 방법보다 과대 적합의 가능성이 낮은 모델

(3) 서포트 벡터 머신 종류

종류	특징
하드 마진 SVM (Hard Margin SVM)	• 마진의 안쪽이나 바깥쪽에 잘못 분류된 오분류를 허용하지 않는 SVM • 노이즈로 인하여 최적의 결정 경계를 잘못 구할 수도 있고, 못 찾을 경우도 발생할 수가 있음
소프트 마진 SVM (Soft Margin SVM)	• 마진의 안쪽이나 바깥쪽에 잘못 분류된 오분류를 허용하는 SVM • 하드 마진 SVM은 적용하기가 어려우므로 어느 정도의 오류를 허용하는 소프트 마진 SVM을 주로 이용

1 다음 중 서포트 벡터 머신에서 활용되는 마진(Margin)에 대한 개념으로 바르게 기술된 것은?

① Support Vector 사이의 거리
② 초평면에서 가장 근거리에 위치한 벡터
③ n 차원의 공간 구분을 위해 결정되는 n-1 평면
④ 모집단 모수를 포함할 가능성이 높은 값의 범위

해설 ② Support Vector, ③ 초평면(Hyper plane), ④ 신뢰 구간에 관한 설명이다.

해답 ①

2 다음 중 서포트 벡터 머신에 대한 설명 중 가장 올바른 것은?

① 다른 방법보다 과대 적합의 가능성이 높은 모델이다.
② 선형으로 분리가 불가능한 분류 문제에 적용이 불가능하다.
③ 훈련 시간이 상대적으로 빠르고 정확성이 뛰어나다.
④ 분류 및 예측에 모두 사용이 가능하다.

해설 서포트 벡터 머신은 다른 방법보다 과대 적합의 가능성이 낮은 모델이고, 선형으로 분리가 불가능한 분류 문제에는 저차원의 공간을 고차원으로 매핑하여 분류가 가능하다. 또한, 훈련 시간이 상대적으로 느리지만 정확성이 뛰어나다.

해답 ④

3 데이터 분류를 위해서 n개를 분리하는 결정 영역이 있어야 되며 이러한 결정 영역을 정하기 위해 필요한 것으로 데이터 임베딩 공간에서 한 차원 낮은 n-1 부분 공간을 의미하는 것은?

① 마이너스 평면
② 초평면
③ 마진
④ 플러스 평면

해설 초평면은 n 차원의 공간 구분을 위해 결정되는 n-1 평면을 의미한다.

해답 ②

4 하드 마진 서포트 벡터 머신의 구성 요소가 아닌 것은?

① 결정 경계
② 초평면
③ 서포트 벡터
④ 슬랙 변수

해설 슬랙 변수(Slack Variable, 여유 변수)는 완벽하게 분리가 불가능할 경우 허용된 오차를 위한 변수로 소프트 마진 서포트 벡터 머신의 구성 요소이다.

해답 ④

7 연관성 분석(Association Analysis)

(1) 연관성 분석 개념

- 데이터 내부에 존재하는 항목 간의 상호 관계 혹은 종속 관계를 찾아내는 분석 기법
- 데이터 간의 관계에서 조건과 반응을 연결하는 분석으로 장바구니 분석(Market Basket Analysis), 서열 분석(Sequence Analysis)이라고도 함

(2) 연관성 분석 특징

- 목적 변수가 없어 분석 방향이나 목적이 없어도 적용 가능
- 조건 반응(if-then)으로 표현되어 결과를 쉽게 이해하기 쉬움
- 매우 간단하게 분석을 위한 계산 가능
- 적절한 세분화로 인한 품목 결정을 할 수 있다는 것이 장점이지만 너무 세분화된 품목은 의미 없는 결과 도출 가능
- 연관 규칙 발견 과정: 의미가 있는 후보 데이터군 추출

후보 데이터군 —최소한의 지지도→ 대용량 데이터군 —최소한의 신뢰도→ 연관 규칙

(3) 연관 규칙(Apriori)

종류	특징
행동 가능한 규칙	규칙의 의미가 이해되고 실행이 바로 가능한 정보를 포함 예 물과 라면, 기저귀와 맥주 등
사소한 규칙	이미 다 알고 있는 규칙 생성 예 삼겹살과 상추쌈, 우유와 시리얼, 맥주와 소주 등
설명 불가능한 규칙	설명되지 않고 실제 행동을 취할 수 없는 규칙 예 허리케인 → 딸기맛 롤리팝 사탕

(4) 연관 분석 장단점

장점	탐색적 기법, 강력한 비목적성 분석, 사용 편리한 분석 데이터의 형태, 계산의 용이성
단점	많은 계산 과정, 적절 품목 결정 필요, 품목 간 비율 차이 발생, 두 항목의 높은 지지도, 신뢰도가 높은 연관이 없을 수도 있음(향상도 함께 고려)

(5) 연관 규칙 알고리즘 - Apriori

- 데이터들에 대한 발생 빈도(빈발, Frequent)를 기반으로 각 데이터간의 연관 관계를 밝히는 방법
- 지지도의 Anti-monotone 성질: 어떤 항목집합의 지지도는 그 부분 집합들의 지지도 이하임.
- Database에서 후보 항목 집합(Condidate Itemset)을 추출
- 후보 항목 집합에서 최소 지지도(Minimum Support) 경계값을 넘는 빈발 항목 집합(Large Itemset) 찾아냄

1 다음 중 연관성 분석의 활용 분야로 가장 적절한 것은?

① 차원 축소 및 변수 선택

② 상품 배치

③ 분류 및 예측

④ 세분화

해설 연관성 분석의 활용 분야는 실시간 상품 추천을 통한 교차 판매, 상품 재배치가 있다.

해답 ②

2 연관 분석 기법으로 알맞은 것은?

① 회귀 분석

② Apriori

③ 군집 분석

④ 윌콕슨 순위합

해설 연관 기법은 대표적으로 Apriori, FP-growth가 있다

해답 ②

3 우유와 시리얼과의 연관 규칙 종류에 해당되는 것은?

① 행동 가능한 규칙

② 사소한 규칙

③ 설명 불가능한 규칙

④ 잘못된 규칙

해설 사소한 규칙은 이미 다 알고 있는 규칙에 해당되며 삼겹살과 상추쌈, 우유와 시리얼, 맥주와 소주 등의 규칙을 의미한다.

해답 ②

4 다음 중 연관성 분석에 대한 설명으로 잘못 기술된 것은?

① 데이터 내부에 존재하는 항목 간의 상호 관계 혹은 종속 관계를 찾아내는 분석 기법이다.

② 데이터 간의 관계에서 조건과 반응을 연결하는 분석이다.

③ 목적 변수가 없어 분석 방향이나 목적이 없으면 분석이 불가능하다.

④ 적절한 세분화로 품목 결정이 가능하지만 너무 세분화된 품목은 의미 없는 결과 도출도 가능하다.

해설 연관성 분석은 목적 변수가 없어 분석 방향이나 목적이 없어도 적용이 가능하다.

해답 ③

(6) 연관 규칙 정량화 3가지 기준

[예시]
삼겹살을 사는 사람은 탄산수도 구입한다.

고객 번호	품목
1	삼겹살, 상추, 탄산수
2	삼겹살, 탄산수
3	삼겹살, 상추

종류	특징	예시
지지도 (Support)	• 전체 거래 중 항목 X와 Y를 동시에 포함하는 거래의 정도를 나타내며 전체 구매도에 대한 경향 파악 • $$P(X \cap Y)$$	• 전체 고객 가운데 삼겹살과 탄산수를 동시에 구입한 확률 P(삼겹살∩탄산수) = 2/3
신뢰도 (Confidence)	• 항목 X를 포함하는 거래 중에서 항목 Y가 포함될 확률이 어느 정도인가를 나타내며 연관성의 정도를 파악 • $$P(Y|X) = \frac{P(X \cap Y)}{P(X)}$$	• 전체 고객 가운데 삼겹살과 탄산수를 동시에 구입한 확률의 비 P(탄산수|삼겹살) $= \dfrac{(2/3)}{(3/3)} = \dfrac{2}{3}$
향상도 (Lift)	• 항목 X를 구매한 경우 그 거래가 항목 Y를 포함하는 경우와 항목 Y가 임의로 구매되는 경우의 비 • $$\frac{P(X|Y)}{P(X)}$$	• P(탄산수|삼겹살)/P(탄산수) $= \dfrac{(2/3)}{(2/3)} = 1$
레버리지 (Leverage)	• 향상도는 비율에 해당되며, 레버리지는 차이에 해당 • 레버리지가 0에 가까우면 X, Y는 독립 • 레버리지가 양수면 향상도는 1보다 큰 경우 • 레버리지가 음수면 향상도는 1보다 작은 경우 • $$P(X \cap Y) - P(X)P(Y)$$	• P(삼겹살∩탄산수)−P(삼겹살)P(탄산수) = 2/3−(3/3)(2/3) = 0
확신도 (Conviction)	• 어떤 일이 발생하지 않을 확률 • 확신도가 1이면 X, Y는 상호 연관성이 없는 독립임 • 확신도가 1보다 크다면 X가 주어졌을 경우 Y가 발생하지 않는 경우가 X를 고려하지 않았을 경우보다 줄어들었다는 것을 의미 • $$\frac{P(Y^c)}{P(Y^c|X)}$$	• P(탄산수ᶜ)/P(탄산수ᶜ|삼겹살) = P(탄산수ᶜ)/(1−P(탄산수|삼겹살)) $= \dfrac{(1/3)}{(1/3)} = 1$

1 데이터 마이닝 분석 중 연관성 분석에서 사용되는 측도가 아닌 것은 무엇인가?

① 지지도(Support)

② 신뢰도(Confidence)

③ 향상도(Lift)

④ 정확도(Accurate Rate)

해설 연관성 분석의 측도는 지지도, 향상도, 신뢰도이다.

해답 ④

2 다음 중 아래 거래 전표에서 연관 규칙 "빵 → 우유"의 향상도를 구한 것으로 알맞은 것은?

품목	거래 건수
빵	100
우유	100
맥주	100
빵, 우유, 맥주	50
우유, 맥주	200
빵, 우유	250
빵, 맥주	200

① 30%   ② 50%

③ 83%   ④ 100%

해설 – 빵 → 우유의 향상도: 빵 → 우유신뢰도/빵을 포함한
거래의 비중: P(우유 | 빵)/P(빵)

– P(우유|빵) = P(우유∩빵)/P(빵)

– P(우유∩빵)/(P(빵)★P(빵))

$$\frac{300/1,000}{(600/1,000) \times (600/1,000)} = \frac{1,000}{12} = 83\%$$

해답 ③

3 연관 규칙의 측정 지표 중 전체 거래 중에서 품목 A, B가 동시에 포함되는 거래의 비율을 무엇이라 하는가?

① 지지도

② 향상도

③ 신뢰도

④ ROC

해설 지지도는 전체 거래 중 항목 X와 Y를 동시에 포함하는 거래의 정도를 나타내며 전체 구매도에 대한 경향 파악에 해당된다.

해답 ①

4 연관 규칙의 측정 지표로써 A를 샀을 때, 항목 A와 항목 B를 동시에 포함하는 거래의 비율을 평가하는 지표는?

① 향상도

② 지지도

③ 신뢰도

④ 레버리지

해설 신뢰도는 항목 X를 포함하는 거래 중에서 항목 Y가 포함될 확률이 어느 정도인가를 나타내며 연관성의 정도를 파악할 수 있다.

해답 ③

8 군집 분석(Clustering Analysis)

(1) 군집 분석 개념

관측된 여러 개의 변숫값들로부터 유사성(Similarity)에만 기초하여 n개의 군집으로 집단화하여 집단의 특성을 분석하는 다변량 분석 기법

(2) 군집 분석 종류

1) 계층적 군집화 방법(Hierarchical Clustering Method)

- 사전에 군집 수를 정하지 않고 단계적으로 군집 결과를 산출하는 방법
- 유사한 개체를 군집화하는 과정을 반복하여 군집을 형성하는 방법

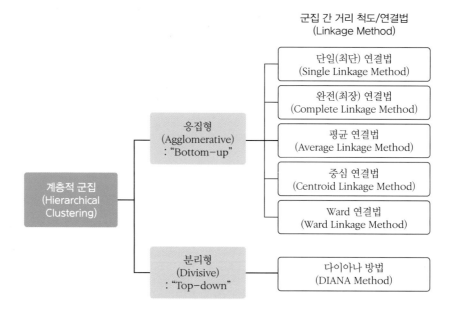

응집(병합)적 방법 (Agglomerative) : Bottom-up	• 각 객체를 하나의 소집단으로 지정한 후, 단계적으로 유사한 소집단들을 합쳐 새로운 소집단을 구성하는 방법 • 작은 군집으로부터 시작하여 군집을 병합하는 방법 • 거리가 가까우면 유사성이 높음	
	• 군집 간 거리 척도 연결법: 최단(단일) 연결법, 최장(완전) 연결법, 중심 연결법, 평균 연결법, 와드(Ward) 연결법	
분리(분할)적 방법 (Divisive) : Top-down	• 반대로 전체 집단으로부터 시작하여 유사성이 떨어지는 객체들을 분리해 가는 방법 • 큰 군집으로부터 출발하여 군집을 분리해 나가는 방법	
	• 다이아나 방법	

1 비지도 학습에 대한 설명으로 다음 빈칸에 들어갈 말로 알맞은 것은?

> 정답을 (   ), 종류로는 (   )이 이에 속한다.

① 가르쳐 주지 않고, 회귀 분석
② 가르쳐 주고, 회귀 분석
③ 가르쳐 주지 않고, 군집 분석
④ 가르쳐 주고, 군집 분석

해설 비지도 학습은 정답 즉, Label이 없으며 군집 분석이 이에 해당된다.

해답 ③

2 150개의 식물 개체를 4개의 변수(꽃받침 길이, 꽃받침 폭, 꽃잎 길이, 꽃잎 폭)로 측정한 데이터를 사용하여 3개의 식물군으로 구분하려 한다. 이때 사용 가능한 분석 방법으로 적절한 것은 무엇인가?

① 회귀 분석(Regression)
② 시계열 분석(Time Series Analysis)
③ 군집 분석(Cluster Analysis)
④ 연관 분석(Association Analysis)

해설 군집 분석이란 각 객체의 유사성을 측정하여 유사성이 높은 대상 집단을 분류하는 분석 방법이다.

해답 ③

3 군집 분석에서는 관측값들이 얼마나 유사한지 또는 유사하지 않은지를 측정할 수 있는 측도가 필요하다. 다음 중 유사도 측도에 대한 설명으로 가장 부적절한 것은?

① 유클리드 거리는 공통으로 점수를 매긴 항목의 크기를 통해 판단하는 측도이다.
② 코사인 거리는 두 단위 벡터의 내적을 이용하여, 단위 벡터의 내각의 크기로 유사도를 측정한다.
③ 자카드는 Boolean 속성으로 이루어진 두 객체 간의 유사도 측정에 사용된다.
④ 피어슨 상관 계수는 각 객체의 데이터 집합이 직선으로 표현되는 정도를 측정한다.

해설 군집 분석의 유사도 측도로 피어슨 상관 계수는 사용하지 않는다.

해답 ④

4 데이터 마이닝 분석 방법론 중 특성에 따라 고객을 여러 개의 배타적인 집단으로 나누고자 할 때 사용하는 비지도 학습(Unsupervised Learning) 방법론은 무엇인가?

① 군집(Clustering)
② 분류(Classification)
③ 연관(Association)
④ 추정(Prediction)

해설 군집 분석은 특성에 따라 고객을 여러 개의 배타적인 집단으로 나누는 것이다.

해답 ①

2) 비계층적 군집화 방법(Non-hierarchical Clustering Method) 또는 분할적 군집화

- 군집을 위한 소집단의 개수를 미리 정해놓고 각 객체 중 하나의 소집단으로 배정하는 방법
- 처음에 군집수 K를 지정한 후 관측치들을 무작위로 K개의 집단으로 분할

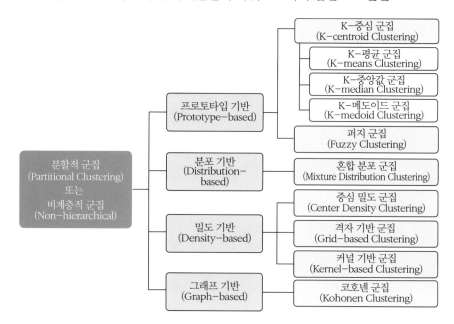

프로토타입 기반 (Prototype-based)	• K-중심 군집(K-Centroid Clustering) • K-평균 군집(K-means Clustering) • K-중앙값 군집(K-median Clustering) • K-메도이드 군집(K-medoid Clustering) • 퍼지 군집(Fuzzy Clustering)
분포 기반 (Distribution-based)	• 혼합 분포 군집 (Mixture Distribution Clustering)
밀도 기반 (Density-based)	• 노이즈가 있는 애플리케이션을 위한 밀도에 근거한 공간적 군집화 기법 • 노이즈에 강건하며, K-평균 군집에 비해 연산량은 많지만 오목한 데이터 셋에 대한 높은 처리 능력을 보임 • 중심 밀도 군집(Center Density Clustering) • 격자 기반 군집(Grid-based Clustering) • 커널 기반 군집(Kernel-based Clustering)
그래프 기반 (Graph-based)	• 코호넨 군집(Kohonen Clustering)

1 다음 중 비계층적 군집 방법(Non-hierarchical Clustering)의 장점이 아닌 것은?

① 초기 군집 수를 결정하는 것이 용이

② 주어진 데이터의 사전 정보 없이 의미 있는 자료 구조를 찾을 수 있음

③ 다양한 형태의 데이터에 적용 가능

④ 분석 방법의 적용이 용이

해설 비계층적 군집 분석은 초기 군집 수의 개수를 결정하기 어려운 단점을 가지고 있다.

해답 ①

2 K-평균 군집으로 대표되는 비계층적 군집 방법에서는 군집의 개수인 K를 미리 정해 주어야 한다. 다음 중 군집 수를 정하는 데 활용할 수 있는 그래프로 가장 적절한 것은 무엇인가?

① ROC 그래프

② 집단 내 제곱합 그래프

③ 덴드로그램

④ 향상도 곡선

해설 K-평균 군집은 초기 중심으로부터 오차 제곱합을 최소화하는 방향으로 군집이 형성되므로 집단 내 제곱합 그래프가 필요하다.

해답 ②

3 모형 기반(Model-based)의 군집 방법으로 데이터가 K개의 모수적 모형의 가중합으로 표현되는 모집단 모형으로부터 나왔다는 가정 하에서 모수와 함께 가중치를 자료로부터 추정하는 방법으로 사용하는 군집 방법은 무엇인가?

① K-평균 군집(K-means Clustering)

② 혼합 분포 군집(Mixture Distribution Clustering)

③ 계층적 군집(Hierarchical Clustering)

④ 분리 군집(Partitioning Clustering)

해설 혼합 분포 군집은 모형 기반의 군집 방법으로 데이터가 K개의 모수적 모형의 가중합으로 표현되는 모집단 모형으로부터 나왔다는 가정 하에서 모수와 함께 가중치를 자료로부터 추정하는 방법으로 사용한다.

해답 ②

4 다음 중 K-평균 군집의 단점으로 가장 부적절한 것은?

① 볼록한 형태가 아닌 군집이 존재하면 성능이 떨어진다.

② 사전에 주어진 목적이 없으므로 결과 해석이 어렵다.

③ 잡음이나 이상값에 영향을 많이 받는다.

④ 한번 군집이 형성되면 다른 군집으로 이동할 수 없다.

해설 K개의 초기 중심값은 임의로 선택이 가능하므로 한번 군집이 형성되어도 군집 내 객체들은 다른 군집으로 이동이 될 수 있다.

해답 ④

(3) 군집 간의 거리 측정 방법

종류	특징
최단 연결법 (Single Linkage Method)	• 두 군집 사이의 거리를 각 군집에서 하나씩 관측값을 뽑았을 때 나타날 수 있는 거리의 최솟값으로 측정 • 단일 연결법(Single Linkage Method)
최장 연결법 (Complete Linkage Method)	• 두 군집 사이의 거리를 각 군집에서 하나씩 관측값을 뽑았을 때 나타날 수 있는 거리의 최댓값으로 측정 • 완전 연결법(Complete Linkage Method)
중심 연결법 (Centroid Linkage Method)	• 두 군집의 중심 간의 거리를 측정 • 두 군집이 결합될 때 새로운 군집의 평균은 가중 평균을 통해 구함 • 군집 내 편차들의 제곱합을 고려하여 군집 간 정보의 손실을 최소화하는 방향으로 군집을 형성
평균 연결법 (Average Linkage Method)	• 모든 항목에 대한 거리 평균을 구하면서 군집화 • 계산량이 불필요하게 많아질 수 있음
와드 연결법 (Ward Linkage Method)	• 군집 간의 거리에 기반하는 다른 연결법과는 다른 군집 내의 오차 제곱합(Error Sum of Square)에 기초하여 군집을 수행

TIP 🔍 **클러스터 분석 기법의 특징**

• 거리: 값이 작을수록 두 관찰치가 서로 유사한 것을 의미
• 유사도: 값이 클수록 두 관찰치가 서로 유사한 것을 의미

(4) 군집 간의 거리 계산

종류		특징
수학적 거리	유클리드(Euclidean) 거리	• 두 점 간 차를 제곱하여 모두 더한 값의 양의 제곱근
	맨하탄(Manhattan) 거리	• 시가(City-block) 거리 • 두 점 간 차의 절댓값을 합한 값
	민코프스키(Minkowskii) 거리	• m 차원 민코프스키 공간에서의 거리 • m = 1일 때 맨하튼 거리와 같음 • m = 2일 때 유클리드 거리와 같음
통계적 거리	표준화(Standardized) 거리	• 변수의 측정 단위를 표준화한 거리
	마할라노바스(Mahalanobis Distance) 거리	• 변수의 표준화와 함께 변수 간의 상관성(분포 형태)을 동시에 고려한 통계적 거리
명목형 변수 거리	단순 일치 계수 (Simple Matching Coefficient)	• 매칭된 속성의 개수 • 전체 속성 중에서 일치하는 속성의 비율
	자카드(Jaccard) 계수	• 두 집합 사이의 유사도를 측정하는 방법 • 0과 1 사이의 값을 가지며 두 집합이 동일하면 1의 값, 공통의 원소가 하나도 없으면 0의 값을 가짐
	순서형 자료	• 순위 상관 계수(Rank Correlation Coefficient)를 이용하여 거리 측정

실전
미니 테스트

출제 키워드 ····· 군집 간 거리 측정; 최단 연결; 최장 연결; 중심 연결; 평균 연결; 와드 연결; 유클리드 거리; 맨하튼 거리; 민코프스키 거리; 표준화 거리; 마할라노바스 거리; 단순 일치 계수; 자카드 계수

1 군집 분석에서 관측 데이터 간 유사성이나 근접성을 측정해 어느 군집으로 묶을 수 있는지 판단해야 할 때 그 측도로 데이터 간의 거리(Distance)를 이용한다. 아래 거리 중 연속형 변수 사이의 거리를 측정하는 방법론이 아닌 것은 무엇인가?

① 유클리드 거리(Euclidean Distance)

② 표준화 거리(Standardized Distance)

③ 자카드 거리(Jaccard Distance)

④ 맨하탄 거리(Manhattan Distance)

해설 자카드 거리는 범주형 변수 사이의 거리 측정 방법에 해당된다.

해답 ③

2 아래 데이터 셋에서 A, B 의 유클리드 거리 (Euclidean Distance)를 계산하시오.

	A	B
키	185	180
앉은 키	70	75

① 0   ② $\sqrt{10}$

③ $\sqrt{25}$ ④ $\sqrt{50}$

해설 A, B의 유클리드 거리는

$\sqrt{(a1-b1)^2+(a2-b2)^2}$
$=\sqrt{(185-180)^2+(70-75)^2}=\sqrt{50}$이다.

해답 ④

3 군집 간의 거리에 기반하는 다른 연결법과는 달리 군집 내의 오차 제곱합(Error Sum of Square)에 기초하여 군집을 수행하는 계층적 군집 분석의 거리 측정 방법을 무엇이라 하는가?

① 중심 연결법   ② 평균 연결법

③ 와드 연결법   ④ 최단 연결법

해설 와드 연결법은 군집 간의 거리에 기반하는 다른 연결법과는 다른 군집 내의 오차 제곱합(Error Sum of Square)에 기초하여 군집을 수행한다.

해답 ③

4 계층적 군집 방법은 두 개체(또는 군집) 간의 거리(또는 비유사성)에 기반하여 군집을 형성해 나가므로 거리에 대한 정의가 필요한데, 다음 중 변수의 표준화와 변수 간의 상관성을 동시에 고려한 통계적 거리로 적절한 것은?

① 표준화 거리(Standardized Distance)

② 민코우스키 거리(Minkowski Distance)

③ 마할라노비스 거리(Mahalanobis Distance)

④ 자카드 계수(Jaccard Coefficient)

해설 마할라노비스 거리는 변수의 표준 편차와 더불어 변수 간 상관성까지 고려한 거리 측도이다.

해답 ③

5 아래 데이터 셋(Data Set)에서 A, B간의 유사성을 맨하탄 거리로 계산하면?

	A	B
키	180	175
앉은 키	65	70

① 0   ② 10

③ 50   ④ 100

해설 A, B의 맨하탄 거리는 $|a1-b1|+|a2-b2|=|180-175|+|65-70|=10$이다.

해답 ②

PART III 빅데이터 모델링

(5) 자기 조직화 지도(Self-Organizing Maps; SOM)

1) 자기 조직화 지도 개념

- 대뇌피질과 시각피질의 학습 과정을 기반으로 모델화한 인공신경망으로 자율 학습 방법에 의한 클러스터링 방법을 적용한 알고리즘
- 고차원의 데이터를 이해하기 쉬운 저차원의 뉴런으로 정렬하여 지도의 형태로 형상화한 비지도 신경망
- 형상화는 입력 변수의 위치 관계를 그대로 보존한다는 특징
- 실제 공간의 입력 변수가 가까이 있으면 지도상에는 가까운 위치

2) 자기 조직화 구성

종류	특징
입력층 (Input Layer)	• 입력 벡터를 받는 층으로 입력 변수의 개수와 동일하게 뉴런 수가 존재함 • 입력층의 자료는 학습을 통하여 경쟁층에 정렬되는데 이를 지도(Map)라고 부름 • 입력층에 있는 각각의 뉴런은 경쟁층에 있는 각각의 뉴런들과 연결되어 있으며 이때 완전 연결되어 있음
경쟁층 (Competitive Layer)	• 2차원 격자(Grid)로 구성된 층으로 입력 벡터의 특성에 따라 벡터의 한 점으로 클러스터링되는 층 • 경쟁 학습으로 각각의 뉴런이 입력 벡터와 얼마나 가까운가를 계산하여 연결 강도를 반복적으로 재조정하여 학습하며, 이 과정을 거치면서 연결 강도는 입력 패턴과 가장 유사한 경쟁층 뉴런이 승자가 됨 • 승자 독식 구조로 인해 경쟁층에는 승자 뉴런만이 나타나며, 승자와 유사한 연결 강도를 갖는 입력 패턴이 동일한 경쟁 뉴런으로 배열됨

(6) 혼합 분포 군집

- 확률 분포를 도입하여 군집 수행
- 군집을 몇 개의 모수로 표현할 수 있고, 서로 다른 크기의 군집을 찾을 수 있음
- EM 알고리즘을 이용한 모수 추정에서 데이터가 커지면 수렴에 시간이 걸림
- 군집의 크기가 너무 작으면 추정의 정도가 떨어지거나 어려움
- 이상값에 민감하므로 이상값 제거 등의 사전 조치 필요

(7) EM 알고리즘(Expectation-Maximization Algorithm)

1) EM 알고리즘 개념

관측되지 않은 잠재 변수에 의존하는 확률 모델에서 최대 가능도나 최대 사후 확률을 갖는 모수의 추정값을 찾는 반복적인 알고리즘

2) EM 알고리즘 진행 과정

- EM 알고리즘은 E-단계(E-step), M-단계(M-step)로 진행
- E-단계는 잠재 변수 Z의 기대치를 계산하고 M-단계는 잠재 변수 Z의 기대값을 이용하여 파라미터 추정
- 반복을 수행하며 파라미터 추정값을 도출하며 이를 최대 가능도 추정값 사용

1 EM 알고리즘에 대해 바르게 기술된 것은?

① 관측되지 않은 잠재 변수에 의존하는 확률 모델에서 모수의 추정값을 찾는 알고리즘이다.

② 분할 기준 속성을 판별하고, 분할 기준 속성에 따라 트리 형태의 알고리즘이다.

③ 사람 두뇌의 신경 세포인 뉴런이 전기 신호를 전달하는 모습을 모방한 알고리즘이다.

④ 데이터를 분리하는 초평면 중에서 데이터들과 거리가 가장 먼 초평면을 선택한다.

해설 EM 알고리즘은 관측되지 않은 잠재 변수에 의존하는 확률 모델에서 최대 가능도나 최대 사후 확률을 갖는 모수의 추정값을 찾는 반복적인 알고리즘이다.

해답 ①

2 다음 중 고차원의 데이터를 이해하기 쉬운 저차원의 뉴런으로 정렬화하여 지도의 형태로 형성화하는 클러스터링 방법으로 적절한 것은?

① 의사 결정 나무(Decision Tree)

② 연관 규칙(Association Rule)

③ 랜덤 포레스트(Random Forest)

④ 자기 조직화 지도(Self Organizing Map)

해설 자기 조직화 지도(Self Organizing Map)은 비지도 신경망으로 고차원의 데이터를 이해하기 쉬운 저차원의 뉴런으로 정렬하여 지도의 형태로 형상화한다.

해답 ④

3 SOM(Self Organizing Maps) 알고리즘은 고차원의 데이터를 이해하기 쉬운 저차원의 뉴런(Neuron)으로 정렬하여 지도(Map)의 형태로 형상화하는 방법이다. 다음 중 SOM 방법의 설명으로 적절하지 않은 것은 무엇인가?

① 입력 벡터와 가장 비슷한 연결 강도 벡터를 가진 경쟁층의 뉴런이 승자이며, 승자와 그 주변의 경쟁층 뉴런에 대해서만 연결 강도를 수행하는 학습 방법이다.

② 고차원의 표현을 1차원으로 표현할 수 있는 장점이 있다.

③ 지도 형태의 형상화는 입력 변수의 위치 관계를 그대로 보존한다는 특징이 있다.

④ 자율적인(Unsupervised) 신경망 모델로서 역전파(Back Propagation) 알고리즘처럼 여러 단계의 피드백을 처리하면서 전방 패스(Feed-forward Flow)를 사용하는 방법이다.

해설 SOM의 특징은 역전파(Back Propagation) 알고리즘 등을 이용하는 인공신경망과 달리 단 하나의 전방 패스(Feed forward Flow)를 사용함으로써 속도가 매우 빠르다.

해답 ④

1 범주형 자료 분석(Categorical Data Analysis)

(1) 범주형 자료 분석 개념

종속 변수가 하나이고 범주형인 데이터를 분석하여 모형의 유의성과 독립 변수의 유의성을 알아보는 분석 방법

(2) 범주형 자료 분석 종류

[적합성 검정]

[독립성 검정]

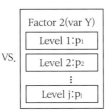

[동질성 검정]

종류	개념	가설 검정
적합성 검정 (Goodness of Fit Test)	• 어떤 확률 변수가 가정한 분포를 따르는지의 여부를 표본 자료를 이용하여 검정하는 것 예 주사위를 던져 나올 수 있는 눈의 수를 관측하였을 때 모든 경우의 수는 1, 2, 3, 4, 5, 6으로 6가지고 이 범주의 빈도가 동일한 비율인지 검정. 즉, 다시 말해 각 눈의 빈도 확률이 1/6인지를 검정하는 것	• H_0: 확률 변수 X가 특정한 분포를 따른다. • H_1: 확률 변수 X가 특정한 분포를 따르지 않는다.
독립성 검정 (Test of Independence)	• 여러 범주를 가지는 2개의 요인이 독립적인지, 서로 연관성이 있는지를 검정하는 기법	• H_0: 두 변수의 비율은 서로 독립이다. 예 아스피린 복용 여부와 심근경색 발병 여부는 서로 독립이다. • H_1: 두 변수의 비율은 서로 관계가 있다. 예 아스피린 복용 여부와 심근경색 별병 여부는 서로 연관이 있다.
동질성 검정 (Test of Homogeneity)	• 각각의 독립적인 부모 집단으로부터 정해진 표본의 크기만큼 자료를 추출하는 경우에 관측값들이 정해진 범주 내에서 서로 동질한지(비슷하게 나타나고 있는지)의 여부를 검정하는 기법	• H_0: 두 변수의 비율이 같다. 예 아스피린 복용 시와 플라시보 복용 시의 심근경색 발병 비율은 같다. • H_1: 두 변수의 비율은 서로 다르다. 예 아스피린 복용 시와 플라시보 복용 시의 심근경색 발병 비율은 다르다.

※ 동질성 검정과 독립성 검정은 개념상의 차이만 있을 뿐 계산 방식은 동일함

1 범주형 자료 분석 영역에서 관측된 데이터의 분포가 기댓값의 분포에 따르는지 여부를 검증하는 유의성 검정은 무엇인가?

① 카이제곱 검정(Chi-square test)

② F 검정(F test)

③ Z 검정(Z test)

④ T 검정(T test)

해설 범주형 자료의 관측 데이터의 분포가 기댓값의 분포에 따르는지 여부를 검증하는 것은 적합성 검정에 해당되며 카이제곱 검정을 통해 이루어진다.

해답 ①

2 6면 주사위의 각 눈이 나타날 확률이 동일한지를 알아보기 위하여 주사위를 60번 던진 결과가 다음과 같다. 다음 설명 중 틀린 것은?

눈	1	2	3	4	5	6
관측도수	10	12	10	8	10	10

① 카이제곱 동질성 검정을 이용한다.

② 카이제곱 검정 통계량 값은 0.8이다.

③ 귀무 가설은 "각 눈이 나올 확률은 1/6이다."이다.

④ 귀무 가설 하에서 각 눈이 나올 기대 도수는 10이다.

해설 ① 주사위를 활용해 나온 실험에서 검정은 적합성 검정에 속한다.

적합성 검정	어떤 확률 변수가 가정한 분포를 따르는지의 여부를 표본 자료를 이용하여 검정하는 것 **예** 주사위 눈의 수 분포 등
동질성 검정	각각의 독립적인 부모 집단으로부터 정해진 표본의 크기만큼 자료를 추출하는 경우에 관측값들이 정해진 범주 내에서 서로 동질한지를 검정하는 것

해답 ①

3 결혼 시기가 계절(봄, 여름, 가을, 겨울)별로 동일한 비율인지를 검정하려고 신혼부부 200쌍을 조사하였다. 가장 적합한 가설 검정 방법은?

① 카이제곱 적합도 검정

② 카이제곱 독립성 검정

③ 카이제곱 동질성 검정

④ 피어슨 상관 계수 검정

해설 범주형 자료의 관측 데이터의 분포가 기댓값의 분포에 따르는지의 여부를 검증하는 것은 적합도 검증에 해당된다.

해답 ①

4 다음 중 카이제곱 검정의 적용 사례로 옳지 않은 것은?

① 적합도 검정(Goodness of Fit Test)

② 독립성 검정(Test of Independence)

③ 동질성 검정(Test of Homogeneity)

④ 신뢰성 검정(Test of Reliability)

해설 카이제곱 검정은 적합도, 독립성, 동질성 검정에 사용한다.

해답 ④

(3) 교차 분석(카이제곱 검정, Chi-Square Test)

1) 교차표(Cross Tabulation)

– 분할표(Contingency Table)
– 각 분류형 변수에 대한 빈도표를 행과 열로 표현

	질환 무	질환 유	전체
남자	n_{11}	n_{12}	$n_{1.}$
여자	n_{21}	n_{22}	$n_{2.}$
전체	$n_{.1}$	$n_{.2}$	$n_{..}$

2) 자유도(Degree of Freedom)

– (행 개수−1)*(열 개수−1)
– r*C 분할표를 이용한 가설 검증에 있어 행의 수가 5, 열의 수가 3일 때, 자유도 = (5−1)*(3−1) = 4*2 = 8

3) 교차분석(Cross-Tabulation Analysis)

검정 통계량은 $x^2 = \sum\limits_{i=1}^{r} \sum\limits_{j=1}^{c} \dfrac{(O_{ij} - E_{ij})^2}{E_{ij}}$ 이다.

4) 피셔의 정확 검정(Fisher's Exact Exam)

– 분할표에서 표본 수가 적거나 표본이 셀에 치우치게 분포되어 있을 경우 피셔의 정확 검정을 실시
– 범주형 데이터에서 기대빈도가 5 미만인 셀이 20%를 넘는 경우 카이제곱 검정의 정확도가 떨어지므로 피셔의 정확 검정 사용

5) 맥니마 검정(McNemar's Test)

– 짝을 지은(paired) 2군을 2×2 Table로 Data를 분류할 수 있는 경우
– 수술 전후, 선호하는 치료 방법의 변화를 알아보고자 하는 연구
– 조사 대상자가 전후 같은 사람임

$$\text{Qm} = \frac{(n_{12} - n_{21})^2}{(n_{12} + n_{21})}$$

	수술 후 A방법	수술 후 B방법	전체
수술 전 A방법	$n_{11}(P_{11})$	$n_{12}(P_{12})$	$n_{1.}(P_{1.})$
수술 전 B방법	$n_{21}(P_{21})$	$n_{22}(P_{22})$	$n_{2.}(P_{2.})$
전체	$n_{.1}(P_{.1})$	$n_{.2}(P_{.2})$	$n_{..}(P_{..})$

– 조건1과 조건2에서의 반응률이 서로 같은지 확인
– 조건1의 반응률 $P_1 = n_{1.}/n$
– 조건2의 반응률 $P_2 = n_{.1}/n$
– 일치하지 않는 쌍의 개수로 검정 통계량 계산

1 아래 표의 내용으로 옳은 설명은?

	초기 암		말기 암		전체	
	생존	사망	생존	사망	생존	사망
A약	18	2	2	8	20	20
B약	7	3	9	21	16	24

① A약 암 환자의 생존율은 50%, B약 암 환자 생존율은 40%이다.

② 초기 암 생존율은 A약보다 B약이 높다.

② 말기 암 생존율은 A약이 B약보다 높다

④ 전체 생존율은 A약보다 B약이 더 높다.

해설 ① 생존율은 생존 인원수/전체 인원수*100으로, A약 암 환자의 생존율은 20/40*100 = 50%, B약 암 환자 생존율은 16/40*100 = 40%이다.

② 초기 암 생존율은 A약(= 18/20*100 = 90%)이 B약(= 7/10*100 = 70%)보다 더 높다.

② 말기 암 생존율은 A약(= 2/10*100 = 20%)보다 B약(= 9/30*100=30%)이 더 높다.

④ 전체 생존율은 A약(=20/40*100 = 50%)이 B약(=16/40*100 = 40%)보다 더 높다.

	초기암		말기암		전체	
	생존	사망	생존	사망	생존	사망
A약	18 (90%)	2 (10%)	2 (20%)	8 (80%)	20 (50%)	20 (50%)
B약	7 (70%)	3 (30%)	9 (30%)	21 (70%)	16 (40%)	24 (60%)

해답 ①

2 4×5 분할표 자료에 대한 독립성 검정에서 카이제곱 통계량의 자유도는?

① 9   ② 12

② 19   ④ 20

해설 r*c 교차 분석의 자유도는 (행의 수-1)(열의 수-1), 즉 (r-1)(c-1) = (4-1)(5-1) = 3*4 = 12

해답 ②

3 다음은 A대학 입학 시험의 지역별 합격자 수를 성별에 따라 정리한 자료이다. 지역별 합격자 수가 성별에 따라 차이가 있는지를 검정하기 위해 교차 분석을 하고자 한다. 카이제곱(χ^2) 검정을 한다면 자유도는 얼마인가?

	A지역	B지역	C지역	D지역	합계
A	40	30	50	50	170
B	60	40	70	30	200
합계	100	70	120	80	370

① 1   ② 2

② 3   ④ 4

해설 r*c 분할표 검정에서 자유도는 (행의 수-1)*(열의 수-1), 즉 (r-1)*(c-1)로 표시한다. 즉, 자유도는 (2-1)*(4-1) = 3 이다.

해답 ③

4 작년도 자료에 의하면 어느 대학교의 도서관에서 도서를 대출한 학부 학생들의 학년별 구성비는 1학년 12%, 2학년 20%, 3학년 33%, 4학년 35%였다. 올해 이 도서관에서 도서를 대출한 학부 학생들의 학년별 구성비가 작년도와 차이가 있는가를 분석하기 위해 학부생 도서 대출자 400명을 랜덤하게 추출하여 학생들의 학년별 도수를 조사하였다. 이 자료를 갖고 통계적인 분석을 하는 경우 사용되는 검정 통계량은?

① 자유도가 4인 카이제곱 검정 통계량

② 자유도가 (3, 396)인 F−검정 통계량

③ 자유도가 (1, 398)인 F−검정 통계량

④ 자유도가 3인 카이제곱 검정 통계량

해설 작년과 올해의 학년별 도서 대출 분포의 차이가 있는지를 검정할 때 교차 분석을 이용할 수 있다. 이때, 만약 행을 년도(작년, 올해), 열을 학년(1, 2, 3, 4)이라고 한다면 자유도는 (행의 수-1)*(열의 수-1) = (2-1)*(4-1) = 3으로 자유도가 3인 카이제곱 검정 통계량을 통해 구할 수 있다.

해답 ④

2 다차원 척도법(MDS; MultiDimensional Scaling)

(1) 다차원 척도법 개념

개체들 사이의 유사성, 비유사성을 측정하여 2차원 또는 3차원 공간상에 점으로 표현하여 개체들 사이의 집단화를 시각적으로 표현하는 분석 방법

(2) 다차원 척도법 방법

- 개체들의 거리는 유클리드 거리 행렬 이용
- 스트레스 값(Stress Value)을 이용하여 관측 대상들의 적합도 수준을 나타냄
- 스트레스 값은 0에 가까울수록 적합도 수준이 완벽하고 1에 가까울수록 나쁨

(3) 다차원 척도법 종류

종류	특성
계량적 다차원 척도법	• 데이터가 연속형 변수인 경우로 구간 척도나 비율 척도에 사용함 • 유클리드 거리 행렬을 이용하여 개체들 간의 실제 거리를 계산하고 개체들 간의 비유사성을 공간상에 표현함
비계량적 다차원 척도법	• 데이터가 순서 척도인 경우에 사용함 • 개체들 간 거리가 순서로 주어진 경우에는 개체들 간 절대적 거리는 무시하고 순서 척도를 거리의 속성과 같도록 변환하여 거리를 생성함
주성분 분석 (PCA; Principal Component Analysis)	• 상관관계가 있는 고차원 자료를 자료의 변동을 최대한 보존하는 저차원 자료로 변환하는 차원 축소 방법 • 서로 상관성이 높은 변수들의 선형 결합으로 만들어 기존의 상관성이 높은 변수들을 요약, 축소하는 기법 • 분석을 통해 나타나는 주성분으로 변수들 사이의 구조를 쉽게 이해하기는 어려움 • 차원 축소는 고유값이 높은 순으로 정렬해서, 높은 고유값을 가진 고유 벡터만으로 데이터 복원

TIP 🔍 **주성분 분석(PCA)**

- 많은 변수의 분산 방식의 패턴을 간결하게 표현하는 주성분 변수를 원래 변수의 선형 결합으로 추출하는 통계 기법
- 주성분 변수는 원래 정보를 축약한 변수이며, 일부 주성분에 의해 원래 변수의 변동이 충분히 설명되는지 알아보는 분석 방법
- P개의 변수가 있는 경우 이를 통해 얻은 정보를 P보다 상당히 적은 K개의 변수로 요약하는 것
- 가장 적은 수의 주성분을 사용하여 분산의 최대량을 설명함

1 아래 주성분 분석의 결과에 대한 다음 설명 중 가장 부적절한 것은?

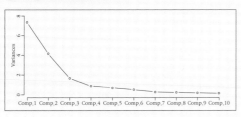

① 주성분의 분산의 크기를 보여주는 스크리 그림(Scree Plot)이다.

② 주성분의 개수를 선택하기 위해 총 분산의 비율이 70~90% 사이가 되는 지점을 찾는데 사용되는 그래프이다.

③ 주성분의 분산의 감소가 급격하게 줄어들어 주성분의 개수를 늘릴 때 얻게 되는 정보의 양이 상대적으로 미미한 지점에서 주성분의 개수를 선택한다.

④ 몇 개의 주성분을 사용하여 차원 축소를 진행할지 결정하기 위해 사용된다.

해설 스크리 그림(Scree Plot)은 총 분산 비율과 고유값(Eigenvalue)이 수평을 유지하기 전단계로 주성분의 수를 선택한다. 총 분산의 비율(Cumulative Proportion)은 주성분 분석 결과에서 확인할 수 있다.

해답 ③

2 다음 중 주성분 분석에 대한 설명으로 틀린 것은?

① 선형 결합하여 새로운 변수를 만든다.

② 분산이 커지도록 한다.

③ 데이터가 이산적인 경우에 사용한다.

④ 직관적으로 이해할 수 있다.

해설 주성분 분석은 고차원 공간의 표본들을 선형 연관성이 없는 저차원 공간으로 변환하는 기법으로 직관적으로 이해하기는 어렵다.

해답 ④

3 주성분 분석은 P개의 변수들을 중요한 m(p)개의 주성분으로 표현하여 전체 변동을 설명하는 방법을 사용한다. 다음 중 주성분 개수(m)를 선택하는 방법에 대한 설명으로 가장 부적절한 것은?

① 전체 변이 공헌도(Percentage of Total Variance) 방법은 전체 변이의 70 ~ 90% 정도가 되도록 주성분의 수를 결정한다.

② 평균 고유값(Average Eigenvalue) 방법은 고유값들의 평균을 구한 후 고유값이 평균값 이상이 되는 주성분을 제거하는 방법이다.

③ Scree Graph 이용하는 방법은 고유값 크기순으로 산점도를 그린 그래프에서 감소하는 추세가 완만해지는 지점에서 1을 뺀 개수를 주성분의 개수로 선택한다.

④ 주성분은 주성분을 구성하는 변수들의 계수 구조를 파악하여 적절하게 해석되어야 하며, 명확하게 정의된 해석 방법이 있는 것은 아니다.

해설 평균 고유값 방법은 고유값들의 평균을 구한 후 고유값이 평균값 이상이 되는 주성분을 제거하는 것이 아니라 설정하는 것이다.

해답 ②

3 시계열 분석(Time Series Analysis)

(1) 시계열 분석 개념

연도별, 분기별, 월별 등 시계열로 관측되는 자료를 분석하여 미래를 예측하기 위한 분석 기법

(2) 정상성(Stationarity) 조건

- 평균이 일정하다.　　 - 분산이 시점에 의존하지 않는다.
- 공분산은 단지 시차에만 의존하고 시점 자체에는 의존하지 않는다.

(3) 시계열 분석 구성 요소

종류	특징
추세 요인(Trend Factor)	• 일정 기간 동일한 방향으로 상승하거나 하강하는 경향 • 선형적 추세, 이차식 형태, 지수적 형태 등
계절 요인(Seasonal Factor)	• 계절적 영향과 사회적 관습에 따라 1년 주기로 발생하는 변동 요인 • 요일마다 반복, 일 년 중 각 월에 의한 변화, 각 분기에 의한 변화 등
순환 요인(Cyclical Factor)	• 2 ~ 3년 정도의 일정한 기간을 주기로 순환적으로 나타남 • 명백한 경제적이나 자연적인 이유 없이 알려지지 않은 주기를 가지고 변화
불규칙 요인(Irregular Factor)	• 추세, 계절, 순환 요인으로 설명할 수 없는 오차에 해당하는 요인

(4) 시계열 분석 종류

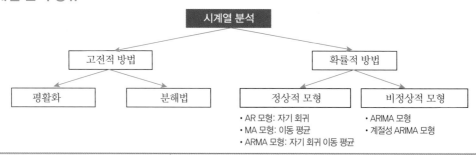

종류	특징
분해법	• 시계열을 추세, 순환, 계절 및 불규칙 변동으로 분해하여 각 변동을 추정하여 해석하는 방법
평활법	• 과거와 현재 값의 (가중)평균으로 미래값을 예측하는 방법 예 이동 평균법, 지수 평활법
자기 회귀 모형 (AR; Auto-Regressive Model)	• 자기 회귀 모형은 현시점의 자료가 p 시점 전의 유한개의 과거 자료로 설명될 수 있다는 의미 • 시계열 데이터의 과거값들이 설명 변수
이동 평균 모형 (Moving Average Model)	• 시간이 지날수록 관측값의 평균값이 지속적으로 증가하거나 감소하는 시계열 모형 • 현시점의 자료를 유한개의 백색 잡음의 선형 결합으로 표현되었기 때문에 항상 정상성을 만족
자기 회귀 누적 이동 평균 모형 (ARIMA; Auto Regressive Integrated Moving Average Model)	• 과거의 관측값과 오차를 사용해서 현재의 시계열 값을 설명하는 ARIMA(p, d, q) 모형의 차수

※ 백색 잡음(White Noise): 모든 개별 확률 변수들이 서로 독립이고(Independent) 동일한 확률 분포를 따르는(Identically Distributed) 확률 과정 (줄여서 I.I.D라고도 함)

1 다음 시계열 분석에서 정상성의 특징이 아닌 것은?

① 평균이 일정하다. 즉, 모든 시점에 대해 일정한 평균을 가진다.

② 분산도 시점에 의존하지 않는다.

③ 자기 회귀식에는 백색 잡음이 없다.

④ 공분산은 단지 시차에만 의존하고 실제 어느 시점 t, s에는 의존하지 않는다.

해설 정상성의 특징은 ①, ②, ④이다.

해답 ③

2 아래는 시계열 데이터를 분석하기 위한 절차들이다. 다음 중 시계열 데이터의 분석 절차로 가장 적절한 것은?

> ㉠ 시간 그래프 그리기
> ㉡ 추세와 계절성을 제거하기
> ㉢ 잔차 예측하기
> ㉣ 잔차에 대한 모델 적합하기
> ㉤ 예측된 잔차에 추세와 계절성을 더하여 미래를 예측하기

① ㉠ → ㉡ → ㉣ → ㉢ → ㉤

② ㉠ → ㉢ → ㉡ → ㉣ → ㉤

③ ㉠ → ㉣ → ㉢ → ㉡ → ㉤

④ ㉠ → ㉡ → ㉢ → ㉣ → ㉤

해설 시계열 분석을 하기 위해서는 다음과 같은 순서로 진행한다.

> ❶ 그래프를 그린다. → ❷ 모델을 확인하고 비정상 시계열이면 추세와 계절성을 제거한다. → ❸ 잔차를 예측한다. → ❹ 잔차에 대한 모델을 정한다. → ❺ 예측된 잔차에 추세와 계절성을 더해 미래 값을 예측한다.

해답 ④

3 다음 중 시계열 데이터에 대한 설명으로 가장 부적절한 것은?

① 시계열 데이터의 모델링은 다른 분석 모형과 같이 탐색 목적과 예측 목적으로 나눌 수 있다.

② 짧은 기간 동안의 주기적인 패턴을 계절 변동이라 한다.

③ 잡음(Noise)은 무작위적인 변동이지만 일반적으로 원인은 알려져 있다.

④ 시계열 분석의 주목적은 외부 인자와 관련해 계절적인 패턴, 추세와 같은 요소를 설명할 수 있는 모델을 결정하는 것이다.

해설 잡음은 무작위적 변동이며 일반적인 원인이 알려져 있지 않다.

해답 ③

4 다음이 설명하는 시계열의 특성은 무엇인가?

> 계절적 영향과 사회적 관습에 따라 1년 주기로 발생하는 변동 요인

① 추세

② 계절

③ 순환

④ 불규칙

해설 추세선을 따라 주기적으로 반복하는 경우를 순환 변동(Cyclical), 계절적 요인이 작용하여 1년 주기로 나타나는 경우를 계절 변동(Seasonal)이라 한다.

해답 ②

4 베이지안 기법(Bayesian Method)

(1) 확률 실험(Random Experiment)

- 개별 관측 결과를 확실하게 알 수 없는 현상 작은 실행에서는 예측하기 어려우나 동전 던지기, 주사위 던지기 등 같은 시행을 같은 조건에서 여러 번 반복 실행하면 일정한 분포를 나타냄
- 어떤 현상에 대한 과학적 연구에 필요한 자료를 관측이나 실험을 통해 구할 때 오차 발생
- 모집단의 성질을 알아보기 위해 표본의 성질을 구하면 추출 때마다 다른 값을 가짐
- 이러한 불확실성에 대처하기 위해 확률 모형 활용

(2) 확률 공리(Axioms of Probability)

- 임의의 사건 A에 대하여 $0 \leq P(A) \leq 1$
- 표본 공간 S에 대하여 $P(S) = 1$
- 공사건($\emptyset$)에 대하여 $P(\emptyset) = 0$
- 서로 배반인 사건 A와 B에 대하여 $P(A \cup B) = P(A) + P(B)$

(3) 배반 사건 vs 독립 사건

종류	특징
배반사건	두 사건 A와 B가 동시에 발생하지 않는 경우
독립사건	어느 한 사건의 발생 여부가 다른 사건이 일어날 확률에 영향을 주지 않는 두 사건

(4) 확률 종류

사건 형태별 확률	표시법	배반일 경우	배반이 아닐 경우	
			독립일 경우	독립이 아닐 경우
여사건의 확률	$P(A^c)$	$1-P(A)$	$1-P(A)$	$1-P(A)$
합사건의 확률	$P(A \cup B)$	$P(A)+P(B)$	$P(A)+P(B)-P(A \cap B)$	$P(A)+P(B)-P(A \cap B)$
곱사건의 확률	$P(A \cap B)$	0	$P(A)*P(B)$	$P(A)*P(B|A)$
조건부 확률	$P(A|B)$	0	$P(A)$	$\dfrac{P(A \cap B)}{P(B)}$

1 양의 확률을 갖는 사건 A, B, C의 독립성에 대한 설명으로 틀린 것은?

① A와 B가 독립이면, A와 B^c 또한 독립이다.

② A와 B가 독립이면, A^c와 B^c 또한 독립이다.

③ A와 B가 배반사건이면 A와 B는 독립이 아니다.

④ A와 B가 독립이고 A와 C가 독립이면, A와 B∩C 또한 독립이다.

해설 A, B가 서로 독립이면 P(A∩B) = P(A)P(B)
  ① P(A)P(B^c)=P(A)(1−P(B))=P(A)−P(A)P(B)=
    P(A)−(P(A∪B)−P(A)−P(B))=P(A∪B)−P(B)=
    P(A−B)=P(A∩B^c)
  ② P(A^c)P(B^c)=(1−P(A))(1−P(B))=1−P(A)−P(B)+
    P(A)P(B)=1−(P(A)+P(B)−P(A∩B))=1−P(A∪B)
    =P(A∪B)^c=P(A^c∩B^c)
  ③ A, B가 배반사건이면 서로 종속이다.

해답 ④

2 다음은 어느 한 야구 선수가 임의의 한 시합에서 치는 안타수의 확률 분포이다. 이 야구 선수가 내일 시합에서 2개 이상의 안타를 칠 확률은?

안타수(x)	0	1	2	3	4	5
P(X = x)	0.30	0.15	0.25	0.20	0.08	0.02

① 0.2

② 0.25

③ 0.45

④ 0.55

해설 P(X ≥ 2) = 0.25+0.20+0.08+0.02 = 0.55

해답 ④

3 확률의 공리에 해당되는 내용이 아닌 것은?

① 임의의 사건 A에 대하여 0 ≤ P(A) ≤ 1

② 표본 공간 S에 대하여 P(S) = 1

③ 공사건(∅)에 대하여 P(∅) = 0

④ 서로 배반인 사건 A와 B에 대하여 P(A∪B) 〈 P(A)+P(B)

해설 서로 배반인 사건 A와 B에 대하여 P(A∪B) = P(A)+P(B)이다.

해답 ④

4 배반 사건일 경우, 확률값에 대해 잘못 기술된 것은?

① 합사건의 확률=P(A∪B)=P(A)+P(B)

② 곱사건의 확률=P(A∪B)=1

③ 여사건의 확률=P(A^c)=1−P(A)

④ 조건부 확률=P(A|B)=0

해설 서로 배반인 사건 A와 B에 대하여 곱사건의 확률은 P(A∪B)=0 이다.

해답 ②

(5) 조건부 확률(Conditional Probability)

- 어떤 사건이 일어난다는 조건에서 다른 사건이 일어날 확률
- 두 개의 사건 A와 B에 대하여 사건 A가 일어난다는 선행 조건 아래에 사건 B가 일어날 확률
- $P(B|A) = \dfrac{P(A \cap B)}{P(A)}$, $P(A) \neq 0$
- 예시: 비가 올 때 교통 사고가 날 확률, 교통 사고가 날 때 비가 올 확률

(6) 전 확률의 정리(Law of Total Probability)

- 나중에 주어지는 사건 A의 확률을 구할 때, 그 사건의 원인을 여러 가지로 나누어서, 각 원인에 대한 조건부 확률 P(A|B)과 그 원인이 되는 확률 P(B)의 곱에 의한 가중합(Σ)으로 구할 수 있다는 법칙

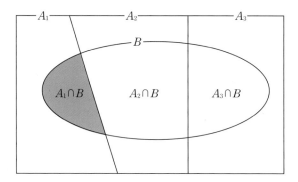

$$P(A_1|B) = \frac{P(A_1 \cap B)}{P(B)} = \frac{P(A_1)P(B|A_1)}{P(B)}$$
$$*P(B) = P(A_1 \cap B) + P(A_2 \cap B) + P(A_3 \cap B)$$
$$= P(A_1)P(B|A_1) + P(A_2)P(B|A_2) + P(A_3)P(B|A_3)$$

(7) 베이즈 정리(Bayes' Theorem)

- 어떤 사건에 대해 관측 전(사전 확률) 원인에 대한 가능성과 관측 후(사후 확률)의 원인 가능성 사이의 관계를 설명하는 확률 이론
- 어떤 사건 B가 서로 배반인 A_1, A_2, A_3, ⋯, A_n 중 어느 한 가지 경우로 발생하는 경우 실제 B가 일어날 때, 이것이 A_i일 확률을 베이즈 확률이라 함

$$P(A_1|B) = \frac{P(A_1)P(B|A_1)}{P(A_1)P(B|A_1) + P(A_2)P(B|A_2) + P(A_3)P(B|A_3)}$$

1 어떤 AIDS 검사법(예: 면역효소 검사법)에 의하면 AIDS에 감염된 사람이 양성 반응을 보일 확률이 0.95, 감염되지 않은 사람이 음성반응을 보일 확률이 0.9라고 한다. 그런데 AIDS가 전체 집단에서 5,000명 중 1명꼴로 퍼져 있는 것을 알고 있다면, 어떤 사람이 양성 반응을 나타냈을 때, 이 사람이 실제로 AIDS에 감염되어 있을 확률은 얼마일까?

① 0.0009 　　　　② 0.0019

③ 0.0029 　　　　④ 0.0039

해설 · P(kit 양성|AIDS 감염)=0.95 → 민감도(Sensitivity)

· P(kit 음성|AIDS 감염되지 않은 사람)=0.90 → 특이도(Specificity)

· P(AIDS 감염) = 1/5000

· P(AIDS 감염|kit 양성) =

$$\frac{\text{P(AIDS 감염)P(kit 양성|AIDS 감염)}}{\text{P(AIDS 감염)P(kit 양성|AIDS 감염)+P(AIDS 감염되지 않은 사람)P(kit 양성|AIDS 감염되지 않은 사람)}}$$

=(0.0002*0.95)/(0.0002*0.95+0.9998*0.10)
=0.0001896775
양성반응을 보인 사람이 실제로 AIDS에 감염되었을 확률은 0.0019로 계산됨

해답 ②

2 P(A)=0.4, P(B)=0.2, P(B|A)=0.4일 때, P(A|B)는?

① 0.4 　　　　② 0.5

③ 0.6 　　　　④ 0.8

해설 · 조건부 확률 $P(B|A) = \dfrac{P(A \cap B)}{P(A)}$

· $P(A \cap B) = P(B|A)P(A) = 0.4 \times 0.4 = 0.16$

∴ $P(A|B) = \dfrac{P(A \cap B)}{P(B)} = \dfrac{0.16}{0.2} = 0.8$

해답 ④

3 시험을 친 학생 중 국어 합격자는 50%, 영어 합격자는 60%이며, 두 과목 모두 합격한 학생은 15%라고 한다. 이때 임의로 한 학생을 뽑았을 때, 이 학생이 국어에 합격한 학생이라면 영어에도 합격했을 확률은?

① 10% 　　　　② 20%

③ 30% 　　　　④ 40%

해설 $P(\text{영어 합격}|\text{국어 합격}) = \dfrac{P(\text{영어 합격} \cap \text{국어 합격})}{P(\text{국어 합격})}$

$= \dfrac{0.15}{0.5} = 0.3$

해답 ③

동영상

4 P(A) = P(B) = 1/2, P(A|B) = 2/3 일 때, P(A∪B)를 구하면?

① $\dfrac{1}{3}$ 　　　　② $\dfrac{1}{2}$

③ $\dfrac{2}{3}$ 　　　　④ 1

해설 조건부 확률은 어떤 사건이 일어나는 경우에 다른 사건이 일어나는 확률을 말한다.

조건부 확률 $P(A|B) = \dfrac{P(A \cap B)}{P(B)}$

$P(A \cap B) = P(A|B)P(B) = \dfrac{2}{3} \times \dfrac{1}{2} = \dfrac{1}{3}$

$P(A \cup B) = P(A) + P(B) - P(A \cap B) =$

$\dfrac{1}{2} + \dfrac{1}{2} - \dfrac{1}{3} = \dfrac{2}{3}$

해답 ③

5 딥러닝 분석(Deep Learning Analysis)

(1) 딥러닝 개념

- 여러 비선형 변환 기법의 조합을 통해 높은 수준의 추상화를 시도하는 기계 학습 알고리즘의 집합
- 기존 인공 신경망 모델의 문제점인 기울기 소실 해결
- 강력한 GPU를 연산에 활용하여 하드웨어 연산 속도를 높여 분석 시간 단축
- 빅데이터의 등장과 SNS의 활용이 증가하여 학습에 필요한 데이터 확보 가능

(2) 딥러닝 분석 종류

종류	특징	구조
DNN(Deep Neural Network) 알고리즘	• 은닉층(Hidden Layer)을 심층(Deep) 구성한 신경망(Neural Network)으로 학습하는 알고리즘	• 입력층, 다수의 은닉층, 출력층으로 구성 • 입력층에서 가중치가 곱해져 은닉층으로 이동시키고, 은닉층에서도 가중치가 곱해지면서 다음 계층으로 이동 • 역전파 알고리즘은 출력층 – 은닉층 – 입력층으로 반복적으로 수행되며 최적화된 결과 도출 가능
CNN(Convolution Neural Network) 알고리즘	• 시각적 이미지를 분석하는 데 사용되는 심층 신경망으로 합성곱 신경망	• 기존 영상 처리의 필터 기능(Convolution)과 신경망(Neural Network)을 결합하여 성능을 발휘하도록 만든 구조 • 필터 기능을 이용하여 입력 이미지로부터 특징을 추출한 뒤 신경망에서 분류 작업 수행
RNN(Recurrent Neural Network) 알고리즘	• 입력층, 은닉층, 출력층으로 구성되며 은닉층에서 재귀적인 신경망을 갖는 알고리즘 • 음성 신호, 연속적 시계열 데이터 분석에 적합	• 입력층에서 전달받은 순차적인 데이터를 은닉층으로 전달하며 재귀적 구조 • 확률적 경사 하강법, 시간 기반 오차 역전파를 사용해서 가중치를 업데이트 • 장기 의존성 문제와 기울기 소실 문제가 발생하여 학습이 이루어지지 않을 수 있음

TIP

1. 장기 의존성 문제(Long-term Dependency)
   - 현재 노드 위치와 먼 과거 상태를 사용한 문맥 처리가 어려움
2. 확률적 경사 하강법(SGD; Stochastic Gradient Descent)
   - 손실 함수의 기울기를 구하여, 그 기울기를 따라 조금씩 아래로 내려가 최종적으로는 손실 함수가 가장 작은 지점에 도달하도록 하는 알고리즘
3. 시간 기반 오차 역전파(Back Propagation Through Time)
   - 역전파 알고리즘을 사용하여 모든 네트워크 매개 변수와 관련하여 비용의 기울기를 찾는 방법

1 CNN에서 (5x5)의 크기에 필터의 사이즈를 (3x3)로 설정하고, stride는 1로 설정했을 때 특성도(Feature Map) 개수의 크기는?

① (2x2) ② (3x3)

③ (5x5) ④ (7x7)

해설
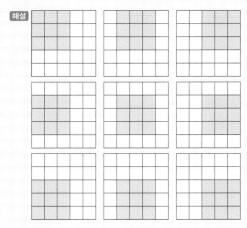

해답 ②

2 기존 영상 처리의 필터 기능(Convolution)과 신경망(Neural Network)을 결합하여 성능을 발휘하도록 만든 구조에 해당되는 딥러닝 알고리즘은?

① ANN

② CNN

③ DNN

④ RNN

해설 CNN은 시각적 이미지를 분석하는 데 사용되는 심층 신경망으로 합성곱 신경망이다. 기존 영상 처리의 필터 기능(Convolution)과 신경망(Neural Network)을 결합하여 성능을 발휘하도록 만든 구조에 해당되는 딥러닝 알고리즘이다.

해답 ②

3 RNN에 대한 설명으로 잘못 기술된 것은?

① 입력층, 은닉층, 출력층으로 구성되며 은닉층에서 재귀적인 신경망을 갖는 알고리즘이다.

② 음성 신호, 연속적 시계열 데이터 분석에 적합하다.

③ 현재 노드 위치와 먼 과거 상태를 사용한 문맥 처리가 가능하다.

④ 확률적 경사 하강법, 시간 기반 오차 역전파를 사용해서 가중치를 업데이트한다.

해설 RNN에는 장기 의존성 문제로 인해 학습이 이루어지지 않을 수 있다. 이는 현재 노드 위치와 먼 과거 상태를 사용한 문맥 처리가 어렵다.

해답 ③

4 역전파 알고리즘을 사용하여 모든 네트워크 매개 변수와 관련하여 비용의 기울기를 찾는 방법으로 가중치를 업데이트한 알고리즘은?

① ANN

② CNN

③ DNN

④ RNN

해설 RNN은 확률적 경사 하강법, 시간 기반 오차 역전파를 사용해서 가중치를 업데이트하는 알고리즘이다.

해답 ④

6 비정형 데이터 분석(Unstructured Data Analysis)

(1) 비정형 데이터 분석 개념

– 비정형 데이터 안에서 체계적인 통계적 규칙이나 패턴을 탐색하고 이를 의미 있는 정보로 변환함으로써 기업의 의사 결정에 적용하는 분석 기법
– 종류: 사회 연결망 분석, 오피니언 마이닝, 텍스트 마이닝, 웹 마이닝, 감성 분석 등

(2) 사회 연결망 분석(SNA)

개인과 집단 간의 관계를 노드와 링크로 그룹에 속한 사람들 간의 네트워크 특성과 구조를 분석하고 시각화하는 분석 기법

1) 속성

종류	내용
응집력(Cohesion)	행위자들 간 강한 사회화 관계의 존재
구조적 등위성(Equivalence)	한 네트워크의 구조적 지위와 그 위치가 주는 역할이 동일한 사람들 간의 관계
명성(Prominence)	네트워크에서 누가 권력을 가지고 있는지 확인
범위(Range)	행위자의 네트워크 규모
중계(Brokerage)	다른 네트워크와 연결해 주는 정도

2) 측정 지표

종류	내용
연결 정도 (Degree)	• 노드 간의 총 연결관계 개수를 의미 • 한 노드가 몇 개의 노드와 연결되어 있는지의 정도
포괄성 (Inclusiveness)	• 네트워크 내에서 서로 연결된 노드의 개수 • 전체 네트워크에서 연결되어 있지 않은 노드들을 제거하고 남은 노드의 개수
밀도 (Density)	• 네트워크 내에서 노드 간의 전반적인 연결 정도 수준을 나타내는 지표 • 연결망 내 전체 구성원이 서로 간에 얼마나 많은 관계를 맺고 있는지를 표현
연결 정도 중심성 (Degree Centrality)	• 특정 노드가 연결망 내에서 연결된 다른 노드들의 합 • 노드가 얼마나 많은 노드와 관계를 맺고 있는지를 파악
근접 중심성 (Closeness Centrality)	• 각 노드 간의 거리를 바탕으로 중심성을 측정하는 방식 • 직접 연결되어 있는 모든 노드 간의 거리를 바탕으로 중심성을 측정
매개 중심성 (Betweenness Centrality)	• 특정 노드가 다른 노드들 사이에 위치하는 정도를 나타내는 지표 • 어디에 위치하는지를 파악함으로써 해당 노드의 영향력을 파악

(3) 감정 분석(Sentiment Analysis)

– 어떤 주제에 대한 주관적인 인상, 감정, 태도, 개인의 의견들을 텍스트로부터 뽑아내는 분석
– 제품에 대한 평판을 알아내고자 할 때 사용
– 문장의 긍정/부정에 대한 평가는 측정 주체에 따라 달라질 수 있음
– 문장에서 긍정적/부정적인 단어의 발생 빈도를 파악

1 사회 연결망 분석(SNA)의 측정 지표 중 각 노드 간의 거리를 바탕으로 중심성을 측정하는 방식에 해당되는 것은?

① 연결 정도
② 포괄성
③ 근접 중심성
④ 매개 중심성

해설 근접 중심성은 각 노드 간의 거리를 바탕으로 중심성을 측정하는 방식으로 직접 연결되어 있는 모든 노드 간의 거리를 바탕으로 중심성을 측정한다.

해답 ③

2 그룹에 속한 사람들 간의 네트워크 특성과 구조를 분석하고 시각화하는 분석 기법은 무엇인가?

① 사회 연결망 분석
② 감성 분석
③ 텍스트 마이닝
④ 웹 마이닝

해설 그룹에 속한 사람들 간의 네트워크 특성과 구조를 분석하고 시각화하는 분석 기법은 사회 연결망 분석에 해당된다.

해답 ①

3 비정형 데이터 분석 기법에 해당되지 않는 것은?

① 사회 연결망 분석
② 텍스트 마이닝
③ 감성 분석
④ 군집 분석

해설 대표적인 비정형 데이터 분석기법으로 사회 연결망 분석, 오피니언 마이닝, 텍스트 마이닝, 웹 마이닝, 감성 분석 등이다.

해답 ④

4 SNA의 속성 가운데 응집력에 대한 설명을 맞게 기술된 것은?

① 네트워크에서 누가 권력을 가지고 있는지 정도
② 행위자들 간 강한 사회화 관계 정도
③ 다른 네트워크와 연결해 주는 정도
④ 한 네트워크의 구조적 지위와 그 위치가 주는 역할이 동일한 사람들 간의 관계

해설 사회 연결망 분석(SNA)의 속성인 응집력(Cohesion)은 행위자들 간 강한 사회화 관계의 존재를 의미한다.

해답 ②

5 SNA의 측정 지표에 대한 설명 가운데 잘못 기술된 것은?

① 연결 정도: 노드 간의 총 연결 관계 개수를 의미
② 포괄성: 네트워크 내에서 서로 연결된 노드의 개수
③ 밀도: 네트워크 내에서 노드 간의 전반적인 연결 정도 수준을 나타내는 지표
④ 매개 중심성: 특정 노드가 연결망 내에서 연결된 다른 노드들의 합

해설 매개 중심성이란 네트워크 내에서 특정 노드가 다른 노드들 사이에 위치하는 정도를 나타내는 지표이다.

해답 ④

(4) 오피니언 마이닝(Opinion Mining)

- 주관적인 의견이 포함된 데이터에서 사용자가 게재한 의견과 감정을 나타내는 패턴을 분석하는 기법
- 긍정, 부정, 중립으로 선호도 판별

	순서	내용
1	특징 추출	• 긍정 및 부정을 표현하는 단어 정보 추출
2	문장 인식	• 세부 평가 요소와 오피니언으로 구성된 문장 인식 • 규칙 기반 방법, 통계 기반 방법을 활용
3	요약 및 전달	• 긍정, 부정 표현의 통계, 주요 문장을 추출하여 요약 생성 • 오피니언 정보를 요약하고 사용자에게 전달

(5) 텍스트 마이닝(Text Mining)

- 텍스트 형태로 이루어진 비정형 데이터들을 자연어 처리 방식을 이용해 정보를 추출하는 기법
- 비정형화된 문서에서 정보 습득 가능
- 사람들의 말하는 언어를 이해할 수 있는 자연어 처리 기술 기반

1) 텍스트 마이닝의 절차

	순서	내용
1	텍스트 수집	• 데이터베이스, 텍스트 기반 문서 등이 수집 대상 • 문서 내 표현된 단어, 구, 절에 해당하는 내용을 가공할 수 있는 데이터로 전처리
2	의미 추출	• 복잡한 의미 정보의 표현을 단순화 • 도메인에 적합한 정보를 문서의 의미 데이터로 저장
3	패턴 분석	• 의미 데이터를 기반으로 문서를 자동으로 군집화 및 분류
4	정보 생성	• 시각화 도구를 통해 효과적으로 정보 표현

(6) 웹 마이닝(Web Mining)

- 웹에서 발생하는 고객의 행위 분석과 특성 데이터를 추출, 정제하여 의사 결정에 활용하기 위한 기법
- 정보 단위인 '노드'와 연결점인 '링크' 활용

종류	내용	예시
웹 내용 마이닝 (Web Contents Mining)	• 웹 사이트를 구성하는 페이지의 내용 중에서 유용한 정보 추출	텍스트, 이미지, 사운드 등
웹 사용 마이닝 (Web Usage Mining)	• 웹 로그를 통해 사용자의 행위 패턴을 분석하여 의미 있는 정보 추출	사용자 프로파일, 페이지 접근 패턴 등
웹 구조 마이닝 (Web Structure Mining)	• 웹 사이트의 구조적인 요약 정보를 찾기 위한 기법 • 하이퍼링크를 통한 그래프의 구조적인 정보 이용	웹 페이지, 하이퍼링크 등

1 다음 중 텍스트 마이닝 기법 중 단어를 벡터로 바꾸는 방법으로 옳지 않은 것은?

① TFIDF

② BAG OF WORD

③ POS Tagging

④ TF

해설 단어를 벡터로 바꾼다는 것은 단어를 통계적 수치로 표현하는 것을 의미한다. POS Tagging은 품사를 식별하여 태그 처리하는 것에 해당된다.
① TFIDF(Term Frequency, Inverse Document Frequency): 여러 문서 중 어떤 단어가 특정 문서 내에서 얼마나 중요한 것인지를 나타내는 통계적 수치
② BAG OF WORD: 단어들의 순서 상관없이 단어들의 출현 빈도를 수치화로 표현하는 방법
③ POS Tagging: 문장 내 단어들의 품사를 식별하여 태그를 붙여주는 것
④ TF(= Term Frequency): 단어가 얼마나 자주 발생하는지를 나타내는 척도

해답 ③

2 비정형 데이터 분석 기법 가운데 다음 내용에 가장 적합한 기법은?

> 웹에서 발생하는 고객의 행위 분석과 특성 데이터를 추출, 정제하여 의사 결정에 활용하기 위한 기법

① 웹 마이닝

② 오피니언 마이닝

③ 텍스트 마이닝

④ 감성 분석

해설 웹 마이닝은 웹에서 발생하는 고객의 행위 분석과 특성 데이터를 추출, 정제하여 의사 결정에 활용하기 위한 기법이다.

해답 ①

3 다음 중 텍스트 마이닝의 기능으로 맞지 않는 것은?

① 정보 추출   ② 문서 기록

③ 문서 분류   ④ 문서 군집

해설 텍스트 마이닝의 기능으로는 정보 추출, 문서 요약, 문서 분류, 문서 군집화이다.

해답 ②

4 특정 제품을 싫어하는 이유를 분석하여 실시간 여론 변화 확인할 수 있는 비정형 분석 기법으로 적절한 것은?

① 오피니언 마이닝

② 시계열 분석

③ 군집 분석

④ 텍스트 마이닝

해설 오피니언 마이닝은 주관적 의견이 포함된 데이터를 통해 사용자가 게재한 의견(혹은 감정)을 나타내는 패턴을 분석하는 기법이다.

해답 ①

5 다음 중 텍스트 마이닝 분석 순서로 바르게 연결된 것은?

① 텍스트 수집 → 의미 분석 → 정보 생성 → 패턴 분석

② 텍스트 수집 → 의미 분석 → 패턴 분석 → 정보 생성

③ 의미 분석 → 텍스트 수집 → 정보 생성 → 패턴 분석

④ 의미 분석 → 텍스트 수집 → 패턴 분석 → 정보 생성

해설 텍스트 마이닝 분석 순서는 텍스트 수집 → 의미 분석 → 패턴 분석 → 정보 생성 순으로 이루어진다.

해답 ②

PART Ⅲ 빅데이터 모델링

7 앙상블 분석(Ensemble Analysis)

(1) 앙상블 분석 개념

- 앙상블이란 본래 프랑스어로 '통일, 조화' 등을 나타내는 용어
- 여러 가지 동일한 종류 또는 서로 다른 모형들의 예측/분류 결과를 종합하여 최종적인 의사 결정에 활용

(2) 앙상블 분석의 특징

종류	내용
보다 높은 신뢰성 확보	다양한 모형의 예측 결과를 결합함으로써 단일 모형으로 분석했을 때보다 높은 신뢰성
정확도(Accuracy) 상승	이상값에 대한 대응력이 높아지고, 전체 분산을 감소시킴
원인 분석에 부적합	모형의 투명성이 떨어지게 되어 정확한 현상의 원인 분석에는 부적합

(3) 배깅(Bagging; Bootstrap Aggregating)

1) 배깅 개념

- 학습 데이터에서 다수의 부트스트랩(Bootstrap) 자료를 생성하고, 각자 자료를 모델링한 후 결합(Aggregating)하여 최종 예측 모형을 만드는 알고리즘

종류	내용
부트스트랩	주어진 자료에서 동일한 크기의 표본을 랜덤 복원 추출로 뽑은 자료를 의미
보팅(Voting)	여러 개의 모형으로부터 산출된 결과를 다수결에 의해서 최종 결과를 선정하는 과정

- 가지치기를 하지 않고 최대한 성장한 의사 결정 나무 활용
- 실제 자료에서는 모집단 분포를 모르기 때문에 평균 예측 모형을 구할 수 없어 이러한 문제를 해결하기 위해 훈련 자료를 모집단으로 생각하고 평균 예측 모형을 구하여 분산을 줄이고 예측력 향상

2) 배깅 특징

- 전반적으로 분류를 잘할 수 있도록 유도(분산 감소)
- 독립 수행 후 다수결로 결정
- 장점: 일반적으로 성능 향상에 효과적이며, 결측값이 존재할 때 강함
- 단점: 계산 복잡도는 다소 높음
- 배깅 기법을 통해 임의 복원 추출되는 훈련용 데이터를 생성하고, 각각 결정 트리를 생성·예측 결과를 투표, 평균, 확률 등으로 종합하여 예측 결과를 도출
- 임의화를 통한 과대 적합(Overfitting) 문제 극복
- 비교적 좋은 예측 능력

1 분석 모형 융합 방법 중 여러 개의 분석 모형의 결과를 종합하여 많이 선택된 클래스를 최종 결과를 예측하는 방법을 무엇이라 하는가?

① Voting　　　　② Bagging
③ Boosting　　　④ Random Forest

해설 많이 선택된 클래스를 최종 결과로 예측하는 것을 투표 즉, 보팅(Voting)이라고 한다.

해답 ①

2 앙상블 모형(Ensemble)이란 주어진 자료로부터 여러 개의 예측 모형을 만든 후 이러한 예측 모형들을 결합하여 하나의 최종 예측 모형을 만드는 방법을 말한다. 다음 중 앙상블 모형에 대한 설명으로 적절하지 않은 것은?

① 배깅은 주어진 자료에서 여러 개의 부트스트랩(Bootstrap) 자료를 생성하고 각 부트스트랩 자료에 예측 모형을 만든 후 결합하여 최종 모형을 만드는 방법이다.

② 부스팅은 배깅의 과정과 유사하여 재표본 과정에서 각 자료에 동일한 확률을 부여하여 여러 모형을 만들어 결합하는 방법이다.

③ 랜덤 포레스트(Random Forest)는 의사 결정 나무 모형의 특징인 분산이 크다는 점을 고려하여 배깅보다 더 많은 무작위성을 추가한 방법으로 약한 학습기들을 생성하고 이를 선형 결합해 최종 학습기를 만드는 방법이다.

④ 앙상블 모형은 훈련을 한 뒤 예측을 하는 데 사용하므로 교사 학습법(Supervised Learning)이다.

해설 부스팅은 예측력이 약한 모형들을 결합하여 강한 예측 모형을 만드는 방법이다.

해답 ②

3 다음 중 배깅(Bagging)에 대한 설명으로 가장 적절한 것은?

① 배깅은 데이터 간의 거리를 측정하여 군집화한다.

② 배깅은 트랜잭션 사이에 빈번하게 발생하는 규칙을 찾아낸다.

③ 배깅은 고차원의 데이터를 이해하기 쉬운 저차원의 뉴런으로 정렬하여 지도의 형태로 형상화한다.

④ 배깅은 반복 추출 방법을 사용하기 때문에 같은 데이터가 한 표본에 여러 번 추출될 수 있고, 어떤 데이터는 추출되지 않을 수도 있다.

해설 배깅은 주어진 자료에서 여러 개의 부트스트랩 자료를 생성하고, 각 부트스트랩 자료에 예측 모형을 만든 후 결합하여 최종 예측 모형을 만드는 방법이다.

해답 ④

(4) 부스팅(Boosting)

1) 부스팅 개념

- 잘못 분류된 개체들에 가중치를 적용, 새로운 분류 규칙을 만들고 이 과정을 반복하여 최종 모형을 만드는 알고리즘
- 새로운 데이터 셋을 만들 때 이전 데이터 셋 결과를 반영

2) 부스팅 절차

종류	내용
동일 가중치 분류기 생성	동일한 가중치의 분석용 데이터로부터 분류기 생성
가중치 변경 통한 분류기 생성	이전 분석용 데이터의 분류 결과에 따라 가중치 변경을 통해 분류기 생성
최종 분류기 결정	목표하는 정확성이 나올 때까지 반복 후 최종 분류기 결정

3) 부스팅 종류

① AdaBoost(Adaptive Boost) Algorithm

- Freund & Schapire가 제안
- 이진 분류 문제에서 랜덤 분류기보다 조금 더 좋은 분류기 n개에 각각 가중치를 설정하고 n개의 분류기를 결합하여 최종 분류기를 만드는 방법 제안(단, 가중치의 합은 1)
- 분류하기 힘든 관측값들에 대해서 정확하게 분류를 잘하도록 유도(예측력 강화)
- 배깅에 비해 대부분 예측 오차가 향상되어 성능이 뛰어난 경우가 많음
- 특정 케이스의 경우 상당히 높은 성능을 보임
- 일반적으로 과대 적합(Over Fitting) 없음

② Extreme Gradient Boosting(XGBoost) Algorithm

- 여러 개의 약한 Decision Tree의 예측 모형들의 학습 에러에 가중치를 두고, 순차적으로 다음 학습 모델에 반영하여 강한 예측 모형을 만드는 것
- 분류와 회귀 영역에서 뛰어난 예측 성능 발휘
- 자체에 과적합 규제(Regularization) 기능으로 강한 내구성 제시
- Early Stopping(조기 종료) 기능 있음

1 다음 중 부스팅에 대한 설명으로 옳지 않은 것은?

① 부스팅 머신 러닝 앙상블 기법 중 하나로 약한 학습기들을 순차적으로 여러 개를 결합하여 예측 혹은 분류 성능을 높이는 알고리즘이다.

② 부스팅 알고리즘에는 AdaBoost, GBM(Gradient Boosting Machine), XGBoost, LightBoost 등이 있다.

③ 매 학습마다 데이터에 가중치를 업데이트하는 과정이 필요하다.

④ 분류가 잘 된 데이터에 가중치를 부여하는 방식이다.

해설 부스팅 알고리즘은 여러 개의 약한 학습기를 순차적으로 학습, 예측하면서 잘못 예측한 데이터에 가중치를 부여해 오류를 개선해 나가며 학습하는 방식이다.

해답 ④

2 여러 개의 약한 Decision Tree를 조합해서 사용하는 앙상블 기법 중의 하나로, 약한 모형들의 학습 에러에 가중치를 두고 순차적으로 다음 학습 모델에 반영하여 강한 예측 모델을 만드는 알고리즘은?

① Extreme Gradient Boosting

② Support Vector Machine

③ Decision Tree

④ K-nearest-neighbors

해설 XGBoost(EXtreme Gradient Boosting) 알고리즘은 약한 예측 모형들의 학습 에러에 가중치를 두고, 순차적으로 다음 학습 모델에 반영하여 강한 예측 모형을 만든다.

해답 ①

3 앙상블 분석에서 예측력이 약한 학습기를 가중치를 적용, 연결하여 강한 예측 모형을 만드는 방법으로 가장 적절하게 연결된 것을 고르시오.

① 배깅 – CART

② 부스팅 – 랜덤 포레스트

③ 배깅 – 랜덤 포레스트

④ 부스팅 – GBM(Gradient Boost Model)

해설 앙상블 분석 가운데 부스팅 알고리즘은 여러 개의 약한 학습기를 순차적으로 학습, 예측하면서 잘못 예측한 데이터에 가중치를 부여해 오류를 개선해 나가며 학습하는 방식이며 부스팅 알고리즘의 종류로는 AdaBoost, GBM, XgBoost 등이 있다.

해답 ④

4 앙상블 학습(Ensemble Learning)은 여러 개의 분류기를 생성하고, 그 예측을 결합함으로써 보다 정확한 예측을 도출하는 기법을 말한다. 앙상블 기법 중 이전 분류기가 예측이 틀린 데이터에 대해서 올바르게 예측할 수 있도록 다음 분류기에게 가중치(Weight)를 부여하면서 학습과 예측을 진행하는 유형은 무엇인가?

① 보팅(Voting)

② 배깅(Bagging)

③ 부스팅(Boosting)

④ 소프트 보팅(Soft Voting)

해설 부스팅(Boosting) 기법은 여러 개의 분류기가 순차적으로 학습을 수행하기 때문에 예측 성능이 뛰어나 앙상블 학습을 주도한다. 보통 부스팅 방식은 배깅에 비해 성능이 좋지만, 속도가 느리고 과적합이 발생할 가능성이 존재하므로 상황에 따라 적절하게 사용해야 한다.

해답 ③

8 비모수 통계(Non-Parametric Statistics)

(1) 비모수 통계 개념
- 평균이나 분산 같은 모집단의 분포에 대한 모수성을 가정하지 않고 분석하는 통계적 방법
- 특정한 모집단의 분포 함수를 가정하지 못할 경우 적용

(2) 비모수 통계 방법 장점
- 모집단의 분포에 무관하게 사용 가능   – 이상값으로 인한 영향이 적음
- 추출된 샘플의 개수가 10개 미만으로 작을 경우에도 사용 가능

(3) 비모수 통계 방법 단점
모수 통계로 검정이 가능한 데이터를 비모수 통계를 이용하면 효율성이 떨어짐

(4) 부호 순위 검정 개념

종류	내용
부호	관측값이 기준값보다 크면 1, 아니면 0으로 부여된 값
순위	관측값을 작은 값에서 큰 값의 순으로 나열하였을 때의 순서
평균 순위	순위를 부여할 때 같은 값을 가지는 관측값이 있으면 같은 순위를 부여하며, 이때 부여하는 순위는 같은 값을 가진 관측값들이 서로 다른 값이라면 가지게 될 순위들의 평균값

(5) 비모수 통계 방법 종류

모수적 방법	비모수적 방법	예시
일표본 T 검정	윌콕슨 부호 순위 검정 (Wilcoxon Singed Rank Test)	• 특정 집단의 IQ가 115, 106, 137, 140, 101, 94, 87로 주어질 경우, 일반인의 평균 IQ인 100보다 떨어지는가?
독립표본 T 검정	윌콕슨 순위 합 검정 (Wilcoxon Rank Sum Test) 맨–휘트니 U 통계량 (Mann–Whitney U Statistic)	• A, B 두 개의 그룹의 체중 중에서 B 그룹의 체중이 작다고 할 수 있는가?
대응표본 T 검정	차이값을 계산하여 부호 순위 검정	• A 그룹은 다이어트 약을 복용하기 전의 체중이고 B 그룹은 다이어트 약을 복용하고 난 뒤의 체중을 나타낸 그룹이라고 할 때 B 그룹의 체중이 줄었다고 할 수 있는가?
일원 배치 분산 분석	크루스칼 왈리스 검정 (Kruskal Wallis Test)	• A, B, C 3개의 그룹으로 각기 다른 식이 요법을 시행한 후 체중 증가량의 차이가 있는가?
–	존키어–터프스트라 검정 (Jonckheere–terpstra Test)	• 학생 수에 따른 학습 효과의 차이를 보기 위하여 학생 수가 20명, 50명, 80명의 그룹에서 학생 수의 증가에 따라 학습 효과는 감소하는가?
–	페이지 검정 (Page Test)	• 블록 효과가 포함되어 있는 모형에서 처리 효과에 대한 순서 대립 가설이 설정되어 있는 경우
이원 배치 분산 분석	프리드만 검정 (Friedman Test)	• 췌장염 환자의 혈청 아밀라아제(Serum Amylase)를 측정하는 A, B, C 3가지 방법을 비교하고자 한다. 데이터는 9명의 환자에 대하여 혈청 100ml 당 효소 단위의 측정값과 각 블록(환자)에서의 순위를 나타낸다. 측정 방법에 따라 측정값에 심각한 차이가 있는가?
상관 분석	순위 상관	
회귀 분석	순위 회귀	

※ 윌콕슨 순위합 검정과 맨–휘트니의 U 검정은 동일 검정임

1 비모수 통계 분석 기법인 윌콕슨 부호 순위 검정(Willcoxon Signed Rank)와 윌콕슨 순위 합 검정(Willcoxon Rank Sum) 설명 중 가장 옳지 않은 것은?

① 윌콕슨 부호 순위는 일변량 검정이다.

② 윌콕슨 순위 합은 이변량 검정이다.

③ 주로 10개 이하의 작은 샘플일 때 사용한다.

④ 윌콕슨 부호 순위 검정은 검정 결과가 대칭되어야 검정 가능하다.

> 해설 분포가 대칭은 정규 분포를 따르는 자료이며, 이는 모수 통계가 가능하다. 윌콕슨 부호 순위 검정은 비모수 검정에 해당된다.

> 해답 ④

2 다음 분석이 가능한 비모수 검정 방법을 선택하시오.

> A 그룹은 다이어트 약을 복용하기 전의 체중이고 B 그룹은 다이어트 약을 복용하고 난 뒤의 체중을 나타낸 그룹이라고 할 때 B 그룹의 체중이 줄었다고 할 수 있는가?

① 윌콕슨 부호 순위 검정

② 맨-휘트니 U 검정

③ 차이값을 통한 부호 순위 검정

④ 존키어-터프스트라 검정

> 해설 동일 대상자의 전·후 비교를 위해서는 대응 검정 (Paired Test)로 분석하며, 비모수 검정에서 대응 검정은 전, 후 차이값을 계산하여 이를 통한 부호 순위 검정에 해당한다.

> 해답 ③

3 다음 분석이 가능한 비모수 검정 방법을 선택하시오.

> A, B, C 세 종류의 수면제를 12명의 불면증 환자에게 임상 실험하였다. 이때 12명의 환자는 연령, 건강 상태, 불면증의 정도 등이 서로 심각하게 다르기 때문에 이들을 비슷한 그룹끼리 묶어서 네 그룹으로 만들고, 각 그룹 내에서 랜덤하게 A, B, C를 적용하여 약효를 비교하였다. 이때, A, B, C로 갈수록 약효가 증가하는 순위로 존재한다. 수면제의 종류에 따라 약효에 심각한 차이가 있다고 할 수 있는가?

① 윌콕슨 부호 순위 검정

② 대응 검정

③ 페이지 검정

④ 순위 상관 검정

> 해설 페이지 검정의 경우, 블록 효과가 포함되어 있는 모형에서 처리 효과에 대한 순서 대립 가설이 설정되어 있는 경우 분석 가능하다.

> 해답 ③

4 다음 중 중간값을 이용한 비모수 검정에 대한 설명으로 옳지 않은 것은?

① 모수성을 가정하지 않고 분석하는 통계적 방법이다.

② 이상값에 의한 영향을 많이 받기 때문에 이상치 처리가 필요하다.

③ 모집단의 분포를 가정하지 않아도 분석이 가능하다.

④ 맨-휘트니 U 검정(Mann-Whitny U Test)는 이변량 검정이다.

> 해설 비모수 검정은 순위를 통해 분석하는 분석 방법으로 이상값에 의한 영향을 적게 받는다.

> 해답 ②

빅데이터 결과 해석

PART IV

20문항(100점) 가운데 8문항(40점) −12문항(60점) 이상 목표

주요항목	세부항목	세세부항목	출제 난이도
Chapter 01 분석 모형 평가 및 개선	Section 01 분석 모형 평가	1 평가 지표	★★
		2 분석 모형 진단	★★
		3 교차 검증	★★★
		4 모수 유의성 검정	★
		5 적합도 검정	★
	Section 02 분석 모형 개선	1 과대 적합 방지	★★★
		2 매개 변수 최적화	★★★
		3 하이퍼파라미터 최적화	★★
		4 분석 모형 융합	★★
		5 최종 모형 선정	★★
Chapter 02 분석 결과 해석 및 활용	Section 01 분석 결과 해석	1 분석 모형 해석	★★★
		2 비즈니스 기여도 평가	★
	Section 02 분석 결과 시각화	1 데이터 시각화 개념	★
		2 시간 시각화	★★
		3 공간 시각화	★★
		4 관계 시각화	★★
		5 비교 시각화	★★
		6 인포그래픽	★★
	Section 03 분석 결과 활용	1 분석 모형 전개	★
		2 분석 결과 활용 시나리오 개발	★
		3 분석 모형 모니터링	★★
		4 분석 모형 리모델링	★

 Section 01 **분석 모형 평가**

1 평가 지표

(1) 평가 지표 개념

빅데이터 분석 모형의 평가는 예측 모형 평가 지표, 분류 모형 평가 지표, 군집 모형 평가 지표로 구분

(2) 예측 모형의 평가 지표

ME, MAE, MPE, MAPE, MSE, RMSE, RMSLE는 값이 작을수록 예측 성능이 좋은 것

평가 지표	설명
ME (Mean Error)	• 오차(E)의 평균(A) $\quad \dfrac{1}{n}\sum_{i=1}^{n}(y_i-\hat{y})$
MAE (Mean Absolute Error)	• 오차(E) 절댓값(A)의 평균(M) $\quad \dfrac{1}{n}\sum_{i=1}^{n}|y_i-\hat{y}|$
MPE (Mean Percentage Error)	• 오차(E) 백분율(P)의 평균(M) $\quad \dfrac{100}{n}\sum_{i=1}^{n}\left(\dfrac{y_i-\hat{y}}{y_i}\right)$
MAPE (Mean Absolute Percentage Error)	• 오차(E) 백분율(P) 절댓값(A)의 평균(M) $\quad \dfrac{100}{n}\sum_{i=1}^{n}\left|\dfrac{y_i-\hat{y}}{y_i}\right|$
MSE (Mean Squared Error)	• 오차(E)의 제곱(S)을 평균(M) $\quad \dfrac{1}{n}\sum_{i=1}^{n}(y_i-\hat{y_i})^2$
RMSE (Root Mean Squared Error)	• 오차(E)의 제곱(S)을 평균(M)한 값에 제곱근(R)을 씌운 것 $\quad \sqrt{\dfrac{1}{n}\sum_{i=1}^{n}(y_i-\hat{y})^2}$
RMSLE (Root Mean Squared Log Error)	• 로그(L) 오차(E)의 제곱(S)을 평균(M)한 값에 제곱근(R)을 씌운 것 $\quad \sqrt{\dfrac{1}{n}\sum_{i=1}^{n}(log(\hat{y_i}+1)-log(y_i+1))^2}$
결정계수 R^2	• 0 ~ 1 사이의 값으로 숫자가 클수록 설명력이 높음 $\quad R^2=\dfrac{\text{회귀 제곱합}}{\text{전체 제곱합}}=\dfrac{SSR}{SST}$
수정된 R^2	• 다중회귀에서 독립변수 개수에 따른 결정계수 증가를 수정 $\quad \text{Adj } R^2=\dfrac{SSR}{SST}=\dfrac{n-1}{n-k-1}$ (K=독립 변수 개수, n=데이터 개수)
AIC	• Akaike Information Criterion $\quad \text{AIC}=-2\text{log}(L)+2k$
BIC	• Bayesian Information Criterion $\quad \text{BIC}=-2\text{log}(L)+k\text{log}(n)$

1 다음 회귀 모형의 평가 지표중 회귀 제곱합으로 계산되는 평가 지표는?

① SST   ② SSE

③ SSR   ④ 결정계수

해설 회귀 제곱합(SSR; Sum of Square due to Regression): 예측값과 평균값의 차이(오차) 제곱의 합이다.

평가 지표	설명	
SSE (Sum of Square Error)	• 예측값과 실제값의 차이(오차) 제곱의 합	$\sum_{i=1}^{n}(y_i-\hat{y})^2$
SSR (Sum of Squares due to Regression)	• 예측값과 평균값의 차이 제곱(S)의 합(S)	$\sum_{i=1}^{n}(\hat{y_i}-\bar{y})^2$
SST (Total Sum of Squares)	• 실제값과 평균값의 차이 제곱(S)의 합(S) • SSE+SSR	$\sum_{i=1}^{n}(y_i-\bar{y})^2$

해답 ③

2 다음 중 회귀 모형의 결정 계수(R^2)에 대한 설명 중 가장 옳지 않은 것은?

① 결정 계수(R^2)는 분산을 기반으로 하는 예측 성능 평가이다.

② 0에 가까울수록 예측 정확도가 높다.

③ 독립 변수 개수가 많아질수록 그 값이 커지게 된다.

④ 종속 변수의 변동을 별로 설명해 주지 못하는 변수가 모형에 추가된다고 하더라도 결정 계수(R^2) 값이 커질 수 있다.

해설 1에 가까울수록 예측 정확도가 높음

해답 ②

3 회귀 모형의 평가 지표 중 수정된 결정 계수에 대한 설명 중 가장 옳지 않은 것은?

① 독립 변수를 추가하는 것에 페널티를 부과하여 결정 계수 문제점을 보완한다.

② 다중 회귀 모델은 수정된 결정계수보다는 결정 계수를 주로 사용한다.

③ 대부분 수정된 결정 계수는 항상 결정 계수보다 작다.

④ 독립 변수가 추가되면 항상 수정된 결정 계수는 감소한다.

해설 다중 회귀 모델은 대부분 수정된 결정 계수를 사용한다.

해답 ②

4 다음 중 분류 모형 평가 지표 공식으로 옳지 않은 것은?

① $MAE = \dfrac{1}{n}\sum_{i=1}^{n}|y_i-\hat{y}|$

② $MPE = \dfrac{100}{n}\sum_{i=1}^{n}\left(\dfrac{y_i-\hat{y}}{y_i}\right)$

③ $MSE = \sqrt{\dfrac{1}{n}\sum_{i=1}^{n}(y_i-\hat{y})^2}$

④ $MAPE = \dfrac{100}{n}\sum_{i=1}^{n}\left|\dfrac{y_i-\hat{y}}{y_i}\right|$

해설 MSE의 공식은 $MSE = \dfrac{1}{n}\sum_{i=1}^{n}(y_i-\hat{y_i})^2$이다.

해답 ③

(3) 분류 모형의 평가 지표

- 오차 행렬, 정확도, 정밀도, 재현율, F1-Score, ROC 많이 사용
- 정확도, 정밀도, 재현율, F1-score는 모두 0-1 사이의 값을 가지며, 1에 가까워질수록 성능이 좋은 것

1) 혼동 행렬(Confusion Matrix, 오차 행렬)

① 혼동 행렬 개념

- 분류의 예측 범주와 실제 데이터의 분류 범주를 교차표 형태로 정리한 행렬

	예상(True)	예상(False)
실제(Positive)	TP	FP
실제(Negative)	TN	FN

- TP(True Positive): 참 긍정, 병이 맞다고 예측한 환자가 실제로 병을 가진 경우
- TN(True Negative): 참 부정, 병이 아니라고 예측한 환자가 실제로 병이 없는 경우
- FP(False Positive): 거짓 긍정, 병이 맞다고 예측한 환자가 실제로는 병이 없는 경우
- FN(False Negative): 거짓 부정, 병이 아니라고 예측한 환자가 실제로는 병이 있는 경우

② 혼동 행렬의 평가 지표

평가 지표	내용	계산식
정확도 (Accuracy)	• 실제 분류 범주를 정확하게 예측한 비율	$\dfrac{TP + TN}{TP + TN + FP + FN}$
오분류율 (Error Rate)	• 실제 분류 범주를 잘못 분류한 비율 • 1-정확도와 동일	$\dfrac{FP + FN}{TP + TN + FP + FN}$
민감도 = 재현율 (Sensitivity, Recall)	• 실제로 긍정인 범주(TP + FN) 중에서 긍정으로 올바르게 예측(TP)한 비율 • 참 긍정율(TP Rate)로도 지칭함	$\dfrac{TP}{TP + FN}$
특이도 (Specificity)	• 실제로 부정인 범주(TN + FP) 중에서 부정으로 예측(TN)한 비율	$\dfrac{TN}{TN + FP}$
거짓 긍정율 (FP Rate)	• 실제로 부정인 범주(TN + FP) 중에서 긍정으로 잘못 예측(FP)한 비율	$\dfrac{FP}{TN + FP}$
정밀도 (Precision)	• 긍정으로 예측한 범주(TP + FP) 중에서 실제로 긍정(TP)인 비율	$\dfrac{TP}{TP + FP}$
F1 스코어 (F1-score)	• 정밀도와 재현율의 조화 평균 • 정밀도와 재현율이 모두 클 때 F1 스코어의 값이 커지는 특성	$2 \times \dfrac{정밀도 \times 재현율}{정밀도 + 재현율}$
카파 통계 (Kappa Statistic)	• 모델의 예측값과 실제값이 우연히 일치할 확률(Pr(e)) 제외한 후의 값	$\dfrac{정확도 - Pr(e)}{1 - Pr(e)}$

1 혼동 행렬 기반 지표 중 True로 예측한 것 중 실제 True인 지표는 무엇인가?

① Precision

② Error Rate

③ Recall

④ F1-Score

해설 • Precision: 모델의 예측값이 얼마나 정확하게 예측 됐는가를 나타내는 지표로 "예"라고 예측했을 때의 정답률
• 계산식: TP/(TP+FP)

해답 ①

2 혼동 행렬 기반 지표 중 오분류표에서 민감 도와 같은 지표는 무엇인가?

① Precision

② F1-Score

③ Error Rate

④ Recall

해설 민감도(Sensitivity) = 재현율(Recall)

해답 ④

3 혼동 행렬 기반 지표 중 F1 스코어를 구하는 수식은 무엇인가?

① 2*재현율*정밀도/(재현율+정밀도)

② (TP+TN)/(TP+TN+FN+FP)

③ TN/(TN+FP)

④ FP/N

해설 정밀도도 중요하고 재현율도 중요한데 둘 중 무엇을 쓸 지 고민될 때 이 두 값의 조화 평균을 F1 스코어 활용 한다.

해답 ①

4 재현율(Recall)을 계산하는 산식은?

① TP/(TP+FN)

② (TP+TN)/(TP+TN+FN+FP)

③ TN/(TN+FP)

④ FP/N

해설 • 재현율(Recall) = 민감도(Sensitivity), 실제값 중에 서 모델이 검출한 실제값의 비율을 나타내는 지표
• 계산식: TP/(TP+FN)

해답 ①

5 다음은 어떤 평가 방법의 산식을 의미하는 가?

(Accuracy-P(e))/(1-P(e)), 단 P(e)는 두 평 가자가 우연히 일치할 확률

① F1-Score

② Precision

③ Kappa

④ Error Rate

해설 Kappa: 일반적으로 두 평가자의 평가가 얼마나 일치 하는지를 의미하며 0 - 1 사이의 값을 가진다.

해답 ③

PART IV 빅데이터 결과 해석

2) ROC Curve

- X축의 False Positive Rate는 낮고, True Positive Rate는 높은 예측 모델일수록 좌상단으로 휘어지는 커브의 형태
- AUC 모형(Area Under ROC; AUROC): 진단의 정확도를 측정할 때 사용하는 것으로 ROC 곡선 아래의 면적을 나타낸 모형의 평가 지표

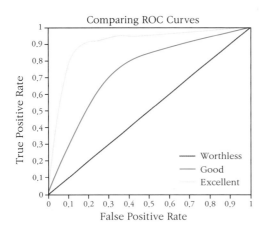

3) Gain Chart

- 전체 반응률 대비 해당 분위의 반응률 비율
- 계산식: 해당 분위의 반응률/전체 반응률*100(%)

(4) 군집 모형 평가 지표

종류	내용
실루엣 (Silhouette)	• 군집 내의 응집도, 군집 간 분리도를 이용한 지표 • 군집 내 요소 간 거리가 짧고, 군집 간 거리가 멀수록 값이 커짐
던지수 (Dunn Index)	• 군집 간 거리의 최소값을 분자, 군집 내 요소간 거리의 최댓값을 분모로 하는 지표 • 군집 내 요소 간 거리가 짧을수록, 군집 간 거리가 멀수록 군집이 잘 형성됨
랜드 지수 (Rand Index)	• $R=(a+b)/(a+b+c+d)=(a+b)/n$ • a는 2개의 클러스터가 있을 때, 두 클러스터 내에서 동일하게 짝지어진 쌍 • b는 2개의 클러스터가 있을 때, 두 클러스터 내에서 다르게 짝지어진 쌍
상호 정보량 (Mutual Information)	• 클러스터링이 얼마나 잘 되었는지 평가하는 척도 중 하나로 집단 간의 거리 계산을 통해 얼마나 클러스터링이 잘되었는지를 확인하는 방식으로 사용 • 집단의 수가 증가할수록 Score Value가 커지기 때문에 Adjusted Mutual Information 이나 Normalized Mutual Information을 활용하여 평가하는 것이 더 좋음

1 민감도와 1-특이도를 활용하여 모형을 평가하는 그래프는 무엇인가?

① ROC 커브 　　② 히스토그램

③ 버블 차트 　　④ 히트맵

해설 ROC 커브는 X축의 False Positive Rate는 낮고 True Positive Rate는 높은 예측 모델일수록 좌상단으로 휘어지는 커브의 형태를 보인다.

해답 ①

2 다음 중 ROC 곡선에 대한 설명으로 가장 옳지 않은 것은 무엇인가?

① ROC 곡선의 X축은 FPR(False Positive Rate)를 사용한다.

② ROC 곡선의 Y축은 TPR(True Positive Rate)을 사용한다.

③ FPR과 TPR은 반비례 관계이다.

④ 진단의 정확도는 AUC를 사용하며 항상 0-1의 값을 가진다.

해설 AUC의 값은 항상 0.5-1의 값을 가진다.

해답 ④

3 군집 분석의 품질 평가 지표로 응집도와 분리도를 계산하는 지표는?

① 실루엣(Shilouette)

② Dunn Index

③ Rand Index

④ Mutual Information

해설 실루엣(shilouette): 군집 내의 응집도, 군집 간 분리도를 이용한 지표. 즉 군집 내 요소 간 거리가 짧고, 군집 간 거리가 멀수록 값이 커진다.

해답 ①

4 다음 중 비지도 학습 모델 평가 방법이 아닌 것은?

① Silhouette

② Dunn Index

③ Gain Chart

④ Mutual Information

해설 Gain Chart: 전체 반응률 대비 해당 분위의 반응률 비율로 지도 학습 모델 평가 방법에 해당된다.

해답 ③

5 ROC 그래프의 설명으로 적절하지 않은 것은?

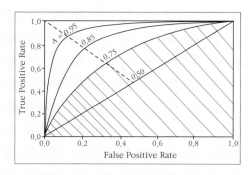

① 민감도가 1, 특이도가 0인 점을 지난다.

② 민감도가 0, 특이도가 1인 점을 지난다.

③ 가장 이상적인 그래프는 민감도가 1, 특이도가 1인 점을 지난다.

④ 특이도가 증가하는 그래프이다.

해설 X축은 1-특이도인 위양성률(FPR)로, 해당값의 증가, 감소 해석하지 않는다.

해답 ④

② 분석 모형 진단

(1) 분석 모형 진단 개념

학습이 완료된 최종 분석 모형을 학습에 사용된 적이 없는 데이터를 사용하여 분석 모형 운영의 안정성과 적합성을 평가

(2) 데이터 셋 구성

일반적으로 데이터 셋은 훈련 데이터 셋, 평가 데이터 셋 등의 2개 또는 훈련 데이터 셋, 검증 데이터 셋, 평가 데이터 셋 등의 3개의 분할 데이터 셋으로 구성

- 훈련 데이터 셋(Training Data Set): 일반적으로 가장 큰 데이터 셋으로 분석 모형을 구축하기 위해 사용
- 검증 데이터 셋(Validation Data Set): 모델을 비교하여 가장 좋은 모델을 선택하기 위해 사용
- 평가 데이터 셋(Test Data Set): 새로운 데이터 셋으로 선택된 모델의 성능을 평가하기 위해 사용

(3) 분석 모형 진단

예측, 분류, 군집 등의 분석 목적에 따라 구축된 분석 모형을 평가 데이터 셋을 활용하여 진단하는 것을 분석 모형 진단이라 하며, 분석 목적과 구축된 분석 모형에 적합한 평가 지표를 사용해야 함

분석 목적	모형 진단 방법	대표 평가 지표
예측	예측 오차	MAE, MSE, RMS, MAPE 등
	교차 유효성 검사	K-겹 교차 검증(K-fold Cross Validation)
분류	분류 오류율 검사	추정 범주와 실제 범주의 오류율
	혼동 행렬 검사	오류율, 정확도, 민감도, 특이도
	ROC 곡선 검사	AUC(Area Under the Curve)
군집	내부 평가	던 지수(Dunn Index), CH 지수(CH Index)
	외부 평가	랜드 지수(Rand Index), 자카드 지수(Jaccard Index)

1 다음 중 분석 모형 진단의 목적에 가장 적합한 것은?

① 분석 모형 학습의 적합도 평가

② 분석 모형 검증의 유효성과 정규성 평가

③ 분석 모형 평가의 일반화 평가

④ 분석 모형 운영의 안정성과 적합성 평가

해설 분석 모형 진단은 학습이 완료된 분석 모형의 운영시 안정성과 적합성을 평가하는 것이 목적이다.

해답 ④

2 다음 중 데이터 모형 진단에 사용되는 평가 데이터 셋(Test data set)의 설명으로 옳지 않는 것은?

① 훈련 데이터 셋과 독립적이지만 훈련 데이터 셋와 동일한 확률 분포를 따른다.

② 최종 분석 모형의 성능을 평가하는데만 사용된다.

③ 훈련 데이터 셋에 적합(fit)한 분석 모형이 평가 데이터 셋에도 잘 적합(fit)되면 최대한의 과대 적합이 발생한다.

④ 교차 검증에서 평가 데이터 셋를 홀드아웃 데이터 셋라 한다.

해설 훈련 데이터 셋에 적합(fit)한 분석 모형이 평가 데이터 세트에도 잘 적합(fit)되면 최소한의 과대 적합이 발생한다.

해답 ③

3 다음의 분석 모형 진단 방법 중 성격이 가장 다른 것은?

① 분류 오류율 검사

② 교차 유효성 검사

③ 혼동 행렬 검사

④ ROC 곡선 검사

해설 교차 유효성 검사는 예측 모형에 대한 진단 방법이다.

해답 ②

4 다음 중 분석 모형과 모형 진단 방법의 짝이 옳지 않은 것은?

① 예측 모형 – 교차 유효성 검사

② 분류 모형 – 혼동 행렬 검사

③ 분류 모형 – 분류 오류율 검사

④ 군집 모형 – ROC 곡선 검사

해설 ROC 곡선 검사는 분류 모형에 해당하는 모형 진단 방법이다.

해답 ④

5 분석 모형의 내용으로 옳은 것은?

① 분석 모형의 기본 가정에 대한 진단 없이 모형을 사용해도 무방하다.

② R과 같은 분석 소프트웨어를 사용했다면 분석 방법에 대한 적절성을 진단할 필요가 없다.

③ 분석 모형에 대한 기본 가정을 만족시키지 못했지만 가설 검정을 통과하는 경우가 발생할 수 있다.

④ 각 모델별로 상이한 진단 절차, 사용하는 모델의 특성, 사전 가정 등을 바탕으로 선택한 분석 모형의 진단이 필요하다.

해설 분석 모형을 선택한 이후에는 분석 모형의 진단이 반드시 필요하다.

해답 ④

3 교차 검증(Cross Validation)

(1) 교차 검증 개념

- 모델 학습 시 데이터를 훈련용(Training)과 검증용(Validation)으로 교차하여 선택하는 방법 으로 과대 적합을 방지할 수 있는 검증 기법
- 데이터의 다른 부분을 사용하여 반복적으로 모델을 테스트하고 훈련하는 리샘플링 방법
- 모델 예측 성능을 보다 정확한 추정치로 도출하기 위한 방법으로 선택된 교차 검증 데이터별 측정치를 평균하여 사용
- 데이터 셋이 충분히 크지 않을 때 유용하게 사용

(2) 교차 검증 장단점

장점	단점
특정 데이터 셋에 대한 과대 적합 방지	Iteration(반복) 횟수가 많기 때문에 모델 훈련 및 평가 소요 시간 증가
더욱 일반화된 모델 생성 가능	
데이터 셋 규모가 적을 시 과소 적합 방지	

(3) 교차 검증 종류

1) 홀드 아웃 교차 검증

① 개념

전체 데이터를 비복원 추출 방법을 이용하여 랜덤하게 학습 데이터(Training Data Set)와 검 증 데이터(Validation Data Set)로 나눠 검증하는 기법이다.

Holdout	Train Data Set	Validation Data Set

② 검증 방법

- 일반적으로 5:5, 3:7, 2:1 등의 비율로 데이터를 나누어 학습(Training)과 검증 데이터 (Validation Data Set)에 사용
- 계산량이 많지 않아 모형을 쉽게 평가할 수 있으나 전체 데이터에서 평가 데이터만큼은 학 습에 사용할 수 없으므로 데이터 손실이 발생
- 데이터를 어떻게 나누느냐에 따라 결과가 많이 달라질 수 있음

1 다음 중 교차 검증의 설명으로 옳지 않은 것은?

① 모델 학습시 데이터를 훈련용과 검증용으로 교차하여 선택하는 방법
② 데이터의 다른 부분을 사용하여 다른 반복에서 모델을 훈련하는 리샘플링 방법
③ 선택된 교차 검증 데이터별 측정치를 평균하여 사용
④ 데이터 셋이 충분히 클 때 유용하게 사용할 수 있는 기법

[해설] 교차 검증은 데이터 셋이 충분히 크지 않을 때 유용하게 사용

[해답] ④

2 계산량이 많지 않고 학습 과정에서 평가 데이터만큼 데이터 손실이 발생하는 교차 검증 기법은?

① Holdout Cross Validation
② Leave-One-Out Cross Validation
③ K-fold Cross Validation
④ LPOCV

[해설] Holdout Cross Validation는 학습 데이터와 검증 데이터를 분리하여 활용하기 때문에 검증 데이터의 양만큼 학습 데이터에서 활용하지 못한다.

[해답] ①

3 다음 중 교차 검증의 장점으로 옳지 않은 것은?

① 특정 데이터 셋에 대한 과대 적합 방지
② 더욱 일반화된 모델 생성 가능
③ 데이터 셋 규모가 적을 시 과소 적합 방지
④ 모델 훈련 및 평가 소요 기간 단축

[해설] 반복 횟수의 증가로 모델 훈련 및 평가 소요 시간이 증가한다.

[해답] ④

4 데이터를 실험 데이터와 평가 데이터로 구분하는 방법은?

① 홀드 아웃 방법 ② Random Sampling
③ 부스팅 기법 ④ 앙상블 기법

[해설] 홀드 아웃 방법: 데이터 집합을 서로 겹치지 않는 학습 집합과 평가 집합으로 무작위 구분 후, 학습 집합을 이용하여 분석 모형을 구축하고 평가 집합을 이용하여 분석 모형의 성능을 평가하는 기법이다.

[해답] ①

5 홀드 아웃 관련 데이터가 아닌 것은?

① 검증 데이터 ② 학습 데이터
③ 평가 데이터 ④ 증가 데이터

[해설] 홀드 아웃 데이터는 학습 데이터, 검증 데이터, 평가 데이터로 구성된다.

[해답] ④

6 홀드 아웃 교차 검증의 설명으로 옳지 않은 것은?

① 전체 데이터를 비복원 추출 방법을 이용하여 랜덤하게 학습 데이터와 검증 데이터로 나눠 검증하는 기법이다.
② 모집단으로부터 조사의 대상이 되는 표본은 무작위로 추출한다.
③ 전체 데이터에서 평가 데이터만큼은 학습에 사용할 수 없으므로 데이터 손실이 발생한다.
④ 데이터를 어떻게 나누느냐에 따라 결과가 많이 달라질 수 있다.

[해설] 모집단으로부터 표본을 무작위로 추출하는 기법은 랜덤 서브 샘플링이다.

[해답] ②

PART IV 빅데이터 결과 해석

2) K-fold Validation

① K-fold Validation 개념

훈련(Training) 데이터 집합을 무작위로 동일 크기를 갖는 K개의 부분 집합으로 나누고 그 중 1개 집합을 검증 데이터(Validation Set)로, 나머지(K−1)개 집합을 학습 데이터(Training Set)로 선정하여 분석 모형을 평가하는 기법

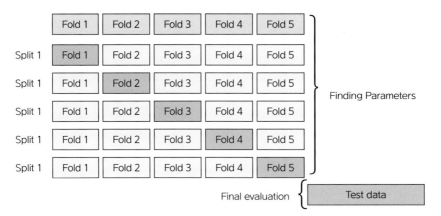

② K-fold Validation 검증 방법

- 모든 데이터를 학습(Training)과 검증(Validation)에 사용할 수 있으나, K값이 증가하면 수행 시간과 계산량도 많아짐
- 동등 분할, 학습/평가 데이터 구성, 분류기 학습, 분류기 성능 확인

3) Leave-One-Out Cross Validation(LOOCV)

- LPOCV의 p=1인 경우로 전체 데이터 N개에서 1개의 샘플을 검증 데이터로 사용하고 나머지(N−1)개를 학습 데이터로 사용하는 방법을 N번 반복한 도출된 결과들의 평균 값
- 장점: 표본의 크기가 작은 경우 학습 횟수를 최대화 할 수 있음
- 단점: 계산 과정이 복잡하고 시간이 오래 걸림

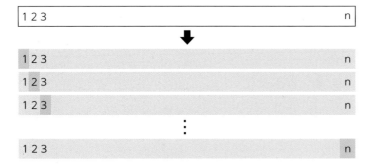

4) Leave-P-Out Cross Validation(LPOCV)

- 전체 데이터 N개에서 p개의 샘플을 검증 데이터로 사용하고 나머지(N−p)개를 학습 데이터 사용하여 도출된 결과들의 평균 값
- 단점 : 샘플의 경우의 수가 많아 계산 시간이 길어짐

1 다음 중 K-fold 교차 검증의 내용으로 옳지 않은 것은?

① 훈련:검증:평가 데이터 셋를 2:3:5로 구성

② 데이터 집합을 무작위로 동일 크기를 갖는 K개의 부분 집합으로 구분

③ K번 평가된 모델의 성능의 평균을 사용

④ K값이 증가하면 분석 모형의 일반화 성능 추정 시 편향은 줄고 분산은 증가

해설 일반적으로 훈련 데이터와 평가 데이터는 8:2 또는 7:3으로 구성한다.

해답 ①

2 교차 검증 방법 중 전체 데이터에서 1개 샘플만을 Test에 사용하고 나머지(N-1)개는 Training에 사용하는 교차 검증 방법으로 가장 적합한 것은?

① K-fold Cross Validation

② Random Sub-Sampling

③ Holdout Cross Validation

④ LOOCV

해설 K-fold Cross Validation은 데이터 셋을 K개로 나누고 그중 1개 샘플을 테스트에 사용하고 K-1개를 훈련용으로 사용한다.

해답 ①

3 K-fold CV에 대한 설명 중 옳지 않은 것은?

① 검증, 훈련, 평가 데이터로 이루어져 있다.

② K = 3 이상만 가능

③ K개의 균일한 서브셋

④ (K-1)개의 부분 집합을 학습 데이터로 사용

해설 K-fold CV는 서브 셋이 K-1 = 0에서 멈추기 때문에 K = 2 이상에서 사용 가능하다.

해답 ②

4 다음 중 LOOCV의 설명으로 옳지 않은 것은?

① 전체 데이터 N개에서 1개의 샘플만을 평가 데이터로 사용하고 나머지 (N-1)개는 학습 데이터로 사용한다.

② K-fold와 같은 방법을 사용하면 이때 K는 전체 데이터 N과 같다.

③ 학습 속도가 빠르기 때문에 크기가 큰 데이터에 사용하기 좋다.

④ (N-1)개의 학습 데이터를 사용하여 학습 모델의 편향이 낮다.

해설 LOOCV는 수행 시간과 계산량이 많이 작은 크기의 데이터에 사용한다.

해답 ③

5 다음 중 K-fold Cross Validation에 대한 설명으로 가장 옳지 않은 것은?

① 훈련 데이터 집합을 무작위로 K개의 부분 집합으로 나누어 검증하는 방법이다.

② 훈련 데이터를 K개의 동일 크기로 나눈다.

③ 모든 데이터가 학습과 평가에 사용되는 것은 아니다.

④ K값이 증가하면 수행 시간과 계산량이 증가한다.

해설 K개 부분 집합을 학습용과 평가용으로 사용함으로 모든 데이터가 사용된다.

해답 ③

PART IV 빅데이터 결과 해석

4 모수 유의성 검정

(1) 모수 유의성 검정의 개념

- 모집단(Population): 정보를 얻고자 하는 집단 전체
- 모수(Parameter): 모집단의 특성을 나타내는 수치(모평균, 모분산, 모표준편차)
- 모수 유의성 검정: 모수의 신뢰도(유의성)를 확인하기 위한 통계적 검정

(2) 빈도에 의한 유의성 검정

1) 카이제곱 검정

- 관찰된 빈도가 기대되는 빈도와 유의미하게 다른지를 검정하기 위해 사용되며 카이제곱 분포에 기초한 통계적 검정 방법
- 단일 표본의 모집단이 정규 분포를 따르며 분산을 알고 있는 경우에 적용하며 두 집단 간의 동질성 검정 활용

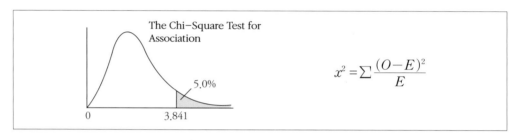

The Chi-Square Test for Association

5.0%

0   3.841

$$x^2 = \sum \frac{(O-E)^2}{E}$$

(3) 평균에 의한 유의성 검정

검정 방법	내용
Z 검정	• Z 검정은 귀무 가설에서 검정 통계량의 분포를 정규 분포로 근사할 수 있는 통계 검정 • 정규 분포를 가정하며, 추출된 표본이 동일 모집단에 속하는지 가설을 검증하기 위해 사용 • 모집단 분산을 이미 알고 있을 때 분포의 평균 검정 • Z 검정 통계량 값이 임계치(Critical Value)보다 크고 작음에 따라, 가설을 기각 또는 채택
T 검정	• 검정하는 통계량이 귀무 가설 하에서 T-분포(T-Distribution)를 따르는 통계적 가설 검정 • 두 집단 간의 평균을 비교하는 모수적 통계 방법으로 표본이 정규성, 등분산성, 독립성 등을 만족할 경우 적용 • 적은 표본으로도 모집단 평균을 추정하려고 정규 분포 대신에 사용되는 확률 분포 • 자유도가 30이 넘으면 표준 정규 분포와 비슷해지며 이것을 중심 극한 정리 • T 검정 통계량 값이 임계치(Critical Value)보다 크고 작음에 따라, 가설을 기각 또는 채택

(4) 분산에 의한 유의성 검정

검정 방법	내용
F 검정	• 두 표본의 분산에 대한 차이가 통계적으로 유의한가를 판별하는 검정 기법 • 두 모집단 분산 간의 비율에 대한 검정

1 A 상품에 대한 인지도 조사 결과가 아래와 같을 때, 이에 대한 설명으로 옳지 않은 것은?

	알고 있다	모른다	계
아이가 있는 남성(명)	460	40	500
아이가 없는 남성(명)	440	60	500
계	900	100	1000

① A 제품을 알고 있을 확률은 0.90이다.

② 아이가 있는 남자이면서 A제품을 모르고 있을 확률은 0.04이다.

③ 아이가 없는 남자이면서 A제품을 모르고 있을 확률은 0.06이다.

④ 아이가 있는 남자 중에서 A제품을 알고 있을 확률은 0.92이다.

해설 ① A 제품을 알고 있는 대상이 남성인지 여성인지 조건이 명확하지 않다. 해당 표는 남성에 관한 인지도 조사 결과이다.

해답 ①

2 다음 중 T 검정의 설명으로 옳지 않은 것은?

① 두 집단 간의 평균을 비교하는 모수적 통계 방법이다.

② T 검정은 검정 통계량을 T 분포로 가정하여 사용한다.

③ 자유도가 10보다 작으면 표준 정규 분포와 유사해지는 특성이 있다.

④ T 검정 통계량 값이 임계치보다 크고 작음에 따라 가설을 기각 또는 채택한다.

해설 자유도가 30이 넘으면 표준 정규 분포와 유사해지는 특성을 보인다.

해답 ③

3 다음 중 Z 검정의 설명으로 옳지 않은 것은?

① 평균에 의한 유의성 검정 방법이다.

② Z 검정은 검정 통계량을 정규 분포로 가정하여 사용한다.

③ 모집단 분산을 모르고 있을 때 분포의 평균 검정이다.

④ Z 검정 통계량 값이 임계치보다 크고 작음에 따라 가설을 기각 또는 채택한다.

해설 Z 검정은 모집단의 분산을 알고 있을 때 사용하는 평균 검정이다. 해답 ③

4 다음 관측값에 대한 설명으로 옳지 않은 것은?

54, 46, 60, 40

① 기대 빈도 50

② 비율 $p1 = p2 = p3 = p4 = 1/4$

③ 카이제곱 값 4.64

④ 카이제곱(3) = 7.8이라면, 귀무 가설을 기각

해설 ① 기대빈도=(54+46+60+40)/4=50
② 비율=1/4
③ $((54-50)2+(46-50)2+(60-50)2+(40-50)2)/50=(16+16+100+100)/50=4.64$
④ 검정 통계량이 4.64로 7.8보다 작으므로 귀무 가설을 기각하지 못한다. 해답 ④

5 다음 중 F-검정의 설명으로 옳지 않은 것은?

① 두 표본의 분산에 대한 차이가 통계적으로 유의한가를 판별하는 검정 기법이다.

② 두 모집단 분산 간의 비율에 대한 검정이다.

③ 분산의 유의차 분석으로 분산 검정으로 불린다.

④ 모집단이 정규 분포를 따르고 분산을 알고 있을 때 평균에 대한 검정

해설 모집단의 분산을 알고 있는 경우는 Z 검정을 사용한다.

해답 ④

5 적합도 검정(Goodness of Fit Test)

(1) 적합도 검정 개념

표본 집단의 분포가 주어진 특정 이론을 따르고 있는지를 검정하는 기법

(2) 적합도 검정 방법

1) 가정된 확률 검정

- 가정된 확률이 정해져 있을 경우에 사용하는 검정 방법
- 카이제곱 검정(Chi-square Test)을 이용하여 검정 수행

2) 정규성 검정

주요 기법	내용
샤피로-윌크 검정 (Shapiro-wilk Test)	• 데이터가 정규 분포를 따르는지 확인하기 위한 검정 • 귀무 가설: 표본은 정규 분포를 따른다. • 대립 가설: 표본은 정규 분포를 따르지 않는다.
콜모고르프-스미노로프 적합성 검정 (Kolmogorov-Smirnov/Goodness of Fit Test: K-S 검정)	• 데이터가 어떤 특정한 분포를 따르는가를 비교하는 검정 기법 • 비교 기준이 되는 데이터를 정규 분포를 가진 데이터로 두어서 정규성 검정 가능
Q-Q Plot (Quantile-Quantile Plot)	• 그래프를 이용하여 정규성 가정을 시각적으로 검정하는 방법 • 대각선 참조선을 따라서 값들이 분포하게 되면 정규성 가정을 만족한다고 할 수 있음 • 판단 기준이 모호하므로 결과 해석이 상당히 주관적일 수 있음

※ 일반적으로 표본의 수가 많을 경우에는 K-S 검정을, 데이터가 적을 경우에는 샤피로-윌크 검정 사용

1 다음 중 데이터의 정규성을 검정하는 방법으로 가장 옳지 않은 것은?

① 샤피로–월크 검정
② 콜모고로프–스르노프 적합성 검정
③ Q–Q Plot
④ 실루엣 기법

해설 Silhouette(실루엣): 군집 분석 모델 검증 기법
해답 ④

2 다음 중 Q–Q Plot에 대한 설명 중 가장 옳지 않은 것은?

① 그래프를 이용하여 정규성 가정을 시각적으로 검정하는 방법이다.
② Q–Q Plot에서 대각선 참조선에 가깝게 분포하게 되면 정규성 가정을 만족한다고 볼 수 없다.
③ 기준이 모호하여 결과 해석이 주관적이다.
④ Q–Q Plot은 분위수를 x, y 좌표 평면에 그린 개념이다.

해설 대각선 참조값에 가까이 분포하면 정규성을 따른다고 볼 수 있다.
해답 ②

3 다음 적합도 검정 방법 중에서 정규성 검정에 사용되지 않는 검정 방법은?

① Q–Q Plot
② 샤피로–월크 검정
③ K–S Test
④ Z 검정

해설 Z 검정은 모수 유의성 검정 방법이다.
해답 ④

4 포아송 분포에 대한 적합도 검정을 한다. 보기 중 가장 알맞은 것은?

① 연속형 확률 분포에서 주로 사용한다.
② 유의 수준은 사용하지 않는다.
③ P value가 유의 수준보다 작으면 귀무가설을 기각한다.
④ 람다(λ)는 어떤 일정 시간과 공간의 구간 안에서 발생한 평균 사건 수를 의미하지 않는다.

해설 ① 이산형 확률 분포와 관련된다.
② 유의 수준을 사용한다.
④ 람다는 어떤 일정 시간과 공간의 구간 안에서 발생한 평균 사건 수를 의미한다.
해답 ③

5 다음 중 샤피로–월크 검정의 설명으로 옳지 않은 것은?

① 데이터가 정규 분포를 따르는지 확인하기 위한 검정이다.
② 귀무 가설로는 '표본은 정규 분포를 따른다'이다.
③ 그래프를 이용하여 시각적으로 검정하는 방법이다.
④ T–test, 회귀 분석은 모두 정규성을 가정하고 수행되기 때문에 사전에 샤피로–월크 검정을 수행할 필요가 있다.

해설 샤피로–월크 검정은 통계적으로 정규성을 검정하는 방법이다.
해답 ③

PART IV 빅데이터 결과 해석

1 과대 적합(Overfitting) 방지

(1) 과대 적합 개념

제한된 훈련 데이터 셋에 너무 과하게 특화되어 새로운 데이터에 대한 오차가 매우 커지는 경우

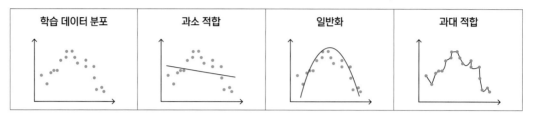

| 학습 데이터 분포 | 과소 적합 | 일반화 | 과대 적합 |

(2) 과대 적합 방지

1) 추가 데이터 수집

- 데이터의 추가는 모형의 정확도는 증가하고 과대 적합 가능성은 감소시키는 효과를 제공
- 데이터가 많을수록 모형이 모든 표본 데이터를 적합할 확률은 낮아짐

2) 데이터 확대 및 노이즈

- 데이터 확대: 1개의 원본 데이터의 크기, 방향, 위치 등을 변형하여 여러 개의 데이터로 확대
- 노이즈 추가: 화이트 노이즈의 추가는 모형의 과대 적합을 감소시킬 수 있음

3) 모델 단순화

- 다수의 입력 변수 및 은닉층의 수는 인공 신경망 모델의 복잡도를 증가시켜 과대 적합이 발생할 수 있음
- 단순한 모델은 과대 적합을 방지하고 가볍고 빠른 학습을 제공할 수 있음

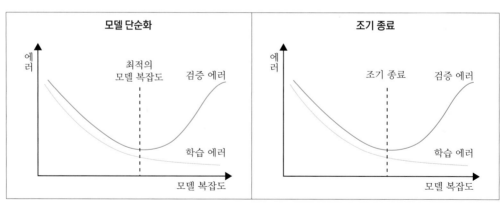

1 다음 중 과대 적합(Overfitting) 방지 기법으로 가장 올바르지 않은 것은?

① 추가 데이터 수집

② 모델 단순화

③ 데이터 확대

④ 모멘텀

해설 모멘텀: 파라미터 최적화 기법 중 하나

해답 ④

2 다음 중 과대 적합 방지 기법 중 정규화에 대한 설명으로 가장 올바르지 않은 것은?

① 손실 함수에 패널티를 추가하는 기법으로 L1, L2 패널티가 있다.

② L1 패널티는 가중치의 절대값을 최소화하는 것이다.

③ L2 패널티는 가중치의 제곱을 최소화 하는 것이다.

④ 많은 수의 매개 변수를 가진 모델은 과대 적합될 가능성 낮다.

해설 많은 수의 매개 변수를 가지는 복잡한 모델은 과대 적합 가능성이 높다.

해답 ④

3 분류 모형을 평가하기 위한 기준 중 같은 모집단 내의 다른 데이터에 적용하는 경우에도 안정적인 결과를 제공하는지와 데이터를 확장하여 적용할 수 있는지를 평가하는 기준으로 적절한 것은 무엇인가?

① 예측과 분류의 정확성

② 일반화의 가능성

③ 적시성

④ 사용성

해설 일반화의 가능성은 특정 데이터가 아닌 일반적인 데이터에서 동일한 성능을 발휘할 수 있는지 여부에 해당된다.

해답 ②

4 다음 중 딥러닝 모델의 과대 적합을 방지하는 기법으로 가장 알맞은 것은?

① 모델 단순화　② 추가 데이터 수집

③ 조기 종료　④ 드롭아웃

해설 딥러닝은 신경망 구조를 가지므로 뉴런을 드롭하는 드롭아웃이 가장 효과적이다.

해답 ④

5 과대 적합일 때 대응 방법이 아닌 것은?

① 정규화(Regularization)

② 배치 정규화(Batch Nomalization)

③ 드롭아웃(Drop-out)

④ 맥스 풀링(Max Pooling)

해설 맥스 풀링(Max Pooling)은 데이터를 크기로 잘라낸 후, 그 안에서 가장 큰 값을 뽑아내는 방법으로 과대 적합을 유발할 수 있다.

해답 ④

4) 조기종료(Early Stopping)
모형의 과대 적합이 발생하는 시점에서 학습을 조기에 종료시킴

5) 정규화(Regularization)
- 손실 함수에 패널티를 추가하는 기법으로 L1, L2 패널티가 있음
- L1 패널티 : 가중치의 절대값을 최소화 하는 것
- L2 패널티 : 가중치의 제곱을 최소화 하는 것

6) 드롭아웃(Drop Out) 및 드롭커넥트(Drop Connect)
- 여러 계층을 보유한 딥러닝 모델의 과대 적합 방지에 효과적인 방법
- 드롭아웃 : 학습 도중 은닉층의 노드(뉴런) 중 일부를 비활성화 하는 방법
- 드롭커넥트 : 학습 도중 은닉층 노드(뉴런)의 연결중 일부를 비활성화 하는 방법
- 신경망이 더 이상 특정한 특징을 추출하기 위해 특정 노드(뉴런)나 연결에 의존할 수 없도록 만들어 과대 적합을 줄이는 효과를 나타냄

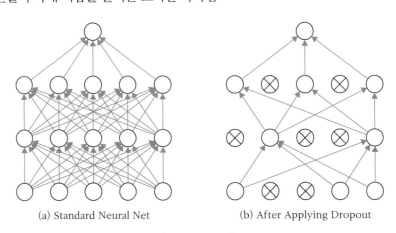

(a) Standard Neural Net   (b) After Applying Dropout

[드롭아웃 개념도]

- 드롭아웃 유형

유형	설명
노드(뉴런) 드롭아웃	• 심층 신경망의 노드(뉴런)를 드롭아웃하는 방식 • DNN(Deep Neural Network, 층 신경망) 알고리즘에 사용
공간적 드롭아웃	• 합성곱 계층(Convolutional Layer)의 특징 맵(Feature Map)을 드롭아웃 하는 방식 • CNN(Convolution Neural Network, 합성곱 신경망) 알고리즘에 사용
시간적 드롭아웃	• 이전 단계(t-1)의 은닉 상태(Hidden State) 입력값에는 드롭아웃 하지 않고 입력층 (Input Layer) 입력값(Xt)에만 드롭아웃하는 방식 • RNN(Recurrent Neural Network, 순환 신경망) 알고리즘에 사용

1 학습 과정에서 신경망 연결의 일부를 사용하지 않는 방법을 무엇이라 하는가?

① 부스팅

② 드롭아웃

③ 드롭커넥트

④ 확률적 경사 하강법

해설 드롭커넥트는 학습 과정에서 신경망 연결의 일부를 사용하지 않는 방법이다.

해답 ③

2 드롭아웃의 유형으로 적절하지 않은 것은?

① 노드(뉴런) 드롭아웃

② 공간적 드롭아웃

③ 시간적 드롭아웃

④ 최종 드롭아웃

해설 드롭아웃 종류로는 노드(뉴런), 공간적, 시간적 드롭아웃이다.

해답 ④

3 노드들을 생략하는 방식이 아닌 입력층(Input Layer)의 입력값을 생략하는 방식인 시간적 드롭 아웃을 주로 사용하는 알고리즘은?

① DNN 알고리즘

② CNN 알고리즘

③ RNN 알고리즘

④ KNN 알고리즘

해설 노드(뉴런)초기 드롭 아웃은 DNN, 공간적 드롭아웃은 CNN, 시간적 드롭 아웃은 RNN 알고리즘에 사용한다.

해답 ④

4 다음 중 드롭아웃의 유형과 주로 사용하는 알고리즘의 연결이 올바르지 않은 것은?

① 노드(뉴런) 드롭아웃 – DNN 알고리즘

② 공간적 드롭아웃 – CNN 알고리즘

③ 시간적 드롭아웃 – RNN 알고리즘

④ 출력층 드롭아웃 – ANN 알고리즘

해설 드롭아웃은 주로 입력층과 은닉층에서 사용한다.

해답 ④

동영상

5 다음 중 모형 평가에 대한 설명으로 적합하지 않은 것은?

① 회귀 모형 평가 지표는 클수록 성능이 우수하다.

② 모형평가 목적은 과적합을 방지하고 최적의 모형을 선정하는 것이다.

③ 목표 변수의 유형에 따라 다른 평가 지표를 사용한다.

④ 목표 변수가 연속형이면 MAE, MSE 평가 방법을 사용한다.

해설 회귀 모델의 평가 지표는 MAE, MAPE, MSE, RMSE가 있으며, 그 값이 작을수록 모델 성능이 우수하다. (276페이지 참고)

해답 ①

② 매개 변수(Parameter) 최적화

(1) 매개 변수 개념

모델 내부에서 결정되며 사용자에 의해 조정되지 않는 변수 **예** 가중치, 편향 등

(2) 매개 변수 최적화

- 손실 함수의 값을 가능한 작게 하는 매개 변수를 찾는 과정
- 데이터의 양과 Layer가 증가할수록 난이도는 기하급수적으로 증가

(3) 매개 변수 최적화 방법

1) 경사 하강법 기반 최적화 방법

매개 변수 최적화 방법으로 가장 널리 알려진 방법은 경사 하강법(Gradient Descent)으로 현재의 미분값을 기반으로 매개 변수가 업데이트 해야 할 방향과 크기를 결정

배치 경사 하강법 (BGD; Batch Gradient Descent)	• 전체 데이터 셋을 하나의 배치(batch)로 보고 전체의 기울기(미분값)를 평균하여 1 에폭(epoch)동안 업데이트를 한번 수행하는 알고리즘 • 장점: 최적값을 찾을 수 있음 • 단점: 속도가 느림
확률적 경사 하강법 (SGD; Stochastic Gradient Descent)	• 손실 함수의 기울기를 구하고 기울기가 큰 방향으로 조금씩 이동하며 최적값을 찾아가는 알고리즘 • 장점: 속도가 빠름, 대용량 데이터 셋 학습 가능 • 단점: 손실 함수의 최소값을 찾는 과정에서 위아래로 변동폭이 큼
미니배치 경사 하강법 (MGD; Mini-batch Gradient Descent)	• 전체 데이터 셋을 일정 크기(n)로 나누어 기울기를 구하고 평균하여 업데이트 하는 알고리즘 • 장점 : SGD 대비 안정적, BGD 대비 빠른 속도

2) 모멘텀 기반 최적화 기법

모멘텀 (Momentum)	• 물체와 속도의 곱으로 나타내는 운동량 또는 가속도 • 확률적 경사 하강법(SGD)의 진행방향에 가속도를 적용하여 판단하는 알고리즘 • SGD 대비 변동폭이 적으며 최적값을 빠르게 찾을 수 있음
네스토레브 모멘텀 (Nestorev Momentum)	• 모멘텀은 현재 위치를 기준으로 기울기를 계산하지만 네스토레브 모멘텀은 이동할 방향을 예측하고 예상이동 지점을 기준으로 기울기를 계산하는 알고리즘 • 이론적으로 모멘텀 대비 최적화에 유리

3) 적응적 학습률 기반 최적화 기법

AdaGrad	• 초기에는 확습률을 크게 하고 최적값에 가까워질수록 학습률을 줄이는 알고리즘 • 지나치게 학습률을 낮추는 문제가 있음
RMSProp	• AdaGrad는 학습이 진행할수록 갱신 강도가 약해지는 문제가 존재 • AdaGrad의 갱신량이 0에 수렴하는 문제를 지수 이동 평균을 이용하여 개선
Adam	• 모멘텀의 최적화와 RMSProp을 결합한 방식 • 모멘텀의 최적화 경로 진행 방식에 RMSProp의 갱신 강도 조정을 결합한 알고리즘

1 다음 중 매개 변수 최적화의 설명으로 옳지 않은 것은?

① 학습 모델과 실제 레이블과 차이를 손실 함수로 표현한다.

② 오차, 손실 함수의 값을 최대한 작게하는 매개 변수를 찾는 것이다.

③ 매개 변수의 종류에는 가중치와 편향이 있다.

④ 매개 변수는 사용자의 입력에 의해 조정된다.

해설 매개 변수는 모델 내부에서 결정되며 사용자에 의해 조정되지 않는다 **해답** ④

2 다음 중 매개 변수의 설명으로 옳은 것은?

① 다른 변화와 관계없이 독립적으로 변화하는 변수

② 다른 변수의 변화에 따라 변하는 변수

③ 학습을 통해 모델 내부에서 결정되는 변수

④ 두 변수간에 상호 작용 효과를 나타나게 하는 변수

해설 매개 변수는 주어진 데이터로부터 학습을 통해 모델 내부에서 결정되는 변수이다. **해답** ③

3 다음 중 모멘텀 기법의 설명으로 옳지 않은 것은?

① 경사 하강법에 관성을 더해 주는 기법이다.

② 경사 하강법처럼 매번 기울기를 구하지는 않는다.

③ 가중치를 수정하기 전 이전 수정 방향(+, -)를 참고하여 일정 비율만 수정한다.

④ 기울기가 +, - 방향으로 지그재그 움직이는 현상을 줄인다

해설 경사 하강법과 마찬가지로 매번 기울기를 구한다.

해답 ②

4 매개 변수 최적화 기법의 설명으로 옳지 않은 것은?

① 확률적 경사 하강법: 손실 함수의 기울기를 이용하여 최솟값을 구하는 기법

② 모멘텀: 경사 하강법에 관성을 더해 주는 기법

③ AdaGrad: 변수의 업데이트 횟수에 따라 학습률을 조절하는 옵션을 추가한 기법

④ Adam: 모멘텀과 AdaGrad를 합친 경사 하강법

해설 Adam은 모멘텀과 RMSproop의 특징을 결합한 기법이다.

해답 ④

5 다음 중 AdaGrad의 설명으로 옳지 않은 것은?

① 변수의 업데이트 횟수에 따라 학습률을 조절하는 옵션을 추가한다.

② 변화량이 크지 않은 변수들은 학습률을 크게 한다.

③ 변화량이 큰 변수는 작은 크기로 이동하면서 세밀한 값을 조정한다.

④ 지수 이동 평균을 이용하여 값이 무한히 커지는 것을 방지한다.

해설 AdaGrad의 G(t)의 값이 무한히 커지는 것을 방지하고자 제안된 방법은 RMSproop이다.

해답 ④

3 하이퍼파라미터(Hyper Parameter) 최적화

(1) 하이퍼파라미터 개념
- 하이퍼파라미터는 모델링시 사용자가 직접 입력해주는 값
- 하이퍼파라미터 최적화는 설정값을 변화하면서 모델 성능의 최댓값을 찾는 것

(2) 하이퍼파라미터 종류
- 학습률(Learning Rate)
- 비용 함수(Cost Function)
- 훈련 반복 횟수(Epochs)
- 은닉층의 뉴런 개수(Hidden Units)
- 규제 강도(Reguration Strength)
- 가중치 초기값(Weight Initialization)
- 미니 배치 크기(Mini-Batch Size)

(3) 하이퍼파라미터 탐색 방법

매뉴얼 서치 (Manual Search)	사람의 직관이나 경험에 기반하여 하이퍼파라미터를 찾는 방법으로 임의의 값을 대입해 결과를 살피고 그 결과에 따라 값을 조정하면서 결정하는 방법
그리드 서치 (Grid Search)	탐색할 하이퍼파라미터의 범위를 정하고 일정한 간격으로 값을 대입하면서 탐색 구간을 좁혀나가는 방법
랜덤 서치 (Random Search)	탐색할 하이퍼파라미터의 범위를 정하고 무작위로 값을 대입하면서 최적의 값을 탐색하는 방법
베이지안 최적화 (Bayesian Optimization)	베이지안 정리를 기반으로 미지의 목적 함수를 최대/최소화하는 최적해를 찾는 방법

1 다음 중 하이퍼파라미터 탐색 방법으로 옳지 않은 것은?

① 매뉴얼 서치(Manual Search)

② 그리드 서치(Grid Search)

③ 정규화 서치(Nomalization Search)

④ 베이지안 최적화(Bayesian Optimization)

해설 정규화 서치는 하이퍼파라미터 탐색 방법이 아니다.

해답 ③

2 다음 중 하이퍼파라미터의 종류로 옳지 않은 것은?

① 학습률(Learning Rate)

② 훈련 반복 횟수(Epochs)

③ 은닉층의 뉴런 개수(Hidden Units)

④ 편향(Bias)

해설 편향(Bias)는 매개 변수이다.

해답 ④

3 훈련 데이터에 대한 학습 최적화를 결정하는 하이퍼파라미터는 무엇인가?

① 학습률(Learning Rate)

② 비용 함수(Cost Function)

③ 훈련 반복 횟수(Epochs)

④ 은닉층의 뉴런 개수(Hidden Units)

해설 은닉층의 뉴런 개수에 따라 훈련 데이터의 학습 최적화가 결정된다.

해답 ④

4 다음 중 하이퍼파라미터 적용값 전체를 탐색하는 기법은 무엇인가?

① 매뉴얼 서치(Manual Search)

② 그리드 서치(Grid Search)

③ 정규화 서치(Nomalization Search)

④ 베이지안 최적화(Bayesian Optimization)

해설 그리드 서치는 모든 조합을 탐색하므로 하이퍼파라미터 전체를 탐색한다.

해답 ②

▶ 동영상

5 다음 중 하이퍼파라미터 최적화에 대한 설명으로 옳지 않은 것은?

① 하이파파라미터는 모델링 시 사용자가 직접 입력해주눈 값을 말한다.

② 하이퍼파라미터는 모델 학습 과정에서 모델 내부의 영향을 받아 값이 변한다.

③ 사용자가 임의로 값을 조정하며 모델의 최적화를 찾는다.

④ 자동으로 하이퍼파라미터를 선택하는 라이브러리를 사용하기도 한다.

해설 하이퍼마파리터는 모델 내부에 따라 값이 변하지 않는다.

해답 ②

PART IV 빅데이터 결과 해석

4 분석 모형 융합

(1) 분석 모형 융합 개념

- 여러 모델이 동일한 문제를 학습하고 그 결과를 융합하여 더 나은 결과를 얻을 수 있는 모델을 도출 할 수 있는 방법론
- 단일 모델에 비하여 높은 성능과 신뢰성을 얻을 수 있음
- 데이터의 양이 적어도 충분한 학습 효과를 거둘 수 있음

(2) 분석 모형 융합 종류

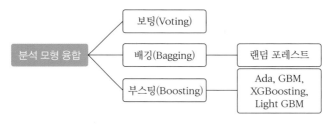

보팅(Voting)	여러 개의 다른 종류의 모델이 예측한 결과를 투표 혹은 평균을 통해 선정
배깅(Begging)	여러 개의 같은 종류의 모델이 예측한 결과를 투표 혹은 평균을 통해 선정
부스팅(Boosting)	여러 개의 같은 종류의 모델이 순차적으로 학습, 예측하고 가중치를 달리하여 오류를 개선하는 방식

(3) 부스팅(Boosting) 방법론 종류

Ada Boosting (Adaptive Boosting)	오류 데이터에 가중치 부여를 통해 오류를 개선하면서 학습하는 방식
GBM (Gradient Boosting Model)	가중치 Ada Boosting와 유사하지만 가중치 업데이트에 경사 하강법을 이용
XGBoosting (Extreme Gradient Boosting)	의사 결정 나무를 경사 하강법을 이용하여 병렬 학습이 지원되도록 구현
Light GBM	비대칭적이고 깊은 트리를 생성하는 속도가 빠른 부스팅 방법

5 최종 모형 선정

최종 모형은 분석 모형 평가 지표와 적용 대상의 환경을 고려하여 여러 모형을 비교하여 선정

(1) 분석 모형 평가 지표에 의한 선정

- 통계적 모형 평가 지표: MAE, MAPE, RMSE, SSE, SSR, R^2 등 통계적 지표
- 데이터 마이닝 평가 지표: 신뢰도, 지지도, 향상도, 군집 간 거리, 군집의 분산 등 지표
- 머신 러닝 평가 지표: 특이도, 정밀도, 재현율, 정확도, ROC 커브 등 머신 러닝 지표

(2) 적용 대상 환경을 고려한 선정

- 적용 대상의 운영 시스템 및 투자 여력을 고려하여 선정
- 적용 대상의 내부에서 운영이 가능한지 외부 위탁 운영 여부에 따라 선정

1 다음 중 배깅(Bagging)에 대한 설명으로 가장 올바른 것은?

① 여러 개의 다른 종류의 모형에서 예측한 결과를 투표로 결정한다.

② 여러 개의 다른 종류의 모형에서 예측한 결과를 평균을 통해 결정한다.

③ 여러 개의 같은 종류의 모형이 순차적으로 학습 및 예측을 진행한다.

④ 여러 개의 같은 종류의 모형이 예측한 결과를 투표로 결정한다.

해설 여러 개의 같은 종류의 모형이 예측한 결과를 투표 혹은 평균을 통해 결정한다.

해답 ④

2 여러 개의 다른 종류의 모델이 예측한 결과를 평균을 통해 선정하는 분석 모형 융합 방법으로 가장 옳은 것은?

① 보팅(Voting)

② 배깅(Bagging)

③ 부스팅(Boosting)

④ 그레디언트 부스트(Gradient Boost)

해설 보팅(Voting): 여러 개의 다른 종류의 모델이 예측한 결과를 투표 혹은 평균을 통해 선정

해답 ①

3 다음 중 부스팅 방법론의 종류로 옳지 않은 것은?

① Ada Boosting

② GBM

③ Random Forest

④ XG Boosting

해설 Randum Forest는 배깅 방법론이다.

해답 ③

4 다음 중 분석 모형 융합의 종류로 옳지 않은 것은?

① 보팅(Voting)

② 배깅(Bagging)

③ 부스팅(Boosting)

④ 융합(Convergence)

해설 융합은 분석 모형 융합의 종류에 해당하지 않는다.

보팅	다른 알고리즘의 약분류기를 병렬로 사용
배깅	동일 알고리즘의 약분류기를 병렬로 사용
부스팅	동일 알고리즘의 약분류기를 직렬로 사용하여 융합

해답 ④

5 다음 중 최종 모형 선정의 분석 모형 평가 지표 중 성격이 다른 것은?

① MAE　　② RMSE

③ 신뢰도　　④ R^2

해설 신뢰도는 데이터 마이닝의 평가 지표이며, 나머지는 통계적 모형 평가 지표이다.

해답 ③

📊 Section 01 **분석 결과 해석**

1 분석 모형 해석

(1) 분석 모형 해석 개념

분석 모형의 평가 및 개선 후 최종 선정된 모형의 특성을 이해하기 쉽게 표현하기 위하여 설명력, 오차율, 잔차 등의 해석 지표를 활용하여 분석 모형을 해석

(2) 분석 모형별 해석 지표

분석 모형	해석 대상	해석 지표
예측 모형	실제값, 예측값	예측 정확도, 오류율
회귀 모형	회귀계수, 적합된 값, 잔차	결정 계수, P value
분류 모형	실제값, 예측값	분류 정확도, F1 스코어
군집 모형	군집	군집수, 중심점, 평균, 중위값
연관 분석 모형	변수(품목, 개체)	신뢰도, 지지도, 향상도

2 비즈니스 기여도 평가

(1) 기본 개념

사업 수행에 영향을 주는 요소를 수치화된 자료 형태로 산출하는 평가 방법

기여도	내용
PV(현재 가치)	• 모든 화폐의 가치를 현재의 시점으로 평가한 가치 • 현재 가치(PV) = 미래 금액(FV) / (1+이자율)^{기간}
FV(미래 가치)	• 모든 화폐의 가치를 미래의 특정 시점으로 평가한 가치 • 미래 가치(FV) = 현재 금액(PV) X (1+이자율)^{기간}

(2) 평가 지표

평가 지표	활용	계산식
TCO(Total Cost of Ownership)	투자(구매) 의사 결정 지원	TCO = 구입비 + 설치비 + 운영비
ROI(Return on Investment)	투자 타당성 평가	ROI = 누적순효과 / 총비용
NPV(Net Present Value)	정확한 미래 순이익 계산	$\sum\limits_{a=1}^{n} \dfrac{C_n}{(1+r)^n} - C_0$
IRR(Internal Rate of Return)	리스크 감수 여부 판단	$0 = \sum\limits_{a=1}^{n} \dfrac{C_n}{(1+r)^n} - C_0$
PP(Payback Period)	흑자전환 시점 판단	PP = 초기투자비용 / 연간 현금유입금

※ r = 이자율, C_n = n기간 순현금, C_0 = 초기투자비

1 회귀 분석 log(odds) = a+bx 설명으로 가장 거리가 먼 것은?

① a, b 둘 다 0이면 y 확률은 0이다.

② log 연산을 통해 0에서 1 사이의 logit을 획득한다.

③ 오즈(Odds)는 클래스 0에 속하는 확률에 대한 클래스 1에 속하는 확률의 비이다.

④ 승산비(Odd Ratio)는 사건이 발생활 확률과 발생하지 않을 확률 간의 비율이다.

해설 a,b 둘 다 0이면 y = 0.5 이다.

해답 ①

2 다음중 분석 모형별 해석 지표가 옳지 않은 것은?

① 회귀 모델 – 잔차, 결정 계수

② 분류 모델 – 클래스별 확률의 정확도

③ 딥러닝 모델 – 정확도, 오차율

④ 연관 분석 모델 – 신뢰도, 지지도, 재현율

해설 연관 분석 모델의 해석 지표는 신뢰도, 지지도, 향상도 임

해답 ④

3 다음 중 비즈니스 기여도 평가 지표의 설명으로 옳지 않은 것은?

① TCO: 하나의 자산을 소유하기 위해 들어가는 총 소유 비용

② ROI: 자본 투자에 따른 순 효과의 비율

③ NPV: 특정 시점의 투자 금액과 매출 금액의 차이를 이자율을 배제하여 계산한 값

④ IRR: 투자 금액의 현재 가치와 미래의 현금 유입액이 동일하게 되는 수익율

해설 NPV는 이자율을 고려하여 계산한 값이다.

해답 ③

4 다음 중 비즈니스 기여도 평가 중 PP(Payback Period)의 설명으로 옳지 않은 것은?

① 누계 투자 금액과 매출 금액의 합이 같아지는 기간이다.

② 프로젝트의 시작 시점부터 누적 현금흐름이 흑자로 돌아서는 시점까지의 기간이다.

③ 다른 투자 대상과 비교 시 투자비 회수 측면에서 매력도 확인에 사용한다.

④ 다른 투자 대상과 비교 시 수익률 측면에서 매력도 확인에 사용한다.

해설 수익률 측면의 매력도 확인은 IRR에 해당하는 내용이다.

해답 ④

5 다음 중 비즈니스 기여도 평가 보고서 작성 시 방법으로 가장 거리가 먼 것은?

① 전문 용어를 많이 사용한다.

② 쉽게 이해할 수 있도록 작성한다.

③ 비즈니스에 사용할 수 있도록 한다.

④ 보고서를 통해 성과 기준과 기여도를 표현할 수 있도록 한다.

해설 비즈니스 기여도 평가 보고서 작성 시 전문 용어보다는 누구나 쉽게 이해할 수 있는 용어를 사용한다.

해답 ①

Section 02 분석 결과 시각화

1 데이터 시각화(Data Visualization) 개념

(1) 데이터 시각화 목적
- 정보 전달: 데이터의 진실을 간단하고 정확하게 전달, 분석할 수 있는 실용적이고 과학적인 측면의 목적
- 설득: 데이터를 통해 전달하고자 하는 메시지에 대한 공감, 설득 등의 반응을 유도하는 목적

(2) 데이터 시각화 유형

유형	설명	기법
시간 시각화	시간 흐름에 따른 변화를 통해 경향(트렌드) 파악	막대/선 그래프
분포 시각화	분류에 따른 변화를 최대, 최소, 전체 분포 등으로 구분	파이/도넛/트리맵
관계 시각화	집단 간의 상관 관계를 확인하여 다른 수치의 변화 예측	산점도, 버블 차트, 히스토그램
비교 시각화	각각의 데이터 간의 차이점과 유사성 관계도 확인 가능	히트맵, 평행 좌표 그래프, 체르노프 페이스
공간 시각화	지도를 통해 시점에 따른 경향, 차이 등을 확인 가능	등차선도, 도트맵, 카토그램

(3) 데이터 시각화 도구

도구	설명
태블로	차트, 그래프, 지도를 포함해 다양한 그래픽 기능 제공
인포그램	실시간 인포그램 연동 시각화 기능 제공
차트 블록	코딩 없이 데이터를 쉽게 웹 기반 차트로 구현을 지원하는 시각화 도구
데이터 래퍼	쉽게 데이터 업로드, 차트나 맵으로 변환하는 시각화 기능 제공

(4) 시각화 절차

단계	설명	세부 내용
구조화	• 시나리오를 작성하고 스토리를 구성하고 데이터 시각화 목표를 설정하고 분석 결과를 토대로 데이터의 표현 규칙과 패턴 탐색	• 시각화 목표 설정 • 데이터 표현 규칙과 패턴 탐색 및 도출 • 시각화 요건 정의 • 사용자 시나리오 시각화 스토리 작성
시각화	• 단순하고 명료한 메시지 전달을 위해 시각화 과정을 반복적으로 수행하여 시각화	• 시각화 도구, 기술 선택 • 시각화 구현
시각화 표현	• 시각화 단계에서 만들어진 결과물을 보정 및 품질 향상 • 최종 시각화 결과물이 구조화 단계에서 정한 목적과 의도에 맞게 구현되었는지를 확인하는 단계	• 그래프 보정 • 전달 요소 강조 • 그래프 품질 향상 • 인터랙션 기능 적용 • 시각화 결과물 검증

1 데이터 시각화 유형 중 분포 시각화의 기법으로 옳지 않은 것은?

① 트리 맵(Tree Map)
② 파이 차트(Pie Chart)
③ 도넛 차트(Donut Chart)
④ 버블 차트(Bubble Chart)

해설 버블 차트는 관계 시각화 기법이다.

해답 ④

2 다음이 설명하는 데이터 시각화 유형은 무엇인가?

> • 데이터의 분포를 시각적으로 표현
> • 전체의 관점에서 각 부분이 차지하는 정보를 표현
> • 파이 차트, 도넛 차트, 트리 맵 등의 기법 존재

① 시간 시각화
② 분포 시각화
③ 관계 시각화
④ 공간 시각화

해설 분포 시각화에 대한 설명이다.

해답 ②

3 데이터 시각화 유형으로 가장 옳지 않은 것은?

① 시간 시각화
② 공간 시각화
③ 비교 시각화
④ 감정 시각화

해설 감정 시각화는 뇌파 분석의 일종이다.

해답 ④

4 다음 중 빅데이터 시각화 도구로 가장 옳지 않은 것은?

① 태블로(Tableau)
② 인포그램(Infogram)
③ 하둡(Hadoop)
④ 키바나(Kibana)

해설 하둡은 데이터 저장 방식의 일종이다.

해답 ③

5 다음이 설명하는 데이터 시각화 절차는 무엇인가?

> • 시나리오를 작성하고 스토리를 구성
> • 데이터의 표현 규칙과 패턴 탐색

① 구조화 단계   ② 시각화 단계
③ 사후 관리 단계   ④ 시각 표현 단계

해설 시각화 절차 중 구조화 단계에 대한 설명이다.

해답 ①

6 데이터 사이언스의 영역은 분석적 영역, 비즈니스 컨설팅 영역, 데이터 처리와 관련된 IT 영역이 있는데 보기 중 다른 영역에 속하는 것은?

① 데이터 시각화
② 데이터 웨어하우스
③ 데이터 엔지니어링
④ 프로그래밍

해설 데이터 시각화는 비즈니스 컨설팅 영역, 나머지는 IT 영역에 속한다.

해답 ①

2 **시간 시각화**

(1) 시간 시각화 개념

- 시간에 따라 변화하는 데이터를 표현하는 방법
- 장기간에 걸쳐 나타나는 값을 변화나 경향(Trend)를 추적하는 주로 사용되며, 전후 관계를 감안하여 값의 의미를 이해하는 기법

(2) 유형

종류	설명	예시
막대 그래프	동일한 너비의 여러 막대를 사용하여 데이터를 표시하며, 각 막대는 특정 범주를 나타내는 그래프	
누적 막대 그래프	막대를 사용하여 전체 비율을 보여 주면서 여러 가지 범주를 동시에 차트로 표현 가능	
선 그래프	수량을 점으로 표시하고, 점들을 선분으로 이어 그린 그래프	
영역 차트	선 그래프와 같이 시간에 값에 따라 크기 변화를 보여 줌	
계단식 그래프	두 지점 사이를 선분으로 연결하기보다는 변화가 생길 때까지 X축과 평행하게 일정한 선을 유지	

1 다음 중 시간 시각화의 X축의 항목으로 가장 옳지 않은 것은?

① 년도(Year)
② 월(Month)
③ 요일(Week)
④ 시(Time)

해설 시간 시각화는 시계열 데이터의 경향성을 표현하는 방법으로 요일은 짧은 주기로 반복되기 때문에 가장 적절하지 않다.

해답 ③

2 다음 중 시간 시각화의 유형으로 가장 옳지 않은 것은?

① 산점도 행렬
② 선 그래프(Line Graph)
③ 영역 차트(Area Chart)
④ 막대 그래프(Bar Graph)

해설 산점도 행렬은 비교 시각화 기법이다.

해답 ①

3 다음 중 막대 그래프의 설명으로 옳지 않은 것은?

① 동일한 너비의 여러 막대를 사용하여 데이터를 표시한다.
② 각 막대는 특정 범주를 나타내는 그래프
③ 연속되는 변수의 분포를 표현한다.
④ 막대는 서로 닿지 않으며 막대사이에 공백이 있다.

해설 연속되는 변수의 분포를 표현하는 시각화는 히스토그램이며, 막대 그래프는 이산 변수를 표현한다.

해답 ③

4 다음 중 계단식 그래프의 설명으로 옳지 않은 것은?

① 점과 점 사이의 변화가 생기는 지점에서 급격하게 변화하는 것을 표현한다.
② 연도별 법인세율, 연도별 평균임금 변화 등의 시각화에 사용한다.
③ 점과 점 사이를 선으로 연결한 그래프로 데이터의 연속된 특성을 표현한다.
④ 특정 시간의 변화를 표현하는데 주로 사용한다.

해설 점과 점 사이를 선으로 연결한 그래프는 선 그래프이다.

해답 ③

PART IV 빅데이터 결과 해석

3 공간 시각화

(1) 공간 시각화 개념

지도상에 해당하는 정보를 표현하는 시각화 방법(대부분 위도,경도 기반 사용)

(2) 유형

종류	설명	예시
버블 맵 (버블 플롯 맵)	• 수치화된 데이터 값의 크기를 나타내는 서로 다른 크기의 원형으로 표시	
등치지역도 (Choropleth Map)	• 지리적 단위로 데이터의 의미를 색상으로 구분하여 표시	
등치선도 (Isometric Map)	• 등치지역도의 데이터 왜곡을 줄 수 있는 결점 극복 • 등치선도의 경우 인구 밀도가 상이할 경우 왜곡: 색상의 농도를 활용하여 표현한 방법	
도트 맵 (도트 플롯 맵)	• 지도상의 위도와 경도에 해당하는 좌표점에 산점도와 같이 점을 찍어 표현	
카토그램	• 지역의 값을 표현하기 위해 지리적 형상 크기 조절 • 재구성된 지도로 왜곡되고 비뚤어진 화면으로 표기함	

1 다음 중 공간 시각화의 설명으로 옳지 않은 것은?

① 지도상에 해당하는 정보를 표현하는 시각화 방법이다.

② 공간 시각화는 지형 코드화(Geocoding) 과정과 매핑 과정을 거친다.

③ 변수 사이의 연관성, 분포와 패턴을 찾는 시각화 방법이다.

④ EPSG는 전세계의 다양한 좌표계를 표준 코드화하여 제공한다.

해설 변수 사이의 분포와 패턴을 찾는 시각화 방법은 비교 시각화이다.

해답 ③

2 다음 중 공간 시각화 유형에 대한 설명으로 가장 옳은 것은?

① 버블맵(Bubble Map): 지역의 값을 표현하기 위해 격자단위로 표현

② 등치지역도(Choropleth Map): 등치선도의 데이터 왜곡을 줄 수 있는 결점을 극복

③ 등치선도(Isometric Map): 지리적 단위로 데이터의 의미를 색상으로 구분하여 표시

④ 도트맵(Dot Map): 지도상의 위도와 경도에 해당하는 좌표점에 산점도와 같이 점을 찍어 표현

해설 ① 카토그램, ② 등치선도, ③ 등치지역도에 대한 설명이다.

해답 ④

3 데이터 시각화 유형 중 공간 시각화의 기법으로 옳지 않은 것은?

① 등치선도   ② 도트 맵

③ 히트 맵   ④ 카토그램

해설 히트 맵은 비교 시각화 기법이다.

해답 ③

4 공간 시각화 기법 중 도트 맵의 설명으로 옳은 것은?

① 데이터의 값의 크기를 원형으로 표시한다.

② 지도상의 위도와 경도에 해당하는 좌표점에 산점도와 같이 점을 찍어 표현한다.

③ 지도를 왜곡하고 비뚤어진 화면으로 표시한다.

④ 지리적 단위로 데이터의 의미를 색상으로 구분하여 표시한다.

해설 ① 버블맵, ③ 등치지역도, ④ 등치선도에 관한 설명이다.

해답 ②

5 공간 시각화 기법 중 카토그램의 설명으로 옳지 않은 것은?

① 지역의 값을 표현하기 위해 지리적 형상 크기를 조절한다.

② 재구성된 지도로 왜곡되고 비뚤어진 화면으로 표기한다.

③ 변량비례도, 왜상통계지도로 부른다.

④ 데이터 값이 크면 면적이 크게 나타나고 반대는 작게 나타나기 때문에 관계를 파악하기 용이하다.

해설 ④ 버블맵에 관한 설명이다.

해답 ④

PART Ⅳ 빅데이터 결과 해석

4 관계 시각화

(1) 관계 시각화 개념

다변량 데이터 사이에 존재하는 변수 사이의 연관성, 분포와 패턴을 찾는 시각화 방법으로 주로 변수들간의 상관관계를 표현

(2) 관계 시각화 유형

종류	설명	예시
산점도	• 두 변수값의 순서쌍을 한점으로 표시하여 변수의 관계를 나타낸 그래프	
산점도 행렬	• 모든 변수 쌍에 대한 산점도를 행렬 형태로 표현한 그래프	
버블 차트	• 산점도에서 데이터 값을 나타내는 점에 여러가지 의미를 부여하여 확장한 차트	
히스토그램	• 자료 분포의 형태를 직사각형 형태로 시각화하여 보여주는 그래프	

1 다음 중 여러 변수쌍에 대한 관계를 행렬로 표현하는 그래프로 옳은 것은?

① 산점도

② 버블 차트

③ 네크워크 그래프

④ 산점도 행렬

해설 다변량 데이터의 모든 변수 간 관계를 행렬로 표현하는 시각화 기법은 산점도 행렬이다.

해답 ④

2 데이터 시각화 유형 중 관계 시각화의 기법으로 옳지 않은 것은?

① 산점도(Scatter Plot)

② 버블 차트(Bubble Chart)

③ 히스토그램(Histogram)

④ 체르노프 페이스(Chern off Faces)

해설 체르노프 페이스는 비교 시각화 기법이다.

해답 ④

3 다음 중 관계 시각화 기법의 설명으로 옳지 않은 것은?

① 일변량 데이터의 분포와 패턴을 찾는 시각화 방법이다.

② 주로 변수들 간의 상관관계를 파악할 수 있다.

③ 관계 시각화 기법에는 산점도, 히스토그램, 네트워크 그래프 등이 있다.

④ 변수 간의 관계가 높을수록 상관 계수는 1에 가까워진다.

해설 관계 시각화 기법은 다변량 데이터의 변수 간 관계를 찾는 기법이다.

해답 ①

4 다음 중 히스토그램의 설명으로 옳은 것은?

① 히스토그램은 빈도 분포를 표시하는 도구이다.

② 히스토그램은 주로 범주형 데이터의 시각화에 사용된다.

③ 히스토그램은 막대 간 일정한 간격을 유지한다.

④ 히스토그램의 막대의 순서를 임의로 바꿀 수 있다.

해설 ② 히스토그램은 연속형 데이터를 시각화에 사용한다.
③ 히스토그램의 막대는 서로 붙어 있다.
④ 히스토그램의 막대의 순서를 임의로 바꿀 수 없다.

해답 ①

5 다음이 설명하는 데이터 시각화 유형은 무엇인가?

- 변수 사이의 연관성 및 상관관계를 표현
- 히스토그램, 산점도, 버블 차트 등의 기법 존재

① 시간 시각화 　　② 비교 시각화

③ 관계 시각화 　　④ 공간 시각화

해설 다변량 데이터 사이의 관계를 찾는 시각화 기법은 관계 시각화 기법이다.

해답 ③

PART IV 빅데이터 결과 해석

5 비교 시각화

(1) 비교 시각화 개념

다변량 변수를 갖는 데이터에 대해서 변수 사이의 차이와 유사성 등을 표현하는 시각화 방법

(2) 비교 시각화 유형

종류	설명	예시
히트 맵	• 여러 가지 변수를 비교할 수 있는 시각화 그래프로 칸별로 색상 구분 데이터 표현	
체르노프 페이스	• 데이터를 눈, 코, 귀, 입 등과 일대일 대응하여 얼굴 하나로 표현하는 방법	
스타 차트	• 각 변수를 표시 지점을 연결선을 통해 그려 별 모양의 도형으로 나타낸 차트	
평행 좌표	• 다변량 데이터를 2차원 평면에 표현하는 효과적인 가시화 방법	

1 다음 그래프의 이름으로 적절한 것은?

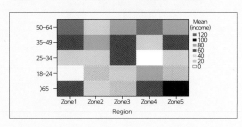

① 히트 맵　　　　② 트리 맵

③ 영역 차트　　　④ 누적 영역 차트

해설 여러 변수를 칸별로 색상 구분 데이터로 표현하는 히트 맵 기법이다.

해답 ①

2 다음 중 비교 시각화의 유형으로 가장 옳지 않은 것은?

① 평행 좌표　　　　② 버블 차트

③ 체르노프 페이스　④ 히트 맵

해설 버블 차트는 관계 시각화 기법이다.

해답 ②

3 색상으로 표현할 수 있는 다양한 정보를 일정한 이미지 위에 열 분포 형태의 그래픽으로 출력하는 표현 방법은 어떤 기법인가?

① 히트 맵(Heat Map)

② 평행 좌표 그래프(Parallel Coordinate Plots)

③ 산점도(Scatter Plot)

④ 히스토그램(Histogram)

해설 히트 맵에 대한 설명이다.

해답 ①

4 다음 중 비교 시각화 방식이 아닌 것은?

① 히트 맵

② 체르노프 페이스

③ 버블 차트

④ 스타 차트

해설 버블 차트는 관계 시각화 기법이다.

해답 ③

5 다음 중 비교 시각화 기법의 설명으로 옳은 것은?

① 하나 이상의 변수에 대해서 변수 사이의 차이와 유사성을 표현하는 방법

② 일변량 데이터의 변수를 효과적으로 표현하는 시각화 방법

③ 다변량 데이터의 변수간 연관성 및 패턴을 시각화하는 방법

④ 일변량 데이터의 분포를 효과적으로 표현하는 시각화 방법

해설 비교 시각화는 다변량 변수 간 차이와 유사성을 표현하는 방법이다.

해답 ①

6 아래의 내용은 어떤 시각화 도구를 설명한 것인가?

> 지역별 상품별 비교할 때 행, 열에 지역, 상품을 놓고 판매량을 셀에 색깔로 지정한다.

① 산점도　　　　② 히트 맵

③ 스타 차트　　　④ 버블 차트

해설 히트 맵에 대한 설명이다.

해답 ②

6 인포그래픽

(1) 개념

- 그래픽을 기반으로 패턴과 경향을 파악하는 사람의 시각 시스템을 이용하여 정보를 더욱 쉽고 빠르게 전달할 수 있게 만드는 시각화 방법
- 인포그래픽은 쉽게 흥미를 유발할 수 있고, 정보 습득 시간을 절감하여 기억 지속 시간을 연장

(2) 유형

종류	설명
지도형	• 특정 국가나 지역의 지도 안에 정보를 단 형식 • 지역별 선호도, 분포 등 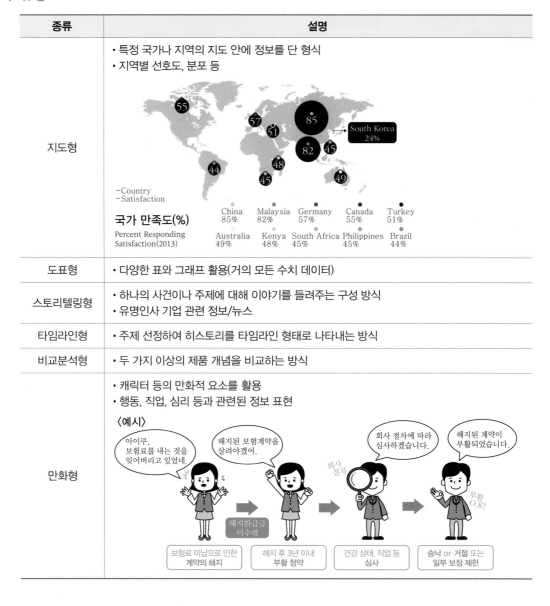
도표형	• 다양한 표와 그래프 활용(거의 모든 수치 데이터)
스토리텔링형	• 하나의 사건이나 주제에 대해 이야기를 들려주는 구성 방식 • 유명인사 기업 관련 정보/뉴스
타임라인형	• 주제 선정하여 히스토리를 타임라인 형태로 나타내는 방식
비교분석형	• 두 가지 이상의 제품 개념을 비교하는 방식
만화형	• 캐릭터 등의 만화적 요소를 활용 • 행동, 직업, 심리 등과 관련된 정보 표현

1 다음 중 인포그래픽의 종류로 가장 거리가 먼 것은?

① 지도형

② 도표형

③ 스토리텔링형

④ 인포형

해설 인포형은 인포그래픽의 종류가 아니다.

해답 ④

2 다음 중 주제를 선정하여 히스토리를 시간순으로 표현하는 인포그래픽 방식은?

① 스토리텔링형

② 지도형

③ 타임라인형

④ 만화형

해설 시간순으로 표현하는 인포그래픽은 타임라인형 인포그래픽이다.

해답 ③

3 효과적인 인포그래픽의 조건 중 가장 적절하지 않은 것은?

① 인포메이션(Information)과 시각적 그래프의 합성어이다.

② 최대한 많은 정보를 담는다.

③ 쉽게 이해할 수 있도록 그래픽과 텍스트를 조합해 사용한다.

④ 실용적인 메시지 전달을 위해 차트, 다이어그램, 일러스트레이션 등을 사용한다.

해설 인포그래픽은 정보를 단순화하여 표현하는 기법이다.

해답 ②

4 다음 중 인포그래픽 장점으로 옳지 않은 것은?

① 정보의 단순화

② 호기심 자극

③ 직관적 정보 파악

④ 짧은 기억 지속 시간

해설 인포그래픽은 기억 지속 시간을 연장해 준다.

해답 ④

5 인포그래픽의 장점으로 옳지 않은 것은?

① 데이터의 패턴을 발견할 수 있다.

② 정보를 쉽게 이해할 수 있도록 한다.

③ 복잡하고 어려운 데이터를 명확하게 이해할 수 있도록 한다.

④ 그래픽과 텍스트가 균형을 이룬다.

해설 인포그래픽은 정보를 쉽게 이해할 수 있도록 만드는 시각화이다.

해답 ①

Section 03 **분석 결과 활용**

1 분석 모형 전개

프로세스	설명
분석 목적 정의	• 분석을 통해 해결하고자 하는 명확한 목적 • 사업적 요구 사항 정의 → 기술적 요구 사항 정의 → 품질 요건 정의 → 시나리오 작성 및 스토리 보드 기획
가설 검토	• 분석 목적 달성을 위한 가설 수립
데이터 준비	• 분석 모형 개발을 위한 내부 데이터 연동 및 적재 • 외부 데이터 활용을 위한 API 개발, Crawling 및 적재
데이터 전처리	• 데이터 수집(연동) 및 탐색/전처리 • 개인 정보 비식별화를 위한 데이터 범주화 • 결측치, 특이치 보정을 통한 데이터 품질 향상 • 분석 모형 개발을 위한 데이터 형태 변환
분석/모델링	• 분석 목적에 부합하는 빅데이터 분석 유형 및 적합한 모형 선택 • 전처리 완료된 데이터 기반 빅데이터 분석 및 적합 모델 후보 선정 • 분석 모형 개발 및 최적화
모델 성능 평가	• 개발된 분석 모형의 성능 평가 • 각 분석 모형 분류(회귀, 예측, 군집 등)별 성능 평가 척도 선정 • 각 성능 평가 척도에 따른 평가 수행 및 최종 모델 선정
PoC/Pilot	• 모델 기반 PoC(Proof of Concept) 또는 Pilot 테스트를 통한 실사용 환경 모델 성능 평가 • 선정된 분석 모형의 시스템 적용을 결정하기 전 유사 환경에서의 테스트를 위한 실제 대 고객 테스트 수행
시스템 구현 및 전개	• 개발된 모델의 시스템화(SW 개발)

TIP 🔍 **참조 모델 방법론**

1. 한국데이터산업진흥원
   분석 기획 → 데이터 준비 → 데이터 분석 → 시스템 구현 → 평가 및 전개
2. CRISP/DM(EU의 ESPRIT 프로젝트에서 시작)
   비즈니스 이해 → 데이터 이해 → 데이터 준비 → 모델링 → 평가 → 전개
3. SEMMA(SAS 주도)
   샘플링 → 탐색 → 전처리 → 모델링 → 평가
4. KDD(1995년 Fayyard 정리 데이터 마이닝 프로세스)
   데이터 추출 → 전처리 → 변환 → 데이터 마이닝 → 해석 평가

1 분석 모형 개발 및 활용 과정을 위한 방법론이 아닌 것은?

① CRISP/DM   ② SEMMA

③ KDD   ④ Waterfall

해설 Waterfall 방법론은 시스템 개발에 주로 사용된다.

해답 ④

2 분석 목적 정의 및 가설 설정 과정에 포함되지 않는 것은?

① 사업적 요구 사항 정의

② 기술적 요구 사항 정의

③ 품질 요건 정의

④ 데이터 준비

해설 데이터 준비는 가설 설정 이후 단계이다.

해답 ④

3 다음 중 빅데이터 모형 운영 및 개선 방안 수립에 대한 설명으로 올바르지 않은 것은?

① 예측 모형의 성능을 지속해서 추적하기 위해서 예측 오차를 계산하고 기록한다.

② 예측 모형이 추적 신호 상한 혹은 하한을 벗어나도 개선 방안을 세울 필요는 없다.

③ 새로 계산된 예측 오차를 가지고 추적 신호를 다시 계산하고 추적 신호를 추적한다.

④ 예측 모형의 개선 방안으로 업데이트된 최근 데이터 셋을 활용하여 같은 예측 모형 적용을 통해 업데이트된 예측 모형을 구축하고 이를 다시 적용한다.

해설 예측 모형이 예상치를 벗어나도 개선 방안을 수립한다.

해답 ②

4 데이터 전처리 과정에 포함되지 않는 것은?

① 데이터 범주화   ② 특이치, 결측치 처리

③ 데이터 형태 변환   ④ 시나리오 작성

해설 시나리오 작성은 분석 목적 정의 단계에 해당된다.

해답 ④

5 다음 중 아래에서 설명하고 있는 빅데이터 모형 개발 및 운영 프로세스 단계로 올바른 것은?

> • 분석 모형 개발을 위한 내부 데이터 연동 및 적재
> • 외부 데이터 활용을 위한 API 개발

① 분석 목적의 정의 단계

② 데이터 준비 단계

③ 모델링 및 분석 단계

④ 정확도 및 성능 평가 단계

해설 데이터 준비 단계의 설명이다.

해답 ②

6 다음 중 개념 증명(PoC)/파일럿 테스트에 대한 설명으로 올바르지 않은 것은?

① 개발된 분석 모형을 실사용 환경에 적용하여 성능 평가를 진행한다.

② 실사용 환경에 적용이 어려울 경우 유사 환경에서 테스트를 진행해도 무방하다.

③ 개발된 모형이 특수 문제를 해결, 목표 성능에 도달함을 증명하는 것을 개념 증명(PoC)이라 한다.

④ 시스템을 구현하기 위해서는 PoC/Pilot 단계를 반드시 거쳐야 한다.

해설 고객과 협의를 통하여 PoC/Pilot 단계를 생략하고 시스템을 구현할 수 있다.

해답 ④

2 분석 결과 활용 시나리오 개발

(1) 빅데이터 분석 결과 활용 단계

- 빅데이터 분석 모델 개발
- 빅데이터 서비스 모델 개발
- 빅데이터 비즈니스 모델 개발

(2) 빅데이터 분석 모델 개발

- 빅데이터 분석 모델은 IT 관점의 시각보다는 비즈니스 관점에 기초해서 정의
- 빅데이터 분석 모델 정의서: 모델 명칭, 모델 설명, 분석 도구, 필요 데이터 등 정의

(3) 빅데이터 서비스 모델 개발

- "고객에게 어떤 가치를 제공할 것인가"의 관점에서 접근
- 서비스를 통해서 고객이 제공받는 효용성이나 기대 효과를 정의
- 서비스 모델 분류 사례

서비스 청사진	서비스를 명확하게 나타내는 그림
Input–Transformation–Output	투입(Input), 변환(Transformation), 산출(Output)로 구성되며, 생산의 3요소인 3P(People, Physical, Process)를 통해 서비스 제공
서비스 품질 측정	품질 속성을 5가지로 구분(반응성, 공감성, 확신성, 유형성, 신뢰성)
전략적 서비스 비전	4대 요소로 구성(목표 고객, 서비스 개념, 운영 전략, 서비스 전달 시스템)

(4) 빅데이터 비즈니스 모델 개발

- "어떻게 수익을 창출할 것인가"의 관점에서 접근
- 9 Building Blocks 비즈니스 모델

• 제공 가치	• 고객 분류	• 채널	• 고객 관계	• 수익원
• 핵심 자원	• 핵심 활동	• 핵심 파트너	• 원가 구조	

- STOF 비즈니스 모델 (Service, Technology, Organization, Finance)

1 다음 중 분석 결과 활용 단계의 구성으로 옳지 않은 것은?

① 빅데이터 분석 모델 개발

② 빅데이터 서비스 모델 개발

③ 빅데이터 비즈니스 모델 개발

④ 빅데이터 평가 모델 개발

해설 빅데이터 평가 모델 개발은 빅데이터 모델링 단계이다.

해답 ④

2 빅데이터 분석 모델 개발 단계의 설명으로 옳지 않은 것은?

① 빅데이터 분석 모델 개발은 IT 기술의 관점에서 접근이 중요하다.

② 빅데이터 분석 모델 정의서를 중심으로 개발한다.

③ 빅데이터 모델 정의서는 모델 명칭, 모델 설명, 분석 도구, 필요 데이터 등으로 구성된다.

④ 빅데이터 분석 모델은 비즈니스 요건에 기초해서 정의한다.

해설 빅데이터 분석 모델 개발은 IT 관점보다는 비즈니스 관점에서 접근한다.

해답 ①

3 빅데이터 서비스 모델의 분류로 옳지 않은 것은?

① 서비스 청사진

② ITO(Input-Transformation-Output)

③ 서비스 품질 측정

④ 9 Building Blocks

해설 9 Building Blocks는 빅데이터 비즈니스 모델이다.

해답 ④

4 빅데이터 서비스 모델인 전략적 서비스 비전의 구성 요소로 옳지 않은 것은?

① 목표 고객

② 서비스 개념

③ 운영 전략

④ 서비스 개발 시스템

해설 전략적 서비스 비전은 목표 고객, 서비스 개념, 운영 전략, 서비스 전달 시스템으로 구성된다

해답 ④

5 빅데이터 비즈니스 모델인 STOF의 구성으로 옳지 않은 것은?

① 시스템 도메인(System)

② 기술 도메인(Technology)

③ 조직 도메인(Organization)

④ 재무 도메인(Finance)

해설 STOF의 S는 Service의 약자이다.

해답 ①

3 분석 모형 모니터링

(1) 분석 모형 모니터링 개념

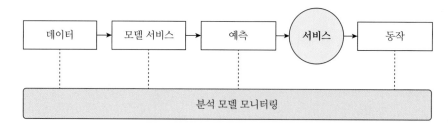

- 분석 모형 모니터링은 서비스 시스템에서 모델의 성능을 면밀히 추적하는 프로세스를 의미
- 분석 모형 구축을 위한 데이터에서부터 서비스에 적용되어 나오는 결과까지를 모니터링 대상으로 함
- 모델을 효과적으로 모니터링하는 것은 머신 러닝 서비스를 성공적으로 수행하는 데 매우 중요
- 모니터링은 모델의 정확도를 분석하여 오류를 제거하고 모델을 조정하여 서비스 시스템이 최상의 성능을 제공할 수 있도록 보장

(2) 분석 모형 모니터링 필요성

잘못된 일반화 제거	• 분석 모델은 일반적으로 샘플 데이터로 훈련되어 편향의 문제가 존재 • 모니터링을 통하여 데이터의 과대 적합 또는 과소 적합을 해소하여 균형 있는 모델 생성에 도움
시간 경과에 따른 매개 변수 변경 문제 제거	• 모델은 특정 시간의 변수와 매개 변수를 기반으로 학습되어 최적화됨 • 시간이 경과에 따라 변화되는 매개 변수의 중요도를 모니터링하고 학습에 반영
예측의 안정성 확보	• 분석 모델은 입력은 독립적이지 않음 • 하이퍼파라미터 및 샘플링 방법 등 시스템의 변화에 예측할 수 없는 변경을 가져올 수 있음

(3) 분석 모형 모니터링 대상

데이터 분포의 변화	• 데이터 분포의 변화는 모델의 성능 저하의 원인이 되므로 조기에 변화를 모니터링 하고 모델을 업데이트하여 성능을 유지
성능 변화	• 실제 데이터에 대한 성능을 지속적으로 평가 • 예측값과 실제값을 비교하여 모델이 제대로 작동하는지 여부를 확인
상태/운영 지표	• CPU, 메모리, 디스크 및 네트워크 I/O 사용량을 포함하여 시스템 성능을 모니터링하고 이러한 메트릭을 분석하여 모델이 완전하게 작동하는지 확인
데이터 무결성	• 데이터 파이프라인에 대한 무결성 모니터링 • 기존 CI(지속적인 통합) 프로세스의 일부로 데이터 파이프라인을 테스트, 문서화 및 프로파일링
부문별 실적	• 세그먼트별로 성능을 추적하여 분석 모델이 잘 수행되는 부분과 문제가 있는 부분을 진단할 수 있도록 지원

실전
미니 테스트

출제 키워드 ······ 분석 모형 모니터링; 모니터링 필요성; 잘못된 일반화 제거; 시간 경과에 따른 매개 변수 변경 문제 제거; 예측의 안정성 확보; 모니터링 대상; 데이터 분포 변화; 성능 변화; 상태/운영 지표; 데이터 무결성; 부분별 실적

1 다음 중 분석 모형 모니터링의 대상에 해당하지 않는 것은?

① 데이터
② 모델 서비스
③ 서비스
④ 동작

해설 서비스는 사용자의 영역으로 분석 모형 모니터링의 대상은 아니다.

해답 ③

2 다음 중 분석 모형 모니터링의 필요성에 가장 맞지 않는 것은?

① 잘못된 일반화 제거
② 시간 경과에 따른 매개 변수 변경 문제
③ 예측의 안정성 확보
④ 시스템 성능 저하

해설 시스템 성능 저하는 분석 모형 모니터링의 필요성과 관련없는 내용이다.

해답 ④

3 다음 중 분석 모형 모니터링의 대상으로 옳지 않은 것은?

① 데이터 분포의 변화
② 성능 변화
③ 상태/운영 지표
④ 데이터 라벨링

해설 데이터 라벨링은 모니터링의 대상이 아니다.

해답 ④

4 다음 중 분석 모형 모니터링의 설명으로 가장 옳지 않은 것은?

① 분석 모형 모니터링은 서비스 시스템에서 모델의 성능을 추적하는 프로세스를 의미한다.
② 분석 모델만을 모니터링의 대상으로 한다.
③ 머신 러닝 서비스의 성공적인 수행을 위해 모델 모니터링은 매우 중요하다.
④ 모델 모니터링을 통하여 서비스 시스템이 최상의 성능을 제공할 수 있도록 한다.

해설 분석 모델 모니터링은 데이터에서부터 서비스 시스템의 동작 결과까지 모두를 대상으로 한다.

해답 ②

5 다음은 분석 모형 모니터링 대상 중 무엇을 설명한 내용인가?

> 분석 모형에서 예측한 값과 실제 발생한 결과값을 비교하여 분석 모델이 제대로 작동하는지 여부를 확인

① 성능 변화
② 상태/운영 지표
③ 데이터 무결성
④ 부문별 실적

해설 분석 모형 모니터링 대상 중 성능 변화에 대한 설명이다.

해답 ①

4 분석 모형 리모델링

(1) 분석 모형 리모델링 개념

시간이 경과함에 따라 최초에 구축한 분석 모형의 성능이 지속적으로 하락되는 경우 기존 분석 모형에 대한 최적화를 통하여 원하는 수준으로 다시 성능을 회복하는 작업

(2) 분석 모형 리모델링 절차

1) 리모델링을 위한 데이터 수집/관리

- 리모델링을 위한 데이터 수집
- 모델 개선을 위한 데이터 수집: 신규 영향 데이터, 데이터 활용도/영향도, 데이터 변경 사항(평균, 범위/분포 등)

2) 분석 모델 개선

- 빅데이터 분석 알고리즘 수행은 빅데이터 분석 모델을 개발할 때와 동일한 절차로 수행
- 개선 모델은 기존 모델보다 높은 성능을 보이는 모델로 선정될 수 있도록 파라미터를 조정하여 수행

[분석 모델 개선 절차]

순서	내용
기존 분석 모델 문제점 분석	정확도, 재현율, 오분류율 등 데이터 기반 모델 문제점 분석
분석 모델 개선 목표 설정	정확도, 재현율 등 모델 정확도 향상을 위한 목표 설정
개선 데이터 선정 및 유형 구분	모델 개선을 위해 수집한 데이터 선정 및 정형/비정형 등 유형 구분
기존 데이터 변경 확인 및 신규 데이터 활용도 분석	기존 데이터 기초 통계량 변화, 영향도/가중치 변화 여부 조사
분석 모델 개발 절차와 동일하게 개선 절차 수행	신규 데이터 기반 학습(Training)/평가(Test) 데이터 셋 등 구성 모델 개선 절차 수행

3) 분석 결과 평가 및 A/B Test

① 분석 결과 평가 기준 설정
- 기존 모델 대비 모델 평가 항목 향상 목표 설정
- 모델 기준 과최적화 여부 확인

② A/B Test 수행
- 개선 모델 적용 그룹과 비적용(기존 모델 적용) 그룹 기준 설정
- 각 그룹별 모델 적용
- 그룹별 모델 적용 결과 비교 분석

4) 리모델링 모델 적용

- 분석 결과 평가 기준 및 A/B Test 수행 결과 기준 개선 모델 적용 여부 결정
- 신규 모델 기준 분석 결과 모니터링을 위한 추가 요소 선정
- 모델 적용 및 분석 결과 모니터링 수행

1 다음 중 분석 모형 리모델링의 절차에 해당하지 않는 것은?

① 성능 변화 모니터링

② 분석 모델 개선

③ 분석 결과 평가 및 A/B 평가(Test)

④ 리모델링 적용

해설 성능 변화 모니터링은 분석 모형 모니터링의 대상이다.

해답 ①

2 다음 중 리모델링 결정을 위한 수집 데이터 선정의 내용에 해당하지 않는 것은?

① 모델의 정확도, 재현율, 오분류율

② 모델 Input Data의 데이터 오류율

③ 모델 Output Data의 데이터 오류율

④ 모델 개선을 위한 데이터 수집

해설 모델 Output Data의 데이터 오류율은 리모델링 결정에 포함되지 않는다.

해답 ③

3 분석 모델 개선의 절차에 해당하지 않는 것은?

① 기존 분석 모델 문제점 분석

② 분석 모델 개선 목표 설정

③ 개선 데이터 선정 및 유형 구분

④ 신규 데이터 문제점 분석

해설 신규 데이터를 활용하여 분석 모델을 개선할 경우 신규 데이터의 활용도를 분석한다.

해답 ④

4 다음 중 분석 모형 리모델링의 분석 결과 평가 및 A/B 평가(Test)의 내용으로 옳지 않은 것은?

① 기존 모델 대비 모델 평가 항목 향상 목표 설정

② 기존 모델의 과최적화 여부 확인

③ A/B 평가(Test)를 위한 개선 모델 적용 그룹과 비적용 그룹 기준 설정

④ A/B 평가(Test) 그룹별 모델 적용 결과 비교 분석

해설 리모델링된 모델의 과최적화 여부를 확인한다.

해답 ②

5 다음 중 분석 모형 리모델링의 설명으로 옳지 않은 것은?

① 분석 모형의 성능이 지속적으로 하락하는 경우에 실시한다.

② 기존 분석 모형을 최적화하여 다시 성능을 회복하는 작업이다.

③ 분석 모형의 리모델링은 성과 모니터링을 통하여 실행 여부를 결정한다.

④ 분석 모형 리모델링은 자주 할수록 좋으므로 일 단위로 리모델링을 진행한다.

해설 일반적으로 분석 모형 리모델링은 분기, 반기, 연 단위로 실시한다.

해답 ④

부록

실전 모의고사

실전 모의고사 01

1과목 **빅데이터 분석 기획**

01 다음 중 빅데이터 분석 방법론 단계의 순서가 바르게 나열된 것을 고르시오.

① 데이터 준비 → 분석 기획 → 데이터 분석 → 시스템 구현 → 평가 및 전개

② 분석 기획 → 데이터 준비 → 시스템 구현 → 데이터 분석 → 평가 및 전개

③ 분석 기획 → 데이터 준비 → 데이터 분석 → 시스템 구현 → 평가 및 전개

④ 데이터 준비 → 분석 기획 → 시스템 구현 → 데이터 분석 → 평가 및 전개

02 다음 중 DIKW 피라미드를 순서대로 나열한 것은?

① 데이터 → 정보 → 지식 → 지혜

② 데이터 → 지혜 → 정보 → 지식

③ 데이터 → 지식 → 지혜 → 정보

④ 데이터 → 정보 → 지혜 → 지식

03 다음 중 SNS, 뉴스, 웹 정보 등 인터넷 상에서 제공되는 웹문서·정보 수집 기술로 적절한 것은?

① Crawling

② Streaming

③ Sqoop

④ ETL

04 데이터 분석 방법론 중 하나인 SEMMA 분석 방법론의 분석 절차로 바르게 나열된 것은?

① 탐색 → 수정 → 추출 → 평가 → 모델링

② 탐색 → 추출 → 수정 → 모델링 → 평가

③ 추출 → 탐색 → 수정 → 모델링 → 평가

④ 추출 → 수정 → 탐색 → 평가 → 모델링

05 다음 중 빅데이터 활용에 필요한 3요소로 옳은 것은?

① 자원, 인력, 자본

② 자원, 기술, 자본

③ 기술, 인력, 자본

④ 자원, 기술, 인력

06 다음 중 분산 환경에서 서버간의 코디네이션과 서버들의 환경 설정을 통합적으로 관리하는 역할을 하는 하둡 에코 시스템 기술은 무엇인가?

① 우지(Ooozie)

② 주키퍼(Zookeeper)

③ 임팔라(Impala)

④ 피그(Pig)

07 다음 중 분석 문제 도출에 대한 하향식 접근 방법의 작업 순서로 맞는 것은?

① 문제 탐색 → 문제 정의 → 해결 방안 탐색 → 타당성 검토

② 문제 정의 → 문제 탐색 → 타당성 검토 → 해결 방안 탐색

③ 문제 정의 → 문제 탐색 → 해결 방안 탐색 → 타당성 검토

④ 문제 탐색 → 타당성 검토 → 문제 정의 → 해결 방안 탐색

08 다음 중 마이 데이터가 시사하는 바로 옳게 기술된 것은 무엇인가?

① 데이터 통합 시대 도래

② 데이터 가치 부여

③ 데이터 관리의 중요성

④ 데이터 권리 시대

09 데이터 분석 기획 시 분석 대상과 방법에 따른 분류 유형 및 설명으로 옳지 않은 것은?

① Optimization: 분석 대상을 알고 있고 분석 방법을 알고 있는 경우

② Insight: 분석 대상을 모르지만 분석 방법을 알고 있는 경우

③ Question: 분석 대상은 알고 있으나 분석 방법을 알지 못하는 경우

④ Discovery: 분석 대상도 모르고 분석 방법도 모르는 경우

10 다음 중 데이터 수집 절차를 올바른 순서대로 설명한 것은?

① 비즈니스 도메인 정보 수집 → 수집 데이터 탐색/선정 → 수집 세부 계획 수립 → 데이터 수집 실행 → 수집 데이터 적절성 검증

② 비즈니스 도메인 정보 수집 → 수집 세부 계획 수립 → 수집 데이터 탐색/선정 → 데이터 수집 실행 → 수집 데이터 적절성 검증

③ 수집 세부 계획 수립 → 비즈니스 도메인 정보 수집 → 수집 데이터 탐색/선정 → 수집 데이터 적절성 검증 → 데이터 수집 실행

④ 비즈니스 도메인 정보 수집 → 수집 세부 계획 수립 → 수집 데이터 탐색/선정 → 수집 데이터 적절성 검증 → 데이터 수집 실행

11 다음 중 계층적 프로세스 모델에서 계층에 해당되지 않는 것은?

① 단계

② 태스크

③ 스텝

④ 프로세스

12 개인 정보 가명 처리 가이드 라인에 명시된 가명 처리 절차를 순서대로 나열한 것은?

① 적정성 검토 → 사전 준비 → 가명 처리 → 위험성 검토 → 사후 관리

② 사전 준비 → 적정성 검토 → 가명 처리 → 위험성 검토 → 사후 관리

③ 사전 준비 → 위험성 검토 → 가명 처리 → 적정성 검토 → 사후 관리

④ 위험성 검토 → 사전 준비 → 가명 처리 → 적정성 검토 → 사후 관리

13 데이터 전처리를 위한 처리 기법으로 적절하지 않은 것은?

① 데이터 정제
② 데이터 변환
③ 데이터 통합
④ 데이터 확장

14 다음 중 카프카(Kafka)의 구성 요소로 적절하지 않은 것은?

① Channel
② Consumer
③ Broker
④ Topic

15 다음 중 많은 양의 로그 데이터를 효율적으로 수집하기 위한 스트리밍 기반의 비동기 방식 로그 수집 서비스 기술은?

① ETL
② FTP
③ Sqoop
④ Flume

16 다음 중 개인 정보 비식별화 단계로 맞게 연결된 것은?

① 비식별 조치 → 사전 검토 → 사후 관리 → 적정성 평가
② 비식별 조치 → 사전 검토 → 적정성 평가 → 사후 관리
③ 사전 검토 → 비식별 조치 → 적정성 평가 → 사후 관리
④ 사전 검토 → 비식별 조치 → 사후 관리 → 적정성 평가

17 데이터 품질 기준 요소에 해당하지 않는 것은?

① 완전성
② 유동성
③ 정확성
④ 일관성

18 다음 중 하둡 분산 파일 시스템을 구성하는 구성요소가 아닌 것은?

① 네임 노드
② 마스터 노드
③ 데이터 노드
④ 보조 네임 노드

19 다음 중 NoSQL의 유형에 속하지 않는 것은?

① Key-value 데이터베이스
② Document 데이터베이스
③ Row-Family 데이터베이스
④ Graph 데이터베이스

20 다음 중 빅데이터 처리 기술 중 관계형 데이터베이스의 정형 데이터를 수집하는 도구로 맞는 것은?

① 하둡(Hadoop)
② 스쿱(Sqoop)
③ 플룸(Flume)
④ 스파크(Spark)

21 다음 중 데이터 정제 기술 유형으로 적절하지 않은 것은?

① 데이터 변환

② 데이터 축소

③ 데이터 교정

④ 데이터 왜곡

22 다음 설명에 맞는 결측값 종류는 무엇인가?

> 결측값이 임의로 발생한 것이 아니라 특정 조건에 의해서 발생한다. 결측값 발생에 이유가 있으므로 결측값에 대해 추가 조사가 필요하다.

① 완전 무작위 결측

② 무작위 결측

③ 비무작위 결측

④ 일부 무작위 결측

23 다음 중 결측값을 처리하는 방법에 대한 설명 중 부적절한 것은?

① Complete Analysis는 불완전 자료를 모두 삭제하고 완전한 관측치만 분석에 사용하는 방법이다.

② 평균 대치법은 자료의 평균값으로 결측값을 대치하여 완전한 자료를 만들어 분석하는 방법이다.

③ 단순 확률 대치법은 평균 대치법에서 추정량 표준 오차의 과소 추정 문제를 보완하고자 고안된 방법이다.

④ 다중 대치법은 단순 대치법을 m번 대치하여 m개의 가상적 완전 자료를 만드는 방법으로 대치 → 결합 → 분석의 3단계 과정으로 진행된다.

24 단일 대치법을 m번의 대치를 통해 m개의 가상의 완전한 자료를 만들어서 분석하는 방법을 무엇이라 하는가?

① 연역적 대체법

② 다중 대체법

③ 핫덱 대체법

④ k-nn 대체법

25 데이터 잡음 발생 원인으로 적절하지 않은 것은?

① 데이터 속성값의 부정확성

② 무응답 문제

③ 데이터 전송 문제

④ 데이터 엔트리(기입, 표기) 문제

26 다음 중 박스-콕스 변환에 대한 목적으로 적절한 것은?

① 데이터를 0을 중심으로 양쪽을 데이터를 분포시키는 방법

② 한쪽으로 치우친 변수를 변환하여 분석 모형을 적합하게 하는 방법

③ 데이터를 특정 구간(=범위)로 바꾸는 척도법

④ 데이터 값을 몇 개의 Bin으로 분할하여 데이터를 평활화하는 방법

27 다음 중 불균형 데이터 처리 기법에 대한 설명 중 잘못된 것은?

① 불균형 데이터를 처리하면 민감도(Sensitivity)가 감소할 수 있다.

② 오버 샘플링은 데이터 표본을 더 많이 추출하여 데이터 불균형을 해결하는 방법이다.

③ 언더 샘플링은 더 많은 수의 데이터를 가지고 있는 집단의 일부만 추출하여 샘플링을 수행하는 방법이다.

④ 불균형 데이터라도 임의로 추출 비율을 조절하면 자료가 왜곡될 수 있으므로 있는 그대로 자료 비율로 분석해야 된다.

28 다음과 같은 방법으로 자료를 변환하는 방법은 무엇인가?

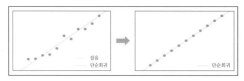

① 구간화

② 평균값 평활화

③ 군집화

④ 회귀 모형화

29 다음 중 이상값 검출 방법 중 그 특성이 다른 하나는?

① 마할라노비스 거리

② LOF

③ iForest

④ ESD

30 필터 기법과 래퍼 기법의 장점을 결합한 방법의 변수 선택 기법으로 적절하지 않은 것은?

① 단계 선택

② 라쏘

③ 릿지

④ 엘라스틱 넷

31 주성분 분석(PCA)에 대한 설명으로 옳지 않은 것은?

① 공분산 행렬의 행과 열은 개수가 동일하다.

② 공분산 행렬의 고유값과 고유 벡터를 계산하여 주성분을 택할 수 있다.

③ 주성분 분석은 차원을 축소하는 방법으로 영상 인식에 쓰인다.

④ 주성분 분석은 표본의 수가 변수의 수보다 클 때 사용할 수 없다.

32 제1종 오류를 범할 확률의 허용 한계를 뜻하는 통계적 용어는?

① 기각역

② 유의 수준

③ 검정 통계량

④ 대립 가설

33 데이터의 차원이 증가할수록 데이터 간의 거리도 함께 증가하여 모델이 복잡해지고 과적합(Over-fitting)의 위험이 커지는 것을 의미하는 것은?

① 중심 극한 정리
② 차원의 저주
③ 희소성의 원칙
④ 대수의 법칙

34 다음 사례의 귀무 가설 검정으로 옳은 것은?

> 사람의 평균 수명을 알아보기 위해 사망자 100명을 표본으로 추출하여 조사하였더니 평균 72.4년으로 나타났다. 모표준편차를 12년으로 가정할 때 현재의 평균 수명은 70년보다 길다고 할 수 있는가를 검정하라(유의 수준 $a = 0.05$, $Z_{0.05} = 1.645$)

① 표준 정규 확률 변수 Z = 2, 귀무 가설 채택
② 표준 정규 확률 변수 Z = 2, 귀무 가설 기각
③ 표준 정규 확률 변수 Z = 3, 귀무 가설 채택
④ 표준 정규 확률 변수 Z = 3, 귀무 가설 기각

35 다음 그림과 같은 분포의 특성으로 바르게 기술된 것은?

① 오른쪽으로 치우쳐 있는 자료이다.
② 평균이 중앙값이나 최빈값보다 작다.
③ 평균이 자료를 가장 잘 설명할 수 있는 지표이다.
④ 왜도는 0을 나타내는 자료이다.

36 추정에 대한 설명으로 맞는 것은?

① 검정력은 작을수록 바람직하다.
② 신뢰 구간은 넓을수록 바람직하다.
③ 표본의 수는 통계적 추론에 영향을 미치지 않는 표본 조사 시의 문제이다.
④ 모든 다른 조건이 동일하다면 표본의 수가 클수록 신뢰 구간의 길이는 짧아진다.

37 어느 회사에 출퇴근하는 직원들 500명을 대상으로 이용하는 교통 수단을 지하철, 자가용, 버스, 택시, 자하철과 택시, 지하철과 버스, 기타의 분야로 나누어 조사하였다. 이 자료를 정리하기에 적합하지 않은 것은?

① 도수 분포표
② 막대 그래프
③ 원형 그래프
④ 히스토그램

38 가설 검정에 관한 설명으로 맞는 것은?

① P값이 유의 수준보다 크면 귀무 가설을 기각한다.
② 1종 오류와 2종 오류 중 더 심각한 오류는 1종 오류이다.
③ 일반적으로 표본 자료에 의해 입증하고자 하는 가설을 귀무가설로 세운다.
④ 양측 검정으로 유의하지 않은 자료라도 단측 검정을 하면 유의할 수도 있다.

39 상관 관계에 대한 설명 중 틀린 것은?

① 상관 계수는 결정 계수의 제곱이다.
② 0에 가까우면 상관성이 낮다.
③ 범위는 −1에서 1사이이다.
④ 상관 강도를 비교할 수 있다.

40 소수의 극단값의 영향을 받지 않는 변동성 척도로서 적절한 것은?

① 범위
② 분산
③ 사분위 범위
④ 표준 편차

3과목 빅데이터 모델링

41 두 정당 (A, B)에 대한 선호도가 성별에 따라 다른지 알아보기 위하여 1,000명을 임의추출하였다. 이 경우에 가장 적합한 통계 분석법은?

① 분산 분석
② 회귀 분석
③ 인자 분석
④ 교차 분석

42 통계에서 평균에 대한 차이 검정으로 모집단 3개 이상 시 사용하는 분석 방법으로 가장 알맞은 것은?

① 카이제곱
② T−검정
③ 분산 분석
④ 상관 분석

43 비지도 학습 알고리즘 유형으로 알맞은 것은?

① 군집 분석
② 회귀 분석
③ 랜덤 포레스트
④ 판별 분석

44 언더피팅에 대한 설명으로 바르게 기술된 것은?

① 모델링 대상을 설명하는데 불필요한 잡음를 과도하게 반영한 상태이다.
② 정규화, 표준화를 통해 해결할 수 있다.
③ 적정 수준의 학습을 하지 못해 실제 성능이 떨어지는 현상을 의미한다.
④ High Variance(과분산)으로 인해 학습 능력이 부족하다.

45 다음 중 분석 모델 구축 절차 가운데 첫 단계에 해당되며 분석 방향성을 구체적으로 도출, 선별, 결정하고, 분석 과정을 설계하고 구체적인 내용을 실무 담당자와 협의하는 과정은 어느 단계에서 이루어져야 하는가?

① 요건 정의
② 모델링
③ 검증 및 테스트
④ 모델 적용

46 다른 변수들의 상관 관계를 통제하고 순수하게 두 변수 간의 상관 관계를 나타내는 것은?

① 단순 상관 계수
② 다중 상관 계수
③ 편상관 계수
④ 결정 계수

47 회귀 분석 결과, 분산 분석표에서 잔차 제곱합(SSE)은 80, 총 제곱합(SST)은 160이다. 이 회귀 모형의 결정 계수는?

① 0.25
② 0.50
③ 0.75
④ 0.95

48 회귀 분석에 대한 설명 중 잘못 기술된 것은?

① 분산 분석표를 사용하여 회귀 분석을 검정한다.
② 독립 변수는 질적 관찰값도 더비 변수로 변환하여 회귀 분석에 적용할 수 있다.
③ 회귀 분석은 독립 변수 간에는 상관 관계가 0인 경우만 분석 가능하다.
④ 회귀 분석에서 T 검정과 F 검정이 모두 사용된다.

49 회귀 분석에서 모든 변수를 고려한 이후, 가장 적은 영향을 주는 변수부터 하나씩 제거하는 변수 선택 방식은?

① 전진 선택법
② 후진 소거법
③ 단계적 방법
④ 입력 방법

50 다음 중 최적 회귀 방정식을 선택하기 위한 방법에 대한 설명으로 가장 부적절한 것은?

① 가능한 범위 내에서 적은 수의 설명 변수를 포함시킨다.
② AIC나 BIC의 값이 가장 작은 모형을 선택하는 방법으로 모든 가능한 조합의 회귀 분석을 실시한다.
③ 전진 선택법은 설명 변수를 추가했을 때 제곱합의 기준으로 가장 설명을 잘하는 변수를 고려하여 그 변수가 유의하면 추가한다.
④ 전진 선택법이나 후진 선택법과 동일한 최적 모형을 선택하는 것이 단계적 방법이다.

51 3개의 처리(Treatment)를 각각 5번씩 반복하여 실험하였고, 이에 대해 분산 분석을 실시하고자 할 때의 설명으로 틀린 것은?

① 분산 분석표에서 오차의 자유도는 12이다.

② 분산 분석의 영가설(H_0)은 3개의 처리 간 분산이 모두 동일하다고 설정한다.

③ 유의 수준 0.05하에서 계산된 F비 값은 $F_{(0.05, 2, 12)}$ 분포값과 비교하여, 영가설의 기각 여부를 결정한다.

④ 처리 평균 제곱은 처리 제곱합을 처리 자유도로 나눈 것을 말한다.

52 다음 중 분산 분석표에 나타나지 않는 것은?

① 제곱합

② 자유도

③ 표준 편차

④ 분산

53 로지스틱 회귀 분석에 대한 설명으로 잘못된 것은?

① 분류에 주로 사용한다.

② 자료형이 범주형을 갖는 경우 사용하는 분석 기법이다.

③ Y값은 −1과 1 사이이다.

④ 대표적인 지도 학습 알고리즘이다.

54 다음 중 의사 결정 나무 모형에서 과대 적합되어 현실 문제에 적응할 수 있는 적절한 규칙이 나오지 않는 현상을 방지하기 위해 사용되는 방법으로 가장 적절한 것은?

① 스테밍

② 가지치기

③ 정지 규칙

④ CART

55 다음 중 서포트 벡터 머신에서 활용되는 초평면(Hyperplane)에 대한 개념으로 바르게 기술된 것은?

① Support Vector 사이의 거리

② 초평면에서 가장 근거리에 위치한 벡터

③ n 차원의 공간 구분을 위해 결정되는 n−1 평면

④ 모집단 모수를 포함할 가능성이 높은 값의 범위

56 다음 설명 중 배깅에 대한 내용으로 가장 옳은 것은?

① 편향이 낮은 과소 적합 모델을 사용한다.

② 편향이 높은 과대 적합 모델을 사용한다.

③ 부트스트랩 자료를 생성하고 각 부트스트랩 자료를 결합하여 최종 예측 모형을 산출한다.

④ 가중치를 활용하여 약 분류기를 강 분류기로 만드는 방법이다.

57 아래 데이터 셋에서 A, B 의 유클리드 거리 (Euclidean Distance)를 계산하시오.

구분	A	B
키	170	175
몸무게	70	80

① 0
② $\sqrt{25}$
③ $\sqrt{50}$
④ $\sqrt{125}$

58 다음 중 모수 검정에 상응하는 비모수 검정이 바르지 않게 연결된 것은?

① 일표본 T 검정 – 윌콕슨 부호 순위 검정
② 독립표본 T 검정 – 윌콕슨 순위합 검정
③ 독립표본 T 검정 – 맨–휘트니 U 검정
④ 피어슨 상관 분석 – 크루스칼 왈리스 검정

59 다음 중 고차원의 데이터를 이해하기 쉬운 저차원의 뉴런으로 정렬화하여 지도의 형태로 형성화하는 클러스터링 방법으로 적절한 것은?

① 의사 결정 나무
② 연관 규칙
③ 자기 조직화 지도
④ 랜덤 포레스트

60 범주형 자료 분석 영역에서 관측된 데이터의 분포가 기대값의 분포에 따르는지 여부를 검증하는 유의성 검정은 무엇인가?

① T 검증
② Z 검증
③ F 검증
④ 카이제곱 검증

61 분석 모델의 평가 결과가 아래와 같은 경우 평균 절대 오차(MAE; Mean Absolute Error)로 가장 적합한 것은?

Year	Actual	Forecast	Diff
2022	48	44	4
2021	39	45	−6
2020	41	45	−4
2019	49	47	2

① −1　　　　② 3
③ 4　　　　④ 5

62 다음 중 혼동 행렬 공식 중 올바르지 않은 것은?

① 정확도(Accuracy) = (TP+TN) / (TP+TN+FN+FP)
② 특이도(Specificity) = TN / (TN+FP)
③ 정밀도(Precision) = TP / (TP+FP)
④ 재현율(Recall) = TN / (TN+FP)

63 다음 중 혼동 행렬 성능 지표 중 FP(False Positive)의 설명으로 올바른 것은?

① 긍정(True)이라고 예측했는데 실제값이 긍정(True)인 경우

② 부정(False)이라고 예측했는데 실제값이 부정(False)인 경우

③ 부정(False)이라고 예측했는데 실제값이 긍정(True)인 경우

④ 긍정(True)이라고 예측했는데 실제값이 부정(False)인 경우

64 다음 중 분석 모형 오류에 대한 설명으로 옳지 않은 것은?

① 분석 모형이 학습 데이터를 과하게 학습하여 발생하는 오류를 '과대 적합(overfitting) 오류'라 한다

② 분석 모형이 학습 데이터를 충분히 학습하지 못하여 발생하는 오류를 '과소 적합(underfitting) 오류'라 한다.

③ 과대 적합은 학습 데이터에 대해서는 오차가 감소하지만 실제 데이터에는 오차가 증가한다.

④ 과소 적합은 학습 데이터에 대해서는 오차가 증가하지만 실제 데이터에는 오차가 감소한다.

65 다음 중 교차 검증(Cross Validation)의 설명으로 옳지 않은 것은?

① 모델 학습 시 데이터 훈련용과 검증용으로 교차하여 선택하는 방법으로 과소 적합을 방지할 수 있는 검증 기법이다.

② 데이터의 다른 부분을 사용하여 다른 반복에서 모델을 훈련하는 리샘플링 방법이다.

③ 선택된 교차 검증 데이터별 측정치를 평균하여 사용한다.

④ 교차 검증은 데이터 셋이 충분히 크지 않을 때 사용할 수 있다.

66 다음 중 K-fold 교차 검증의 설명으로 옳은 것은?

① 훈련:검증:테스트 데이터 셋을 2:3:5로 구성한다.

② 훈련 데이터 집합을 무작위로 동일 크기를 갖는 K−1개의 집합으로 나눈다.

③ 모든 데이터를 학습과 검증에 사용함으로 데이터의 손실이 없다.

④ K값이 증가해도 수행 시간과 계산량에는 큰 차이가 없다.

67 다음 중 정규성 검정의 설명으로 옳지 않은 것은?

① 정규성 검정은 가정된 확률이 정해져 있지 않을 경우에 사용하는 기법이다.

② 콜모고르프−스미노프 검정은 두 데이터가 같은 정규 분포를 따르는지 검사한다.

③ Q-Q Plot은 그래프를 이용하여 정규성 가정을 시각적으로 검정하는 방법이다.

④ 일반적으로 표본의 수가 많을 경우에는 샤피로−월크 검정을 사용한다.

68 다음 중 카이제곱 검정의 적용 사례로 옳지 않은 것은?

① 적합도 검정(Goodness of Fit Test)

② 독립성 검정(Test of Independence)

③ 동질성 검정(Test of Homogeneity)

④ 신뢰성 검정(Test of Reliability)

69 다음 중 과대 적합/과소 적합에 대한 설명 중 옳지 않은 것은?

① 과대 적합은 학습 데이터의 양이 부족하거나 편향된 데이터로 학습 시 발생한다.

② 과소 적합은 모델이 충분히 학습되지 않은 경우 발생한다.

③ 비선형은 선형보다 과대 적합이 발생할 가능성이 적다.

④ 반복 횟수(epoch)가 증가할수록 모델은 과소 적합에서 과대 적합으로 진행한다.

70 다음 중 매개 변수에 대한 설명 중 옳지 않은 것은?

① 매개 변수(Parameter)는 모델 내부에서 결정되며, 사용자에 의해 조정되지 않는 변수이다.

② 학습의 목적은 오차, 손실 함수의 값을 최대한 작게 하는 매개 변수를 찾는 것이다.

③ 매개 변수의 종류는 가중치, 편향 등이 있다.

④ 매개 변수 최적화 기법에는 베이지안 최적화, 확률적 경사 하강법 등이 있다.

71 다음 중 아래 설명에 가장 적합한 분석 모형은?

> 여러 개의 같은 종류 모델이 순차적으로 학습 – 예측하고 가중치를 달리하여 오류를 개선하는 방식

① 보팅(Voting)

② 배깅(Bagging)

③ 부스팅(Boosting)

④ 융합(Convergence)

72 다음 중 출력층을 다시 학습하는 방법으로 올바른 것은?

① 강화 학습

② 전이 학습

③ 지도 학습

④ 비지도 학습

73 다음 중 빅데이터 시각화에 대한 설명 중 옳지 않은 것은?

① 시각화

② 구조화

③ 정제

④ 시각화 표현

74 다음 중 시각화 절차의 순서로 올바른 것은?

① 구조화 → 시각화 표현 → 시각화

② 시각화 표현 → 구조화 → 시각화

③ 시각화 표현 → 시각화 → 구조화

④ 구조화 → 시각화 → 시각화 표현

75 다음 중 관계 시각화 기법으로 옳지 않은 것은?

① 누적 막대 그래프
② 산점도
③ 버블 차트
④ 히스토그램

78 다음 그래프의 이름으로 적절한 것은?

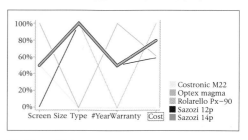

① 선 그래프
② 영역 차트
③ 등치선도
④ 평행 좌표

76 아래 내용은 어떤 시각화 도구를 설명한 것인가?

> 지역 별 상품별 비교할 때 행, 열에 지역, 상품을 놓고 판매량을 셀에 색깔로 지정한다.

① 산점도
② 히트맵
③ 스타 차트
④ 버블 차트

79 다음 중 분석 모형 리모델링의 설명으로 올바른 것은?

① 분석 모형의 리모델링은 성과 모니터링을 통하여 실행 여부를 결정한다.
② 분석 모형의 리모델링 주기는 짧을수록 좋으므로 일단위로 실시한다.
③ 분석 모형의 리모델링 실시 후 기존보다 성능이 향상되어야 한다.
④ 분석 모형의 리모델링은 성능과 상관없이 주기적으로 실시한다.

80 다음 설명은 분석 모델 개선 절차 중 어디에 해당하는가?

> 기존 데이터 기초 통계량 변화, 영향도/가중치 변화 여부 조사

① 기존 분석 모델 문제점 분석
② 분석 모델 개선 목표 설정
③ 개선 데이터 선정 및 유형 구분
④ 기존 데이터 변경 확인 및 신규 데이터 활용도 분석

77 다음 중 인포그래픽의 장점으로 옳지 않은 것은?

① 데이터의 패턴을 발견할 수 있다.
② 정보 습득 시간을 절감할 수 있다.
③ 흥미를 유발하여 시선을 사로잡는다.
④ 기억의 지속 시간을 연장한다.

01 다음 중 암묵지와 형식자의 상호 작용과 설명이 잘못 연결된 것은?

① 공통화 – 지식을 공유하여 개인이 형식지를 습득하는 단계

② 내면화 – 지식을 체득해 형식지가 개인의 암묵지로 체화되는 단계

③ 표출화 – 개인의 지식을 제3자가 이해할 수 있도록 명확하게 표현하는 단계

④ 연결화 – 기존의 형식지를 조합하여 새로운 지식을 만들어 보급하는 단계

02 다음 중 데이터 분석 절차를 올바른 순서대로 나열한 것은?

① 데이터 수집 → 연구 조사 → 문제 인식 → 모형화 → 데이터 분석 → 분석 결과 공유

② 문제 인식 → 연구 조사 → 데이터 수집 → 모형화 → 데이터 분석 → 분석 결과 공유

③ 문제 인식 → 연구 조사 → 모형화 → 데이터 수집 → 데이터 분석 → 분석 결과 공유

④ 연구 조사 → 문제 인식 → 모형화 → 데이터 수집 → 데이터 분석 → 분석 결과 공유

03 다음 중 분석 과제의 적용 우선 순위를 결정하는데 필요한 고려 요소가 아닌 것은?

① 비즈니스 성과

② 분석 난이도

③ 전략적 중요도

④ 실행 용이성

04 다음 중 빅데이터로 인한 변화의 특성으로 올바르지 않게 기술된 것은?

① 사전 처리로 필요한 정보만 수집하는 시스템에서 가능한 한 많은 데이터를 모으고 이를 다양한 방식으로 분석하려는 변화

② 데이터 간의 인과 관계를 묻는 방식에서 데이터 간의 상관 관계에 집중하는 방식으로 변화

③ 데이터의 품질을 높이는 방식에서 오류 정보가 포함되더라도 양을 충분히 확보하는 방식으로 변화

④ 저장 비용의 증가로 전수 조사 대신 표본 조사를 분석하는 방식으로 변화

05 다음 중 데이터 수집 기술 중 하나인 ETL 구성 요소에 포함되지 않는 것은?

① 추출

② 삭제

③ 변환

④ 적재

06 다음 중 개인 정보 수집, 이용 동의 없이 수집, 이용이 가능한 경우에 해당되지 않는 것은?

① 정보 주체와의 계약의 체결 및 이행을 위해 불가피하게 필요한 경우

② 개인 정보 처리자의 정당한 이익을 위해 필요한 경우로 명백하게 정보 주체의 권리보다 우선하는 경우

③ 공공기관이 법령 등에서 정하는 소관업무 수행을 위해 불가피한 경우

④ 정보 주체가 관심 있어 하는 마케팅 정보를 제공하기 위해 필요한 경우

07 다음 중 데이터에 대한 설명이 바르게 기술된 것은?

① 메타 정보를 활용해서 해석해야 하는 데이터는 비정형 데이터이다.

② 수치로 계산이 가능한 데이터는 정성적 데이터이다.

③ 외부 데이터는 주로 정형 데이터로, 수집 난이도가 낮다.

④ 외부 데이터는 대부분 정형 데이터에 해당된다.

08 다음 중 데이터 거버넌스의 구성 요소로 적절하지 않은 것은?

① 원칙(Principle)

② 데이터(Data)

③ 조직(Organization)

④ 프로세스(Process)

09 다음 중 데이터 분석 수준 진단 중 분석 준비도를 평가하는 영역에 해당되지 않는 것은?

① 분석 기법

② 분석 기획

③ 분석 문화

④ 분석 데이터

10 다음 중 인메모리 기반 분산 처리 기술로 실시간 분석 업무에 주로 활용하는 기술은 무엇인가?

① 하둡 분산 파일 시스템(HDFS)

② 아파치 플룸(Apache Flume)

③ 맵리듀스(MapReduce)

④ 아파치 스파크(Apache Spark)

11 다음 중 데이터 사이언티스트가 갖추어야 할 Hard Skill에 해당되지 않는 것은?

① 빅데이터 방법론

② 분석 기술 숙련도

③ 분석 설계 기술

④ 스토리텔링 능력

12 하둡과 관계형 데이터베이스 또는 메인 프레임 간에 데이터를 전송하도록 설계된 도구를 무엇이라고 하는가?

① 스쿱(Sqoop)

② 스크래파이(Scrapy)

③ 카프카(Kafka)

④ 플룸(Flume)

13 분석 문제 도출 방식 중 상향식 접근 방법에 대한 설명으로 맞는 것은?

① 주어진 문제에 대한 해법을 찾기 위해 각 과정을 단계화하여 수행하는 방식이다.

② 문제 탐색, 문제 정의, 해결 방안 탐색, 타당성 검토를 거쳐 분석 과제를 도출한다.

③ 데이터를 활용하여 분석을 시도하고 결과를 확인하며 반복적으로 개선한다.

④ 도출된 여러 대안의 평가를 거쳐 가장 우월한 대안을 선택한다.

14 다음 중 프라이버시 보호 모델 종류 가운데 K-익명성에 대한 설명으로 적절한 것은?

① 동일한 값을 가진 레코드를 추가하여 일정 확률 수준 이상으로 비식별되게 하는 기법이다.

② 특정인 추론이 안 되어도 민감한 정보의 다양성을 높여 추론 가능성을 낮추는 기법이다.

③ 민감한 정보의 분포를 낮추어 추론 가능성을 낮추는 기법이다.

④ 동질성 또는 배경 지식 등에 의한 추론을 방지하는 기법이다.

15 하둡 분산 파일 시스템(HDFS) 기술에 대한 설명 중 틀린 것은?

① 빅데이터를 확장 가능한 분산 파일 형태로 저장하는 방식이다.

② 구글 파일 시스템과 동일한 아키텍처, 사상을 가지고 있다.

③ 객체 기반 클러스터링을 통해 객체 저장 서버에 파일을 저장한다.

④ 마스터 역할을 담당하는 네임 노드에서 메타데이터를 관리한다.

16 다음 중 데이터 비식별화 기법과 거리가 먼 것은?

① 데이터 범주화

② 가명 처리

③ 데이터 마스킹

④ 데이터 표준화

17 다음 중 데이터 분석 방법론 중 하나인 CRISP-DM 방법론 절차를 올바른 순서대로 나열한 것은?

① 비즈니스 이해 → 데이터 이해 → 데이터 준비 → 모델링 → 평가 → 전개

② 비즈니스 이해 → 데이터 준비 → 데이터 이해 → 모델링 → 평가 → 전개

③ 데이터 준비 → 비즈니스 이해 → 데이터 이해 → 모델링 → 전개 → 평가

④ 데이터 준비 → 비즈니스 이해 → 데이터 이해 → 전개 → 모델링 → 평가

18 다음 중 개인 정보에 대한 설명으로 적절하지 않은 것은?

① 살아있는 개인에 대한 정보이다.

② 다른 정보와 결합하여 특정 개인을 알아볼 수 있는 정보도 개인 정보이다.

③ 법률상 권리 또는 의무의 주체가 되는 법인도 개인 정보 대상이다.

④ 특정 개인을 알아볼 수 없는 가공된 정보는 개인 정보가 아니다.

19 다음 중 빅데이터 조직 중 집중형 조직 구조에 대한 설명에 해당되는 것은?

① 분석 조직 인력들을 현업 부서로 직접 배치하여 분석 업무를 수행한다.

② 전사적 핵심 분석이 어려우며 부서 현황 및 실적 통계 등 과거 실적에 국한된 분석을 수행한다.

③ 별도 분석 조직이 없고 해당 업무 부서에서 분석을 수행한다.

④ 전략적 중요도에 따라 분석 조직이 우선순위를 정해서 진행이 가능하다.

20 다음 중 맵리듀스 프로세스의 처리 순서로 맞는 것은?

① Map → Split → Shuffle → Reduce

② Split → Map → Shuffle → Reduce

③ Map → Shuffle → Reduce → Split

④ Split → Map → Reduce → Shuffle

2과목 | **빅데이터 탐색**

21 두 변수 X와 Y 사이의 관계를 알아보기 위하여 평면상의 이차원 자료 (X, Y)를 타점하여 나타낸 그래프는?

① 산점도

② 줄기-잎 그림

③ 상자 그림

④ 히스토그램

22 불균형 데이터 처리 기법 중 다음 설명에 해당되는 것은?

> • 다수 클래스의 데이터를 일부만 선택하여 데이터의 비율을 맞추는 방법이다.
> • 데이터의 소실이 매우 크고, 중요한 정상 데이터를 잃을 수 있는 단점이 있다.

① 언더 샘플링

② 오버 샘플링

③ 임계값 이동

④ 앙상블 기법

23 다음 중 상자 그림(Box Plot)의 기본 구성 요소가 아닌 것은?

① 제1사분위수

② 평균

③ 중앙값

④ 제3사분위수

24 검정 통계량의 분포가 나머지 셋과 다른 것은?

① 모분산이 미지인 정규 모집단의 모평균에 대한 검정

② 독립인 두 정규 모집단의 모분산의 비에 대한 검정

③ 모분산이 미지이고 동일한 두 정규모집단의 모평균의 차에 대한 검정

④ 단순 회귀 모형 $y = \beta_0 + \beta_1 x + \varepsilon$에서 모 회귀 직선 $E(y) = \beta_0 + \beta_1 x$의 기울기 β_1에 관한 검정

25 어느 대학교 학생들의 환경 보호에 대한 여론을 조사하기 위해 그 대학 내 학생 정원 가운데 각 학년별 학생 수를 고려하여 학년별 표본 크기를 우선 정하고 표본 추출을 행하였다면 이는 무슨 방법에 의한 것인가?

① 집락 확률(표본) 추출

② 계통 확률(표본) 추출

③ 단순 무작위 확률(표본) 추출

④ 층화 확률(표본) 추출

26 평균이 8이고 분산이 0.6인 정규 모집단으로부터 10개의 표본을 임의로 추출하는 경우, 표본 평균의 평균과 분산은?

① (0.8, 0.6)

② (0.8, 0.06)

③ (8.0, 0.06)

④ (8.0, 19)

27 기술 통계량에 관련된 설명으로 옳지 않은 것은?

① 평균은 중앙값보다 이상값에 영향을 더 적게 받는다.

② Q3-Q1 값은 사분위수 범위를 의미한다.

③ 변동률 등은 기하 평균으로 구한다.

④ 변동 계수는 분산과 관련이 있다.

28 속력, 저항, F1-score 등에 많이 활용되는 중심 경향 기술 통계는 무엇인가?

① 산술 평균

② 기하 평균

③ 조화 평균

④ 중앙값

29 산포의 측도가 아닌 것은?

① 표준 편차

② 분산

③ 제3사분위수

④ 사분위수 범위

30 변동 계수(또는 변이 계수)에 대한 설명으로 틀린 것은?

① 평균의 차이가 큰 두 집단의 산포를 비교할 때 이용한다.

② 평균을 표준 편차로 나눈 값이다.

③ 단위가 다른 두 집단 자료의 산포를 비교할 때 이용한다.

④ 관찰치의 산포의 정도를 상대적으로 비교할 때 이용한다.

31 분산 분석에서의 총 변동은 처리 내에서의 변동과 처리 간의 변동으로 구분된다. 그렇다면 각 처리 내에서의 변동의 합을 나타내는 것은?

① 총 제곱합

② 처리 제곱합

③ 급간 제곱합

④ 잔차 제곱합

32 모수의 추정에 사용할 추정량이 가져야 할 바람직한 성질이 아닌 것은?

① 편의성
② 일치성
③ 유효성
④ 비편향성

33 다음 중 데이터 분포의 뾰족한 정도를 설명하는 통계량으로 가장 알맞은 것은?

① 분산
② 평균
③ 왜도
④ 첨도

34 다음과 같은 열이 4개인 박스 플롯에 대한 설명으로 적절하지 않은 것은?

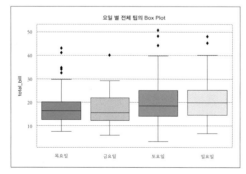

① 토요일의 분산은 금요일보다 크다.
② 금요일의 평균은 10에 가깝다.
③ 목요일의 1사분위수는 12에 가깝다.
④ 금요일에 이상값이 존재한다.

35 자료의 위치를 나타내는 척도로 알맞지 않은 것은?

① 중앙값
② 백분위수
③ 표준 편차
④ 사분위수

36 다음 중 비표집(= 표본) 오차를 해결하는 방법으로 적절하지 않은 것은?

① 조사원의 철저한 교육을 실시한다.
② 확률화를 통해 비표집 오차를 줄인다.
③ 응답자의 관심 유발로 인해 결측값을 제거한다.
④ 입력 오차를 줄인다.

37 다음 중 대푯값에 해당하지 않는 것은?

① 최빈값
② 기하 평균
③ 조화 평균
④ 분산

38 다음 중 확률 분포가 다른 하나는?

① 주사위를 3번 던졌을 때, 1이 나오는 횟수
② 하루 동안 발생하는 교통 사고의 수
③ 책에서 발견되는 오타의 수
④ 보험회사에서 1년 동안 보험료 청구 횟수

39 다음 중 모집단 표준 편차가 알려져 있지 않은 경우에 정규 분포 대신에 많이 사용되는 표본 분포로 적절한 것은?

① 카이제곱 분포
② F 분포
③ T 분포
④ Z 분포

40 크기 n인 표본으로 신뢰수준 95%를 갖도록 모평균을 추정하였더니 신뢰 구간의 길이가 4였다. 동일한 조건하에서 표본의 크기만을 1/4로 줄이면 신뢰 구간의 길이는?

① 1　　　　　② 2
③ 8　　　　　④ 16

3과목　빅데이터 모델링

41 단순 회귀 분석에서 회귀 직선의 기울기와 독립 변수와 종속 변수의 상관 계수와의 관계에 대한 설명으로 옳은 것은?

① 회귀 직선의 기울기가 양수이면 상관 계수도 양수이다.
② 회귀 직선의 기울기가 양수이면 상관 계수는 음수이다.
③ 회귀 직선의 기울기가 음수이면 상관 계수는 양수이다.
④ 회귀 직선의 기울기가 양수이면 공분산이 음수이다.

42 상관 분석에 대한 설명으로 가장 올바르지 않은 것은?

① 상관 분석은 변수 간의 연관성을 파악하기 위해 사용하는 분석 기법 중 하나로 변수간의 선형 관계 정도를 분석하는 통계 기법이다.
② 상관 분석은 종속 변수에 미치는 영향력의 크기를 파악하여 독립 변수의 특정한 값에 대응하는 종속 변수값을 예측하는 선형 모형을 산출하는 방법이다.
③ 등간 척도 및 비율 척도로 측정된 변수간의 상관 계수는 피어슨 상관 계수로 측정한다.
④ 서열 척도로 측정된 변수 간의 상관 계수는 스피어만 상관 계수로 측정한다.

43 반응 변수가 범주형인 경우 적용 가능한 회귀 분석 모형은?

① 선형 회귀 분석
② 로지스틱 회귀 분석
③ 판별 분석
④ 랜덤 포레스트

44 Decision Tree에서 가지가 더 이상 분기가 되지 않고 현재의 마디가 끝마디가 되도록 하는 규칙은 무엇인가?

① 가지치기
② 분리 규칙
③ 분산 규칙
④ 정지 규칙

45 의사 결정 나무에서 이상형 목표 변수는 지니지수, 연속형 목표 변수의 경우 분산 감소량을 사용하는 알고리즘은 무엇인가?

① CHAID
② CART
③ C4.5
④ C5.0

46 입력값 (X, Y)이 같으면 0으로 출력하고 다르면 1로 출력하는 퍼셉트론 논리 회로는?

① OR
② EOR
③ NOR
④ XOR

47 다음 중 연관성 분석의 활용 분야로 가장 적절한 것은?

① 상품 교차 판매
② 차원 축소
③ 세분화
④ 예측

48 데이터 분류를 위해서 n개를 분리하는 결정 영역이 있어야 되며 이러한 결정 영역을 정하기 위해 필요한 것으로 데이터 임베딩 공간에서 한 차원 낮은 n−1 부분 공간을 의미하는 것은?

① 마이너스 평면
② 플러스 평면
③ 마진
④ 초평면

49 연간 규칙의 측정 지표 중 전체 거래 중에서 품목 A, B가 동시에 포함되는 거래의 비율을 무엇이라 하는가?

① 향상도
② 지지도
③ 신뢰도
④ ROC

50 다음 중 K-means 군집의 단점으로 가장 부적절한 것은?

① 볼록한 형태가 아닌 군집이 존재하면 성능이 떨어진다.
② 사전에 주어진 목적이 없으므로 결과 해석이 어렵다.
③ 잡음이나 이상값에 비교적 영향을 받지 않는다.
④ 한 번 군집이 형성되어도 다른 군집으로 이동이 가능하다.

51 아래 데이터 셋(Data Set)에서 A, B 간의 유사성을 맨하탄 거리로 계산하면?

구분	A	B
키	170	175
몸무게	70	80

① 0 ② 15

③ 20 ④ 25

52 3×4 분할표 자료에 대한 독립성 검정에서 카이제곱 통계량의 자유도는?

① 3 ② 6

② 9 ④ 12

53 주성분 분석은 P개의 변수들을 중요한 m(p)개의 주성분으로 표현하여 전체 변동을 설명하는 방법을 사용한다. 다음 중 주성분 개수(m)를 선택하는 방법에 대한 설명으로 가장 부적절한 것은?

① Scree Graph를 이용하는 방법은 고유값의 크기순으로 산점도를 그린 그래프에서 감소하는 추세가 원만해지는 지점에서 1을 뺀 개수를 주성분의 개수로 선택한다.

② 주성분은 주성분을 구성하는 변수들의 계수 구조를 파악하여 적절하게 해석되어야 하며, 명확하게 정의된 해석 방법이 있는 것은 아니다.

③ 전체 변이 공헌도(Percentage of Total Variance) 방법은 전체 변이의 70~90% 정도가 되도록 주성분의 수를 결정한다.

④ 평균 고유값(Average Eigenvalue) 방법은 고유값들의 평균을 구한 후 고유값이 평균값 이상이 되는 주성분을 제거하는 방법이다.

54 다음이 설명하는 시계열의 특성은 무엇인가?

추세선을 따라 주기로 발생하는 변동 요인

① 추세 ② 계절

③ 순환 ④ 불규칙

55 기존 영상 처리의 필터 기능(Convolution)과 신경망(Neural Network)을 결합하여 성능을 발휘하도록 만든 구조에 해당되는 딥러닝 알고리즘은?

① ANN

② CNN

③ DNN

④ RNN

56 확률의 공리에 해당되는 내용이 아닌 것은?

① 임의의 사건 A에 대하여 $0 \leq P(A) \leq 1$

② 서로 배반인 사건 A와 B에 대하여 $P(A \cup B) > P(A) + P(B)$

③ 표본 공간 S에 대하여 $P(S) = 1$

④ 공사건($\emptyset$)에 대하여 $P(\emptyset) = 0$

57 배반 사건일 경우, 확률값에 대해 잘못 기술된 것은?

① $P(A \cup B) = P(A) + P(B)$

② $P(A \cup B) = P(A)P(B)$

③ $P(A|B) = 0$

④ $P(A^c) = 1 - P(A)$

58 그룹에 속한 사람들 간의 네트워크 특성과 구조를 분석하고 시각화하는 분석 기법은 무엇인가?

① 사회 연결망 분석

② SOM

③ 군집 분석

④ 텍스트 마이닝

59 앙상블 분석에서 예측력이 약한 학습기를 가중치를 적용, 연결하여 강한 예측 모형을 만드는 방법으로 가장 적절하게 연결된 것을 고르시오.

① 배깅 – CART

② 배깅 – 랜덤 포레스트

③ 부스팅 – C5.0

④ 부스팅 – GBM(Gradient Boost Model)

60 다음 중 중간값을 이용한 비모수 검정에 대한 설명으로 옳지 않은 것은?

① 모수성을 가정하지 않고 분석하는 통계적 방법이다.

② 이상값에 의한 영향을 적게 받는다.

③ 모집단의 분포를 가정하고 분석한다.

④ 맨-휘트니 U 검정(Mann-Whitny U Test)는 이변량 검정이다.

61 다음 중 오차의 제곱을 평균한 값에 제곱근을 씌운 평가 지표는 무엇인가?

① ME

② MSE

③ RMSE

④ SSE

62 다음 중 재현율(Recall)이 60%, 정밀도(Precision)가 40%일 때, F1-score의 값은?

① 0.24   ② 0.48

③ 0.80   ④ 1.20

63 다음 중 ROC Curve 축을 구성하는 지표로 바르게 짝지어진 것은?

① 민감도, FPR(False Positive Rate)
② 민감도, 재현율
③ 재현율, FPR(False Positive Rate)
④ 정확도, F1-Score

64 다음 중 분석 모형 시각화의 순서로 올바른 것은?

① 데이터 수집 및 탐색 → 비교 시각화 → 공간 시각화
② 데이터 수집 및 탐색 → 공간 시각화 → 시간 시각화
③ 데이터 분류 및 배열 → 시간 시각화 → 정보 시각 표현
④ 데이터 분류 및 배열 → 인포그래픽 → 정보 시각 표현

65 다음 중 홀드 아웃 교차 검증의 설명으로 옳지 않은 것은?

① 전체 데이터 N개에서 1개의 샘플만을 검증 데이터로 사용하고 나머지는 학습 데이터로 사용한다.
② 전체 데이터를 비복원 추출 방법을 이용하여 랜덤하게 학습 데이터와 검증 데이터로 나누어 검증하는 기법이다.
③ 전체 데이터에서 평가 데이터 만큼은 학습에 사용할 수 없으므로 데이터 손실이 발생한다.
④ 데이터를 어떻게 나누느냐에 따라 결과가 많이 달라질 수 있다.

66 모수 유의성 검정 방식 중 성격이 다른 것은 무엇인가?

① Z 검정
② T 검정
③ 카이제곱 검정
④ ANOVA

67 다음 중 Q-Q Plot의 설명으로 옳지 않은 것은?

① 그래프를 이용하여 정규성 가정을 시각적으로 검정하는 방법이다.
② 대각선 참조선을 따라 값들이 분포하면 정규성 가정을 만족한다.
③ 그래프를 사용하여 결과 해석하므로 상당히 객관적이다.
④ 표본의 크기가 커질수록 Plot이 안정화된다.

68 다음 중 드롭아웃의 효과로 올바른 것은?

① 학습 속도가 향상된다.
② 뉴런의 역전파 방지를 방지한다.
③ 데이터의 크기가 작을 경우 에러율을 낮춘다.
④ 과적합을 방지한다.

69 다음 중 확률적 경사 하강법(SGD; Stochastic Gradient Descent)의 설명으로 옳지 않은 것은?

① 전체 데이터 셋에서 확률적으로 선택된 하나의 데이터로 경사(Gradient)를 계산하는 방법이다.
② 경사 하강법 대비 속도가 매우 빠르다.
③ GPU를 활용하면 학습 속도를 더욱 빠르게 할 수 있다.
④ 탐색 경로가 지그재그로 크게 변화한다.

70 다음 중 하이퍼파라미터의 설명으로 옳지 않은 것은?

① 하이퍼파라미터 최적화는 설정값을 변경하며 모델 성능의 최대값을 찾는 것이다.
② 하이퍼파라미터의 종류는 훈련 반복 횟수(Epoch), 은닉층의 뉴런 개수(Hidden Units), 가중치(Weight) 등이 있다.
③ 그리드 서치는 적용값의 전체를 탐색한다.
④ 하이퍼파라미터는 사용자가 직접 입력해 주는 값을 말한다.

71 다음 중 앙상블의 특징 중 올바른 것은?

> 가) 일반적으로 단일 모델에 비해 앙상블 모델의 성능이 높음
> 나) 데이터의 양이 적어도 충분한 효과를 거둘 수 있음
> 다) 앙상블 모형의 종류는 배깅, 부스팅, 융합 등이 있음

① 가, 나
② 가, 다
③ 나, 다
④ 가, 나, 다

72 다음 중 의사 결정 나무 분석 결과, 뿌리 노드만 남는 이유로 적절한 것은?

① 과대 학습(Overfitting)을 했기 때문이다.
② 과소 학습(Underfitting)을 했기 때문이다.
③ 변수의 수가 너무 많기 때문이다.
④ 충분히 변별력 있는 변수가 없기 때문이다.

73 다음 중 모델 평가 기준으로 가장 적절하지 않은 것은?

① 일반화
② 표본의 충분성
③ 예측 정확성
④ 분류 정확성

74 다음이 설명하는 데이터 시각화 유형은 무엇인가?

> 각각의 데이터 간의 차이점과 유사성 관계를 확인 가능

① 공간 시각화
② 관계 시각화
③ 비교 시각화
④ 분포 시각화

75 다음 중 시간 시각화의 유형으로 가장 옳지 않은 것은?

① 누적 막대 그래프
② 히스토그램
③ 계단 그래프
④ 영역 차트

76 다음이 설명하는 데이터 시각화 유형은 무엇인가?

> • 지역의 값을 표현하기 위해 지리적 형상 크기 조절
> • 재구성된 지도로 왜곡되고 비뚤어진 화면으로 표기함

① 버블 맵
② 등치선도
③ 카토그램
④ 도트 맵

77 다음 중 모든 변수 쌍에 대한 산점도를 행렬 형태로 표현한 그래프로 적절한 것은?

① 히트 맵
② 산점도 행렬
③ 버블 차트
④ 상관관계도

78 다음 중 비교 시각화로 옳지 않은 것은?

① 막대 그래프
② 스타차트
③ 히스토그램
④ 버블 차트

79 다음 중 분석 결과를 표현하는 스토리텔링 과정에서 포함되지 않는 것은?

① 사용자별 데이터 셋 및 정보 정의
② 시용자 시나리오 작성
③ 스토리보드 기획
④ 스토리보드 도구 검증

80 다음 중 분석 모형 모니터링의 필요성으로 가장 옳지 않은 것은?

① 시스템 에러율 감소
② 시간 경과에 따른 매개 변수 변경 문제 제거
③ 예측 안정성 확보
④ 잘못된 일반화 제거

실전 모의고사 03

1과목 **빅데이터 분석 기획**

01 다음 중 데이터에 대한 설명으로 맞지 않는 것은?

① 데이터의 구조, 특징들을 포함한 데이터를 메타데이터라 한다.

② 데이터는 수치적으로 계산할 수 있는지에 따라 정성적 데이터와 정량적 데이터로 구분한다.

③ 정형화된 형식과 구조를 가진 정형 데이터는 주로 관계형 데이터베이스로 관리된다.

④ 영상, 음성, 이미지 등 구조가 정의되지 않은 데이터는 반정형 데이터이다.

02 다음 중 문제가 왜 일어났는지에 대한 원인을 파악하는 관점에 가치를 두고 진행하는 분석 단계는 무엇인가?

① 묘사 분석

② 진단 분석

③ 예측 분석

④ 처방 분석

03 빅데이터 에코 시스템 중 하둡 작업 워크 플로우를 관리하는 기술은 무엇인가?

① 우지(Ooozie)

② 주키퍼(Zookeeper)

③ 머하웃(Mahout)

④ 피그(Pig)

04 다음 중 개인 정보와 관련한 내용으로 맞지 않는 것은?

① 개인 정보 수집 동의 시 수집/이용 목적, 수집 항목, 보유 및 이용 기간, 동의 거부권 등을 정보 주체에게 알려주어야 한다.

② 익명 정보는 개인 정보가 아니기 때문에 제한 없이 활용이 가능하다.

③ 개인 정보를 제3자에게 제공할 때에도 정보 주체의 동의를 받아야만 가능하다.

④ 가명 정보도 개인 정보이므로 정보 주체의 동의 없이는 어떠한 경우에도 가명 정보를 처리할 수 없다.

05 다음 중 동일한 데이터베이스 구성을 병렬로 연결하여 가용성을 높이는 기법을 무엇이라 하는가?

① 클러스터링

② 파티셔닝

③ 인덱싱

④ 리플리케이션

06 다음 중 데이터 분석을 위해 결측값을 채우고, 이상값을 식별하여 제거하는 데이터 처리 기술은 무엇인가?

① 데이터 변환

② 데이터 정제

③ 데이터 필터링

④ 데이터 축소

07 다음 중 분석 로드맵 설정과 관련된 내용 중 맞지 않는 것은?

① 전략적 중요도, 비즈니스 성과 및 ROI, 과제 실행 용이성 등을 고려하여 우선 순위를 설정한다.

② 과제 우선 순위와 과제별 적용 범위 및 방식을 고려하여 로드맵을 수립한다.

③ 적용 범위 및 방식을 고려할 때는 업무 내재화 수준과 비즈니스 효과만을 고려한다.

④ 분석 로드맵은 데이터 분석 체계 도입, 데이터 분석 유효성 검증, 데이터 분석 활용 및 고도화 단계로 진행한다.

08 다음 중 분산 컴퓨팅 시스템이 보장해야 할 3가지 특성을 모두 만족시키는 것은 불가능하며 두 가지만 만족시킬 수 있다는 CAP 이론에서 설명하는 3가지 특성이 아닌 것은?

① 정확성(Accuracy)

② 분할 내성(Partition Tolerance)

③ 일관성(Consistency)

④ 가용성(Availability)

09 다음 중 데이터 기본 3법에 해당하지 않는 법은 무엇인가?

① 정보통신망법

② 개인 정보 보호법

③ 신용 정보의 이용 및 보호에 관한 법률

④ 통신 비밀 보호법

10 다음 중 빅데이터 조직 구조 중 집중 구조 조직에 대한 내용으로 맞지 않는 것은?

① 전사 분석 업무를 별도의 분석 전담 조직이 수행하는 구조이다.

② 전략적 중요도에 따라 분석 조직이 우선 순위를 정해서 분석 업무 진행이 가능하다.

③ 현업 업무 부서의 분석 업무와 통합하여 이중화되지 않는다.

④ 분석 지식과 경험을 가진 데이터 사이언스 전문가 조직을 구성한다.

11 데이터 분석 방법론 중 하나인 KDD 방법론의 절차를 순서대로 나열한 것은?

① 데이터 셋 선택 → 데이터 전처리 → 데이터 변환 → 데이터 마이닝 → 결과 평가

② 데이터 전처리 → 데이터 변환 → 데이터 셋 선택 → 데이터 마이닝 → 결과 평가

③ 데이터 셋 선택 → 데이터 전처리 → 데이터 마이닝 → 데이터 변환 → 결과 평가

④ 데이터 전처리 → 데이터 셋 선택 → 데이터 변환 → 데이터 마이닝 → 결과 평가

12 다음 중 데이터 비식별화 기법 중 데이터 마스킹 기법에 해당하는 것은?

① 임의 잡음 추가

② 랜덤 라운딩

③ 부분 집계

④ 암호화

13 다음 중 정보가 편중되어 있거나 정보가 서로 유사한 경우의 프라이버시를 보호하기 위해 전체 데이터 집합의 분포와 특정 집합의 분포 차이를 낮추어 추론을 방지하는 프라이버시 보호 모델은 무엇인가?

① k – 익명성
② l – 다양성
③ t – 근접성
④ z – 정규성

14 다음 중 데이터 속성 및 이에 대한 설명이 잘못 연결된 것은?

① 순서 속성 – 의미 있는 순서나 순위를 가지는 속성이다.
② 이진 속성 – 두 개의 가능한 상태를 갖는 명목 속성이다.
③ 명목 속성 – 값이 유의미한 순서를 갖는 이름과 관련한 속성이다.
④ 수치형 속성 – 정수 또는 실수값을 정량적으로 나타낼 수 있는 속성이다.

15 다음 중 하둡 에코 시스템에 대한 설명으로 맞지 않는 것은?

① 데이터 수집, 저장, 처리, 분석, 관리를 위한 기술들로 구성되어있다.
② 하둡의 코어 프로젝트는 분산 데이터를 저장하는 HDFS와 분산 환경을 관리하는 주키퍼(Zookeeper)이다.
③ 하둡 프레임워크를 이루는 다양한 서브 프로젝트들의 모임이다.
④ 데이터를 수집하고 저장하는 기술로 스쿱(Sqoop), 플룸(Flume), 히호(Hiho) 등이 있다.

16 다음 중 데이터 분석 거버넌스 체계에 대한 설명으로 맞지 않는 것은?

① 데이터 분석 도입 수준을 파악하기 위해 분석 준비도를 평가한다.
② 분석 성숙도 모델은 비즈니스, 조직·역량, IT 부문 등 3개 부문의 성숙도 수준을 평가한다.
③ 분석 거버넌스는 Organization, Process, System, Data, Human Resource로 구성된다.
④ 분석 준비도는 분석 업무 파악, 인력 및 조직, 분석 기법, 분석 데이터, 분석 문화 등 5개 영역의 수준을 평가한다.

17 다음 중 테이블 스키마가 고정되지 않고 수평 확장이 용이한 구조의 데이터베이스 빅데이터 저장 방식은 무엇인가?

① 하둡 분산 파일 시스템(HDFS)
② RDBMS
③ NoSQL
④ 데이터베이스 클러스터

18 다음 중 분석 문제 도출 유형 중 상향식 접근 방법 유형으로 활용하는 디자인 싱킹(Design Thinking)의 단계가 올바른 순서로 나열된 것은?

① Define → Empathize → Ideate → Prototype → Test
② Empathize → Ideate → Prototype → Test → Define
③ Ideate → Empathize → Prototype → Define → Test
④ Empathize → Define → Ideate → Prototype → Test

19 데이터 변환 방법 중 데이터를 특정 구간에 분포하는 값으로 스케일을 변환하는 방법은?

① 데이터 평활화
② 데이터 집계
③ 데이터 일반화
④ 데이터 정규화

20 다음 중 빅데이터 분석 방법론에서 분석 기획 단계에서 수행하는 업무가 아닌 것은?

① 비즈니스 이해 및 범위 설정
② 분석 필요 데이터 정의
③ 프로젝트 정의 및 계획 수립
④ 프로젝트 위험 계획 수립

2과목 빅데이터 탐색

21 다음 중 이상값에 대한 설명으로 옳지 않은 것은?

① 시각화를 이용하여 이상값을 검출한다.
② 이상값이란 관측된 데이터 범주에서 일반적인 데이터 값의 범위를 벗어난 값이다.
③ 분석 결과에 큰 영향을 미치기 때문에 이상값은 모두 제거하는 것이 이상적이다.
④ 데이터 수집 시 측정 오류, 표본 설정 오류 등의 이유로 발생한다.

22 다음 중 이상값 발생 원인으로 부기 어려운 것은?

① 데이터 수집 과정에서 입력, 측정, 실험의 잘못으로 발생한 데이터
② 입력자가 실수로 누락한 데이터
③ 표본 샘플을 잘못 설정하여 발생한 데이터
④ 응답자의 고의적인 거짓에 의해 발생하는 데이터

23 다음 중 데이터 정제(Data Cleansing)에 대한 설명으로 옳바른 것은?

① 노이즈와 이상값은 정형 데이터에서 자주 발생한다.
② 데이터 정제 과정은 데이터 분석 과정에서 반드시 수행할 필요는 없다.
③ 데이터 정제는 결측값을 채우거나 이상값을 제거하는 과정을 통해 입력 데이터와 분석 결과 신뢰도를 높이는 작업이다.
④ 모든 데이터를 대상으로 정제 활동을 하지 않는다.

24 다음 중 이상값에 대한 설명으로 올바르지 않은 것은?

① 데이터 측정 중에 발생한 오류로 인해 생성된 값은 이상값으로 정의하여 처리할 수 없다.
② 정규화를 통해 특정 구간을 벗어난 경우를 이상값으로 판별할 수 있다.
③ 박스 플롯, 히스토그램 등 시각화를 통해 이상값을 검출할 수 있다.
④ 상한값과 하한값을 벗어나는 값들을 상·하한값으로 변경하여 활용하는 극단값 조정 방법이 있다.

25 다음 중 상자 그림(Box Plot)으로 확인할 수 없는 것은?

① 사분위 범위(Interquartile Range)
② 이상값(Outlier)
③ 중앙값(Median)
④ 분산(Variance)

26 다음 중 대푯값에 대한 설명과 특징으로 올바르지 않은 것은?

① 중앙값은 자료를 크기순으로 나열할 때 가운데 위치한 값으로 이상값에 민감하다.
② 분산은 평균으로부터 얼마나 떨어져 있는지를 나타내는 값이다.
③ IQR은 (Q3−Q1)의 차이이며, 이상값을 직관적으로 파악할 수 있다.
④ 이상값에 영향을 가장 많이 받는 대푯값은 평균이다.

27 상자 그림(Box Plot)의 Q1과 Q3가 다음과 같을 때 이상값 판단을 위한 하한과 상한은 얼마인가?

Q1 = 4, Q2 = 8, Q3 = 12

① 하한 = 24, 상한 = −8
② 하한 = −8, 상한 = 16
③ 하한 = 16, 상한 = −8
④ 하한 = −8, 상한 = 24

28 다음 중 상자 그림(Box Plot)에 관한 설명 중 가장 부적합한 것은?

① 상자 그림은 그룹 간 분포 차이를 비교할 수 있다.
② 상자 그림에서 IQR은 (제3사분위수−제1분위수)를 의미한다.
③ 사분위간 범위 박스 내에는 데이터의 중위값을 포함하고 있다.
④ 순서 통계량으로 이상치 판단에 적합하지 않다.

29 다음 중 이상값(Outlier) 검색을 활용한 응용 시스템으로 가장 적합한 것은?

① 추천 시스템
② 장바구니 분석 시스템
③ 교차 판매 시스템
④ 부정 사용 방지 시스템

30 통계적 자료 분석의 결과를 왜곡시키거나 자료 분석의 적절성을 해치며 분포의 집중경향 값을 왜곡시키는 변수값을 일컫는 것은?

① 중앙값
② 이상값
③ 평균값
④ 최대값

31 데이터의 분포를 파악하는데 도움이 되는 시각적 도구로 이상값 판단에 많이 사용하는 것은?

① 주성분 분석
② 상자 그림
③ 군집 분석
④ 다차원 척도법

32 다음 중 파생 변수에 대한 설명으로 맞지 않는 것은?

① 요약 통계량을 이용한 변수 생성을 통해 데이터 분석이 가능하다.

② 데이터에 포함된 나이 연속형 변수를 이용해 연령대 범주형 파생 변수를 추가했다.

③ 상관관계가 있는 변수들끼리 결합하여 분산을 최소화하는 변수로 축약 시 희생되는 정보를 극대화한다.

④ 파생 변수는 매우 주관적일 수 있으므로 논리적 타당성을 갖추어 개발해야 한다.

33 데이터 스케일링(Data Scaling)은 각 변수들의 범위 혹은 분포를 같게 만드는 작업이다. 다음 중 데이터 스케일링의 방법에 해당하지 않는 것은?

① 최소−최대 스케일러

② 변수 범주화 스케일러

③ 로버스트 스케일러

④ Z 스코어 스케일러

34 시험의 평균 점수가 80점이며 분산은 36이다. 시험에서 75점을 받은 학생의 Z−score는 얼마인가?

① 0.138

② −0.138

③ −0.833

④ 0.833

35 두 극단 사이의 모든 데이터를 특정 범위(0 ~ 1)로 데이터를 변환하여 표준화 하는 방법은 무엇인가?

① Min−Max Normalization

② Robust Scaler

③ Z score

④ Max Absolute Scaler

36 다음 중 데이터 평균 0, 표준편차 1의 표준 정규 분포로 변경하는 스케일링 방법은?

① Min−Max Normalization

② Robust Scaler

③ Data Transform

④ Standardization

37 수학 평균이 80점, 표준편차가 10일 경우 수학 시험에서 90점을 받은 학생의 표준화 점수(Standard Scores)는?

① −1   ② 0.5

③ −0.5   ④ 1

38 다음 중 파생 변수(Derived Variables)의 설명으로 가장 거리가 먼 것은?

① 특정 조건이나 함수를 활용하여 변수 생성

② 주민 등록 번호를 이용하여 나이, 성별 변수 생성

③ 날짜를 이용하여 년, 월, 일 변수 생성

④ 여러 변수 중 가장 영향도가 있는 변수 선택

39 다음 중 파생 변수(Derived Variables) 생성 방법으로 가장 부적합한 것은?

① 변수 분해   ② 변수 결합

③ 단위 변환   ④ 변수 선택

40 대부분의 데이터 분석 모형은 숫자만 입력으로 받을 수 있기 때문에 범주형 데이터는 숫자로 변환해야 한다. 다음 중 범주형 데이터를 연속형 데이터로 변환하는 것으로, 하나의 범주에 대해서 하나의 숫자로 변경해주는 변수는 무엇인가?

① 확률 변수   ② 참조 변수

③ 파생 변수   ④ 더미 변수

3과목 **빅데이터 모델링**

41 다음 중 Logistic Regression(로지스틱 회귀 모형)에 대한 설명으로 옳은 것은?

① 설명 변수가 한 개인 경우 종형 그래프를 가진다.

② 설명 변수는 모두 연속형이어야 한다.

③ 연속형 변수에 대해서도 적용할 수 있다.

④ 분류의 목적으로 사용할 수 있다.

42 다음 중 데이터들이 가진 속성들로부터 분할 기준(Split Criterion) 속성을 판별하고, 분할 기준(Split Criterion) 속성에 따라 트리 형태로 모델링하는 분류 예측 모델은 무엇인가?

① K-Nearest-Neighbors

② Linear Regression

③ Decision Tree

④ K-means

43 Decision Tree에서 가지가 더 이상 분리가 되지 않고 현재의 마디가 끝마디가 되도록 하는 규칙은 무엇인가?

① 정지 규칙(Stopping Rule)

② 분산 규칙(Dispersion Rule)

③ 분리 규칙(Split Rule)

④ 가지치기(Pruning)

44 다음 중 서포트 벡터 머신에 대한 설명 중 가장 올바른 것은?

① 다른 방법보다 과대 적합의 가능성이 높은 모델이다.

② 선형으로 분리가 불가능한 분류 문제에 적용이 불가능하다.

③ 훈련 시간이 상대적으로 빠르고 정확성이 뛰어나다.

④ 분류 및 예측에 모두 사용이 가능하다.

45 다음 중 머신 러닝 기반의 분석 모형으로 옳지 않은 것은?

① 지도 학습(Supervised Learning)

② 강화 학습(Reinforcement Learning)

③ 비지도 학습(Unsupervised Learning)

④ 조직화 학습(Systematization Learning)

46 지도 학습 알고리즘 중 새로운 Fingerprint를 기존 클러스터 내의 모든 데이터와 Instance 기반 거리를 측정하여 가장 많은 속성을 가진 클러스터에 할당하는 분류 알고리즘으로 가장 적합한 것은?

① Logistic Regression

② Support Vector Machine

③ Decision Tree

④ K-Nearest-Neighbors

47 다음 중 거리 기반 알고리즘으로 가장 적합한 것은?

① K-Nearest-Neighbors

② Support Vector Machine

③ Decision Tree

④ Logistic Regression

48 여러 개의 약한 Decision Tree를 조합해서 사용하는 앙상블 기법 중의 하나로, 약한 모형들의 학습 에러에 가중치를 두고 순차적으로 다음 학습 모델에 반영하여 강한 예측 모델을 만드는 알고리즘은?

① Extreme Gradient Boosting

② Support Vector Machine

③ Decision Tree

④ K-Nearest-Neighbors

49 다음 중 지도 학습 알고리즘으로 적절하지 않은 것은?

① Linear Regression

② K-Nearest-Neighbors

③ Random Forest

④ K-means Clustering

50 다음 중 서로 상관성이 높은 변수들의 선형 결합으로 만들어 기존의 상관성이 높은 변수들을 요약, 축소하는 기법으로 알맞은 것은?

① 주성분 분석

② 회귀 분석

③ 상관 분석

④ 분산 분석

51 두 개 이상의 집단 간 비교를 수행하고자 할 때 서로 다른 집단의 산술 평균에서 분산값을 비교하는데 사용되는 가설 검정 방법으로 적합한 것은?

① 상관 분석(Correlation Analysis)

② 회귀 분석(Regression Analysis)

③ 주성분 분석(Principal Component Analysis)

④ 분산 분석(Analysis of Variance)

52 다음 중 고차원 공간의 표본들을 선형 연결성이 없는 저차원 공간의 표본으로 변환하여 분석하는 알고리즘으로 적합한 것은?

① 상관 분석(Correlation Analysis)

② 회귀 분석(Regression Analysis)

③ 주성분 분석(Principal Component Analysis)

④ 분산 분석(Analysis of Variance)

53 다음 중 비지도 학습의 군집화 중에서도 분할 기반(Partition-based)의 군집화에 속하는 방법은 무엇인가?

① Decision Tree

② Support Vector Machine

③ K-means Clustering

④ K-nearest-neighbors

54 포아송 분포는 일정한 "시간 또는 공간" 내에서 발생하는 사건의 발생 횟수에 따른 확률을 구할 때 사용한다. 다음 중 포아송 분포 확률을 구하는 예로 적합하지 않은 것은?

① 매시간 접수되는 민원 전화 건수

② 매일 발생하는 교통 사고 건수

③ 한 작업장에서 발생하는 불량품의 수

④ 어느 야구 선수가 홈런을 칠 확률

55 다음 중 여러 차례 실패하다가 X번째에서 성공할 확률을 구할 때 사용하는 분포로 적합한 것은?

① 포아송 분포(Poisson Distribution)

② 이항 분포(Binomial Distribution)

③ 기하 분포 (Geometric Distribution)

④ 표본 분포(Sampling Distribution)

56 앙상블 학습(Ensemble Learning)은 여러 개의 분류기를 생성하고, 그 예측을 결합함으로써 보다 정확한 예측을 도출하는 기법을 말한다. 앙상블 기법 중 이전 분류기가 예측이 틀린 데이터에 대해서 올바르게 예측할 수 있도록 다음 분류기에게 가중치(Weight)를 부여하면서 학습과 예측을 진행하는 유형은 무엇인가?

① 보팅(Voting)

② 배깅(Bagging)

③ 부스팅(Boosting)

④ 소프트 보팅(Soft Voting)

57 결정 트리 모델이란 데이터에 있는 규칙을 학습을 통해 자동으로 찾아내 트리(Tree) 기반의 분류 규칙을 만드는 것으로 이 모양이 나무를 닮아 Tree 모델이다. 다음 중 트리 기반 모델에 해당하지 않은 것은?

① Decision Tree

② Random Forest

③ XGBoost

④ K-Nearest-Neighbors

58 다음 중 결정 트리 모델의 특징으로 가장 부적절한 것은?

① 정보의 균일도라는 룰을 기반으로 하고 있어서 알고리즘이 쉽고 직관적이다.

② 선형 회귀 모델과 달리 특성들 간의 상관관계가 많아도 트리 모델은 영향을 받지 않는다.

③ 수치형, 범주형 데이터 모두 가능하다.

④ 새로운 Sample이 들어와도 모델을 학습할 수 있다.

59 다음 중 여러 개의 결정 트리들을 임의적으로 학습하는 방식의 앙상블 방법으로서, 배깅(Bagging)보다 더 많은 임의성을 주어 학습기들을 생성한 후 이를 선형 결합하여 최종 학습기를 만드는 방법은 무엇인가?

① 랜덤 포레스트

② 연관 규칙

③ 자기 조직화 지도

④ 의사 결정 나무

60 XGBoost 알고리즘은 여러 개의 약한 Decision Tree를 조합해서 사용하는 앙상블 기법 중의 하나로, 약한 모형들의 학습 에러에 가중치를 두고 순차적으로 다음 학습 모델에 반영하여 강한 예측 모델을 만드는 것이다. 다음 중 XGBoost 알고리즘의 설명 중 가장 옳지 않은 것은?

① 분류와 회귀 영역에서 예측 성능이 뛰어나다.

② Early Stopping(조기 종료) 기능이 있다.

③ 자체에 과적합 규제(Regularization) 기능으로 강한 내구성을 지닌다.

④ 유사도(거리)기반 모델이다.

4과목 | **빅데이터 결과 해석**

61 다음 중 홀드 아웃(Hold-out) 방법으로 나누어진 데이터가 아닌 것은?

① 원천 데이터(Original Data)

② 검증 데이터(Validation Data)

③ 테스트 데이터(Test Data)

④ 학습 데이터(Train Data)

62 데이터 시각화란 수많은 데이터들을 이해하기 쉽게 시각적으로 표현하여 전달하는 것이다. 다음 중 비교를 목적으로 하는 데이터 시각화 유형으로 부적절한 것은?

① 막대 차트(Bar Chart)

② 산점도(Scatter Plot)

③ 레이더 차트(Radar Chart)

④ 버블 차트(Bubble Chart)

63 머신 러닝 학습 시 과대 적합을 방지하기 위한 학습 과정에서 신경망 일부를 사용하지 않는 학습 기법은?

① Dropout

② 매개 변수 최적화

③ SGD

④ 가중치 규제

64 다음 중 F-검정의 설명으로 옳지 않은 것은?

① 두 표본의 분산에 대한 차이가 통계적으로 유의한가를 판별하는 검정 기법이다.

② 두 모집단 분산 간의 비율에 대한 검정이다.

③ 분산의 유의차 분석으로 분산 검정으로 불린다.

④ 모집단이 정규 분포를 따르고 분산을 알고 있는 경우에 평균에 대한 검정은 F 검정을 사용한다.

65 다음 중 트렌드 및 추세를 표현하기 위한 데이터 시각화 방법으로 가장 적합한 것은?

① 선 차트(Line Chart)

② 누적 막대 차트(Stacked Bar Chart)

③ 불릿 차트(Bullet Chart)

④ 미터 차트(Meter Chart)

66 혼동 행렬 기반 지표 중 F1-Score을 구하는 수식은 무엇인가?

① 2*(재현율+정밀도)/(재현율*정밀도)

② 2*(재현율*정밀도)/(재현율+정밀도)

③ (재현율+정밀도)/2*(재현율*정밀도)

④ (재현율*정밀도)/2*(재현율+정밀도)

67 빅데이터 시각화란 대규모 수량·비수량 데이터를 색채, 통계(도표, 그래프 등), 이미지 등을 활용해서 시각적으로 표현하는 과정이다. 다음 중 빅데이터 시각화 기법과 방법으로 연결이 맞지 않은 것은?

① 비교 시각화: 다양한 변수를 통해 대상들을 비교-히트맵, 지도 매핑

② 분포 시각화: 전체적인 분포 정도를 나타내는 시각화-트리맵, 도우넛 차트, 파이 차트

③ 관계 시각화: 상관관계를 알면 한 수치의 변화를 통해 다른 수치의 변화를 예측-스캐터 플롯, 버블 차트, 히스토그램

④ 시간 시각화: 시간에 따른 데이터는 변화를 표현-막대 그래프, 누적 그래프

68 회귀 모델 평가 지표에 해당하지 않는 것은?

① RMSE(Root Mean Squared Error)

② F1-Score

③ MAPE(Mean Absolute Percentage Error)

④ MAE(Mean Absolute Error)

69 다음 아래 보기에서 설명하는 혼동 행렬(Confusion Matrix)의 평가 지표는?

> • 두 관찰자가 측정한 범주 값에 대한 일치도를 측정하는 방법
> • 0 / 1 사이의 값을 가지며, 1에 가까울수록 모델의 예측값과 실제값이 정확히 일치, 0에 가까울수록 모델의 예측값과 실제값이 불일치

① 정밀도(Precision)

② 정확도(Accuracy)

③ 민감도(Sensitivity)

④ 카파 통계량(Kappa Statistic)

70 ROC Curve(Receiver Operating Characteristc Curve)에 대한 설명 중 적합하지 않은 것은?

① 혼동 행렬의 참 긍정율(TP Rate)을 가로축(x), 거짓 긍정율(FP Rate)을 세로축(y)에 둔 그래프이다

② ROC Curve는 x , y가 둘 다 [0, 1]의 범위이고, (0,0)에서 (1,1)을 잇는 곡선이다.

③ AUC(Area Under Curve)는 ROC 곡선 밑의 면적을 구한 값이다.

④ ROC Curve는 그래프가 왼쪽 꼭대기에 가깝게 그려질수록 분류 성능이 우수하다.

71 모델이 노이즈를 너무 많이 학습하는 경우 학습 중에 검증 손실이 증가할 수 있다. 이를 방지하기 위해 검증 손실이 더 이상 감소하지 않는 시점에서 학습을 중단시킬 수 있다. 이렇게 학습을 중단시키는 것을 무엇이라 하는가?

① Early Stopping

② Dropout

③ Cross-validation

④ Regularization

72 모델의 평가를 하는 목적은 과적합을 방지하고 최적의 모델을 찾기 위한 것이다. 분류 모델의 평가 방법 중 정밀도와 재현율을 결합하여 만든 지표는 무엇인가?

① 정확도(Accuracy)

② F1-Score

③ 민감도(Sensitivity)

④ MAE(Mean Absolute Error)

73 두 변수 사이의 상관 관계를 알아보기 위한 시각화 도구로 적합하지 않은 것은?

① 산점도

② 히트맵

③ 트리맵

④ 버블 차트

74 다음 중 회귀 모형 결정 계수(R^2)에 대한 설명으로 맞지 않는 것은?

① 0에서 1 사이의 값을 가진다.

② 회귀 모형의 성능 지표로 사용된다.

③ 1에 가까울수록 예측 정확도가 낮아진다.

④ 독립 변수 개수가 많아질수록 값이 커진다.

75 다음 중 분석 모델 리모델링 작업에서 수행하는 분석 모델 개선 내용에 해당하지 않는 것은?

① 분석 모델 평가 지표 정의

② 기존 분석 모델 문제점 분석

③ 개선 데이터 선정

④ 분석 모델 개선 목표 설정

76 다음 중 인포그래픽에 대한 설명으로 옳지 않은 것은?

① 양적 정보 디자인에 초점을 두고 있다.
② 인포그래픽이란 정보와 그래픽의 합성어이다.
③ 수집한 정보를 분석하여 가공하여 스토리텔링과 디자인을 더한 데이터라 할 수 있다.
④ 설득형 메시지를 담을 수 있다.

77 다음 중 적합도 검정 방법에 해당하지 않는 것은?

① 카이제곱 검정
② 샤피로 윌크 검정
③ Q-Q Plot
④ T 검정

78 다음 중 회귀 모형의 평가 지표에서 실제값과 예측값의 차이의 제곱을 평균한 값으로 계산되는 평가 지표는 무엇인가?

① MSE   ② RMSE
③ SSE   ④ MAE

79 다음 중 모수 유의성 검정 방법 중 Z 검정에 대한 설명으로 맞지 않는 것은?

① 정규 분포를 가정하며 표본 평균이 모집단의 평균과 같다는 것이 귀무 가설이다.
② 모집단의 분산을 알아야 한다.
③ 추출된 표본이 동일 모집단에 속하는지 가설을 검증하기 위해 사용한다.
④ 관찰된 빈도와 기대되는 빈도가 유의미한 차이가 있는지를 검정하는 방법이다.

80 다음 중 K-fold Validation에 대한 설명으로 맞지 않는 것은?

① 데이터의 크기가 작다면 Fold의 개수를 늘리는 것이 좋다.
② K값이 증가할수록 수행 시간과 계산량은 줄어든다.
③ K개의 부분 집합 중 1개 집합을 검증 데이터로 사용하고 나머지 집합들을 학습 데이터로 사용한다.
④ 데이터 집합을 무작위로 K개의 부분 집합으로 나누어 분석 모형을 학습시키고 평가한다.

실전 모의고사 04

1과목 빅데이터 분석 기획

01 다음 중 비정형 데이터를 수집하는 기술에 해당하지 않는 기술은?

① ETL(Extract Transform Load)
② 척와(Chukwa)
③ 크롤링(Crawling)
④ 스트리밍(Streaming)

02 다음 개인 정보에 대한 설명 중 맞지 않는 것은?

① 개인 정보를 수집할 때는 정보 주체의 동의를 받아야만 이용할 수 있다.
② 개인 정보는 살아 있는 개인에 관한 정보이다.
③ 개인 정보를 가공하여 결합 없이 특정 개인을 알아볼 수 없는 정보로 만든 가명 정보는 개인 정보가 아니다.
④ 개인 정보 자기 결정권은 자신의 정보를 언제, 어떻게, 누구에까지 이용될 수 있는지를 정보 주체가 스스로 결정할 수 있는 권리이다.

03 다음 중 데이터 사이언티스트에게 요구되는 역량 중 성격이 다른 역량은?

① 분석 기술에 대한 지식
② 설득력 있는 전달 기술
③ 타 영역과의 커뮤니케이션 역량
④ 통찰력 있는 분석

04 다음 중 방법론의 구성 요소와 설명이 맞지 않는 것은?

① 작업 절차 – 단계별 활동, 활동별 세부 작업 및 순서 등을 명시
② 모델 – 단계 수행 시 필요한 분석 모델
③ 기법 – 단계별 작업 수행 시 수행하는 기술 및 기법
④ 도구 – 각 업무 수행 시 필요한 지원 도구에 대한 방법

05 암묵지와 형식지의 상호 작용 중 개인에게 축적된 지식을 언어나 문서로 명확하게 표현하는 과정은?

① 내면화
② 표출화
③ 공통화
④ 연결화

06 대용량 실시간 로그 처리를 위해 활용하는 아파치 카프카(Apache Kafka) 기술에 대한 설명으로 맞지 않는 것은?

① 이벤트(Event)와 에이전트(Agent)를 통해 데이터를 전송한다.
② 분산 서버에서 대량의 데이터를 처리하는 분산 메시징 시스템이다.
③ 프로듀서(Producer), 브로커(Broker), 컨슈머(Consumer)로 구성된다.
④ 프로듀서와 컨슈머는 특정 토픽(Topic)을 지정하여 메시지를 송수신한다.

07 다음 중 빅데이터 조직 구조 유형에 해당하지 않는 것은?

① 분산 구조

② 기능 구조

③ 확장 구조

④ 집중 구조

08 다음 중 데이터 비식별화 기법 중 라운딩 기법에 대해 설명한 것은?

① 데이터 그룹 개인의 실제 나이값 대신 20대, 30대, 40대 등 대표 연령대로 표기한다.

② 데이터 그룹의 전체 인원의 평균 나이값을 구한 후 각 개인의 나이값을 평균 나이값으로 대체한다.

③ 데이터 그룹의 개인별 나이값을 개인별로 서로 교환하여 재배치한다.

④ 데이터 그룹 개인의 나이값을 임의의 대체값으로 대체한다.

09 데이터 품질 요소 중 데이터가 문제 해결에 필요한 모든 대상과 속성을 가지고 있는지를 검증하는 요소는?

① 유일성

② 일관성

③ 적시성

④ 완전성

10 다음 중 선택 가능한 행동들 중 보상을 최대화하는 행동이나 순서를 선택하는 방법으로 학습하는 인공지능 기계 학습은 무엇인가?

① 강화 학습

② 지도 학습

③ 반지도 학습

④ 비지도 학습

11 다음 수집 데이터 중 외부 데이터가 아닌 것은?

① 기상청에서 제공한 날씨 데이터

② SNS 데이터

③ ERP 시스템에서 생성한 데이터

④ 커뮤니티의 게시판 데이터

12 다음 중 빅데이터와 인공지능에 대한 설명 중 가장 옳지 않은 것은?

① 빅데이터로 얻어진 신뢰성 있는 데이터를 인공지능 학습에 활용한다.

② 인공지능은 빅데이터를 학습 데이터로 활용하여 분석, 추론, 예측 알고리즘을 구현한다.

③ 다양한 현실 세계에서 생성되는 데이터를 빅데이터 기술로 수집, 저장, 관리한다.

④ 인공지능 기술의 발전은 점차 빅데이터 기술을 대체한다.

13 데이터 측정 척도 중 등간 척도에 대한 설명으로 맞는 것은?

① 데이터 구분을 위해 측정 대상의 특성을 구분한 숫자를 부여한다.

② 측정 대상의 순서를 나타내기 위해 사용한다.

③ 0은 Zero(없음)의 의미가 아닌 등급의 하나이다.

④ 값들 간의 사칙연산을 할 수 없다.

14 다음 중 NoSQL에 대한 특성으로 맞지 않는 것은?

① 고정된 데이터 스키마가 필요하지 않다.
② 수평적 확장이 용이한 데이터베이스이다.
③ BASE의 특성을 가진다.
④ Join 연산으로 데이터 간의 조합 구성을 용이하게 한다.

15 다음 중 분석 수준 진단에 활용되는 분석 성숙도 모델에 대한 설명으로 맞지 않는 것은?

① 분석 성숙도는 도입–확산–활용–최적화 단계 순으로 성숙도 수준이 올라간다.
② 성숙도 모델의 활용 단계에서는 전사 모든 부서에서 분석 업무를 수행할 수 있다.
③ 비즈니스 부문, 조직·역량 부문, IT 부문의 성숙도 수준을 평가한다.
④ 데이터 분석 도입 수준을 파악하기 위한 진단 모델이다.

16 다음 중 빅데이터 에코 시스템 기술 중 데이터 수집과 관련한 기술이 아닌 것은?

① 주키퍼(Zookeeper)
② 플룸(Flume)
③ 척와(Chukwa)
④ 스쿱(Sqoop)

17 다음 중 분석 방법론의 하나인 KDD 방법론의 절차와 설명이 맞게 연결되지 않은 것은?

① 데이터 셋 설명 – 원시 데이터에서 분석에 필요한 데이터를 선택
② 데이터 전처리 – 분석 데이터 셋을 분석에 활용할 수 있는 의미있는 데이터로 정제
③ 데이터 변환 – 분석 데이터에 포함된 잡음, 이상값을 식별하여 제거
④ 데이터 마이닝 – 데이터 분석을 위한 마이닝 기법을 선택하고 알고리즘을 적용하여 분석 작업 수행

18 데이터 내의 개인 정보 비식별 처리 기법에 대한 설명으로 잘못 연결된 것은?

① 가명 처리 – 개인 식별이 가능한 데이터를 직접적으로 식별할 수 없는 다른 값으로 대체
② 총계 처리 – 데이터 총합 또는 부분 집계를 적용
③ 재배열 – 특정 정보를 해당 그룹의 대푯값이나 구간값으로 변환
④ 데이터 마스킹 – 데이터의 전부 또는 일부분을 대체값(공백, 노이즈 등)으로 변환

19 분석 문제를 해결하기 위해 분석 대상 및 분석 방법에 따라 적용할 수 있는 문제 해결 방안 중 분석 대상과 분석 방법을 알고 있을 경우 도입할 수 있는 문제 해결 방안은 무엇인가?

① 최적화(Optimization)
② 솔루션(Solution)
③ 통찰(Insight)
④ 발견(Discovery)

20 다음 중 빅데이터 저장과 관련한 내용 중 맞지 않는 것은?

① 빅데이터 저장 시스템은 분산 데이터 기술과 데이터베이스 기술에 기반을 두고 있다.
② 빅데이터 저장 시 비용, 성능, 안정성을 고려해야 한다.
③ 데이터 저장을 위해 저장 공간의 확장성을 고려해야 한다.
④ 대표적인 파일 기반 분산 파일 시스템 기술인 NoSQL 활용이 확대되고 있다.

2과목　빅데이터 탐색

21 다음 중 상관 분석에 대한 설명으로 올바르지 않은 것은?

① 순서적 데이터의 상관성 분석에는 스피어만 순위 상관 계수를 사용한다.
② 수치적 데이터의 상관성 분석 방법으로는 피어슨 상관 계수가 있다.
③ 세 개 이상의 변수 사이의 상관성 분석은 다변량 상관 관계 분석이다.
④ 명목적 데이터의 상관성 분석은 T 검정을 사용한다.

22 다음 상관 관계에 대한 설명으로 올바른 것은?

① 한 변수의 값이 감소할 때 다른 변수의 값이 감소하는 경향을 보이면 양의 상관 관계가 있다고 표현한다.
② 한 변수의 값이 증가할 때 다른 변수의 값이 감소하는 경향을 보이면 양의 상관 관계가 있다고 표현한다.
③ 상관 계수 값이 +1에 가까우면 강한 음의 상관관계를 가지고 있다.
④ 상관 계수 값이 −1에 가까우면 강한 양의 상관관계를 가지고 있다.

23 다음 중 다변량 변수들의 비교 통계값으로 쓰이고 변수들의 관계를 나타내는 것은?

① 다변량 정규 분포
② 표준 사분위수
③ 다변량 상관 관계
④ 다변량 표준 편차

24 데이터의 통계량과 분포 등을 통해 데이터의 형태를 확인하고, 데이터를 이해하여 의미 있는 관계를 찾아내는 과정을 일컫는 것은?

① 탐색적 데이터 분석
② 가설 검정
③ 데이터의 시각화
④ 기술 통계

25 탐색적 데이터 분석(EDA; Exploratory Data Analysis)에 대한 설명으로 올바르지 않은 것은?

① 수집한 데이터를 다양한 관점에서 관찰하고 이해하는 과정이다.
② 분석에 앞서 그래프나 통계적인 방법으로 자료를 직관적으로 바라보는 과정이다.
③ 데이터를 이해하고 의미 있는 관계를 찾아내는 과정이다.
④ 분석 모형에 대한 후보 모형을 선정하여 분석 효율성을 높이는 과정이다.

26 다음 중 탐색적 데이터 분석에서 자료의 일부가 파손되었을 때나 이상값이 있을 때도 영향을 적게 받는 성질은 무엇인가?

① 잔차 해석(Residual)

② 자료 변수의 재표현(Re-expression)

③ 현시성(Representation)

④ 저항성(Resistance)

27 다음 중 연속형 변수로 측정된 두 변수간의 어떤 선형적 관계를 갖고 있는지 분석하는 방법으로 적합한 것은?

① 회귀 분석(Regression Analysis)

② 연관 분석(Association Analysis)

③ 탐색 분석(Exploratory Analysis)

④ 상관 분석(Correlation Analysis)

28 상관 분석 중 한 변수의 값이 증가할 때 다른 변수의 값도 증가하는 경향을 보이는 상관 관계를 무엇이라 하는가?

① 제곱 상관 관계

② 음의 상관 관계

③ 0의 상관 관계

④ 양의 상관 관계

29 다음 중 상관 계수(Correlation Coefficient)에 대한 설명으로 가장 부적합한 것은?

① 상관 계수 범위: $|r| \leq 1$

② $r = 0$: 두 변수 간 선형 관계가 전혀 없음

③ 부호는 두 변수 간 대체적인 증감 관계의 방향성을 의미함

④ $r = \pm 1$: 두 변수 간 선형 관계가 전혀 없음

30 다음 중 데이터 전처리(Data Preprocessing)에 대한 설명으로 맞지 않는 것은?

① 데이터 품질을 올리기 위해서 데이터 전처리를 수행한다.

② 데이터 분석 및 처리에 적합한 형태로 만들기 위해서 데이터 전처리를 수행한다.

③ 데이터 전처리 데이터 분석 및 처리 과정에서 가장 중요한 단계이다.

④ 좋은 도구나 분석 기법을 사용하면 어떤 데이터를 사용해도 좋은 결과를 얻을 수 있다.

31 다음 중 데이터 전처리(Data Preprocessing) 단계로 보기 어려운 것은?

① 데이터 정제(Data Cleaning)

② 데이터 적제(Data Loading)

③ 데이터 통합(Data Integration)

④ 데이터 변환(Data Reduction)

32 다음 중 데이터 정제(Data Cleansing)에 대한 설명으로 부적합한 것은?

① 모순 데이터를 올바른 데이터로 교정

② 컴퓨터가 이해할 수 있는 값으로 변환

③ 여러 개의 데이터 파일을 하나로 합치는 작업

④ 범주형 자료, 텍스트 자료, 이미지 자료 등을 실수 형태로 전환

33 출처가 다른 상호 연관성이 있는 여러 데이터들을 하나로 결합하는 과정은 데이터 전처리 단계 중 어디에 속하는가?

① 데이터 통합(Data Integration)
② 데이터 변환(Data Transformation)
③ 데이터 정제(Data Cleansing)
④ 데이터 축소(Data Reduction)

34 다양한 형식으로 수집된 데이터를 일관성 있는 형식으로 변환하여 분석에 용이하도록 하는 작업이 데이터 변환이다. 다음 중 데이터 변환(Data Transformation) 방법으로 가장 거리가 먼 것은?

① 데이터 평활화(Smoothing)
② 데이터 일반화(Generalization)
③ 데이터 정규화 (Normalization)
④ 데이터 압축(Compression)

35 다음 중 데이터 전처리(Data Preprocessing) 절차에 대한 설명으로 가장 부적절한 것은?

① 데이터 전처리 대상은 모든 데이터이다.
② 데이터 전처리는 내부보다 외부 데이터에 더 집중한다.
③ 데이터 전처리 절차는 데이터 오류 분석 → 대상 선정 → 방법 선정이다.
④ 데이터 전처리 대상은 비정형 데이터보다 정형 데이터에 더 집중한다.

36 데이터 전처리 기법을 통해 입력 데이터의 품질을 향상시킬 수 있는데, 이러한 데이터 품질은 데이터 분석 결과의 90% 이상을 좌우할 정도로 중요하다. 다음 데이터 오류 중 데이터가 입력되지 않아 발생하는 것은 무엇인가?

① 예측값   ② 이상값
③ 노이즈   ④ 결측값

37 다음 중 결측값(Missing Value) 처리 방법으로 가장 부적합한 것은?

① 단순 삭제
② 통계값 대체
③ 예측값(회귀 분석) 삽입
④ 군집화

38 다음 중 결측값(Missing Value) 탐색 방법으로 가장 부적합한 것은?

① pandas DataFram의 info()함수 사용
② pandas DataFram의 isnull()/isna()함수 사용
③ pandas profiling/sweetviz 패키지 사용
④ pandas describe()함수

39 ZScore는 다른 분포를 가지고 있는 점수를 비교하고 싶을 때 활용한다. TOFEL과 TOEIC의 표준 평균과 표준 편차가 아래와 같을 때 TOFEL 550점과 TOEIC 30점의 성적을 받았다면 TOFEL과 TOEIC의 Z-score는?

> • TOFEL [$\mu=500$, $\sigma=100$]
> • TOEIC [$\mu=18$, $\sigma=6$]

① TOFEL Zscore : 0.5, TOEIC Zscore : 2
② TOFEL Zscore : 1, TOEIC Zscore : 1.5
③ TOFEL Zscore : 1, TOEIC Zscore : 2
④ TOFEL Zscore : 0.5, TOEIC Zscore : 1.5

40 다음 중 데이터 전처리 기법에 대한 설명으로 맞지 않는 것은?

① 데이터 변환이란 이상값을 제거하여 정규 분포가 되도록 하기 위해 로그 변환을 하는 것이다.
② 데이터 스케일링이란 각 변수들의 범위나 분포를 같게 하는 작업이다.
③ 변수 변환이란 머신 러닝 학습에 맞게 데이터를 변환하는 과정으로 Binning과 Encoding 방법이 있다.
④ 데이터 분포 변환은 데이터 분포에 따라 지수, 로그, 익스포넨셜, 루트 등 다양한 함수를 사용한다.

3과목 **빅데이터 모델링**

41 머신 러닝은 지도 학습(Supervised Learning)과 비지도 학습(Unsupervised Learning)으로 구분되는데 다음 중 지도 학습에 해당되지 않는 것은?

① K-Nearest-Neighbors
② Support Vector Machine
③ Random Forest
④ K-means Clustering

42 다음 중 의사 결정 나무의 구성 요소로 적합하지 않은 것은?

① 부모 마디(Parent Node): 현재 마디의 상위에 있는 마디
② 뿌리 마디(Root Node): 시작되는 마디
③ 가지(Branch): 뿌리 마디부터 끝 마디까지의 중간 마디들의 수
④ 끝 마디(Terminal Node): 자식 마디가 없는 마디

43 Decision Tree에서 정지 기준(Stopping Rule)의 영향을 받지 않는 것은?

① 깊이(Depth) 지정
② 끝 마디의 레코드 수의 최소 개수 지정
③ 뿌리 마디(Root Node) 지정
④ 뿌리 마디부터 끝마디까지의 중간 마디들의 수 지정

44 다음 중 SNA(Social Network Analysis)의 측정 지표 대한 설명으로 옳지 않은 것은?

① 응집력: 밀도, 결속
② 명성: 연결 정도, 근접 중심성
③ 구조적 등위성: 자카드 거리
④ 중계: 매개 중심성, 구조적 틈새

45 다음 중 의사 결정 나무의 장점으로 옳지 않은 것은?

① 두 개 이상의 변수가 결합하여 목표 변수에 어떤 영향을 주는지 해석 가능
② 독립 변수나 종속 변수에 수치형 변수만 사용 가능
③ 가정이 필요하지 않은 비모수적인 방법
④ 사용자가 모형을 직관적으로 이해 가능

46 연관 규칙은 특정 사건들이 동시에 발생하는 빈도로 상호간에 연관성을 표현하는 규칙이다. 다음 중 연관 정도를 정량화하기 위한 기준으로 적합하지 않은 것은?

① 강화도(Consolidate)
② 지지도(Support)
③ 향상도(Lift)
④ 신뢰도(Confidence)

47 다음 중 밀접하게 관련된 데이터들의 그룹을 찾는 기법인 군집화(Clustering)에 대한 설명으로 적합한 것은?

① 군집(내) 응집도 최대화, 군집(간) 분리도 최대화
② 군집(내) 분리도 최대화, 군집(간) 응집도 최대화
③ 군집(내) 응집도 최소화, 군집(간) 분리도 최소화
④ 군집(내) 분리도 최소화, 군집(간) 응집도 최대화

48 다음 중 K-means 알고리즘의 K-값을 정하기 어려운 문제를 해결하기 위해 개선된 알고리즘으로 가장 적합한 것은?

① K-medoids
② EM 알고리즘
③ DBSCAN
④ K-nearest-neighbors

49 다음 중 PCA(Principal Component Analysis) 알고리즘 구성 요소로 적절하지 않은 것은?

① 분산(Variance)
② 공분산(Covariance)
③ 고유벡터(Eigenvectors)
④ 평균(Mean)

50 다음 중 Random Forest의 응용 사례로 적합하지 않은 것은?

① 다채널 자기공명 영상 분석
② 컴퓨터 단층 촬영에서의 해부학 구조 분석
③ 와인 특성 분석
④ 키넥트에서의 신체 트랙킹

51 시스템이 은닉된 상태와 관찰 가능한 결과의 두 가지 요소로 이루어졌다고 보는 통계 기반의 모델은 무엇인가?

① 앙상블 모델(Ensemble Model)
② 트리 모델(Tree Model)
③ 벡터 모델(Vector Model)
④ 은닉 마르코프 모델(HMM; Hidden Markov Model)

52 활성화 함수(Activation Function)란 출력값을 조정하여 다음 노드로 전달하는 함수이다. 활성화 함수 종류 중 비선형 연속 함수로 가장 널리 사용되고 있는 함수명은?

① Relu 함수
② 경사 함수
③ 시그모이드 함수
④ 계단 함수

53 다음 중 데이터 셋 부족으로 학습 데이터 셋에 편중되어 학습되는 상태를 무엇이라 하는가?

① 오버피팅(Overfitting)
② 언더피팅(Underfitting)
③ 드롭아웃(Drop Out)
④ 얼리 스타핑(Early Stopping)

54 다음 중 과적합(Overfitting), 부적합(Underfitting) 해결 기법으로 적합하지 않은 것은?

① 드롭아웃(Drop Out)
② L2 규제
③ 교차 검증(Cross-validation)
④ 경사 하강법

55 전체 인구의 2%가 어느 질병을 앓고 있다고 한다. 이 질병을 검진하기 위해 사용되고 있는 어느 진단 시약은 질병에 걸린 사람 중 80%, 질병에 걸리지 않은 사람 중 10%에 대해 양성 반응을 보인다. 어떤 사람의 진단 테스트 결과가 양성 반응일 때, 이 사람이 질병에 걸렸을 확률은 얼마인가?

① 7/54　　② 8/57
③ 10/57　　④ 11/57

56 다음 중 연관 규칙에서 연관 정도를 나타내는 기준 중 향상도(Lift)에 대한 설명으로 틀린 것은?

① Lift = 1 : 두 품목이 서로 독립적인 관계
② Lift 〉1 : 두 품목이 양의 상관 관계
③ Lift 〈1 : 두 품목이 음의 상관 관계
④ Lift = 1 : 두 품목이 완전 상관 관계

57 부트스트랩(Bootstrap)을 통해 여러 개의 학습 데이터 집합을 만들고 각 학습 데이터 집합별로 분류기를 만들어 학습하는 모델링으로 랜덤 포레스트(Random Forest)가 속한 알고리즘 기법은?

① 부스팅(Boosting)
② 에이더부스트(AdaBoost)
③ 엑스지부스트(XGBoost)
④ 배깅(Bagging)

58 데이터를 수집하고 분석하는 단계, 모델을 학습하고 배포하는 단계까지 전 과정으로 AI LifeCycle로 보는 머신 러닝 작업을 뜻하는 것은 무엇인가?

① DevOps
② MLOps
③ AIOps
④ DTOps

59 다음 중 경쟁을 통해서 배우는 자율 학습 네트워크인 GAN(Generative Adversarial Network)의 구성 요소로 부적절한 것은?

① Activation Function
② Discriminator
③ Minmax Loss
④ Generator

60 출력층에서 Active Function으로 사용하는 함수로, 출력값의 총합은 항상 1이 되는 특성을 가진 함수는?

① 계단(Step) 함수
② 렐루(Relu) 함수
③ 시그모이드(Sigmoid) 함수
④ 소프트맥스(Softmax) 함수

4과목 **빅데이터 결과 해석**

61 다음 중 분류 모형 평가 지표 공식으로 옳지 않은 것은?

① $MAE = \dfrac{1}{n} \sum\limits_{i=1}^{n} (y_i - \hat{y})$

② $MPE = \dfrac{100}{n} \sum\limits_{i=1}^{n} \left(\dfrac{y_i - \hat{y}}{y_i} \right)$

③ $MSE = \dfrac{1}{n} \sum\limits_{i=1}^{n} (y_i - \hat{y}_i)^2$

④ $MAPE = \dfrac{100}{n} \sum\limits_{i=1}^{n} \left| \dfrac{(y_i - \hat{y})}{y_i} \right|$

62 다음 중 연결 관계를 표현하기 위한 데이터 시각화 방법으로 부적절한 것은?

① 네트워크 다이어그램
② 히트맵
③ 산키 다이어그램
④ 트리 다이어그램

63 군집 분석의 품질 평가 지표로 응집도와 분리도를 계산하는 지표는?

① Shilouette
② Dunn Index
③ Rand Index
④ Mutual Information

64 분석 모형의 시각화 중 정보 구조화의 내용으로 옳지 않은 것은?

① 데이터 구조화
② 데이터 분류
③ 데이터 배열
④ 데이터 수집 및 탐색

65 다음 중 정보 시각화 방법과 시각화 도구의 연결이 잘못된 것은?

① 시간 시각화: 막대 그래프, 누적 막대그래프, 점 그래프, 히스토그램
② 분포 그래프: 파이 차트, 도넛 차트, 트리맵
③ 관계 시각화: 스캐티 플롯, 버블 차트
④ 비교 시각화: 히트 맵, 체르노프 페이스, 스타 차트

66 다음 중 LOOCV의 설명으로 옳지 않은 것은?

① 전체 데이터 N개에서 1개의 샘플만을 평가 데이터로 사용하고 나머지 N−1개는 학습 데이터로 사용한다.
② K-fold와 같은 방법을 사용하면 이때 K는 전체 데이터 N과 같다.
③ 수행 시간과 계산량이 많아 작은 크기의 데이터에 사용하기 좋다.
④ N−1개의 학습 데이터를 사용하여 전체 데이터를 사용할 수 없어 데이터의 낭비가 발생한다.

67 다음 중 부분 대 전체 비교를 목적으로 한 데이터 시각화 방법으로 부적절한 것은?

① 파이 차트(Pie Chart)
② 누적 영역 차트(Stacked Area)
③ 서클팩 차트(Circlepack Chart)
④ 히스토그램 차트(Histogram Chart)

68 다음 중 Q-Q Plot에 대한 설명 중 가장 옳지 않은 것은?

① 그래프를 이용하여 정규성 가정을 시각적으로 검정하는 방법이다.
② Q-Q Plot에서 대각선 참조선에 가깝게 분포하게 되면 정규성 가정을 만족한다고 볼 수 있다.
③ 기준이 모호하여 결과 해석이 주관적이다.
④ Q-Q Plot은 x 좌표에 분위수(Quantiles)를 사용하고, y 좌표 평면에 변수의 수량(Quantity)을 사용한다.

69 과대 적합일 때 대응 방법이 아닌 것은?

① Regularization
② Dimension Reduction
③ Drop-out
④ Early Stopping

70 다음 중 모형 평가에 대한 설명으로 적합하지 않은 것은?

① 회귀 모형 평가 지표는 클수록 성능이 우수하다.

② 모형 평가 목적은 과적합을 방지하고 최적의 모형을 선정하는 것이다.

③ 목표 변수의 유형에 따라 다른 평가 지표를 사용한다.

④ 목표 변수가 연속형이면 MAE, MSE 평가 방법을 사용한다.

71 다음 중 매개 변수 최적화의 설명으로 옳지 않은 것은?

① 학습 모델과 실제 레이블의 차이를 손실 함수로 표현한다.

② 학습의 목적은 오차, 손실 함수의 값을 최대한 크게 하는 매개 변수를 찾는 것이다.

③ 매개 변수의 종류에는 가중치와 편향이 있다.

④ 매개 변수는 사용자의 입력에 의해 조정되지 않는다.

72 훈련 데이터에 대한 학습 최적화를 결정하는 하이퍼파라미터는 무엇인가?

① 학습 률(Learning Rate)

② 손실 함수(Loss Function)

③ 훈련 반복 횟수(Epochs)

④ 은닉층 뉴런 개수(Hidden Units)

73 데이터 시각화가 잘 구성되어 있는지 확인해 볼 수 있는 체크 리스트가 있다면, 쉽게 경험할 수 있는 시각화 표현의 오류를 줄일 수 있다. 다음 중 시각화 체크 리스트에 대한 설명으로 부적절한 것은?

① 시간 축: 차트에서 시간을 사용하는 경우 가로축에 설정한다.

② 범례: 데이터 범주가 하나만 있는 경우 범례가 필요하지 않다.

③ 비례 값: 차트의 숫자는 제시된 숫자 수량에 정비례해야 한다.

④ 색상: 모든 차트에서 최대한 다양한 색상을 사용하여 정보를 시각화 한다.

74 분석 모형 융합 방법 중 여러 개의 분석 모형의 결과를 종합하여 많이 선택된 클래스를 최종 결과를 예측하는 방법을 무엇이라 하는가?

① Voting

② Bagging

③ Boosting

④ Random Forest

75 다음 중 부스팅에 대한 설명으로 옳지 않은 것은?

① 머신 러닝 앙상블 기법 중 하나로 약한 학습기들을 순차적으로 여러 개를 결합하여 예측 혹은 분류 성능을 높이는 알고리즘이다.

② 부스팅 알고리즘에는 랜덤 포레스트가 대표적이다.

③ 매 학습마다 데이터에 가중치를 업데이트하는 과정이 필요하다.

④ 잘못 예측한 데이터에 가중치를 부여하는 방식이다.

76 다음 중 비즈니스 기여도 평가 지표의 설명으로 옳지 않은 것은?

① TCO: 하나의 자산을 소유하기 위해 들어가는 총 비용
② ROI: 자본 투자에 따른 순 효과의 비율
③ NPV: 특정 시점의 투자 금액과 매출 금액의 차이를 이자율을 고려하여 계산한 값
④ IRR: 투자 금액의 미래 가치와 초기의 현금 유입액이 동일하게 되는 수익율

77 다음 중 교차 검증의 설명으로 옳지 않은 것은?

① 모델 학습 시 데이터를 훈련용과 검증용으로 교차 선택하여 과대 적합을 크게 할 수 있다.
② 데이터의 다른 부분을 사용하여 다른 반복에서 모델을 훈련하는 리샘플링 방법이다.
③ 선택된 교차 검증 데이터별 측정치를 평균하여 사용한다.
④ 교차 검증은 데이터 셋이 충분히 크지 않을 때 유용하게 사용할 수 있는 기법이다.

78 다음 중 빅데이터 시각화 단계를 가장 바르게 나열한 것은?

① 정보 시각화 → 정보 구조화 → 정보 시각 표현
② 정보 구조화 → 정보 시각화 → 정보 시각 표현
③ 정보 시각 표현 → 정보 시각화 → 정보 구조화
④ 정보 시각화 → 정보 시각 표현 → 정보 구조화

79 빅데이터 서비스 모델의 분류로 옳지 않은 것은?

① 서비스 청사진
② ITO(Input-Transformation-Output)
③ 서비스 품질 측정
④ STOF

80 다음 중 분석 모형 모니터링의 설명으로 가장 옳지 않은 것은?

① 학습 단계에서 모델의 성능을 추적하는 프로세스를 의미한다.
② 데이터에서부터 서비스 시스템의 동작 결과까지 모두를 대상으로 한다.
③ 머신 러닝 서비스의 성공적인 수행을 위해 모델 모니터링은 매우 중요하다.
④ 모델 모니터링을 통하여 서비스 시스템이 최상의 성능을 제공할 수 있도록 한다.

부록

실전 모의고사
정답 및 해설

01	③	11	④	21	④	31	④	41	④	51	②	61	③	71	③
02	①	12	③	22	③	32	②	42	③	52	③	62	④	72	②
03	①	13	④	23	④	33	②	43	①	53	③	63	④	73	③
04	③	14	①	24	②	34	②	44	③	54	②	64	④	74	④
05	④	15	④	25	④	35	④	45	①	55	③	65	①	75	①
06	②	16	③	26	②	36	④	46	③	56	③	66	③	76	②
07	①	17	②	27	④	37	④	47	②	57	④	67	④	77	①
08	④	18	②	28	④	38	④	48	③	58	④	68	④	78	④
09	③	19	③	29	④	39	④	49	③	59	③	69	③	79	①
10	①	20	②	30	①	40	③	50	④	60	④	70	④	80	④

1과목   빅데이터 분석 기획

01 빅데이터 분석 방법론은 분석 기획 → 데이터 준비 → 데이터 분석 → 시스템 구현 → 평가 및 전개 순으로 이루어진다.

02 DIKW 피라미드는 최하위 단계부터 데이터, 정보, 지식 그리고 최상위 지혜 단계 순서로 이루어진다.

03 Crawling은 SNS, 뉴스, 웹 정보 등 인터넷상에서 제공되는 웹 문서·정보 수집하는 기술로 활용된다.

04 SEMMA 분석 방법론의 분석 절차는 추출(Sample), 탐색(Explore), 수정(Modify), 모델링(Modeling), 평가(Assess) 순으로 수행된다.

05 빅데이터 활용에 필요한 3요소는 자원(데이터), 기술, 인력이다.

06 주키퍼는 분산 환경에서 서버들간에 상호 조정이 필요한 다양한 서비스를 제공하는 하둡 에코 시스템의 관리 기술에 해당된다.

07 하향식 접근 방법은 문제 탐색, 문제 정의, 해결 방안 탐색, 타당성 검토의 순으로 진행한다.

08 마이 데이터는 정보 주체인 개인이 본인의 정보를 적극적으로 관리, 통제하는 것으로 데이터에 대한 권리를 요구하는 시대를 의미한다.

09 분석 대상을 알고 있으나 분석 방법을 알지 못하는 경우는 Question이 아니라 Solution에 해당되는 유형이다.

10 데이터 수집 절차는 비즈니스 도메인 정보 수집 → 수집 데이터 탐색/선정 → 수집 세부 계획 수립 → 데이터 수집 실행 → 수집 데이터 적절성 검증 순으로 진행한다.

11 빅데이터 분석 방법론은 계층적 프로세스 모델로서 단계(Phase) – 태스크(Task) – 스텝(Step)의 3계층으로 구성한다.

12 개인 정보 가명 처리 절차는 사전 준비 → 위험성 검토 → 가명 처리 → 적정성 검토 → 사후 관리(안전한 관리) 순으로 진행한다.

13 데이터 전처리 처리 기법으로는 데이터 정제, 통합, 축소, 변환이 있다.

14 카프카(Kafka)는 Producer, Consumer, Broker, Topic, Zookeeper 등으로 구성된다.

15 플룸(Flume)은 많은 양의 로그 데이터를 효율적으로 수집, 집계 및 이동하기 위해 이벤트(Event)와 에이전트(Agent)를 통해 스트리밍 데이터 흐름(Data Flow)의 비동기 방식 아키텍처를 기반으로 한 분산형 로그 수집 서비스이다.

16 개인 정보 비식별화 작업 절차는 사전 검토 → 비식별 조치 → 적정성 평가 → 사후 관리 순으로 진행한다.

17 데이터 품질 기준 요소로는 완전성, 유일성, 유효성, 정확성, 일관성, 적시성, 사실성, 해석 가능성이 있다.

18 하둡 분산 파일 시스템의 구성 요소에는 네임 노드, 데이터 노드, 보조 네임 노드가 있다.

19 NoSQL의 유형: Key-value 데이터베이스, Column Family 데이터베이스, Document 데이터베이스, Graph 데이터베이스

20 데이터 수집 기술 중 관계형 데이터베이스와 연결하여 정형 데이터를 수집하는 기술은 스쿱(Sqoop)이다.

2과목   빅데이터 탐색

21 데이터 정제 기술 유형으로는 데이터 변환, 교정, 통합, 축소가 있다.

22 비무작위 결측(MNAR; Missing Not At Ramdom)에 해당되는 설명이다.

23 다중 대치법은 대치 → 분석 → 결합의 3단계 과정으로 진행된다.

24 다중 대체법에 대한 설명이다.

25 무응답의 경우 결측값 원인에 해당된다.

26 ① 표준화, ③ 정규화 ④ 비닝에 해당된다. 박스-콕스 변환은 데이터 분포의 왜도를 좌우가 대칭인 정규 분포에 가깝게 변환하는 기법이다.

27 불균형 데이터일 경우, 오버샘플링, 언더샘플링 방법을 통해 추출 비율을 조절하여 불균형 데이터의 문제를 해결할 수 있다.

28 데이터를 가장 잘 표현하는 회귀모형을 추정하여 모형 위에 있는 변수값으로 변환하는 방법에 해당된다.

29 ①, ②, ③은 거리 계산을 통한 방법에 해당되며, ESD는 통계 수치를 활용한 방법에 해당된다.

30 필터 기법과 래퍼 기법의 장점을 결합한 방법은 임베이드 기법에 해당된다. ①은 래퍼 기법이며, ②, ③, ④는 임베이드 기법에 해당된다.

31 주성분 분석은 표본의 수가 변수의 수보다 클수록 효과적일 수 있다.

32 유의 수준은 1종 오류를 범할 확률의 최대 허용 한계를 의미한다.

33 해당 설명은 차원의 저주에 해당된다.

34 귀무 가설 H_0: μ=70, 대립가설 H_1: μ>70년 (단측검정)
$$Z = \frac{\overline{x} - \mu}{\sigma/\sqrt{n}} = \frac{72.4 - 70}{12/\sqrt{100}} = 2,$$
따라서 기각역과 비교하여 z > $Z_{0.05}$ 이므로, 귀무가설 기각, 대립 가설 채택한다.

35 해당 분포는 오른쪽으로 치우친 오른쪽 편포이며, 양의 왜도를 가지고, 평균 > 중앙값 > 최빈값으로 되어 있다.

36 모든 다른 조건이 동일하다면 표본 수가 클수록, 표준 편차가 작을수록 신뢰 구간의 길이는 짧아진다. 따라서, 검정력이 클수록, 신뢰 구간은 짧을수록 바람직하다.

37 교통 수단 종류는 범주형 자료(지하철, 자가용, 버스, 택스, 지하철+택시, 지하철+버스, 기타)이며, 히스토그램은 연속형 자료일 때 적절한 그래프이다.

38 ① P값이 유의 수준보다 크면 귀무 가설은 기각하지 못한다.
② 1종 오류, 2종 오류 모두 오류이기 때문에 1종 오류가 2종 오류보다 더 심각한 오류라고는 볼 수 없다. 다만, 1종 오류가 더 많이 일어날 가능성이 높기 때문에 1종 오류의 허용 한계인 유의 수준 내에서 2종 오류가 가장 작은 경우를 선택한다.
③ 표본 자료를 분석하여 모수에 대해 입증하고자 하는 가설은 대립 가설에 해당된다.

39 결정 계수는 총 편차 중 회귀선으로 설명되는 양으로 상관 계수의 제곱에 해당된다.

40 사분위수 범위는 순위를 이용하여 제3사분위수와 제1사분위 사이이며, 이상값에 덜 민감하다.

3과목   빅데이터 모델링

41 범주형 변수(정당, 성별) 간의 연관성을 알아보는 분석을 '교차 분석'이라고 한다.

42 모집단이 3군 이상이고, 연속형 변수(=평균)에 대한 차이 검정이 가능한 분석 방법은 분산 분석이다.

43 군집 분석은 대표적인 비지도 학습 유형이다.

44 ①, ②, ④ 는 오버피팅에 관한 설명이다.

45 분석 모델 구축 절차는 요건 정의 → 모델링 → 검증 및 테스트 → 모델 적용 순으로 진행되며 이 가운데 분석 방향성을 정하고, 실무 담당자와 협의하는 과정은 첫 단계인 요건 정의 때 이루어져야 한다.

46 편상관 계수는 공변량을 통제하고 순수하게 두 변수만의 상관 관계를 나타낸다.

47 결정 계수 $R^2 = \dfrac{SSR}{SST} = 1 - \dfrac{SSR}{SST} = 1 - \dfrac{80}{160} = 0.5$

48 독립 변수 간에 상관 관계가 0이 아니더라도 다중 공선성이 존재하지 않으면 가능하다.

49 후진 소거법은 가장 적은 영향을 주는 변수부터 하나씩 제거하는 변수 선택 방식이다.

50 단계 선택법은 변수를 추가, 제거를 반복하면서 최적의 모형을 찾는 방법으로 전진 선택법이나 후진 선택법과 동일하지 않다.

51 분산 분석의 영가설은 3개의 처리간 평균이 모두 동일하다고 설정한다.
① 총 N 수는 3*5=15개, 집단 수 K는 3이므로 오차의 자유도는 N-K = 15-3 = 12이다.
③ F 검정의 F(a, m-1, n-1)은 처리의 자유도, 오차의 자유도로 이루어진 것이므로, F(a, K-1, N-K) = F(0.05,2,12)이다.
④ 처리 평균제곱은 처리의 제곱합을 처리의 자유도로 나눈 것으로 MSB = SSB / (K-1)에 해당한다.

52 분산 분석표에는 제곱합, 자유도, 제곱합 평균(=분산), F 값이 있다.

53 Y값은 0과 1 사이이다.

54 의사 결정 나무 중 가지치기 단계는 오차를 크게 할 위험이 높거나 부적절한 추론 규칙을 가지고 있는 가치 또는 불필요한 가지를 제거하는 단계이다.

55 ① 마진(Margin) ② Support Vector ④ 신뢰 구간에 관한 설명이다.

56 가중치를 활용하지 않고 동일한 크기의 표본을 통해 복원 추출된 자료의 결과 중 일부를 선택하는 것이 아니라 보팅(=투표)하여 최종 예측 모형을 산출한다.

57 A, B의 유클리드 거리는 $\sqrt{(a1-b2)^2+(a2-b2)^2} =$
   $\sqrt{(170-175)^2+(70-80)^2} = \sqrt{125}$이다.

58 피어슨 상관 분석의 경우 두 변수의 상관성을 비교하는 모수적 검정 방법으로 비모수 방법으로는 스피어만 상관 분석에 해당된다. 크루스칼 왈리스 검정의 경우, 3집단 이상의 집단 사이의 대푯값이 차이가 있는지를 검정하는 비모수 검정 방법으로 모수적 방법으로는 일원 배치 분산 분석과 유사하다.

59 자기 조직화 지도(Self-organizing Map)은 비지도 신경망으로 고차원의 데이터를 이해하기 쉬운 저차원의 뉴런으로 정렬하여 지도의 형태로 형상화한다.

60 범주형 자료의 관측 데이터의 분포가 기댓값의 분포에 따르는지 여부를 검증하는 것은 적합도 검증에 해당되며 카이제곱 검증을 통해 이루어진다.

4과목 빅데이터 결과 해석

61 $\mathrm{MAE} = \frac{1}{n}\sum_{i=1}^{n}|y_i - \hat{y}|$ 으로 차이값에 절대값을 취한후 평균을 구한다.

   MAE = (4+6+4+2) / 4 = 4

62 재현율 = TP / (TP+FN)

63 위양성(FP) = 긍정이라고 예측했는데 부정인 경우

64 과소 적합은 학습 데이터와 실제 데이터 모두 오차가 크다.

65 교차 검증은 과대 적합 방지할 수 있는 기법이다.

66 K-fold 교차검증은 모든 데이터 학습과 검증에 사용한다.

67 일반적으로 표본의 수가 적을 경우에는 샤피로-월크 검정을 사용한다.

68 카이제곱 검정은 적합도, 독립성, 동질성 검정에 사용한다.

69 선형, 비선형 관계보다는 학습의 횟수에 따라 과대/과소 적합이 발생한다.

70 베이지안 최적화는 하이퍼파라미터 최적화 기법에 해당되지 않는다.

71 부스팅에 대한 설명이다.

72 전이 학습(Transfer Learning)에 대한 설명이다.

73 빅데이터 시각화는 구조화, 시각화, 시각화 표현 등이 있다.

74 시각화 절차는 구조화, 시각화, 시각화 표현 순이다.

75 누적 막대 그래프는 시간 시각화 기법이다.

76 히트맵에 대한 설명이다.

77 인포그래픽은 데이터 패턴을 발견하는데 사용되지 않는다.

78　평행 좌표의 그래프이다.

79　분석 모형 리모델링은 성과 모니터링을 통하여 실행 여부를 결정한다.

80　기존 데이터 변경 확인 및 신규 데이터 활용도 분석에 대한 설명이다.

01	①	11	④	21	①	31	④	41	①	51	②	61	③	71	①
02	③	12	①	22	①	32	①	42	②	52	②	62	②	72	④
03	②	13	③	23	②	33	④	43	②	53	④	63	①	73	②
04	④	14	①	24	②	34	②	44	④	54	③	64	③	74	③
05	②	15	③	25	④	35	③	45	②	55	③	65	②	75	②
06	④	16	④	26	③	36	②	46	④	56	②	66	③	76	③
07	①	17	①	27	①	37	④	47	①	57	③	67	③	77	②
08	②	18	③	28	③	38	①	48	④	58	①	68	④	78	④
09	②	19	④	29	③	39	③	49	②	59	④	69	③	79	④
10	④	20	②	30	②	40	③	50	③	60	③	70	②	80	①

1과목 　 빅데이터 분석 기획

01　공통화는 지식을 공유하며 개인이 암묵지를 습득하는 단계를 말한다.

02　데이터 분석 절차는 문제 인식, 연구 조사, 모형화, 데이터 수집, 데이터 분석, 분석 결과 공유 순이다.

03　분석 과제의 우선 순위 결정 시 고려 요소는 전략적 중요도, 비즈니스 성과/ROI, 실행 용이성이 있다.

04　표본 조사 방식에서 빅데이터로 인한 저장 비용 감소와 클라우드 컴퓨팅의 발전으로 전수 조사를 하는 방식으로 변화하였다.

05　ETL 프로세스는 추출(Extract), 변환(Transform), 적재(Load)가 있다.

06　개인 정보는 동의 없이 수집, 이용이 가능하다고 정해진 경우(①, ②, ③) 외 개인 정보 수집, 이용 동의 없이 수집, 이용해서는 안 된다.

07　② 수치로 계산이 가능한 데이터는 정량적 데이터이다.
　　③ 외부 데이터는 비정형 데이터가 많다.
　　④ 동영상, 음성 등은 비정형 데이터이다.

08　데이터 거버넌스의 구성 요소는 원칙, 조직, 프로세스이다.

09　분석 준비도는 분석 업무 파악, 인력 및 조직, 분석 기법, 분석 데이터, 분석 문화, IT 인프라 6개 영역에 대해 평가한다.

10　아파치 스파크는 빠른 성능을 위해 인메모리 캐싱과 최적화된 실행을 사용하는 분산 처리 시스템이다.

11　Hard Skill-빅데이터 관련 이론적 지식(관련 기법 이해, 방법론 습득), 분석 기술의 숙련도(최적의 분석 설계, 노하우 축척),
　　Soft Skill-분석의 통찰력(창의적 사고, 호기심, 논리적 비판), 설득력 있는 전달력(스토리텔링, 시각화), 여러 분야의 협력 능력

12　스쿱(Sqoop)은 하둡과 관계형 데이터베이스 또는 메인 프레임 간에 데이터를 전송하도록 설계된 도구이다.

13 상향식 접근 방법은 문제의 정의가 어려운 경우 데이터를 활용하여 인사이트를 도출하고 시행 착오를 통해 지속적으로 개선하는 접근 방식이다.

14 K-익명성은 동일한 값을 가진 레코드를 K개 이상 추가하여 특정인을 추론할 수 없게 하는 기법이다.

15 객체 기반 클러스터 파일 시스템은 러스터이다.

16 데이터 비식별화 기법은 가명 처리, 총계 처리, 데이터 삭제, 데이터 범주화, 데이터 마스킹 등이 있다.

17 CRISP-DM 방법론은 비즈니스 이해 → 데이터 이해 → 데이터 준비 → 모델링 → 평가 → 전개 순으로 구성된다.

18 개인 정보는 살아있는 개인에 대한 정보이므로 법인이나 단체에 관한 정보는 개인 정보가 아니다.

19 집중 구조는 전사 분석 업무를 별도의 분석 전담 조직에서 담당하며, 전략적 중요도에 따라 분석 조직이 우선순위를 정해서 진행 가능하다.

20 맵리듀스 프로세스는 Split → Map → Shuffle → Reduce 순으로 구성된다.

2과목 빅데이터 탐색

21 두 변수 사이의 상관관계를 알아보기 위해 평면상의 이차원 자료 (X, Y)를 타점하여 나타낸 그래프는 산점도에 해당된다.

22 언더 샘플링 방법은 다수 클래스의 데이터를 일부만 선택하여 데이터의 비율을 맞추는 방법에 해당된다.

23 상자 그림의 기본 구성 요소로는 하위 경계치, 제1사분위수, 제2사분위수(=중앙값), 제3사분위수, 상위경계치이다.

24 ①, ③, ④는 정규 분포, ②는 F 분포이다.

25 대학(=모집단)을 서로 겹치지 않은 여러 학년(=층)으로 분할한 후, 각 학년별 단순 확률 추출법을 적용시켜 표본을 추출하는 방식을 '층화 확률(표본) 추출'이라 한다.

26 중심 극한 정리에 따라 n이 충분히 크면 표본 평균은 $N(\mu, \sigma^2/n)$을 따르므로, N(8, 0.6/10)=N(8, 0.06)이다.

27 평균은 중앙값보다 이상값에 영향을 더 민감하게 받는다.

28 조화 평균은 각 요소의 역수의 산술 평균을 구한 후 다시 역수를 취하는 형태로 표현하며 속력, 저항, F1-score 등에 활용된다.

29 제3사분위수는 자료를 크기순으로 나열하였을 때, 75% 순위에 해당되는 자료이다. 사분위수 범위는 산포의 측도가 되지만 제3사분위수만으로는 산포를 비교하기 어렵다.

30 변동 계수는 표준 편차를 평균으로 나눠준 값이다.

31 처리 내에서의 변동의 합은 잔차 제곱합에 해당된다.

32 모수 추정량은 일치성, 유효성, 비편향성의 특성을 가지고 있어야 한다.

33 첨도는 데이터의 분포가 정규 분포를 기준으로 뾰족한 정도에 해당된다.

34 금요일의 경우, 이상치가 존재하기 때문에 평균은 중위값(대략 15)보다 클 것이다.

35 표준 편차는 자료의 산포도를 나타내는 척도에 해당된다.

36 비표집 오차를 해결하는 방법으로 조사원 교육 및 응답자 관심 유발로 결측값을 제거 등 입력 오차를 줄이는 것이다.

37 분산은 자료의 산포도를 나타내는 척도에 해당된다.

38 ① 이항 분포, ②, ③, ④ 포아송 분포

39 모집단 표준 편차가 알려져 있지 않은 경우에 정규 분포 대신 T 분포를 사용한다.

40 신뢰 구간은 표본의 크기의 제곱근에 반비례한다. 따라서 표본의 크기를 1/4로 줄이면 신뢰 구간은 2배 늘어 난다.

3과목 빅데이터 모델링

41 회귀 직선의 기울기가 양수이면 양의 상관 관계에 있으며, 상관 계수도 양수에 해당된다.

42 상관계수는 두 변수 간의 상관 정도를 나타내는 것이지 종속 변수, 독립 변수와 같은 인과관계를 설명해 주는 것은 아니다.

43 로지스틱 회귀 분석은 종속 변수가 범주형이며, 독립 변수가 범주형, 연속형인 회귀 분석 모형에 해당된다.

44 Decision Tree에서 더 이상 분리가 일어나지 않고 현재의 마디가 끝마디가 되도록 하는 규칙은 정지 규칙에 해당된다.

45 지니 지수를 사용하고, 분산의 감소량을 사용하는 알고리즘은 CART에 해당된다.

46 XOR 연산은 입력값 (X, Y)이 같으면 0으로 출력하고 다르면 1로 출력하게 되어 선형 분리가 불가능하다.

47 연관성 분석의 활용 분야는 실시간 상품 추천을 통한 교차 판매, 상품 재배치가 있다.

48 초평면은 n 차원의 공간 구분을 위해 결정되는 n−1 평면을 의미한다.

49 지지도는 전체 거래 중 항목 X와 Y를 동시에 포함하는 거래의 정도를 나타내며 전체 구매도에 대한 경향 파악에 해당된다.

50 K−means 군집은 잡음이나 이상값에 영향을 많이 받는다.

51 A, B의 맨하탄 거리는 $|a1-b1|+|a2-b2|=|170-175|+|70-80|=15$이다.

52 r*c 교차 분석의 자유도는 (행의 수−1)(열의 수−1), 즉 $(r-1)(c-1)=(3-1)(4-1)=2*3=6$

53 평균 고유값 방법은 고유값들의 평균을 구한 후 고유값이 평균값 이상이 되는 주성분을 제거하는 것이 아니 라 설정하는 것이다.

54 추세선을 따라 주기적으로 반복하는 경우를 순환 변동(Cyclical), 계절적 요인이 작용하연 1년 주기로 나타나 는 경우를 계절 변동(Seasonal)이라 한다.

55 CNN은 시각적 이미지를 분석하는 데 사용되는 심층신경망으로 합성곱 신경망으로, 기존 영상 처리의 필터 기능(Convolution)과 신경망(Neural Network)을 결합하여 성능을 발휘하도록 만든 구조에 해당되는 딥러 닝 알고리즘이다.

56 서로 배반인 사건 A와 B에 대하여 P(A∪B) = P(A) +P(B)이다.

57 서로 배반인 사건 A와 B에 대하여 곱사건의 확률은 P(A∪B) = 0이다.

58 그룹에 속한 사람들 간의 네트워크 특성과 구조를 분석하고 시각화하는 분석 기법은 사회 연결망 분석에 해당된다.

59 앙상블 분석 가운데 부스팅 알고리즘은 여러 개의 약한 학습기를 순차적으로 학습 예측하면서 잘못 예측한 데이터에 가중치를 부여해 오류를 개선해 나가며 학습하는 방식이며 부스팅 알고리즘의 종류로는 AdaBoost, GBM, XGBoost 등이 있다.

60 비모수 검정은 순위를 통해 분석하는 분석 방법으로 모집단의 분포를 가정하지 않아도 분석이 가능하다.

4과목   빅데이터 결과 해석

61 RMSE(Root Mean Square Error)에 대한 설명이다.

62 F1-score = 2x(정밀도x재현율)/(정밀도+재현율) = 2x(0.4x0.6)/(0.4+0.6) = 0.48

63 ROC 커브의 Y 축은 TPR(=민감도), X 축은 FPR로 구성된다.

64 시각화 순서는 구조화(데이터 분류 및 배열) → 시각화 → 시각화 표현의 순이다.

65 ① Leave-One-Out Cross Validation(LOOCV)에 관한 설명이다.

66 Z 검정, T 검정, ANOVA는 모집단의 평균을 기반으로 검정하며, 카이제곱 검정은 모집단의 비율을 기반으로 검정한다.

67 Q-Q Plot의 결과 해석은 상당히 주관적이다.

68 내부 신경망의 가중치를 줄이는 기법으로 데이터의 증가에는 영향이 없다.

69 확률적 경사 하강법은 GPU를 사용할 수 없다.

70 가중치는 매개 변수이다.

71 융합은 앙상블 모형이 아니다.

72 의사 결정 나무는 지니 지수나 엔트로피 지수를 이용하여 분류하는 방식으로 변수 간 변별력이 없으면 더 이상 가지치기가 발생하지 않는다.

73 표본의 충분성은 모델 평가 기준이 아니다.

74 비교 시각화에 대한 설명이다.

75 히스토그램은 관계 시각화이다.

76 카토그램에 대한 설명이다.

77 산점도 행렬에 대한 그래프이다.

78 버블 차트는 관계 시각화이다.

79 스토리보드 도구 검증은 스토리텔링 과정에 포함되지 않는다.

80 분석 모니터링과 시스템 에러율은 관계가 없다.

01	④	11	①	21	③	31	②	41	④	51	④	61	①	71	①
02	②	12	①	22	②	32	③	42	③	52	③	62	②	72	②
03	①	13	③	23	③	33	②	43	①	53	③	63	①	73	③
04	④	14	③	24	①	34	③	44	④	54	④	64	④	74	③
05	①	15	③	25	③	35	①	45	④	55	③	65	①	75	①
06	②	16	④	26	①	36	④	46	④	56	③	66	②	76	①
07	③	17	③	27	①	37	④	47	①	57	④	67	①	77	④
08	①	18	④	28	①	38	④	48	①	58	④	68	②	78	①
09	④	19	③	29	④	39	④	49	④	59	①	69	④	79	④
10	③	20	②	30	②	40	④	50	①	60	④	70	①	80	②

1과목　빅데이터 분석 기획

01　영상, 음성, 이미지 등 구조가 정의되지 않은 데이터는 비정형 데이터이다.

02　진단 분석은 문제가 발생한 원인을 파악하는 관점에서 분석을 수행하는 단계이다.

03　하둡의 작업을 관리하는 워크 플로우를 제어하는 기술은 우지(Ooozie)이다

04　통계 작성, 과학적 연구, 공익적 기록 보존의 경우 정보 주체의 동의 없이도 가명 정보 처리가 허용된다.

05　클러스터링은 여러 개의 데이터베이스를 병렬 구조로 연결하여 구성하는 방식이다.

06　데이터 처리 기술 중 데이터 정제 기술은 결측값을 채우고, 이상값을 제거하고 데이터를 평활화하여 불일치성을 교정하는 기술이다.

07　분석 과제의 적용 범위 및 방식을 결정하는 요소는 업무 내재화 적용 수준, 분석 데이터 적용 수준, 기술 적용 수준이다.

08　CAP 이론에서 설명하는 분산 컴퓨팅 환경이 가지는 특성은 분할 내성, 일관성, 가용성이다.

09　데이터 3법은 개인 정보 보호법, 정보 통신 이용 촉진 및 정보 보호 등에 관한 법률(약칭 정보통신망법), 신용정보의 이용 및 보호에 관한 법률(약칭 신용정보법)을 말한다.

10　집중 구조 유형은 현업 부서의 분석 업무와 이중화, 이원화 될 가능성이 높다.

11　KDD 방법론 절차는 데이터 셋 선택 → 데이터 전처리 → 데이터 변환 → 데이터 마이닝 → 결과 평가 순이다.

12　데이터 마스킹 기법에는 임의 잡음 추가, 공백과 대체 등이 있다.

13　t-근접성은 민감한 정보의 분포를 낮추어 전체 데이터 집합의 분포와의 차이를 낮추어 추론을 방지하는 기법이다.

14　명목 속성은 기호, 이름 등과 관련한 속성으로 속성값은 유의미한 순서가 없다.

15 하둡의 코어 프로젝트는 HDFS와 맵리듀스이며 코어 프로젝트 외 다양한 서브 프로젝트로 하둡 에코 시스템이 구성된다.

16 분석 준비도는 분석 업무 파악, 인력 및 조직, 분석 기법, 분석 데이터, 분석 문화, IT 인프라 등 6개 영역의 수준을 평가한다.

17 NoSQL은 비관계형 데이터 저장소로 테이블 스키마가 고정되지 않고 수평적 확장이 용이한 구조의 DBMS이다.

18 디자인 싱킹 프로세스는 Empathize, Define, Ideate, Prototype, Test 단계로 구성된다.

19 데이터 변환 방법 중 특정 구간에 분포하는 값으로 스케일을 변환하는 방법은 일반화이다.

20 분석 필요 데이터 정의는 데이터 준비 단계에서 수행하는 업무이다.

2과목 빅데이터 탐색

21 이상값 분포를 왜곡할 수 있으나 실제 오류인지 통계적으로 검증할 수 없으므로 제거 여부는 해당 도메인 전문가와 상의하여 판별하여야 한다.

22 입력자가 실수로 누락한 데이터는 결측값이다.

23 노이즈와 이상값은 반정형, 비정형 데이터에서 보다 많이 발생하며, 데이터 정제 과정은 데이터 분석 과정에서 모든 데이터를 대상으로 반드시 수행해야 한다.

24 데이터 측정 중 발생하는 오류로 인해 생성된 값을 이상값으로 정의하여 처리할 수 있다.

25 상자 그림을 통해 Q1(제1사분위수), Median(중앙값), Q3(제 2사분위수), IQR(Inter Quartile Range), 하한 Q1−(1.5*IQR), 상한Q3+(1.5*IQR), Outlier(이상값)등을 확인할 수 있다.

26 중앙값, 최빈값은 이상값에 민감하지 않으며, 평균이 이상값에 민감하다. 예를 들어 data1 = [10, 20, 30, 40, 50]과 data2 = [10, 20, 30, 40, 200]인 데이터 셋이 있을 때 평균(data1:30, data2:60)과 중앙값(data1:30, data2:30)을 확인해 보면 평균이 이상값에 민감함을 확인할 수 있다.

27 IQR = 3사분위수 − 제1사분위수 = 12−4 =8

하한	Q1−(1.5*IQR) = 4−(1.5*8) = −8
상한	Q3+(1.5*IQR) = 12+(1.5*8) = 24

28 상자 그림은 이상치 판단에 적합한 특성을 가지고 있다. IQR은 Q3에서 Q1을 빼면 자료 집합의 50%에 포함되는 자료의 산포도를 구할 수 있는데, 이를 IQR이라고 한다. 그래서 하한값인 (Q1에서 빼기 1.5*IQR)보다는 크고, 상한값인 (Q3 더하기 1.5*IQR)보다는 작은 범위를 정상 데이터로 보고 이 울타리를 벗어난 데이터를 이상값으로 인식 할 수 있다.

29 이상값 검색을 활용하는 응용 시스템에 대한 것으로 부정 사용 방지 시스템이나 의료, 사기 탐지, 침입 탐지 시스템 등이 있다.

30 이상값은 일반적인 다른 것과 멀리 떨어져서 구분되는 값이다. 분포를 왜곡할 수 있지만 실제 오류인지 통계적으로 검증할 수 없기 때문에 제거 여부는 해당 분야의 전문가와 상의해서 판별해야 한다.

31 상자 그림은 데이터 분포를 파악하는데 도움이 되는 시각화 도구로, Q1, Median, Q3, Q1과 Q3를 사용해서 IQR을 알아낼 수가 있고, 이상값을 판단할 수 있다.

32 주성분 분석은 상관 관계가 있는 변수들끼리 결합하여 분산을 극대화하는 변수로 만들어 변수를 축약하여 희생하는 정보를 최소화한다.

33 데이터 스케일링 방법은 최소−최대 스케일러, Z 스코어 스케일러, 로버스트 스케일러, MinAbs 스케일러가 있다.

34 $Z = (X - \mu)/\sigma = (75-80)/6 = -5/6$

35 Min−Max Normalization이라는 것은 최소 · 최대 정규화라고 하고, 가장 작은 Min값을 0, 가장 큰 Max값을 1로 해서 구간을 0에서 1사이 구간으로 바꾸는 방법을 의미한다.

36 Standardization은 값이 표준 정규 분포, 즉 특성의 값을 평균이 0이고 표준 편차가 1인 표준 정규 분포인 Z 분포로 변환하는 것이다.

37 $Z = (X - \mu)/\sigma = (90-80)/10 = 1$

38 파생 변수란 ①, ②, ③처럼 기존 변수를 조합하거나 특정 조건 혹은 함수 등을 적용하여 새로운 변수를 만들어 내는 것이다.

39 파생 변수 생성 방법은 단위 변환, 요약 통계량 변환, 변수 분해, 변수 결합 등이 있다.

40 더미 변수(Dummy Variable)는 0 또는 1만 가지는 값으로 어떤 특징이 존재하는가 존재하지 않는가를 표시한다. 범주형 변수를 연속형 숫자로 변환한 더미 변수를 회귀 분석 등에 활용한다.

3과목　**빅데이터 모델링**

41 로지스틱 회귀 모형은 반응 변수가 범주형인 경우에 해당되는 회귀 분석 모델로 설명 변수의 값이 주어질 때 각 범주에 속할 추정 확률을 기준값에 따라 분류하는 목적으로 사용될 수 있다.

42 데이터들이 가진 속성들로부터 분할 기준 속성을 판별하고 분할 기준 속성에 따라 트리 형태로 모델링하는 분류 예측 모델은 Decision Tree(의사 결정 나무)이다.

43 Decision Tree에서 더 이상 분리가 일어나지 않고 현재의 마디가 끝마디가 되도록 하는 규칙은 정지 규칙이다.

44 서포트 벡터 머신은 다른 방법보다 과대 적합의 가능성이 낮은 모델이고, 선형으로 분리가 불가능한 분류 문제에는 저차원의 공간을 고차원으로 매칭하여 분류가 가능하다. 또한, 훈련 시간이 상대적으로 느리지만 정확성이 뛰어나다.

45 머신 러닝은 지도 학습, 준지도 학습, 비지도 학습, 강화 학습으로 구분할 수 있다.

46 K-NN은 새로운 데이터에서 몇 번째(K번째)로 가까운 데이터까지의 그룹을 살펴보고, 새로운 데이터를 분류하는 알고리즘이다. 즉, 새로운 Fingerprint를 기존 클러스터 내의 모든 데이터와 Instance 기반 거리를 측정하여 가장 많은 속성을 가진 클러스터에 할당하는 분류(Classification) 알고리즘이다.

47 K-NN은 새로운 Fingerprint를 기존 클러스터 내의 모든 데이터와 Instance 기반 거리를 측정하여 가장 많은 속성을 가진 클러스터에 할당하는 분류 알고리즘이다.

48 XGBoost(EXtreme Gradient Boosting) 알고리즘은 약한 예측 모형들의 학습 에러에 가중치를 두고, 순차적으로 다음 학습 모델에 반영하여 강한 예측 모형을 만드는 것이다.

49 K-means Clustering 알고리즘은 비지도 학습 알고리즘이다.

50   주성분 분석이란 많은 변수의 분산 방식의 패턴을 간결하게 표현하는 주성분 변수를 원래 변수의 선형 결합 으로 추출하는 통계 기법이다.

51   분산 분석이란 두 개 이상의 집단 간 비교를 할 때 집단내의 분산, 총 평균과 각 집단의 평균 차이에 의해 생 긴 집단 간 분산 비교로 얻은 분포를 이용하여 가설 검정을 수행하는 방법이다.

52   주성분 분석은 PCA, 차원 축소 알고리즘이다. 고차원 공간의 표본들을 선형 연결성이 없는 저차원 공간(주성 분)의 표본으로 변환하여 분석하는 알고리즘이다.

53   K-means 군집화는 비지도 학습의 군집화 중에서도 분할 기반(Partition-based)의 군집화에 속하는 방법 이며, 가장 간단한 비지도 학습 알고리즘 중 하나이다. 이는 주어진 데이터를 k개의 클러스터로 묶는 알고리 즘으로, 각 클러스터와 거리 차이의 분산을 최소화하는 방식으로 동작한다.

54   포아송 분포는 일정한 "시간 또는 공간" 내에서 발생하는 사건의 발생 횟수에 따른 확률을 구할 때 사용한다. 야구 선수가 홈런을 칠 확률이 아니라 시즌에 홈런 개수는 포아송 분포가 될 수 있다.

55   기하 분포는 성공률이 P인 베르누이 시행을 독립적으로 반복할 때 첫 번째 성공이 일어날 때까지의 시행 횟 수가 따르는 분포이다.

56   부스팅(Boosting) 기법은 여러개의 분류기가 순차적으로 학습을 수행하기 때문에 예측 성능이 뛰어나 앙상 블 학습을 주도한다. 보통 부스팅 방식은 배깅에 비해 성능이 좋지만, 속도가 느리고 과적합이 발생할 가능성 이 존재하므로 상황에 따라 적절하게 사용해야 한다.

57   K-nearest-neighbors 알고리즘은 거리 기반 모델이다.

58   결정 트리는 새로운 Sample이 들어오면 속수무책이다.

59   랜덤 포레스트 알고리즘은 배깅 기법을 통해 임의 복원 추출되는 훈련용 데이터를 생성하고, 각각의 트리를 생성한 후 예측 결과를 투표, 평균, 확률 등으로 종합하여 예측 결과를 도출한다.

60   XGBoost 알고리즘은 트리 기반 모델이다. Boosting 기법을 이용하여 구현한 알고리즘은 Gradient Boost 가 대표적인데, 이 알고리즘을 병렬 학습이 지원되도록 구현한 라이브러리가 XGBoost이다.

4과목   **빅데이터 결과 해석**

61   홀드 아웃(Hold-out) 방법은 초기 데이터 셋을 훈련 데이터 셋, 검증 데이터 셋, 평가 데이터 셋으로 나눈다. 훈련 데이터를 훈련 데이터 셋과 검증 데이터 셋으로 나누는 방법에 따라 성능 추정이 민감할 수 있다는 것이 단점이다.

62   산점도는 비교라기 보다는 두 변수 사이의 상관성을 나타내는 그래프에 해당된다.

63   드롭아웃은 과대 적합을 방지하기 위해서 학습 과정에서 뉴런의 일부를 사용하지 않는다.

64   모집단의 분산을 알고 있는 경우의 평균 비교는 Z 검정을 사용한다.

65   선 차트는 선으로 연결된 일정한 간격으로 데이터를 표시함으로써 시간 경과에 따른 추세를 표현하고 여러 데이터를 비교할 수 있는 시각화 방법이다.

66   F1 점수는 정밀도도 중요하고 재현율도 중요한데 두 가지 중 무엇을 선택할지 고민이 될 때 이 두 값의 조화 평균을 활용한다.

67   지도 매핑은 지도의 직관성을 폭넓게 활용한 공간 시각화 기법이다.

68   F1-score는 분류 모델 평가 지표로 정밀도(Precision)와 재현율(Recall)의 조화 평균이다.

69   정밀도는 양성으로 예측한 비율(TP+FP) 중에서 진짜 양성(TP)인 비율, 정확도는 전체 데이터 중에서 정확하게 예측한 비율, 민감도는 진짜 양성인 것들 중에서 진짜 양성으로 올바르게 예측한 비율이다.

70   ROC Curve는 가로축(x)에는 혼동 행렬의 거짓 긍정율(FP Rate)로 두고, 세로축(y)을 참 긍정율(TP Rate)로 두어 시각화한 그래프이다.

71   ② Drop Out(드랍아웃)은 오버피팅을 방지하기 위해 무작위로 선택된 히든 레이어의 일부 유닛이 동작하지 않게 하는 방법이다.
③ Cross-Validation(교차 검증)은 검증이 대상이 되는 데이터를 고정시키지 않고 다양하게 변형시키면서 검증하는 과정이다.
④ Regularization(규제화)는 학습 시 에러를 일으키는 요인을 줄이는 일련의 모든 해결 방안이다.

72   정확도는 전체 데이터 중에서 정확하게 예측한 비율이며 민감도는 진짜 양성인 것들 중에서 진짜 양성으로 올바르게 예측한 비율, MAE는 모델의 예측값과 실제값의 차이의 절대값의 평균이다.

73   트리맵은 변수 값의 분포를 표현하는 데 적합한 시각화 도구이다.

74   결정 계수(R^2)는 0 – 1 사이의 값을 가지며 1에 가까울수록 예측 정확도가 높아진다.

75   분석 모델 평가 지표는 분석 모델 선정 시 정의한 지표를 활용한다.

76   인포그래픽은 양적 정보 디자인에 초점을 맞추기보다는 다양한 정보를 종합하여 디자인 의도에 따라 그래픽으로 전달하려는 경향이 강하다.

77   T 검정은 연속형 변수에 활용되는 검정 방법으로 범주형 변수에 대한 분석 방법인 적합도 검정 방법에 해당하지 않는다.

78   MSE(Mean Squared Error)는 오차의 제곱에 평균을 취한 값으로 평균 제곱 오차라 한다.

79   관찰된 빈도와 기대되는 빈도가 유의미한 차이가 있는지를 검정하는데 사용되는 빈도에 의한 유의성 검정은 카이제곱 검정이다.

80   K-fold Validation에서 K값이 증가하면 수행 시간과 계산량도 많아진다.

01	①	11	③	21	④	31	②	41	④	51	④	61	①	71	②
02	③	12	④	22	①	32	③	42	③	52	③	62	②	72	④
03	①	13	③	23	③	33	①	43	③	53	①	63	①	73	④
04	②	14	④	24	①	34	④	44	③	54	④	64	①	74	①
05	②	15	②	25	④	35	④	45	②	55	②	65	①	75	②
06	①	16	①	26	④	36	④	46	①	56	④	66	④	76	④
07	③	17	③	27	④	37	④	47	①	57	④	67	④	77	①
08	①	18	③	28	④	38	④	48	①	58	②	68	④	78	②
09	④	19	①	29	④	39	④	49	④	59	①	69	②	79	④
10	①	20	④	30	④	40	①	50	③	60	④	70	①	80	①

1과목 빅데이터 분석 기획

01 ETL은 정형 데이터 수집에 활용되는 기술이다.

02 다른 정보와 결합하여 특정 개인을 알아볼 수 있는 가명 정보도 개인 정보이다.

03 ① Hard Skill에 해당되며, ②, ③, ④ 는 Soft Skill 에 해당된다.

04 방법론의 구성 요소는 작업 절차, 작업 방법, 산출물, 기법, 도구가 있다.

05 개인에게 축적된 지식을 다른 사람이 이해할 수 있도록 명확하게 표현하는 단계는 표출화이다.

06 아파치 카프카는 프로듀서, 브로커, 컨슈머로 구성되어 토픽을 지정하여 메시지를 송수신하는 분산 메시징 시스템이다.

07 빅데이터 조직 구조 유형에는 집중 구조, 기능 구조, 분산 구조 유형이 있다.

08 라운딩 기법은 데이터 값에 라운딩(올림, 내림 등) 기준을 적용하여 변경 처리하는 방법이다. 만약 나이가 24 살이라면, 실제 나이인 24 대신 20대로 대표 연령대로 표시하는 것을 의미한다.

09 데이터 품질 기준 요소 중 문제 해결에 필요한 모든 대상과 속성이 빠짐없이 존재하는지를 검증하는 요소는 완전성이다.

10 선택 가능한 행동들 중 보상을 최대화하는 방향으로 학습을 진행하는 기계 학습은 강화 학습이다.

11 ERP, CRM, SCM 등 내부 시스템에서 생성한 데이터는 내부 데이터이다.

12 인공지능과 빅데이터는 함께 발전하며 상호 보완적인 관계를 가진다.

13 등간 척도는 서열 철도의 특성을 가지며 측정 대상에 동일한 간격을 부여한 척도이며 0은 없음의 의미가 아닌 등급의 하나에 포함된다.

14 NoSQL은 Join 연산이 없다.

15 성숙도 모델의 활용 단계는 분석 작업은 전문 담당 부서 위주로 수행된다.

16   주키퍼(Zookeeper)는 분산 환경을 구성하는 노드간의 코디네이션, 통합 관리하는 기술이다.

17   데이터 변환은 분석 목적에 맞는 변수를 선택하거나 차원을 축소하여 데이터 셋을 변경하는 절차이다.

18   개인 정보 비식별 처리 기법 중 특정 정보를 해당 그룹의 대푯값이나 구간값으로 변환하는 기법은 데이터 범주화 기법이다.

19   분석 대상과 분석 방법을 알고 있을 경우 선택할 수 있는 방안은 최적화(Optimization)이다.

20   대표적인 분산 파일 시스템 기술로 구글 파일 시스템, 하둡 분산 파일 시스템 등이 있다.

2과목	빅데이터 탐색

21   스피어만 순위 상관 계수는 순서적 데이터끼리의 상관성을 나타내며, 피어슨 상관 계수는 수치적 데이터끼리의 상관성을 나타내며, 명목적 데이터의 상관성 분석은 카이제곱 검정을 이용한다.

22   양의 상관 관계는 한 변수 값이 증가/감소 할 때 다른 변수도 동일하게 증가/감소하는 경향을 보이는 상관 관계이다. 음의 상관 관계는 한 변수값이 증가할 때 다른 변수의 값은 감소하는 경향을 보이는 상관 관계이다.

23   다변량 상관 관계(Multivariate Correlation) 혹은 다중 상관 관계(Multiple Correlation) 분석은 셋 또는 그 이상의 변수 간 관계를 분석하는 것을 말한다.

24   탐색적 데이터 분석(EDA; Exploratory Data Analysis)은 데이터의 통계량과 분포 등을 통해 데이터의 형태를 확인하고, 데이터를 이해하여 의미 있는 관계를 찾아내는 과정이다.

25   분석 모형에 대한 후보 모형을 선정하여 분석 효율성을 높이는 과정은 분석 모형 선정 단계에 해당된다.

26   자료의 일부가 파손되었을 때나 결측값, 이상값이 있을 때도 영향을 적게 받는 성질은 저항성(Resistance)으로, 평균값보다 중앙값을 더 선호한다.

27   상관 분석이란 연속형 변수로 측정된 두 변수간에 어떤 선형적 관계를 갖고 있는지를 분석하는 방법이다. 두 변수는 서로 독립적인 관계이거나 상관된 관계일 수 있으며 이 때 두 변수 간의 관계의 강도를 상관 계수라고 한다.

28   양의 상관 관계는 한 변수의 값이 증가할 때 다른 변수의 값도 증가하는 경향을 보이는 상관 관계이며, 음의 상관 관계는 한 변수의 값이 증가할 때 다른 변수의 값은 감소하는 경향을 보이는 상관 관계이다.

29   r이 ± 1인 경우 두 변수간은 완전한 선형 관계이다.

30   아무리 좋은 도구나 분석 기법도 데이터 품질이 낮은 데이터로는 좋은 결과를 얻을 수 없다.

31   데이터 전처리 단계는 크게 데이터 정제, 데이터 통합, 데이터 축소, 데이터 변환으로 나눌 수 있다.

32   여러 개의 데이터 파일을 하나로 합치는 작업은 데이터 통합 단계이다.

33   데이터 통합은 여러 개의 데이터베이스, 데이터 집합, 데이터 파일 등을 통합하는 작업이다.

34   데이터 변환 방법에는 평활화, 집계, 일반화, 정규화, 속성 생성 등이 있다.

35   데이터 전처리는 모든 데이터를 대상으로 수행하며, 내부 데이터는 어느 정도 품질이 확보되어 있기 때문에 외부 데이터에 전처리를 더 집중하고, 정형 데이터 보다는 비정형/반정형 데이터에 더 집중한다.

36   데이터 결측값이란 데이터가 입력되지 않고 누락된 값으로 데이터가 없는 것이다.

37 데이터 결측값을 처리하는 방법은 삭제, 대체, 예측값 삽입, 전문가 수작업 등이 있다.

38 Pandas Describe()함수는 데이터의 기초 통계량인 Count, Mean, Std, Min, Max, 사분위수 등을 확인할 수 있는 함수이다.

39 $Z = (X - \mu)/\sigma$
   TOFEL Z-score = (550−500)/100 = 0.5
   TOEIC Z-score = (30−18)/6 = 2

40 데이터 변환이란 이상값을 제거하는 것이 아니라 값을 변환하여 이상값을 완화하거나 정규 분포가 되도록 하기 위해 로그 변환이나 제곱근 변환을 하는 것이다.

3과목 빅데이터 모델링

41 K-means Clustering (K-means 군집화 알고리즘)은 비지도 학습의 군집화 중에서도 분할 기반(Prtition-based)의 군집화에 속하는 방법이다. 주어진 데이터를 K개의 클러스터로 묶는 알고리즘으로, 각 클러스터와 거리 차이의 분산을 최소화하는 방식으로 동작한다.

42 가지(Branch)는 뿌리 마디로부터 끝 마디까지 연결된 마디들이다.

43 Decision Tree에서 정지 기준(Stopping Rule)은 의사 결정 나무의 깊이(Depth)를 지정, 중간마디, 끝 마디의 레코드 수의 최소 개수를 지정한다.

44 SNA는 그룹에 속한 사람들 사이의 관계를 강화하고, 그 안에서 흐르는 정보를 이해하기 위한 분석 방법론으로 응집력, 구조적 등위성, 명성, 범위, 중계 5가지 평가 지표가 있고, 구조적 등위성은 유클리디안 거리, 상관 계수이다.

45 의사 결정 나무는 독립 변수나 종속 변수에 수치형 변수와 범주형 변수를 모두 사용 가능하다.

46 연관 규칙의 연관 정도는 지지도, 신뢰도, 향상도 세 가지 기준으로 정량화한다. 지지도는 항목 X와 항목 Y를 동시에 포함하는 거래의 정도, 신뢰도는 항목 X를 포함하는 거래 중에서 항목 Y가 포함될 확률 정도, 향상도는 항목 X를 구매한 경우 그 거래가 항목 Y를 포함하는 경우와 항목 Y가 임의로 구매되는 경우의 비이다.

47 군집화(Clustering)는 밀접하게 관련된 데이터들의 그룹을 찾는 기법으로 데이터 집합을 부분 집합이나 군집으로 그룹화할 때, 군집(내) 응집도는 최대화하고 군집(간) 분리도가 최대화 되도록 한다.

48 K-means 기법의 이상값 민감 단점을 극복하기 위한 K-medoids Clustering은 군집에서 객체들의 평균값을 취하는 대신 군집에서 가장 중심에 위치한 객체인 Medoid를 사용하여 n개의 객체 중에서 K개의 군집을 찾는 알고리즘이다.

49 PCA(Principal Component Analysis) 요소는 분산, 공분산, 고유 벡터, 고유값 등이 있다.

50 Random Forest는 여러 개의 결정 트리들을 임의적으로 학습하는 방식의 앙상블 방법으로서, 배깅(Bagging)보다 더 많은 임의성을 주어 학습기들을 생성한 후 이를 선형 결합하여 최종 학습기를 만드는 방법이다. 대표적인 응용 사례로 신체 트랙킹, 해부학 구조 분석, 자기공명 영상 분석 등이 있다. 와인 특성 분석의 경우, 유사한 특성을 가진 특성끼리 묶는 것으로 비지도 학습으로 분석이 가능하다.

51 은닉 마르코프 모델은 시스템이 은닉된 상태와 관찰 가능한 결과의 두 가지 요소로 이루어졌다고 보는 통계 기반의 모델로 시계열 분석을 할 때 자주 쓰이는 확률형 모델이다.

52 시그모이드 함수(Sigmoid Function)는 단극성 또는 양극성 비선형 연속 함수이며, 신경망 모델의 활성화 함수로써 가장 널리 사용되고 있다.

53 오버피팅(Overfitting)은 과대 적합, 학습 데이터에 성능이 좋지만 실제 데이터에 대해 성능이 떨어지는 현상이다.

54 경사 하강법이란 함수의 최소값의 위치를 찾기 위해 경사가 하강하는 방향을 관찰하고 그 쪽으로 조금씩 이동해가면서 검토를 반복하는 기법(신경망의 연결 가중치 최적화)이다.

55 P(질병) = 0.02, P(질병 없음) = 1−0.02=0.98, P(양성|질병) = 0.8, P(양성|질병 없음) = 0.1

$$P(질병|양성)$$
$$= \frac{P(질병)P(양성|질병)}{P(질병)P(양성|질병)+P(질병 없음)P(양성|질병 없음)}$$
$$= \frac{0.02 \times 0.8}{0.02 \times 0.8 + 0.98 \times 0.1} = \frac{8}{57}$$

56 향상도는 항목 X를 구매한 경우 그 거래가 항목 Y를 포함하는 경우와 항목 Y가 임의로 구매되는 경우의 비로 Life = P(Y|X)/P(Y)로 계산된다. 따라서, Life = 1 일 경우, P(Y|X) = P(Y)이므로 두 품목은 서로 독립적인 관계에 해당된다.

57 랜덤 포레스트는 분류기로 결정 트리를 사용하는 배깅 기법이다.

58 MLOps는 머신 러닝 작업(Machine Learning Operations)을 뜻한다. MLOps는 머신 러닝 모델을 프로덕션으로 전환하는 프로세스를 간소화하고, 뒤이어 이를 유지 관리하고 모니터링 하는데 주안점을 둔 머신 러닝 엔지니어링의 핵심 기능이다.

59 GAN의 구성 요소로는 Generator, Discriminator, Minmax Loss 등이 있다. Generative Model이 실제 이미지와 구분하기 힘든 Fake 이미지를 생성해 내고, Discriminative Model은 실제 이미지 또는 생성된 이미지를 랜덤으로 뽑아서 이게 Real인지 Fake인지 판별하며 학습하는 알고리즘이다.

60 소프트맥스(Softmax) 함수는 출력층에서 Active Function으로 사용하는 함수로, 입력 받은 값을 출력으로 0 ~ 1 사이의 값으로 모두 정규화하여 출력값의 총합은 항상 1이 되는 특성을 가진 함수이다.

4과목   **과목 빅데이터 결과 해석**

61 MAE의 공식은 $MAE = \frac{1}{n}\sum_{i=1}^{n} |y_i - \hat{y}|$ 이다.

62 히트맵은 단일 색상 및 혼합 색상을 통한 데이터 시각화 방법으로 상관관계를 표현하는데 유용한 시각화 방법이다.

63 Shilouette은 군집 내의 응집도, 군집 간 분리도 두 가지를 이용한 지표이다. 즉, 군집 내 요소 간 거리가 짧고, 군집 간 거리가 멀수록 값이 커진다.

64 정보 구조화는 데이터 수집 및 탐색, 분류, 배열 등이 있다.

65 히스토그램은 관계 시각화이다.

66 LOOCV는 전체 데이터를 모두 사용하여 교차 검증을 진행한다.

67 히스토그램은 연속형 자료 분포의 형태를 직사각형 형태로 시각화하여 보여주는 시각화 방법이다.

68 Q-Q Plot은 X, Y 좌표에 모두 분위수를 사용한다.

69 차원 축소(Dimension Reduction)는 데이터의 감소를 의미하며 과대 적합의 확률이 높아진다.

70 회귀 모델의 평가지표는 MAE, MAPE, MSE, RMSE가 있으며, 그 값이 작을 수록 모델 성능 우수하다.

71 학습의 목적은 오차, 손실 함수의 값을 최대한 작게 하는 매개 변수를 찾는 것이다.

72 은닉층의 뉴런 개수에 따라 훈련 데이터의 학습 최적화가 결정된다.

73 모든 차트에서 6개 이상의 색상을 사용하지 않는다. 다른 시간에 동일한 값을 비교하려면 다른 강도(밝은 색에서 어두운 색으로)에서 같은 색상을 사용하고, 카테고리별로 다른 색상을 사용한다. 시리즈의 모든 차트에 대해 동일한 색상 팔레트 또는 스타일을 유지하고 유사한 차트에 대해 동일한 축과 레이블을 유지하여 차트를 일관되고 비교하기 쉽게 만든다.

74 보팅(Voting)은 여러 개의 다른 종류의 모델이 예측한 결과를 투표 혹은 평균을 통해 선정한다.

75 부스팅 알고리즘에는 Ada, GBM, XGBoosting, Light GBM 등이 있다.

76 IRR은 투자 금액의 현재 가치와 미래의 현금 유입액이 동일하게 되는 수익률이다.

77 교차 검증은 과대 적합을 방지할 수 있는 기법이다.

78 빅데이터 시각화 단계는 정보 구조화 → 정보 시각화 → 정보 시각 표현 순으로 진행한다.

79 STOF는 빅데이터 비즈니스 모델이다.

80 분석 모형 모니터링은 서비스 시스템에서 모델의 성능을 추적하는 프로세스를 의미한다.

정수진

- 고려대학교 통계학과 석·박사
- 사회조사분석사1급, 빅데이터기사, SQLD, CS Leaders(관리사), SMAT 서비스경영1급(컨설턴트) 보유
- 現) 경희의료원 임상의학연구소 선임 연구원
- 現) 고려대학교 정책대학원 겸임 교수

이정숙

- 고려대학교 빅데이터융합학 석사
- 컴퓨터시스템응용 기술사, CISSP, CISA, 정보시스템 수석감리원, SW마에스트로 멘토, 멀티캠퍼스 AI/빅데이터 멘토, KDATA 빅데이터 전문 강사, KISA/NIPA 평가위원
- 現) ㈜케이티 AI/BigData사업본부 재직

한기훈

- 연세대학교 산업정보경영 석사
- 정보관리 기술사, 정보시스템 수석감리원
- 멀티캠퍼스 AI/빅데이터 멘토
- 現) LG CNS 재직

김원배

- 한양대학교 전자통신공학 석사
- 빅데이터 분석 실무 전문가, 빅데이터 분석 알고리즘 특허 7건
- 멀티캠퍼스 AI/빅데이터 멘토
- 現) ㈜데이터사이언스랩 기업부설연구소장